+Der Mann Shakespeare und seine tragische Lebensgeschichte

Frank Harris

Writat

Diese Ausgabe erschien im Jahr 2023

ISBN: 9789359253299

Herausgegeben von
Writat
E-Mail: info@writat.com

Inhalt

EINFÜHRUNG

Dieses Buch ist aus einer Reihe von Artikeln hervorgegangen, die vor etwa zehn oder zwölf Jahren für „The Saturday Review" verfasst wurden. Als sie erschienen, wurde auf die übliche Weise über sie gesprochen und sie kritisiert; eine Minderheit der Leser fand „das Zeug" interessant; Viele meinten, meine Sicht auf Shakespeare sei rein willkürlich; Andere sagten, ich hätte eine Konkordanz zu einem solchen Zweck verwendet, dass es mir mithilfe einer unbekannten Formel gelungen sei, aus der Masse der Wörter den Charakter des Mannes wiederherzustellen.

Die Wahrheit ist viel einfacher: Ich habe Shakespeares Stücke als Kind gelesen, hauptsächlich wegen der Geschichten; alle paar Jahre später hatte ich Lust, sie noch einmal zu lesen; Denn als ich heranwuchs, entdeckte ich in ihnen immer wieder neue Schönheiten, die ich zuvor vermisst hatte, und immer wieder wurde ich von verlockenden Andeutungen und Andeutungen einer gewissen Einheitlichkeit, die der Vielfalt der Charaktere zugrunde liegt, zurückgelockt. Diese Andeutungen wurden nach und nach immer deutlicher, bis ich schließlich unter den unzähligen Stimmen in den Stücken den Akzent einer Stimme immer eindringlicher heraushörte und aus der Masse der Gesichter immer klarer die Gesichtszüge zu erkennen begann des Schriftstellers; für alle Welt wie ein verliebtes Mädchen, das mit der Seele in den Augen blickt und im Hexenkessel das Gesicht der Geliebten findet .

Ich habe in diesem Buch versucht, den Weg, den ich gegangen bin, Schritt für Schritt nachzuzeichnen; denn ich fand es effektiv, zunächst die Hauptmerkmale des Mannes grob darzulegen und anschließend anhand der Stücke nacheinander zu zeigen, wie Shakespeare sich nicht nur einmal, sondern zwanzig Mal in ebenso vielen verschiedenen Abschnitten seines Lebens in voller Länge malte . Dies ist einer der Gründe, warum er für uns interessanter ist als die größten Männer der Vergangenheit, sogar als Dante oder Homer; denn Dante und Homer leisteten erst in der Blüte ihrer Männlichkeit ihr Bestes. Shakespeare hingegen hat sich für uns in seiner grünen Jugend mit kaum Lebens- und Kunstkenntnissen und dann in seiner ereignisreichen Reife, mit wachsender Erfahrung und neuen Kräften, in einem Meisterwerk nach dem anderen dargestellt; und schließlich in seinem Niedergang mit geschwächtem Griff und verblassenden Farben , so dass wir in ihm das Wachstum, die Fruchtbildung und den Verfall des besten Geistes studieren können, der bisher unter den Menschen geboren wurde. Diese Tragödie der Tragödien, in der „Lear" nur eine Szene ist – dieser Aufstieg zum intensivsten Leben und der umfassendsten Vision und der Sturz durch Abgründe der Verzweiflung und des Wahnsinns bis hin zur Erschöpfung und zum Tod – kann Erfahrung für Erfahrung verfolgt werden, von

Stratford bis London und seinen dreißig Jahre leidenschaftlichen Lebens, und dann wieder von London ins Dorf Stratford und die ewige, umhüllende Stille.

Sobald sich mir dieses erstaunliche Drama in seiner tragischen Vollständigkeit offenbarte , kam ich zu dem Schluss, dass es von Shakespeares Kommentatoren schon vor langer Zeit ausführlich dargelegt worden sein musste, und so wandte ich mich zum ersten Mal ihren Werken zu. Ich möchte meine Vorläufer nicht so beschimpfen, wie Carlyle die Historiker von Cromwell beschimpfte, sonst sollte ich, wie er sagte, von „Bibliotheken voller Unsinn … eingebildetem Dilettantismus und Pedanterie … lüsterner Dummheit" und so weiter sprechen. Tatsache ist, dass ich das alles und noch Schlimmeres gefunden habe; Ich habe mich durch Unmengen von Gesprächen gekämpft, ohne ein Ergebnis zu erzielen. Ohne eine einzige Ausnahme haben die Kommentatoren den Mann und die Geschichte vermisst; Sie haben den Dichter zum Kaufmann gemacht und die unvorstellbare Tragödie seines Lebens zum alltäglichen Bericht einer erfolgreichen Kaufmannslaufbahn gemacht. Es ist schon ein wenig schwierig, dieses erstaunliche Missgeschick der Schar von Kritikern zu erklären. Der Fehler entstand natürlich aus der Tatsache, dass seine Zeitgenossen sehr wenig über Shakespeare erzählten; Sie ließen sein Aussehen und sogar die Ereignisse in seinem Leben eher vage. Da sie keinen Leitfaden hatten und keine klare Vorstellung von Shakespeares Charakter hatten, schufen die Kritiker ihn nach ihrem eigenen Bild und idealisierten ihn, wenn sie Zweifel hatten, entsprechend dem nationalen Typus.

Dennoch gab es mindestens eine Ausnahme. Irgendein Franzose, ich glaube, es ist Joubert, sagt, dass kein großer Mann auf die Welt kommt, ohne dass ungefähr zur gleichen Zeit ein anderer Mann geboren wird, der ihn versteht und interpretieren kann, und Shakespeare hatte zwangsläufig außerordentliches Glück mit seinem Interpreten. Ben Jonson war groß genug, um ihn fair zu sehen und ein ausgezeichnetes, wahres Zeugnis über ihn abzugeben. Jonsons Sicht auf Shakespeare ist insofern erstaunlich genau und vertrauenswürdig; selbst seine Haltung der Überlegenheit gegenüber Shakespeare ist bedeutungsvoll. Zweihundert Jahre später brachte die steigende Flut internationaler Kritik zwei Männer hervor, Goethe und Coleridge, die auch Shakespeare, wenn auch nur durch flüchtige Einblicke oder vielmehr durch Weissagung eines verwandten Genies, in bestimmten unbestreitbaren Charakterzügen erkannten. Goethes Kritik an „Hamlet" wurde überaus gelobt; aber ab und zu benutzte er Worte über Shakespeare, die, wie wir später sehen werden, aufschlussreiche Worte waren, die Worte von jemandem, der etwas von der Wahrheit erraten hatte. Auch Coleridge ähnelte mit seiner merkwürdigen, komplexen Begabung als Philosoph und Dichter Shakespeare, sah ihn daher nur flüchtig und hätte viel über ihn schreiben können; Aber leider wurde Coleridge, ein gebürtiger Puritaner, in epizäner Heuchelei erzogen und war entschlossen, Shakespeare – dieses Kind der Renaissance – ebenfalls als Puritaner zu sehen, und sah ihn daher viel häufiger falsch, als er ihn sah; schätzte ihn schrecklich falsch ein und hatte keine Ahnung von seiner tragischen Geschichte.

Es gibt eine berühmte Passage in Coleridges „Essays on Shakespeare", die veranschaulicht, was ich meine. Es beginnt: „Bei Shakespeare sind alle Elemente der Weiblichkeit heilig"; und fährt fort, den Keuschheitsinstinkt zu preisen, den alle seine Frauen besitzen, und das trotz Doll Tearsheet , Tamora, Cressida, Goneril, Regan, Cleopatra, der Dunklen Dame der Sonette und vielen anderen zerbrechlichen und faszinierenden Figuren. Doch welcher Lichtschein seit Coleridges Tagen auch immer auf Shakespeare gefallen ist, kam hauptsächlich von der dunklen Laterne, die er hin und wieder auf den Meister richtete.

In einer einzigen Hinsicht war unsere neuzeitliche Kritik erfolgreich; Es hat die Chronologie der Stücke mit sehr großer Genauigkeit erstellt, und so wird die Lebensgeschichte des Dichters in der richtigen Reihenfolge dargelegt, damit diejenigen, die es lesen können, es lesen können.

Dies ist also, was ich gefunden habe – eine Vielzahl von Kommentatoren, die Menschen als wandelnde Bäume betrachteten und klare Tatsachen verwechselten, darunter ein authentischer Zeuge, Jonson, und zwei interessante, wenn auch nicht vertrauenswürdige Zeugen, Goethe und Coleridge – und nichts mehr in drei Jahrhunderten . Die bloße Tatsache kann uns durchaus zum Nachdenken bringen, da sie auf eine Wahrheit hinweist, die immer noch unzureichend verstanden wird. Es ist ein Rätsel der Kritik und gleichzeitig die Verzweiflung und das Staunen der Leser, dass die größten Schriftsteller gewöhnlich durchs Leben gehen, ohne von ihren Zeitgenossen bemerkt oder verstanden zu werden. Die Männer zu Elisabeths Zeiten interessierten sich mehr für Jonson als für Shakespeare und haben uns viel mehr über den jüngeren als über den größeren Meister erzählt; Ebenso interessierten sich gleichaltrige Spanier mehr für Lope de Vega als für Cervantes und haben ein besseres Bild vom zweitklassigen Dramatiker als vom Weltdichter hinterlassen. Beim Versuch, dieses Problem zu lösen, ging Emerson kühl davon aus, dass die Männer des elisabethanischen Zeitalters so großartig waren, dass Shakespeare selbst unbemerkt als Riese unter Riesen unter ihnen umherging. Diese Lesart des Rätsels ist rein transzendental. Wir wissen, dass Shakespeares schlechteste Stücke weitaus häufiger gespielt wurden als seine besten; dass „Titus Andronicus" aufgrund der Gunst des Volkes mehr geschätzt wurde als „Hamlet". Die Mehrheit der zeitgenössischen Dichter und Kritiker betrachtete Shakespeare eher als einen Sänger „ zuckersüßer " Verse denn als einen Dramatiker. Die Wahrheit ist, dass Shakespeare unbemerkt durchs Leben ging, weil er so viel größer war als seine Zeitgenossen, dass sie ihn überhaupt nicht in seinen wahren Proportionen sehen konnten. Es war Jonson, der ihm an Größe am nächsten stand, der ihn überhaupt fair sah und sein erstaunliches Genie schätzte.

Nichts veranschaulicht die unbewusste Weisheit der englischen Rasse besser als das alte Sprichwort: „Ein Mann muss von seinesgleichen beurteilt werden." Tatsächlich sind nur seine Kollegen in der Lage, über einen zu urteilen, und die Wahrheit scheint zu sein, dass drei Jahrhunderte überhaupt nur drei Männer hervorgebracht haben, die überhaupt in der Lage sind, über Shakespeare zu urteilen. Die Jury wird noch zusammengestellt. Aber aus der Qualität der ersten drei und ihrem Lob geht bereits hervor, dass sein Platz einer der höchsten sein wird. Auch aus verschiedenen Gründen scheint es an der Zeit zu sein, ihn zu verurteilen: „Hamlet" ist vielleicht seine charakteristischste Schöpfung, und Hamlet ist in seiner intellektuellen Unruhe, seinem krankhaften Grübeln, seiner zynischen Selbstanalyse und seiner Abneigung gegen Blutvergießen viel davon typischer für das neunzehnte oder zwanzigste Jahrhundert als für das sechzehnte. Offensichtlich ist die Zeit gekommen, den Schöpfer von Hamlet zu klassifizieren.

Und diese Beschreibungs- und Klassifizierungsarbeit sollte so erfolgen, wie es ein Wissenschaftler tun würde: denn die Kritik selbst hat sich schließlich dem Zeitgeist gebeugt und ist wissenschaftlich geworden. Und so wie in der Wissenschaft die Analyse des Augenblicks der Synthese den Vorzug gegeben hat, so ist die kritische Bewegung in der Literatur in unserer Zeit kreativ geworden. Der Chemiker, der jede Substanz in ihre Elemente auflöst, ist nicht zufrieden, bis er durch Synthese die Substanz aus ihren Elementen neu erschaffen kann: Dies ist der endgültige Beweis dafür, dass sein Wissen vollständig ist. Und so kümmern wir uns heute wenig oder gar nicht um kritische Analysen oder Würdigungen, die keine kreative Darstellung der Person sind. „Malen Sie ihn für uns", sagen wir, „in seiner Lebenstracht, und wir gehen davon aus, dass Sie etwas über ihn wissen."

Einer der wichtigsten Versuche kreativer Kritik in der englischen Literatur, oder vielleicht wäre es fairer zu sagen, der einzige denkwürdige Versuch, ist Carlyles Cromwell. Es ist ihm gelungen, aus Cromwells Briefen und Reden den Mann für uns recht glaubwürdig aufzubauen und uns ein für alle Mal die zugrunde liegende Aufrichtigkeit und leidenschaftliche Entschlossenheit des großen Puritaners zu zeigen. Aber leider war Carlyle ein zu romantischer Künstler, zu sehr von seiner Heldenverehrung überzeugt, um für uns Cromwells Fehler und Versäumnisse zu entdecken. In seinem Buch finden wir nichts von dem Fanatiker, der die irischen Massaker anordnete, nichts von dem Neuropathen, der in stündlicher Angst vor einem Attentat lebte. Carlyle hat sein Motiv sozusagen ganz in Lichtern gemalt; die Schatten sind nicht einmal angedeutet, und doch hätte er wissen müssen, dass die Schatten im Verhältnis zur Helligkeit des Lichts notwendigerweise dunkel sein müssen. Es steht mir nicht zu, darauf hinzuweisen, dass dieses romantische Gemälde großer Männer, wie alle anderen Trugbilder und Heucheleien auch, seine Nachteile und Mängel hat: Es reicht aus, dass es ausgedient hat und seine Bilder von Riesenhelden und ihren Helden hervorgebracht hat Anbeter für diejenigen, die solche Kinderspielzeuge lieben.

Das wundervolle Zeitalter, in dem wir leben – dieses zwanzigste Jahrhundert mit seinen Röntgenstrahlen, die es uns ermöglichen, durch die Haut und das Fleisch der Menschen zu sehen und die Funktionsweise ihrer Organe, Muskeln und Nerven zu studieren – hat einen neuen Geist in die Welt gebracht , ein Geist der Treue zu den Tatsachen und damit ein neues und höheres Ideal des Lebens und der Kunst, das notwendigerweise alle Existenzbedingungen verändern und transformieren und mit der Zeit die fast unveränderliche Natur des Menschen modifizieren muss. Denn dieser neue Geist, diese Liebe zu den Tatsachen und zur Wahrheit, diese Leidenschaft für die Realität wird die törichten Ängste und vergeblichen Hoffnungen beseitigen, die die Kindheit unserer Rasse geplagt haben, und wird langsam aber sicher das Königreich der Menschheit auf breiten Grundlagen errichten auf der Erde. Denn das ist der Sinn und Zweck der Veränderung, die jetzt auf der Welt bevorsteht. Die Glaubensrichtungen und Überzeugungen von zwanzig Jahrhunderten verschwinden und die Formen und Institutionen von hundert Generationen von Menschen lösen sich vor uns auf wie das unbegründete Gewebe eines Traums. Im Geiste formiert sich bereits eine neue Moral; eine Moral, die nicht auf Vermutungen und Fantasien basiert; sondern auf festgestellten Gesetzen der moralischen Gesundheit; eine wissenschaftliche Moral, die nicht der Statik angehört, wie die Moral der Juden, sondern der Dynamik, und so der Natur jedes einzelnen Menschen entspricht. Selbst jetzt verschwindet das Gewissen mit seinen Verboten aus dem Leben und entwickelt sich zu einem tieferen Bewusstsein für uns selbst und andere, mit vervielfachten Anreizen für kluges Geben. Die alte religiöse Askese mit ihrem Hass auf den Körper ist tot; die unterwürfige Akzeptanz der Lebensbedingungen und sogar der Naturgesetze wird als bösartig angesehen; Es gehört zum Adel des Menschen, unersättlich zu sein und sich gegen einschränkende Bedingungen aufzulehnen. Es ist die Eigenschaft seiner Intelligenz, selbst die Naturgesetze zur Verwirklichung seines Ideals zu zwingen.

Wir sind bereits stolz darauf, Studenten, Forscher und Diener der Wahrheit zu sein, und wir überlassen die großen Namen von Halbgöttern und Helden ein wenig verächtlich den Männern vergangener Zeiten. Als studentische Künstler geben wir uns nicht mehr mit der äußeren Erscheinung und Form der Menschen zufrieden: Wir wollen die vielfältigen

Eitelkeiten, Gier und Bestrebungen der Menschen entdecken und wie mit einem Skalpell die verborgenen Motive und Handlungsquellen offenlegen. Wir träumen von einer Kunst, die den natürlichen täglichen Verfall und Aufbau des Zelllebens berücksichtigt; die Kriege, die im Blut weitergehen; die Fieber des Gehirns; die schleichende Lähmung der Nervenerschöpfung; Vor allem müssen wir schon jetzt in der Lage sein, aus ein paar nackten Tatsachen einen Menschen neu zu erschaffen und ihn für den Leser wieder zum Leben und zur Liebe zu erwecken, so wie der Biologe aus ein paar verstreuten Knochen einen prähistorischen Vogel, Fisch oder Säugetier rekonstruieren kann .

Und wir studentischen Künstler haben kein Verlangen, unser Motiv besser, edler, kleiner oder gemeiner darzustellen, als es in Wirklichkeit war; wir studieren seine Grenzen, während wir seine Gaben, seine Tugenden mit ebenso großem Interesse studieren wie seine Laster; denn in einem Übermaß an Verlangen oder in einer Extravaganz der Mentalität suchen wir das Geheimnis seiner Leistung, so wie wir uns fragen, ob nicht ein Fuß nach hinten ausgestreckt ist, wenn wir ständig in frommer Bitte ausgestreckte Hände sehen in einer geheimen Schande, denn der Zweibeiner, der Mensch, muss das Gleichgewicht halten.

Ich möchte zunächst anhand von Shakespeares Werken beweisen, dass er sich von der Jugend bis ins hohe Alter zwanzig Mal in voller Länge gemalt hat: Ich werde diese Porträts betrachten und vergleichen, bis die Umrisse seines Charakters klar und sicher sind; Danach werde ich zeigen, wie seine kleinen Eitelkeiten und Schamgefühle das Bild idealisierten und ihn so darstellen, wie er wirklich war, mit seinem kaiserlichen Intellekt und kleinen Snobismus; seine riesigen Laster und dürftigen Selbsttäuschungen; seine süße Sanftmut und sein langes Martyrium. Ich kann nicht anders, als zu glauben, dass sein Porträt dadurch mehr an Wahrheit gewinnen wird, als es an idealer Schönheit verlieren kann. Oder lassen Sie mich durch ein Gleichnis meinem Ziel näher kommen. Als er eines Abends an Bord eines Schiffes mit Sir David Gill über die Fixsterne sprach, wies er auf einen Stern hin, der so weit entfernt ist, dass wir nicht messen können, wie weit er von uns entfernt ist, und uns keine Vorstellung von seiner Größe machen können. „Aber doch", rief ich aus, „müssen die großen modernen Teleskope den Stern näher bringen und ihn vergrößern?" „Nein", antwortete er, „nein; Die besten Instrumente machen uns den Stern klarer, aber sicher nicht größer." Das ist es, was ich in Bezug auf Shakespeare tun möchte; mache ihn den Menschen deutlicher, auch wenn Ich ihn nicht größer mache.

Und wenn ich gefragt würde, warum ich das tue, warum ich mir die Mühe mache, einen Mann neu zu erschaffen, der jetzt drei Jahrhunderte tot ist, dann natürlich in erster Linie, weil er es wert ist – die komplexeste und leidenschaftlichste Persönlichkeit der Welt , sei es aus dem Leben oder aus der Literatur – weil es auch bestimmte Lektionen gibt, die die Engländer von Shakespeare schneller und leichter lernen werden als von jedem lebenden Menschen, und ein wenig, weil ich Shakespeare loswerden möchte, indem ich alles in mich aufnehme, was darin gut war ihn, während er alles, was an ihm gewöhnlich und bösartig war, als Beute der Vergessenheit preisgab. Er ist wie der Alte vom Meer auf den Schultern unserer Jugend; Für den Kritiker ist er zur Obsession, für den Pedanten zur Waffe und für den genialen Mann zur Plage geworden. Es stimmt, er hat großartige Bilder auf großartige, romantische Weise gemalt; er ist der Tizian der dramatischen Kunst: Aber soll es in der englischen Literatur keinen Rembrandt, keinen Balzac, keinen größeren Tolstoi geben? Ich möchte die Engländer so weit wie möglich von der Tyrannei der Größe Shakespeares befreien. Denn die neue Zeit steht vor der Tür, mit ihrem neuen Wissen und neuen Ansprüchen, und wir Engländer sind nur allzu bereit, in der Vergangenheit zu leben und so unseren angestammten Platz als Führer der Nationen zu verlieren.

Die Franzosen haben von ihrer glorreichen Revolution profitiert: Sie vertrauten der Vernunft und wurden belohnt; Noch nie wurde in diesem einen Jahrzehnt ein solcher Sprung nach vorne gemacht wie in Frankreich, und die Auswirkungen sind immer noch gewaltig. In den letzten hundert Jahren hat sich die Sprache Molières vervierfacht; Der Slang der Ateliers, der Gosse und des Labors, der Ingenieursschule und des Seziertisches wurde nach Sonderbegriffen durchsucht, um die Sprache zu bereichern und zu stärken, damit sie leichter mit den neuen Gedanken umgehen kann. Französisch ist heute ein hervorragendes Instrument, während Englisch dank der Prüderie unserer Analphabeten-Mittelschicht eindeutig schlechter ist als zu Shakespeares Zeiten. Von der Realität losgelöst, alle Aktivitäten in Babywäsche gefesselt, ist unsere Literatur verkümmert und zu einem Gewirr von Kinderreimen, Tragödien von Little Marys und Geschichten von Babes in a Wood zusammengeschrumpft. Das Beispiel Shakespeares könnte uns noch den Wert der freien Meinungsäußerung lehren; er konnte sagen, was er wollte, wie er wollte: Er hatte keine Angst vor der nackten Wahrheit und dem nackten Wort, und durch seine Größe ist ein niederländischer Dialekt zum wichtigsten Instrument der Zivilisation, der Weltsprache der gesamten Menschheit geworden.

FRANK   HARRIS.

LONDON, 1909.

Buch I.
Shakespeare selbst gemalt

KAPITEL I.
HAMLET: ROMEO – JAQUES

„Als ich vorbeikam ... fand ich einen Altar mit dieser Inschrift: DEM UNBEKANNTEN GOTT. Wen ihr nun in Unwissenheit anbetet, den verkünde ich euch." Dieses Werk des Paulus – die Entdeckung und Verkündigung eines unbekannten Gottes – ist in jedem Zeitalter die Hauptaufgabe des Kritikers.

Ein unbekannter Gott, dieser Shakespeare von uns, und alle sind sich einig, dass es gut wäre, ihn zu kennen, wenn überhaupt möglich. Über die Möglichkeit streiten sich die Behörden jedoch. Hallam, „der Vernünftige", erklärte, es sei unmöglich, etwas Sicheres über „den Mann Shakespeare" zu erfahren. Wordsworth hingegen (ohne Spitznamen, der eine enge Verbindung zum Gemeinen zeigen würde) vertrat die Auffassung, dass Shakespeare sein Herz mit den Sonetten als Schlüssel geöffnet habe. Browning verspottete diesen Glauben, der wiederum von Swinburne widerlegt wurde. Matthew Arnold gab uns in einem Sonett „die beste Meinung seiner Zeit":

> *„Andere folgen unserer Frage. Du bist frei.*
>
> *Wir fragen und fragen – Du lächelst und bist still,*
>
> *Überragendes Wissen. "*

Aber leider! Die beste Meinung einer Generation ist in diesen Angelegenheiten für die nächste oft völlig unvernünftig, und es kann sein, dass in diesem Fall weder die Meinung von Hallam noch Browning noch Arnold zählen darf.

So wie es das Ziel eines Generals ist, Schlachten zu gewinnen, so ist es das Lebenswerk des Künstlers, sich uns zu zeigen, und die Vollständigkeit, mit der er seine eigene Individualität offenbart, ist vielleicht der beste Maßstab für sein Genie. Man tut dies wie Montaigne, einfach und geschwätzig, indem er uns seine Größe und Herkunft, seine Vorlieben und Abneigungen, seine Lieben, Ängste und Gewohnheiten erzählt, bis nach und nach das scheinbar kunstlose Gerede den Mann vor uns bringt, eine sonnengewärmte Frucht der Menschheit. mit rauer Rinde von steifen Manieren und süßen, freundlichen Säften, in keiner Weise perfekt, auf dieser Seite durch frühe Erfrierungen verschrumpelt und auf der anderen Seite durch zu viel Hitze zur Fäulnis aufgeweicht, hier von der bitterschwarzen Narbe einer uralten Verletzung verunstaltet und dort glücksfleckig, aber im Großen und Ganzen gesund, dankbar, von höchst angenehmer Reife. Ein anderer, wie Shakespeare, mit leidenschaftlich widersprüchlichen Sympathien und neugierigem, unparteiischem Intellekt, kann sich selbst nicht so einfach entdecken; Er braucht, wie der Diamant, viele Facetten, um das ganze Licht in sich zu zeigen, und so beginnt er, sie eine nach der anderen wie Falstaff oder Hamlet zu schleifen, um den Purblinden zu blenden.

Doch Shakespeares Absicht ist sicherlich dieselbe wie die von Montaigne, nämlich sich uns zu offenbaren, und es wäre voreilig, zu dem Schluss zu kommen, dass seine Fähigkeiten minderwertig sind. Denn während Montaigne nichts als Prosa zur Verfügung hatte, und zwar keine allzu reiche Prosa, wie er selbst beklagt, war Shakespeare in der Ausdrucksmagie in der aufgezeichneten Zeit unübertroffen, und er verwendete sowohl die lyrische als auch die dramatische Form, die Poesie als sowie Prosa, um seiner Seele Ausdruck zu verleihen.

Wir tun Shakespeare Unrecht, wenn wir versuchen zu glauben, dass er sich hinter seinem Werk verbirgt; Der Verdacht ist ebenso unwürdig wie der alte Verdacht, den Carlyle zerstreute, dass Cromwell ein ehrgeiziger Heuchler war. Aufrichtigkeit ist das Muttermal des Genies, und wir können sicher sein, dass Shakespeare sich für uns mit einzigartiger Treue dargestellt hat; wir können ihn in seinen Werken sehen, wenn wir uns die Mühe machen, „in seiner Gewohnheit, wie er lebte".

Auch wir tun uns selbst Unrecht, wenn wir behaupten, dass Shakespeare „das Wissen übertrifft". Er erfüllte nicht einmal zu seiner Zeit die Welt: In den Tagen Elizabeths war neben ihm Platz für Marlowe und Spenser, Ben Jonson und Bacon, und seitdem hat sich die spirituelle Sichtweise ebenso wie die materielle Sichtweise bis ins Unendliche erweitert. Heute gibt es im Leben Platz für ein Dutzend Ideale, von denen man im 16. Jahrhundert nicht einmal geträumt hätte. Machen wir Schluss mit diesem Vorwand hündischer Demut; Auch wir sind Menschen, und es gibt auf der Erde keinen höheren Titel und im Universum nichts, was über unser Verständnis hinausgeht. Es wird für uns gut sein, Shakespeare und all seine hohen Qualitäten zu kennen und ihm Ehrfurcht zu erweisen; Es wird auch für uns gut sein, seine Grenzen und Fehler zu erkennen, denn schließlich sind es die menschlichen Schwächen eines Menschen, die unser Mitgefühl hervorrufen und ihn bei uns beliebt machen, und ohne Liebe gibt es keine Tugend im Gottesdienst, nein Attraktion im Beispiel.

Die Zweifel an der Persönlichkeit Shakespeares und die daraus resultierende Verwirrung und Widersprüche sind meiner Meinung nach größtenteils auf Coleridge zurückzuführen. Er war der erste moderne Kritiker, der Einblicke in den echten Shakespeare erhielt, und diese Vision verlieh seinen Worten eine einzigartige Autorität. Aber Coleridge war von Natur aus ein Heldenverehrer und brachte die Verehrung zu lyrischen

Höhen. Er nutzte alle seine Kräfte, um die Menschen davon zu überzeugen, dass Shakespeare {griechisch: *myrionous" sei anaer* } − „ der Mann mit den unzähligen Gedanken"; eine Art Halbgott, der jeder und niemand war, ein Proteus ohne eigene Individualität. Die Theorie hat sich fast ein Jahrhundert lang durchgesetzt, wahrscheinlich weil sie unserer nationalen Eitelkeit schmeichelt; denn an sich ist es phantastisch absurd und führt zu den lächerlichsten Schlussfolgerungen. Als sich Coleridge zum Beispiel mit der Tatsache auseinandersetzen musste, dass Shakespeare nie einen Geizhals gezeichnet hat, anstatt die Auslassung als charakteristisch zu akzeptieren, denn es wird durch Ben Jonsons Aussage bestätigt, dass er „von offener und freier Natur" war, argumentierte Coleridge weiter dass Geiz keine dauerhafte Leidenschaft der Menschheit ist und dass Shakespeare sich wahrscheinlich aus diesem Grund dafür entschieden hat, sie unbeschrieben zu lassen. Dies ist ein Beispiel für die Ekstase der Heldenverehrung; Es stellt sich die Frage, anzunehmen, dass alles, was Shakespeare getan hat, perfekt war; Die Menschheit kann nicht einmal in Shakespeares Gehirn eingepfercht werden. Wie jeder andere geniale Mann muss sich Shakespeare in seinen Qualitäten und Mängeln, in seinen Vorlieben und Vorurteilen gezeigt haben; „Ein fehlbares Wesen", wie der beleibte alte Dr. Johnson wusste, „wird irgendwo scheitern."

Selbst wenn Shakespeare versucht hätte, sich in seinem Werk zu verstecken, wäre ihm das nicht gelungen. Da nun der Abdruck der Hand, des Fußes oder des Ohrs eines Menschen ausreicht, um ihn von allen anderen Menschen zu unterscheiden, ist es unmöglich zu glauben, dass die Maske seines Geistes, der eigentliche Abdruck, die Form und der Druck seiner Seele weniger markant sein sollten. So wie Monsieur Bertillons Wirbelbilder eines Daumens überwältigende Beweise für die Identität eines Mannes liefern, so ist es aus Shakespeares Schriften möglich, die Hauptmerkmale seines Charakters und die wichtigsten Ereignisse seines Lebens zweifelsfrei festzustellen. Die Zeit für willkürliche Behauptungen über Shakespeare und unbegrenzte Lobreden auf ihn ist für immer vorbei : Der Zweck dieser Untersuchung besteht darin, ihm zu zeigen, wie er lebte, liebte und litt, und die Beweise für diesen und jenen Charakterzug sollen so gehäuft werden Zweifel zu unterdrücken und zur absoluten Überzeugung zu gelangen. Denn nicht nur die Indizienbeweise sind überwältigend und schlüssig, sondern wir haben auch die Aussagen von Augenzeugen, die dies bestätigen können, und einer dieser Zeugen, Ben Jonson, ist von seltener Glaubwürdigkeit und außergewöhnlich gut ausgerüstet.

Beginnen wir also damit, Shakespeare so zu behandeln, wie wir jeden anderen Schriftsteller behandeln würden, und fragen wir uns einfach, wie ein dramatischer Autor sich am besten zu offenbaren vermag. Ein großer Dramatiker darf sich zu keinem Zeitpunkt seiner Karriere für uns mit all seinen Fehlern und Lastern darstellen; aber wenn er am tiefsten in die menschliche Natur eindringt, können wir sicher sein, dass Selbsterkenntnis sein Leitfaden ist; Wie Hamlet sagte: „Um einen Menschen gut zu kennen, hieße, sich selbst zu kennen" (sich selbst), was insoweit das Paradoxon rechtfertigt, dass dramatisches Schreiben lediglich eine Form der Autobiographie ist. Wir können uns also an diesem ersten Kriterium orientieren, dass der Dramatiker in seinem Meisterwerk der Psychologie den größten Teil seiner eigenen Natur offenbaren wird.

Wenn man ein Dutzend Shakespeare-Liebhaber nach der tiefgründigsten und komplexesten Figur in all seinen Dramen fragen würde, würde wahrscheinlich jeder ohne zu zögern auf Hamlet antworten. Die Strömung der kultivierten Meinung geht längst in diese Richtung. Mit der Intuition eines verwandten Genies stellte Goethe als erster Hamlet auf ein Podest: „den Unvergleichlichen", nannte er ihn, und widmete Seiten einer Analyse des Charakters. Coleridge folgte mit dem Geständnis, dessen Wahrheit wir später sehen werden: „Ich habe selbst einen Hauch von Hamlet, wenn ich das so sagen darf." Aber selbst wenn man zugibt, dass Hamlet die komplexeste und tiefgreifendste Schöpfung Shakespeares ist und daher wahrscheinlich die Figur, in der Shakespeare den größten Teil seiner selbst offenbarte, muss die Frage nach dem Grad noch geklärt werden. Ist es möglich, mit Sicherheit zu zeigen, dass selbst die Grundzüge von Hamlets Charakter denen des Meisterdichters entsprechen?

Es gibt verschiedene Möglichkeiten, dies zu beweisen. Wenn man zum Beispiel zeigen könnte, dass Shakespeare jedes Mal, wenn er aus einer von ihm gezeichneten Figur herausfiel, unbewusst in die Hamlet-Ader überging, würde das Misstrauen hinsichtlich der Identität von Hamlet und dem Dichter enorm gestärkt. Es gibt einen weiteren Beweis, der noch überzeugender ist. Nehmen wir an, dass Shakespeare beim Malen einer anderen Figur nichts weiter getan hätte, als Hamlet Merkmal für Merkmal noch einmal zu malen – Tugend für Tugend, Fehler für Fehler – dann wäre unsere Gewissheit fast vollständig; denn diesen Fehler begeht ein Dramatiker nur dann, wenn er unbewusst in seiner richtigen Person spricht. Wenn aber beide Arten von Beweisen vorlägen, und zwar nicht nur einmal, sondern ein Dutzend Mal, dann käme unsere Überzeugung von der wesentlichen Identität von Hamlet und Shakespeare sicherlich einer praktischen Gewissheit gleich.

Natürlich wäre es auch in diesem Fall töricht zu behaupten, dass Hamlet Shakespeare erschöpft; Kunst ist kaum mehr, als die Fransen des Gewandes des Lebens zu besticken, und die komplexeste Figur im Drama oder sogar in der Fiktion ist in der Tat einfach, wenn man sie sogar mit dem einfachsten lebenden Mann oder der einfachsten lebenden Frau vergleicht. Shakespeare hat neben dem Autor der Sonette auch Falstaff und Kleopatra in sich einbezogen, und das aus all diesen gewonnene Wissen muss genutzt werden, um die in Hamlet gegebenen Umrisse zu ergänzen und vielleicht zu modifizieren, bevor man sicher sein kann, dass das Porträt eine Neudarstellung davon ist Wirklichkeit. Aber wenn diese Studie abgeschlossen ist, wird man sehen, dass Hamlet trotz vieler notwendiger Einschränkungen tatsächlich eine Offenbarung einiger der charakteristischsten Merkmale Shakespeares ist.

Um schnell auf den Punkt zu kommen, werde ich Hamlets Charakter heranziehen, wie er von Coleridge und Professor Dowden analysiert wurde.

Coleridge sagt: „Hamlets Charakter ist die Vorherrschaft der abstrahierenden und verallgemeinernden Gewohnheit gegenüber dem Praktischen." Er will keinen Mut, kein Können, keinen Willen oder keine Gelegenheit; aber jeder Vorfall bringt ihn zum Nachdenken: und es ist merkwürdig und zugleich völlig natürlich, dass Hamlet, dem das ganze Stück wie Vernunft selbst vorkommt, schließlich durch bloßen Zufall dazu gezwungen wurde, sein Ziel zu erreichen ." Wieder sagt er: „Bei Hamlet sehen wir eine große, fast enorme intellektuelle Aktivität und eine daraus resultierende entsprechende Abneigung gegen echtes Handeln."

Die Analyse von Professor Dowden ist sorgfältiger, aber kaum so vollständig. Er nennt Hamlet „den meditativen Sohn" eines willensstarken Vaters und fügt hinzu: „Er ist in die Jahre des vollen Mannesalters hineingeschlüpft und immer noch ein Besucher der Universität, ein Student der Philosophie, ein Amateur in der Kunst, ein Grübeler über die Dinge." über Leben und Tod, der nie einen Entschluss gefasst oder eine Tat ausgeführt hat. Dieser lange Weg des Denkens unabhängig vom Handeln hat Hamlets Glaubensfähigkeit völlig zerstört ... In der Gegenwart des Geistes ist er selbst „ein Geist" und glaubt an die Unsterblichkeit der Seele. Wenn man ihn seinen privaten Gedanken überlässt, schwankt er unsicher hin und her ; der Tod ist ein Schlaf; Vielleicht ist es ein Schlaf, der von Träumen geplagt ist.

Welche andere Persönlichkeit gibt es nun bei Shakespeare, die diese oder einige davon aufweist? Er sollte belesen und unentschlossen sein, ein Liebhaber des Denkens und nicht des Handelns, außerdem von melancholischem Temperament und geneigt sein, sein Herz mit Worten auszupacken. Fast jeder , der die Argumentation bisher verfolgt hat, wird geneigt sein, an Romeo zu denken. Hazlitt erklärte: „Romeo ist der verliebte Hamlet. In dem einen steckt derselbe reiche Überschwang an Leidenschaft und Gefühl, wie in dem anderen an Gedanken und Gefühlen. Beide sind abwesend und mit sich selbst beschäftigt; beide leben aus sich heraus in einer Welt der Fantasie." Vieles davon ist wahr und liefert ein bemerkenswertes Beispiel für Hazlitts gelegentliche Einblicke in die Charaktere, doch aus Gründen, die später auftauchen werden, ist es nicht möglich, wie Hazlitt auf der Identität von Romeo und Hamlet zu beharren. Man kann höchstens sagen, dass Romeo ein jüngerer Bruder von Hamlet ist, dessen Charakter viel weniger ausgereift und weniger komplex ist als der des Studentenprinzen. Darüber hinaus ist die Charakterisierung in Romeo – das bloße Zeichnen und Malen – der in Hamlet verwendeten weit unterlegen. Romeo ist halb vor uns im Rosennebel der Leidenschaft verborgen, und nachdem er aus Julias Armen verbannt wurde, sehen wir ihn nur für einen Moment, wie er wie verrückt in die nie endende Nacht rast, und währenddessen denkt Shakespeare weiter darüber nach Poesie des Themas als des Charakters seines Helden. Im Vergleich zu einer tiefgründigen psychologischen Studie wie Hamlet wirkt Romeo grob und unreif. In „Hamlet" steht die Handlung oft still, während Begebenheiten nur deshalb erfunden werden, um die Eigenheiten des Protagonisten zur Schau zu stellen. „Hamlet" ist mit Ausnahme von „Antonius und Kleopatra" auch das längste von Shakespeares Stücken, und „die Gesamtlänge von Hamlets Reden", sagt Dryasdust, „übersteigt bei weitem die Länge derjenigen, die Shakespeare allen anderen seiner Figuren zugestanden hat." ." Der wichtige Punkt ist jedoch, dass Romeo eine mehr als familiäre Ähnlichkeit mit Hamlet hat. Selbst in der Hitze und Blütezeit seiner Leidenschaft spielt Romeo den Denker; Juliet sagt „Gute Nacht" und verschwindet, aber er findet Zeit, uns die abstrakte Wahrheit zu sagen:

> *„Liebe geht zur Liebe, wie Schuljungen aus ihren Büchern,*
>
> *Aber Liebe aus Liebe, zur Schule mit schweren Blicken."*

Julia erscheint unerwartet erneut, und erneut macht sich Hamlets verallgemeinernde Gewohnheit in Romeo geltend:

> *„Wie silbern süß die Zungen der Liebhaber bei Nacht klingen,*
>
> *Wie sanfte Musik für aufmerksame Ohren."*

Wir können sicher sein, dass Julia sich ein deutlicheres Lob gewünscht hätte. Er ist in der Tat so sehr in seinen unpassenden Träumereien versunken, dass Juliet ihn immer wieder beim Namen rufen muss, bevor er sich um sie kümmert.

Romeo hat Hamlets eigenartige Angewohnheit, Selbstgespräche zu führen. Auf dem Weg zu Julia im Obstgarten von Capulet verfällt er in ein Selbstgespräch, bei dem sein Herz so laut geschlagen haben muss, dass es ihn daran gehindert hätte, sich selbst sprechen zu hören, und in ein weiteres, als er zur Apotheke eilt. Auch in diesem letztgenannten Monolog, in dem er nur an Julia und ihr Schicksal und den liebesverschlingenden Tod denken musste, ist er in der Lage, uns den Apotheker und seinen Laden mit einer Fülle von Details vorzustellen, die mehr aussagen Shakespeares Sorgfalt und Gedächtnis als für seine Einsicht in den Charakter. Der Fehler ist jedoch nicht so schwerwiegend, wie er wäre, wenn Romeo ein anderer Typ Mensch wäre; Aber wie Hamlet ist er immer bereit, sein Herz mit Worten auszupacken, und wenn es manchmal nicht die besten Worte sind, manchmal sogar sehr unpassende Worte, zeigt das nur, dass Shakespeare in seiner ersten Tragödie nicht der Meister seiner Kunst war, der er später wurde .

In der Friedhofsszene des fünften Aktes kommt Romeos Ähnlichkeit mit Hamlet am deutlichsten zum Vorschein.

Hamlet sagt zu Laertes:

> *„Ich bitte dich , nimm deine Finger von meiner Kehle;*
>
> *Denn obwohl ich nicht nachgiebig und voreilig bin*
>
> *Dennoch habe ich etwas Gefährliches in mir*
>
> *Was deine Weisheit fürchten lässt. "*

In genau derselben Stimmung sagt Romeo zu Paris:

> *„Guter, sanfter Jüngling, verführe keinen verzweifelten Mann;*
>
> *Flieg von hier und verlass mich; Denken Sie daran, dass diese verschwunden sind,*
>
> *Lass sie dich erschrecken. "*

Diese Großmut ist so selten, dass ihre Existenz fast ausreichen würde, um eine enge Beziehung zwischen Romeo und Hamlet herzustellen. Auch Romeos letzte Rede ist charakteristisch für Hamlet: An der Schwelle zum Tod verallgemeinert er:

> *„Wie oft, wenn Männer im Sterben liegen,*
>
> *Waren sie fröhlich? was ihre Hüter nennen*
>
> *Ein Licht vor dem Tod. "*

Auch in Romeo gibt es diese eigentümliche Mischung aus nachdenklicher Traurigkeit und liebevollem Mitgefühl, die das wahre Gewand von Hamlets Seele ist; er sagt zu „Noble County Paris":

> *„O, gib mir deine Hand,*

Und schließlich wird Shakespeares höchste lyrische Begabung von Romeo ebenso uneingeschränkt genutzt wie von Hamlet selbst. Die Schönheit im letzten Monolog beruht eher auf Leidenschaft als auf Intellekt, aber einige Zeilen davon wurden in ihrer schlichten triumphalen Schönheit nie übertroffen:

> *„Hier, hier werde ich bleiben*
>
> *Mit Würmern, die deine Kammermädchen sind; Ach, hier*
>
> *Werde ich meine ewige Ruhe einrichten?*
>
> *Und erschüttere das Joch der unheilvollen Sterne*
>
> *Aus diesem weltmüden Fleisch.“*

Der gesamte Monolog und insbesondere der großartige Beiname „weltmüde" passen mindestens genauso gut zu Hamlet wie zu Romeo. Zwar ist die Leidenschaft bei Romeo ausgeprägter, ebenso wie bei Hamlet eine größere Unentschlossenheit gepaart mit einem intensiveren Selbstbewusstsein, doch alle Qualitäten des jugendlichen Liebhabers sind im Studentenprinzen zu finden. Offensichtlich ist Hamlet das später fertiggestellte Bild, von dem Romeo lediglich die charmante Skizze war. Hamlet sagt, er sei rachsüchtig und ehrgeizig, obwohl er nichts dergleichen sei, und in ähnlicher Weise sagt Romeo:

> *„Ich werde ein Kerzenhalter sein und zuschauen"*

während er die Hauptrolle und eine sehr aktive Rolle im Drama spielt. Wäre er eher ein „Kerzenhalter" und Zuschauer, würde er eher Hamlet ähneln. Auch wenn er verallgemeinert, sucht er nicht wie Hamlet mit schmerzenden Augen in der Dunkelheit; die Probleme des Lebens lasten ihm noch nicht schwer auf der Seele; er ist zu jung, um ihr Geheimnis und ihren Schrecken zu spüren; er befindet sich gerade noch im Schatten jener Melancholie, die für Hamlet die Welt verfärbt .

Sieben oder acht Jahre nach dem Schreiben von „Romeo und Julia" wurde Shakespeare sich dieser Veränderungen in seinem eigenen Temperament bewusst und er verkörperte sie in einer anderen Figur, dem melancholischen „Jaques" in „Wie es euch gefällt". Jeder weiß , dass Jacques Shakespeares Schöpfung ist; Er ist nicht in Lodges „ Rosalynde " zu finden, wo Shakespeare die Geschichte und die meisten Charaktere seines Stücks übernahm. Jaques ist nur mit leichten Strichen skizziert, aber alle seine Züge sind eigentümliche Züge Hamlets. Denn Jaques ist ein melancholischer Lebensforscher wie Hamlet, mit blitzschneller Intelligenz und schwerem Herzen, und das sind die Hamlet-Eigenschaften, die im jugendlichen Romeo nicht in den Vordergrund gerückt wurden. Willkürlich entnommene Passagen werden ausreichen, um meine Behauptung zu untermauern. „Motley ist die einzige Abwechslung", sagt Jaques, als sehnte er sich danach, die Mütze und die Glocken zu übernehmen, und Hamlet spielt die Rolle des Narren mit kaum einem besseren Grund. Jaques ruft aus:

> *„Gib mir Urlaub*
>
> *Ich sage meine Meinung, und das werde ich durch und durch tun*
>
> *Reinige den verdorbenen Körper der infizierten Welt,*
>
> *Wenn sie meine Medizin geduldig erhalten. "*

Und Hamlet schreit:

> *„Die Zeit ist aus den Fugen geraten; O verfluchte Bosheit*
>
> *Dass ich jemals dazu geboren wurde, es wieder in Ordnung zu bringen. "*

Die berühmte Rede von Jaques „Die ganze Welt ist eine Bühne" könnte von Hamlet gesagt worden sein, sie gehört tatsächlich zu Recht der Person, die den Spielern den exquisiten Rat gegeben hat. Auch Jacques' Eingeständnis der Melancholie ist sowohl in der Art als auch im Inhalt charakteristisch für Hamlet. Wie oft muss Shakespeare darüber nachgedacht haben, bevor er die Eigentümlichkeit seiner eigenen Krankheit so deutlich zum Ausdruck bringen konnte:

„Ich habe weder die Melancholie des Gelehrten, die Nachahmung ist; noch die des Musikers, was fantastisch ist; noch die des Höflings, der stolz ist; noch die des Soldaten, der ehrgeizig ist; noch die des Anwalts, der politisch ist; noch die der Dame, was schön ist; noch die des Liebhabers, was all dies ist; aber es ist eine Melancholie von mir, die aus vielen einfachen Dingen besteht, aus vielen Objekten gewonnen wird, und zwar aus der vielfältigen Betrachtung meiner Reisen; was mich, durch häufiges Grübeln, in eine äußerst humorvolle Traurigkeit hüllt ."

Diese „ humorvolle Traurigkeit", das Kind der Kontemplation, war tatsächlich Shakespeares beständigste Stimmung. Auch Jaques liebt die Einsamkeit und das Land, so wie Hamlet sie liebte – und vor allem die letzte Eigenschaft von Jaques, sein Eifer, den reformierten Herzog zu sehen und von dem Konvertiten zu lernen, ist ein perfektes Beispiel für die intellektuelle Neugier, die Hamlet auszeichnet die meisten Bindungseigenschaften. Jaques wird noch eine weitere Eigenschaft zugeschrieben, die wir auf keinen Fall vergessen dürfen. Der Herzog wirft ihm Unanständigkeit vor, obwohl Unanständigkeit in Jaques' Charakter fehl am Platz zu sein scheint und im Verlauf der Handlung sicherlich nicht gezeigt wird. Wenn wir die Charaktere von Romeo, dem Dichterliebhaber, und Jaques, dem nachdenklich-traurigen Philosophen, kombinieren, erhalten wir fast den vollständigen Hamlet.

Es ist vorstellbar, dass sogar ein fair denkender Leser der Stücke alles zugeben wird, was ich über die Ähnlichkeit von Romeo und Jacques mit Hamlet gefordert habe, ohne zu dem Schluss zu kommen, dass diese sozusagen vorläufigen Studien für das große Porträt es überhaupt sicher machen, dass das Dieses Meisterwerk der Porträtmalerei ist ein Abbild von Shakespeare selbst. Der unparteiische Kritiker wird wahrscheinlich sagen: „Sie haben in mir einen Verdacht geweckt; Es mag ein starker Verdacht sein, aber immer noch ein Verdacht, der weit von Gewissheit entfernt ist." Glücklicherweise sind die noch vorzulegenden Beweise tausendmal überzeugender als alle Schlussfolgerungen, die man ordnungsgemäß aus Romeo oder Jaques oder sogar aus beiden zusammen ziehen kann.

KAPITEL II.
HAMLET – MACBETH

Es gibt ein späteres Drama Shakespeares, ein Drama, das zwischen „Othello" und „Lear" steht und daher zur höchsten Leistung des Dichters gehört, dessen Hauptfigur Hamlet ist, noch einmal Hamlet, mit allen Eigentümlichkeiten und allem Fehler; Auch ein Hamlet, der in eine Handlung verwickelt ist, die seiner Natur überhaupt nicht entspricht. Wenn diese Aussage bewiesen werden kann, werden sicherlich alle zuständigen Richter zugeben, dass die Identität von Hamlet und seinem Schöpfer festgestellt wurde. Denn Shakespeare muss diesen zweiten Hamlet unbewusst gemalt haben. Denk daran. Unter völlig neuen Umständen spricht der Dichter mit Hamlets Stimme in Hamlets Worten. Die einzig mögliche Erklärung ist, dass er aus seinem eigenen Herzen spricht und sich daher des Fehlers nicht bewusst ist. Das Drama, auf das ich mich beziehe, ist „Macbeth". Soweit ich weiß, hat noch niemand daran gedacht, nachzuweisen, dass es irgendeine Ähnlichkeit zwischen den Charakteren von Hamlet und denen von Macbeth gibt, geschweige denn Identität; Dennoch scheint es mir leicht zu beweisen, dass Macbeth, „der raue Macbeth", wie Hazlitt und Brandes ihn nennen, lediglich unser sanfter, unentschlossener, humanistischer Philosoph Hamlet ist, der sich in Galligaskins als schottischer Than verkleidet.

Nehmen wir das erste Erscheinen Macbeths, und wir müssen sofort bemerken, dass er genau so handelt und spricht, wie Hamlet unter ähnlichen Umständen handeln und sprechen würde. Der ehrliche, aber langsame Banquo ist erstaunt, als Macbeth anfängt, und scheint die gerechten Versprechen der Hexen zu fürchten; er sieht nicht, was der flinke Hamlet-Intelligenz blitzschnell gesehen hat – die schrecklichen Mittel, mit denen allein die Versprechen zur Erfüllung gebracht werden können. Sobald Macbeth als „Thane of Cawdor" gefeiert wird, warnt Banquo ihn, doch Macbeth verfällt trotz der Anwesenheit anderer sofort in ein Selbstgespräch, wie Hamlet sicherlich verfallen wäre: eine Sache, die angesichts der Umstände höchst falsch ist zur allgemeinen menschlichen Natur, denn was er sagt, muss Banquos Misstrauen erregen und trifft nur auf den Hamlet-Geist zu, der sich zu jeder Zeit und außerhalb der Zeit in Meditation verliert. Auch der Monolog ist überraschend charakteristisch für Hamlet. Nachdem Macbeth die bloß natürliche Belebung seiner Hoffnung zum Ausdruck gebracht hat, beginnt er wie ein studentischer Denker das Für und Wider abzuwägen:

„Dieses übernatürliche Bitten

Kann nicht krank sein; kann nicht gut sein; ich fülle,

Warum hat es mir ernsthaften Erfolg beschert,

In einer Wahrheit beginnen? Ich bin Than von Cawdor:

Wenn gut, warum gebe ich dann diesem Vorschlag nach?

Wessen schreckliches Bild ...

... Funktion

Ist in Vermutungen erstickt und nichts ist

Aber was ist nicht,—— "

Als Banquo die Aufmerksamkeit auf ihn als „verzückt" lenkt, redet Macbeth immer noch mit sich selbst, denn schließlich hat er Argumente gegen ein Handeln gefunden:

„Wenn der Zufall mich zum König machen will, warum krönt mich der Zufall?

Ohne meine Aufregung" –

alles im wahren Hamlet-Stil. Am Ende des Aktes wird Macbeth, als er sich bei seinen Gefährten entschuldigt, leibhaftig zum Schüler Wittenbergs. Die höfliche Freundlichkeit der Worte ist fast ebenso charakteristisch wie die buchstäbliche Illustration:

„Freundliche Herren, Ihre Schmerzen

Sind dort registriert, wo ich mich jeden Tag umdrehe

Das Blatt, um sie zu lesen. "

Wenn dies nicht Hamlets Ton, Art und Ausdrucksweise entspricht, dann hat die Individualität der Natur keine besondere Stimme.

Ich habe so viel Wert auf diese erste Szene gelegt, in der Macbeth auftritt, weil der erste Auftritt bei weitem der wichtigste ist, um die Grundzüge einer Figur festzulegen; Die ersten Eindrücke in einem Drama lassen sich äußerst schwer modifizieren und fast unmöglich ändern.

Macbeth spielt jedoch Hamlet von einem Ende des Stücks bis zum anderen; und der erste Auftritt von Lady Macbeth (einer Persönlichkeit, die für das Drama fast genauso wichtig ist wie Macbeth selbst) wird von Shakespeare genutzt, um diese Ansicht über Macbeths Charakter zu bestätigen. Nachdem sie den Brief ihres Mannes gelesen hatte, waren ihre ersten Worte:

„Dennoch fürchte ich deine Natur.

Es ist zu voll von Milch menschlicher Güte

Den nächstgelegenen Weg erwischen. "

Was ist das anderes als ein vollkommenerer Ausdruck von Hamlets Natur, als ihn Hamlet selbst gibt? Hamlet erklärt verbittert, dass er „taubenleberig" sei und es ihm an „der Galle mangele, um Unterdrückung bitter zu machen"; Er sagt zu Laertes: „Ich habe dich immer geliebt" und zu seiner Mutter:

„Nur um freundlich zu sein, muss ich grausam sein"

und sie erzählt dem König, dass er um Polonius' Tod geweint habe. Doch Lady Macbeth beschreibt seine Sanftmut am besten: Er ist „zu voll von menschlicher Güte". Die Worte gelten für den schottischen Häuptling ebenso wie für den Wittenberger Studenten; im Herzen sind sie ein und dieselbe Person.

Obwohl Macbeths letzte Worte in dieser Szene von seiner Frau begeistert sind, sind sie, die Entscheidung aufzuschieben. „Wir werden weiter reden", sagt er, woraufhin die Frau die Führung übernimmt, ihn ermahnt, sich zu verstellen, und hinzufügt: „Überlassen Sie den Rest mir." Macbeths Zweifel, Unentschlossenheit und Abneigung gegen Taten könnten kaum eindringlicher dargestellt werden.

Die siebte Szene des ersten Aktes beginnt mit einem weiteren langen Monolog von Macbeth, und dieser Monolog zeigt uns nicht nur Hamlets Unentschlossenheit und unzeitgemäße Liebe zur Meditation, sondern auch den eigentümlichen Pendelschlag von Hamlets Gedanken:

„Wenn es fertig wäre, wenn es fertig wäre, dann wäre es gut

Es war schnell erledigt: wenn es zum Attentat kam

Könnte die Konsequenz eindämmen und fangen

Mit seinem anhaltenden Erfolg: das aber dieser Schlag

Könnte das A und O sein; Hier,

Aber hier auf dieser Bank und Untiefe der Zeit

Wir würden uns auf das kommende Leben stürzen . . . . . "

Ist das nicht dieselbe Seele, die auch in einem Monolog das Schicksal in Frage stellt? – „Ob es im Kopf besser ist …“

Auch Macbeth verfügt über Hamlets besondere und exquisite intellektuelle Fairness – eine Eigenschaft, die man, sei es nebenbei bemerkt, bei einem rücksichtslosen Mörder selten findet. Er sieht sogar die guten Seiten des Königs:

…… „dieser Duncan

Hat seine Fähigkeiten so demütig ertragen, war

So deutlich in seinem großen Amt, dass seine Tugenden

Wird wie Engel mit Trompetenzunge dagegen plädieren

Die tiefe Verdammnis seines Abhauens.“

Ist es nicht wie Hamlet, sich selbst schon im Vorfeld auf diese Weise verurteilen zu können? Macbeth beendet dieses Monolog mit Worten, die Hamlet aus tiefstem Herzen kommen:

„Ich habe keinen Sporn

Um meine Absicht in den Schatten zu stellen, aber nur

Überragender Ehrgeiz, der sich selbst überspringt ,

Und fällt auf den anderen.“

Auch Hamlet hat keinen Ansporn, seine Absichten zu durchkreuzen, und auch Hamlet würde mit Sicherheit erkennen, wie leicht Ehrgeiz dazu neigt, sich selbst zu übertreffen, und würde so den Stachel des Wunsches abschwächen. Dieser Monolog allein hätte ausreichen müssen, um allen Kritikern die wesentliche Identität von Hamlet und Macbeth zu offenbaren. Auch Lady Macbeth erzählt uns, dass Macbeth den Abendtisch, an dem er den König bewirtete, verließ, um sich diesem langen Monolog hinzugeben, und als er hörte, dass seine Abwesenheit für Aufregung sorgte, wurde er sogar von den Königlichen darum gebeten King versucht nicht, sein seltsames Verhalten zu entschuldigen, er sagt lediglich: „Wir werden in dieser Angelegenheit nicht weitermachen“ und zeigt in wahrer Hamlet-Manier, wie die Entschlossenheit „durch den blassen Schatten des Denkens erkrankt“ wurde. Tatsächlich lässt er, wie seine Frau zu ihm sagt, „Ich wage es nicht, auf die arme Katze zu warten, wie das Sprichwort sagt.“ Selbst als er von Lady Macbeths übernatürlichem Eifer zum Handeln getrieben wird, fragt er:

„Wenn wir scheitern sollten?“

Daraufhin sagt sie ihm, er solle seinen ganzen Mut zusammennehmen, und beschreibt die Tat selbst. Von ihrer männlichen Entschlossenheit angesteckt, willigt Macbeth schließlich in das ein, was er als „schreckliche Tat" bezeichnet. Das Wort „schrecklich" ist hier sicherlich eher für den humanen Dichter-Denker als für den Häuptlingsmörder charakteristisch. Selbst in dieser Krise seines Schicksals kann sich Macbeth nicht selbst betrügen; Wie Hamlet ist er gezwungen, sich selbst so zu sehen, wie er ist:

„Das falsche Gesicht muss verbergen, was das falsche Herz weiß."

Ich habe jetzt fast jedes Wort betrachtet, das Macbeth in diesem ersten Akt verwendet: Ich habe weder Passagen ausgewählt noch etwas ausgelassen, was gegen meine Argumentation sprechen könnte; Dennoch muss jeder unparteiische Leser anerkennen, dass Hamlet in diesem ersten Akt von „Macbeth" weitaus deutlicher dargestellt wird als im ersten Akt von „Hamlet". Macbeth erscheint darin als unentschlossener Träumer, höflich und sanftherzig, von vollkommener intellektueller Fairness und buchstäblicher Phrase; und insbesondere seine Liebe zum Denken und seine Abneigung gegen Taten werden immer wieder betont.

Auch wenn es im zweiten Akt hauptsächlich um Zwischenfälle geht, in denen es um den Mord und seine Entdeckung geht, nutzt Shakespeare Macbeth ebenso freizügig als Sprachrohr seiner wunderbaren lyrischen Fähigkeiten wie Hamlet. Hamlet, ein noch größerer Sänger als Romeo, ist von Natur aus ein Dichter und nutzt jede erdenkliche Gelegenheit aus, indem er das Ohr mit subtilen Harmonien verzaubert. Da er den Mord an einem Vater rächen will, verschiebt er die Handlung und besingt sich selbst von Leben und Tod und dem unentdeckten Land in Worten von solch magischer Geisterschönheit, dass sie mit nichts in der Weltliteratur verglichen werden können, außer vielleicht mit dem letzten Kapitel des Predigers. Vom Anfang bis zum Ende des Dramas ist Hamlet ein großer Lyriker, und diese überragende persönliche Begabung ist für ihn so natürlich, dass sie von den Kritikern kaum erwähnt wird. Diese Gabe besitzt jedoch Macbeth in mindestens gleichem Maße und erregt ebenso wenig Beachtung. Es ist glaubwürdig, dass Shakespeare das Drama manchmal als Mittel nutzte, um den höchsten lyrischen Ausdruck zu erreichen.

Ohne diesen Punkt weiter zu vertiefen, wenden wir uns nun dem zweiten Akt des Stücks zu. Banquo und Fleance kommen herein; Macbeth spricht ein paar Worte mit ihnen; Sie gehen, und nachdem Macbeth einem Diener einen Befehl erteilt hat, beginnt er ein weiteres langes Selbstgespräch. Er glaubt, einen Dolch vor sich zu sehen, und beginnt sofort zu philosophieren:

„Komm, lass mich dich umklammern: –

Ich habe dich nicht und doch sehe ich dich immer noch.

Bist du nicht, verhängnisvolle Vision, vernünftig?

Zum Fühlen wie zum Sehen? oder bist du nur

Ein Dolch des Geistes, eine falsche Schöpfung

Ausgehend vom Hitzegehirn?

Ich sehe dich noch in einer greifbaren Form

Als das, was ich jetzt zeichne...

– – – – – – – –

Meine Augen werden von den anderen Sinnen zum Narren gehalten.

Oder alles andere wert: Ich sehe dich immer noch;

Und auf deiner Klinge und deinem Knüppel spritzt Blut

vorher nicht der Fall war. – So etwas gibt es nicht.“

Was ist das alles anderes als eine Illustration von Hamlets Behauptung:

„Es gibt weder Gutes noch Schlechtes

Aber das Denken macht es so.“

Genauso wie Hamlet sein geistiges Gleichgewicht ins Wanken bringt, so dass die Frage unter akademischen Kritikern immer noch umstritten ist, ob sein Wahnsinn vorgetäuscht oder real war, so zeigt uns Shakespeare hier, wie Macbeth den Halt in der Realität verliert und ins Leere fällt.

Der darauffolgende lyrische Überschwang ist nicht sehr gelungen, und wahrscheinlich bricht Macbeth deshalb abrupt ab:

„Während ich damit drohte, dass er lebt,

Worte geben der Hitze der Taten zu kalten Atem.“

Das ist natürlich genau Hamlets Beschwerde:

„Das ist äußerst mutig;

Dass ich, der Sohn eines lieben Vaters, ermordet wurde,

Von Himmel und Hölle zu meiner Rache aufgefordert,

Danach tritt Lady Macbeth ein, und der Mord wird begangen, und nun muss Macbeth in höchster Anspannung aus der Tiefe seines Wesens mit vollkommener Aufrichtigkeit sprechen. Wird er sich wie der ehrgeizige Mann darüber freuen, dass er den weitesten Schritt in Richtung seines Ziels erfolgreich getan hat? Oder wird er wie ein umsichtiger Mann sein Möglichstes tun, um die Spuren seines Verbrechens zu verbergen und Pläne zu schmieden, um andere zu verdächtigen? Es ist Lady Macbeth, die diese Rolle spielt; Sie sagt Macbeth, er solle „etwas Wasser holen“

„Und wasche diesen schmutzigen Zeugen von deiner Hand“

während er, hirnkrank, vergangene Ängste durchprobiert und sich als sensibler, zur Frömmigkeit neigender Dichter-Träumer zeigt: Hier ist die unglaubliche Szene:

„Lady M. Es sind zwei zusammen untergebracht.

Macb . Einer rief: „Gott segne uns!“ und „Amen“ das andere,

Wie sie mich mit diesen Henkershänden gesehen hatten.

Als ich auf ihre Angst hörte, konnte ich nicht „Amen“ sagen.

Als sie sagten: „Gott segne uns.“

Lady M. Betrachten Sie es nicht so tief.

Macb . Aber warum konnte ich nicht „Amen“ aussprechen?

Ich brauchte am meisten Segen und „Amen“

Steckt mir im Hals fest.“

Dieser religiöse Beigeschmack , der die Schwäche des Selbstmitleids färbt , findet sich immer wieder in „Hamlet“; Auch Hamlet ist religiös gesinnt; er bittet Ophelia, sich in ihren Gebeten an seine Sünden zu erinnern. Als er zum ersten Mal den Geist seines Vaters sieht, schreit er:

„Engel und Diener der Gnade verteidigen uns“

und als der Geist ihn verlässt , lautet sein Wort: „Ich werde beten gehen.“ Dieser neue, höchst intime und markante Charakterzug ist daher der schlüssigste Beweis für die Identität der beiden Charaktere. Die ganze

Passage aus dem Mund eines Mörders ist völlig unerwartet und fehl am Platz;
Kein Wunder, dass Lady Macbeth ausruft:

> *„Diese Taten dürfen nicht gedacht werden*
>
> *Nach diesen Wegen: Also, es wird uns wütend machen."*

Aber nichts kann Macbeth zurückhalten; Er lässt seiner poetischen
Fantasie freien Lauf und bricht in einer exquisiten Lyrik aus, einer Lyrik, die
kaum einen engeren Bezug zu den Umständen hat als ihre Wahrheit zu
Shakespeares Natur:

> *„ Ich dachte , ich hörte eine Stimme rufen: ‚Schlaf nicht mehr!'*
>
> *„Macbeth macht Mordschlaf" – den unschuldigen Schlaf:*
>
> *zerschlissene Hülle der Sorgen zusammenfügt .*

und so weiter – der Dichter, der in seine eigenen Vorstellungen verliebt
ist.

Wieder versucht Lady Macbeth, ihn zur Realität zurückzubringen; sagt
ihm, dass sein Denken seine Kräfte schwächt, und drängt ihn schließlich, die
Dolche zurückzunehmen und

> *" Abstrich*
>
> *Die schläfrigen Bräutigame mit dem Blut."*

Aber Macbeths Nerven sind verloren; er ist jetzt sowohl körperlich als
auch geistig überfordert ; er weint:

> *„Ich werde nicht mehr gehen;*
>
> *Ich habe Angst darüber nachzudenken, was ich getan habe.*
>
> *Schauen Sie es sich noch einmal an, ich wage es nicht.*

All dies ist äußerst charakteristisch für den nervösen Studenten, der zu
einer Leistung überfordert wurde, die seine Kräfte übersteigt, „einer
schrecklichen Leistung", und der darüber zusammengebrochen ist, aber die
Worte sind aus dem Mund eines ehrgeizigen, halbherzigen Schülers völlig
absurd. barbarischer Häuptling.

Seine Frau tadelt ihn als fantasievoll, kindisch – „ entschlossen" – sie wird die Dolche selbst zurückstecken; aber nichts kann Macbeth ermutigen; jedes Geräusch im Haushalt lässt sein Herz höher schlagen:

> *„Woher klopft es?*
>
> *Wie geht es mir nicht, wenn mich jedes Geräusch erschreckt ?"*

Sein Verstand rockt; er bildet sich sogar ein, gefoltert zu werden:

> *„Welche Hände sind hier? Ha!*
>
> *Sie reißen mir die Augen aus."*

Und dann beginnt er mit einer weiteren unvergleichlichen Lyrik:

> *„Wird der Ozean des großen Neptun dieses Blut waschen?*
>
> *Sauber von meiner Hand? Nein, das will lieber meine Hand*
>
> *Die zahlreichen Meere verkörpern,*
>
> *Das Grüne rot machen."*

In dieser lyrischen Hysterie gibt es viel vom Dichter-Neuropathen und sehr wenig vom Mörder aus Ehrgeiz. Kein Wunder, dass Lady Macbeth erklärt, sie würde sich schämen, „ein so weißes Herz zu tragen". Es ist alles noch einmal Hamlet, Hamlet hat eine höhere Intensität erreicht. Und hier sollte man bedenken, dass „Macbeth" drei Jahre nach „Hamlet" und wahrscheinlich kurz vor „Lear" geschrieben wurde; Man würde daher bei Macbeth eine größere Intensität und einen tieferen Pessimismus erwarten als bei Hamlet.

Die Charakterzeichnung in der nächsten Szene ist zwangsläufig gering. Die Entdeckung des Mordes zwingt jeden außer dem Protagonisten zum Handeln, doch Macbeth findet selbst auf dem Höhepunkt der Aufregung Zeit, Hamlet-Worte zu prägen, die man nie vergessen kann:

> *„Es gibt nichts Ernstes an der Sterblichkeit;"*

und die Beschreibung von Duncan:

> *„Seine silberne Haut durchzogen von seinem goldenen Blut"*

– so zuckersüß wie jede Zeile in den Sonetten und hier völlig fehl am Platz.

In diesen ersten beiden Akten wird der Charakter Macbeths so klar umrissen, dass keine Nachbearbeitung den Eindruck verwischen kann.

Jetzt kommt eine Phase des Dramas, in der Tat so schnell auf Tat folgt, dass es kaum noch Gelegenheit zur Charakterisierung gibt. Für den beiläufigen Blick scheint Macbeth fast seine Natur zu ändern und schnell, wenn auch nicht leicht, von einem Mord zum anderen überzugehen. Er arrangiert nicht nur die Ermordung von Banquo, sondern lässt auch Lady Macbeth unschuldig. Die Erklärung dieser scheinbaren Charakterveränderung liegt vor. Shakespeare übernahm die Geschichte von Macbeth aus Holinsheds Chronik, und dort wird berichtet, dass Macbeth Banquo und viele andere sowie Macduffs Frau und Kinder ermordete. Holinshed lässt Duncan „zu viel Gnade " und Macbeth „zu viel Grausamkeit " haben. Macbeths Handlungen entsprechen seiner Natur in Holinshed; Aber Shakespeare schuf Macbeth zunächst nach seinem eigenen Bild – sanftmütig, literarisch und unentschlossen – und wurde dann durch die historische Tatsache gefesselt, dass Macbeth Banquo und die anderen ermordete. Er war daher gezwungen, auf die eine oder andere Weise zu erklären, warum sein Macbeth von Verbrechen zu Verbrechen schritt. Es muss als das charakteristischste für den sanften Shakespeare herausgestellt werden, dass er, selbst als er mit dieser Schwierigkeit konfrontiert wurde, nicht daran dachte, Macbeth irgendeinen Anflug von Grausamkeit, Härte oder Ehrgeiz zu verleihen. Sein Macbeth begeht einen Mord aus demselben Grund, aus dem der ängstliche Hirsch kämpft – aus Angst.

> *„So zu sein ist nichts;*
>
> *Aber um sicher zu sein. Unsere Ängste in Banquo*
>
> *Bleib tief und in seinem Königtum der Natur*
>
> *Es herrscht das, was man fürchten würde":*

Und wieder:

> *„Es gibt niemanden außer ihm*
>
> *Wessen Wesen fürchte ich wirklich ":…*

Dies beweist, wie nichts anderes, die alles durchdringende, anziehende Freundlichkeit von Shakespeares Natur. Immer wieder rettet Lady Macbeth die Situation und versucht, ihren Mann durch Schande zu strenger Entschlossenheit zu bringen, aber vergebens; er ist „ganz unbemannt in der Torheit".

Wäre Macbeth ehrgeizig gemacht worden, wie die Kommentatoren annehmen, hätte es ein ausreichendes Motiv für sein späteres Handeln gegeben. Aber Ehrgeiz ist der Natur von Shakespeare und Hamlet fremd, daher bedient sich der Dichter nicht davon. Immer wieder kommt er auf die Erklärung zurück, dass die Schüchternen gefährlich werden, wenn sie „aus Angst Angst haben". Macbeth sagt:

> *„Aber wenn der Rahmen der Dinge auseinanderfällt, leiden beide Welten*
>
> *Bevor wir in Angst unsere Mahlzeit einnehmen und schlafen*
>
> *Im Kummer dieser schrecklichen Träume*
>
> *Das erschüttert uns jede Nacht."*

Nebenbei möchte ich anmerken, dass auch Hamlet über „schlechte Träume" klagt.

In tiefer Hamlet-Melancholie beginnt Macbeth nun, seinen Zustand dem Duncans gegenüberzustellen:

> *„Nach dem unruhigen Fieber des Lebens schläft er gut.*
>
> *Der Verrat hat sein Schlimmstes getan: weder Stahl noch Gift,*
>
> *Bosheit im Inland, ausländische Abgabe, nichts,*
>
> *Kann ihn noch weiter berühren."*

Lady Macbeth fleht ihn an, trotz seines rauen Aussehens elegant und fröhlich zu sein. Er verspricht Gehorsam; verfällt aber bald wieder in düstere Stimmung und sagt „eine Tat von schrecklicher Bedeutung" voraus. Natürlich befragt ihn seine Frau und er antwortet:

> *„Sei unschuldig an dem Wissen, liebster Chuck,*
>
> *Bis du der Tat applaudierst. Komm, seeling Nacht,*
>
> *Verschließe das zarte Auge des erbärmlichen Tages,*
>
> *Und mit deiner blutigen und unsichtbaren Hand*
>
> *Kündige und zerreiße diese große Bindung*
>
> *Was mich bleich macht."*

Für Shakespeare-Macbeth gibt es kein anderes Mordmotiv als die Angst. Banquo wird ermordet, aber Macbeth schreit immer noch:

> *„Ich bin eingesperrt, eingesperrt, eingesperrt, eingesperrt*

Doch während Angst ein angemessenes Motiv für den Mord an Banquo sein mag, kann sie den Mord an Macduffs Frau und Kindern kaum erklären. Auch Shakespeare empfindet dies und findet daher andere Gründe natürlich genug; Aber der erste dieser Gründe, „sein eigenes Wohl", ist nicht besonders charakteristisch für Macbeth, und der zweite ist zwar vielleicht charakteristisch, aber absurd unzureichend: Männer morden nicht aus Langeweile:

{Fußnote 1: Es scheint mir wahrscheinlich, dass Shakespeare, da er kein angemessenes Mordmotiv finden konnte, dieses von „Richard III." entlehnt hat. Richard sagt:

Dies ist eine Erklärung, die der Tatsache folgt, und nicht eine Ursache, die sie hervorbringt – eine Erklärung, die darüber hinaus im Fall eines teuflischen Richard zutreffen mag, aber nicht auf einen Macbeth zutrifft.}

Alles in allem ist dieser letztere Grund das dürftigste Motiv für kaltblütigen Mord, das je genannt wurde, und Shakespeare spürt dies erneut, denn er holt erneut die Hexen, um Macbeth Sicherheit zu versprechen und ihn zu beschwören, „blutig" zu sein , mutig und entschlossen." Als sie ihm so den Mut genommen haben, wie zuvor seine Frau, beschließt Macbeth, Macduff zu ermorden, aber er greift sofort auf die alte Erklärung zurück; er tut es nicht „zu seinem eigenen Besten" oder weil „die Rückkehr langweilig ist"; er tut es

> *„Damit ich bleicher Angst sagen kann, dass es lügt,*
>
> *Und schlafe trotz Donner."*

Man kann mit Recht sagen, dass Shakespeares Macbeth so sanftmütig ist, dass er in sich selbst kein anderes Motiv für einen Mord finden kann als Angst. Die Worte, die Shakespeare Hubert in „King John" in den Mund legt, sind in Wirklichkeit sein eigenes Bekenntnis:

> *„In diesen Busen, den ich noch nie betreten habe*
>
> *Die schreckliche Bewegung eines mörderischen Gedankens."*

Es kommt zu den Morden und es folgen alberne Szenen in England zwischen Malcolm und Macduff, dann kommt Lady Macbeths Krankheit und das charakteristische Ende. Der Diener erzählt Macbeth von der Annäherung der englischen Streitkräfte und er beginnt den wunderbaren Monolog:

> *„ Mein Mai des Lebens*
>
> *Ist ins Meer gefallen , das gelbe Blatt;*
>
> *Und das, was das Alter begleiten sollte,*
>
> *Als Ehre , Liebe, Gehorsam, Scharen von Freunden,*
>
> *Ich darf nicht danach streben, etwas zu haben; aber an ihrer Stelle*
>
> *Flüche, nicht laut, aber tief, Mundehre , Atem*
>
> *Was das arme Herz gerne leugnen würde und es nicht wagen würde."*

Dies ist wahrlich ein seltsamer Mörder, der sich nach „Truppen von Freunden" sehnt und der im letzten Moment des Schicksals in sich selbst die Freundlichkeit gegenüber anderen finden kann, um mit dem „armen Herzen" zu sympathisieren. Das alles ist purer Hamlet; man könnte besser sagen, reiner Shakespeare.

Als nächstes werden wir mit Malcolm und Macduff auf das Feld geführt und sofort wieder zurück zum Schloss. Während die Frauen in Schreie ausbrechen, hält Macbeth ein Selbstgespräch ganz im Geiste des Bücherwurms Hamlet:

„Ich habe den Geschmack von Ängsten fast vergessen.

Mit der Zeit wären meine Sinne abgekühlt

Einen Nachtschrei hören; und mein Haarausfall

Würde bei einer düsteren Abhandlung aufwachen und sich rühren

Wie das Leben in 't wäre.

Die gesamte Passage und insbesondere die „düstere Abhandlung" erinnern mit einem Zauber der Darstellung an den Wittenberger Studenten.

Der Tod der Königin wird verkündet und entlockt Macbeth eine Rede voller verzweifeltem Pessimismus, einer bittereren Stimmung, als Hamlet jemals gekannt hat; eine Rede darüber hinaus, die sowohl den Studenten als auch den unvergleichlichen Lyriker zeigt:

„Sie hätte später sterben sollen:

Es hätte seine Zeit für ein solches Wort gegeben. —

Morgen und morgen und morgen,

Schleicht sich in diesem kleinlichen Tempo von Tag zu Tag,

Bis zur letzten Silbe der aufgezeichneten Zeit;

Und alle unsere Gestern haben Narren erleuchtet

Der Weg zum staubigen Tod. Raus, raus, kurze Kerze!

Das Leben ist nur ein wandelnder Schatten; ein schlechter Spieler,

Das stolziert und ärgert seine Stunde auf der Bühne,

Und dann ist nichts mehr zu hören: Es ist eine Geschichte

Von einem Idioten erzählt, voller Klang und Wut,

Nichts bedeuten. "

Macbeths Philosophie endet wie die Hamlets in völligem Zweifel, in einer Leidenschaft der Verachtung des Lebens, die tiefer geht als alles bei Dante. Das Wort „Silbe" in diesem lyrischen Ausbruch ist ebenso charakteristisch wie die „düstere Abhandlung" im vorherigen, und noch charakteristischer für Hamlet ist der Vergleich des Lebens mit „einem armen Spieler".

Der Bote erzählt Macbeth, dass Birnam Wood begonnen hat, sich zu bewegen, und er sieht, dass die Hexen ihn betrogen haben. Er kann nur sagen, wie Hamlet gesagt hätte:

„Ich fange an, Angst vor der Sonne zu haben,

Und ich wünschte, der Besitz der Welt wäre jetzt zerstört. —

Läuten Sie die Alarmglocke! Bläst Wind! Komm, Wrack!

Zumindest werden wir mit dem Geschirr auf dem Rücken sterben."

Und später schreit er:

„Sie haben mich an einen Pfahl gefesselt; Ich kann nicht fliegen,

Aber bärenstark muss ich den Kurs durchkämpfen."

Das scheint mir äußerst charakteristisch für Hamlet zu sein; Die brutale Seite der Handlung wurde noch nie so verächtlich beschrieben, und Macbeths nächster Monolog macht die Identität für jedermann deutlich; es ist im wahren Denker-Skeptiker-Stil:

„Warum sollte ich den römischen Narren spielen und sterben?

Auf meinem eigenen Schwert?"

{Fußnote 1: Um das Jahr 1600 scheint sich Shakespeare in Plutarch vertieft zu haben. Wenn er in den nächsten fünf oder sechs Jahren an Selbstmord denkt, kommt ihm die römische Sichtweise in den Sinn. Nachdem Laertes beschlossen hat, sich umzubringen, schreit er:

„Ich bin eher ein antiker Römer als ein Däne"

und im gleichen Fall spricht Kleopatra davon, „nach der hohen römischen Art" zu sterben.}

Macbeth trifft dann Macduff, und es folgt das Geständnis von Mitleid und Reue, das mit der sanften Freundlichkeit verglichen werden muss, mit der Hamlet Laertes und Romeo Paris behandelt. Macbeth sagt zu Macduff:

„Von allen anderen Menschen habe ich dich gemieden:

Aber komm zurück, meine Seele ist zu sehr aufgeladen

Schon mit deinem Blut."

Dann kommt das „Etwas Verzweifelte" in ihm, mit dem Hamlet prahlte – und das Ende.

Hier finden wir ausnahmslos alle Merkmale von Hamlet. Der eklatante Unterschied in der Situation bringt nur die wesentliche Identität der beiden Charaktere zum Vorschein. Die beiden Porträts zeigen dieselbe Person und sind bis in die Fingerspitzen vollendet. Die geringfügigen Unterschiede zwischen Macbeth und Hamlet stärken nur unsere Behauptung, dass es sich bei beiden um Porträts des Dichters handelt; denn die Unterschiede sind offensichtliche Veränderungen desselben Charakters und Veränderungen, die lediglich auf das Alter zurückzuführen sind. So wie Romeo jünger ist als Hamlet und Leidenschaft zeigt, wo Hamlet Gedanken zeigt, so ist Macbeth älter als Hamlet; in Macbeth ist die Melancholie tiefer, der Ton pessimistischer und das Herz sanfter geworden. {Fußnote: Unmittelbar nach der Veröffentlichung dieser ersten beiden Essays nutzte Sir Henry Irving die Gelegenheit und hielt vor einem angesehenen Publikum einen Vortrag über den Charakter Macbeths. Er vertrat die Meinung, dass „Shakespeare Macbeth als einen der blutrünstigsten und heuchlerischsten Bösewichte in seiner langen Galerie von Männern dargestellt hat, der mit den Tugenden und Lastern seiner Art vertraut ist (sic)." Auch Sir Henry Irving nutzte die Gelegenheit, um das Gleichnis des Mitleids zu loben:

„Und Mitleid, wie ein nacktes Neugeborenes,

Auf dem Weg zur Explosion. "

Dieser lächerliche Kerl kam ihm „sehr schön" vor. All dies war völlig unnötig: Niemand musste darüber informiert werden, dass ein Mann Verdienste als Schauspieler haben und dennoch kein Verständnis für Psychologie oder Geschmack für Literatur haben könnte.} Ich wage daher zu behaupten, dass das Porträt, das wir in Romeo finden und Jaques zuerst, dann in Hamlet und dann in Macbeth, ist das Porträt von Shakespeare selbst, und wir können seine persönliche Entwicklung durch diese drei Phasen verfolgen.

KAPITEL III.
HERZOG VINCENTIO – POSTHUMUS

Es wäre vielleicht angebracht, hier ein paar Porträts von Shakespeares späterem Leben hinzuzufügen, um die Hauptmerkmale seines Charakters zweifelsfrei festzustellen. Zu diesem Zweck werde ich in „ Maß für Maß" ein Porträt anfertigen, das lediglich eine Skizze von ihm, Herzog Vincentio, ist, und in „Cymbeline" ein Porträt, das bis ins kleinste Detail vollendet und perfekt, wenn auch bewusst idealisiert, ist, Posthumus. Und der Grund, warum ich diese nachlässige, schwankende Skizze nehme und sie einem hochentwickelten Porträt gegenüberstelle, ist, dass die Skizze zwar hier und da kaum wiederzuerkennen ist, der Umriss allzu dünn und zögernd, aber hin und wieder ein charakteristisches Merkmal ist wird überbetont, wie wir es bei nachlässiger Arbeit erwarten sollten. Und diese Skizze aus mal schwachen, mal allzu schweren Linien ist merkwürdig überzeugend, wenn sie mit einem sorgfältigen und ausführlichen Porträt verglichen wird, in dem dieselben Züge wiedergegeben werden, aber harmonisch und mit einem perfekten Gespür für den relativen Wert jedes einzelnen Merkmals . Soweit mir bekannt ist, hat noch kein Kritiker, weder Hazlitt, noch Brandes, noch nicht einmal Coleridge, daran gedacht, Herzog Vincentio oder Posthumus mit Hamlet gleichzusetzen, geschweige denn mit Shakespeare selbst. Die beiden Stücke sind in Ton und Stimmung sehr unterschiedlich; „Maß für Maß" ist eine Art Traktat für die Zeit, während „Cymbeline" ein rein romantisches Drama ist. Darüber hinaus entstand „Maß für Maß" wahrscheinlich einige Jahre nach „Hamlet" gegen Ende des Jahres 1603, während „Cymbeline" zur letzten Schaffensperiode des Dichters gehört und kaum vor 1610 oder 1611 fertiggestellt sein konnte. Die Unähnlichkeit der Stücke unterstreicht nur die Ähnlichkeit der beiden Protagonisten.

„Maß für Maß" ist eines der besten Beispiele für Shakespeares Verachtung der Bühnenkunst. Nicht nur ist der Mechanismus des Stücks, wie wir später sehen werden, erstaunlich schlampig, sondern auch der angebliche Zweck des Stücks, der darin besteht, die in Wien respektierten Gesetze durchzusetzen, wird nicht nur nicht erreicht, sondern scheint am Ende sogar erreicht zu werden verachtet als vergessen. Diese Gleichgültigkeit gegenüber logischer Konsistenz ist charakteristisch für Shakespeare; Hamlet spricht von „dem unentdeckten Land, aus dessen Heimat kein Reisender zurückkehrt", kurz nachdem er mit seinem toten Vater gesprochen hat. Der poetische Träumer kann sich nicht die Mühe machen, die losen Enden einer Geschichte zusammenzufassen: Der wahre Zweck von „Maß für Maß", nämlich die Verwirrung des angeblichen Asketen Angelo, ist erfüllt, und das genügt dem Denker, der dies getan hat So wird gezeigt, was „unsere Scheinleute " sind. Es ist nicht weniger charakteristisch für Shakespeare, dass

Herzog Vincentio, sein *Alter Ego* , einem anderen befiehlt, zügellose Menschen zu bestrafen – eine Aufgabe, die seiner freundlichen Natur zu unangenehm war. Aber lassen wir diese allgemeinen Überlegungen hinter uns und kommen wir zur ersten Szene des ersten Akts: Die zweite lange Rede des Herzogs hätte den Verdacht erwecken müssen, dass Vincentio nur eine weitere Maske für Shakespeare ist. Die ganze Rede verkündet den Dichter; Der Herzog beginnt:

> *„Angelo*
>
> *Es gibt eine Art Charakter in deinem Leben.*

Hamlet sagt zu Rosenkrantz und Güldenstern in angeblicher Prosa:

> *„In deinem Aussehen liegt eine Art Geständnis. “*

Etwas später die Zeile:

> *„Geister sind nicht feinfühlig*
>
> *Aber zu feinen Themen“,*

ist so charakteristisch für Hamlet-Shakespeare, dass es jeden Leser hätte auf die Spur bringen müssen.

die Reden des Herzogs in der vierten Szene des ersten Aktes. Aber die vier Zeilen,

> *„Mein heiliger Herr, niemand weiß es besser als Sie*
>
> *Wie ich jemals das entfernte Leben geliebt habe,*
>
> *Und zum müßigen Preis festgehalten, um Versammlungen zu verfolgen,*
>
> *Wo Jugend, Kosten und geistloser Mut bleiben“,*

sind für mich ein intimes, persönliches Geständnis; tatsächlich eine umfassendere Wiedergabe von Hamlets „Der Mensch erfreut mich nicht; nein, auch nicht die Frau.“ Auf jeden Fall muss man zugeben, dass eine Abneigung gegen Versammlungen, Kosten und geistlose Tapferkeit für einen regierenden Monarchen typisch ist, so eigenartig, dass es mich an den verbannten Herzog in „Wie es euch gefällt“ oder an Herzog Prospero in „Die …“ erinnert Tempest“ (zwei weitere Inkarnationen von Shakespeare) und nicht von irgendeiner anderen im wirklichen Leben. Eine Liebe zur

Einsamkeit; Eine ausgeprägte Verachtung für Shows und die „geistlose Tapferkeit" des Hoflebens waren, wie wir sehen werden, Merkmale Shakespeares von der Jugend bis ins hohe Alter.

In der ersten Szene des dritten Aktes spricht der Herzog als Mönch zum verurteilten Claudio. Er argumentiert so, wie Hamlet argumentieren würde, aber ich denke, mit einer überzeugteren Hoffnungslosigkeit. Die zunehmende Skepsis würde uns zwangsläufig dazu zwingen, „Maß für Maß" etwas später als „Hamlet" anzuordnen:

„Vernünftig so mit dem Leben: –

Wenn ich dich verliere, verliere ich etwas

Das würden nur Narren behalten; ein Hauch bist du,

– – – – – – – –

Das Beste an Ruhe ist Schlaf,

Und dass du oft provozierst und doch große Angst hast

Dein Tod, der nicht mehr ist. Du bist nicht du selbst;

Denn du existierst auf vielen tausend Körnern

Dieses Problem aus Staub. Glücklich bist du nicht;

Denn was du nicht hast, das strebst du dennoch zu bekommen,

Und was du hast, vergisst du .

– – – – – – – –

Was ist hier drin,

Das trägt den Namen Leben? Doch in diesem Leben

Lüge verbarg weitere tausend Todesfälle; doch den Tod fürchten wir,

Damit sind die Chancen ausgeglichen. "

Dass dieser Skeptizismus von Vincentio Shakespeares Skeptizismus ist , geht aus der Tatsache hervor, dass die ganze Rede schlimmer als fehl am Platz ist, wenn sie an eine zum Tode verurteilte Person gerichtet ist. Wenn wir es ernst nehmen würden, würde es zeigen, dass der Herzog seltsam gleichgültig gegenüber den Leiden des verurteilten Claudio ist; Aber gefühllos ist der Herzog nicht, er ist lediglich ein nachdenklicher Dichter-Philosoph, der redet, um sein eigenes Herz zu erleichtern. Claudio macht sich unbewusst über die Argumentation des Herzogs lustig :

Dieser Skeptizismus gegenüber Shakespeare, der bei Angelo fehl am Platz und wiederum am natürlichsten in Claudios berühmter Rede zum Ausdruck kommt, ist einer der hervorstechenden Charakterzüge seines Charakters, der in diesem Stück insgesamt überbetont wird. Darüber hinaus ist es eine Eigenschaft, die in fast allem, was er schrieb, zum Ausdruck kommt. Wie fast alle großen Geister der Renaissance beschäftigte sich Shakespeare ständig mit den schweren Problemen des menschlichen Lebens und seines Schicksals. Gab es einen Sinn oder Zweck im Leben, ein Ergebnis des Strebens? War der Tod zu fürchten oder ein Jenseits zu wünschen? – Unaufhörlich schlug er mit angestrengten Flügeln in die Leere. Aber selbst in jungen Jahren versuchte er nie, sich selbst zu täuschen. Sein Richard II. hatte die oberflächliche Eitelkeit der menschlichen Wünsche, die Sinnlosigkeit der menschlichen Hoffnungen zum Ausdruck gebracht; er kannte diesen Mann

Und dieses traurige Wissen verdunkelte Shakespeares gesamtes späteres Denken. Als die Jugend ihn verließ und die Ernüchterung dem Träumen ein Ende machte, vertiefte sich natürlich seine Melancholie, seine Traurigkeit wurde zur Verzweiflung; Wir können sehen, wie sich die Schatten um ihn herum in die Nacht verdichten. Brutus verabschiedet sich „auf ewig" von seinem Freund und geht bereitwillig zur Ruhe. Hamlet fürchtet „das unentdeckte Land"; aber der bewusstlose Tod ist für ihn „eine Vollendung, die man sich sehnsüchtig wünscht." Vincentios Stimmung ist halb verächtlich, aber die Melancholie bleibt bestehen; Der Tod sei nicht „mehr als Schlaf", sagt er, und das Leben eine Reihe von Täuschungen; während Claudio in demselben Stück vor dem Tod schaudert wie vor der Vernichtung, oder schlimmer noch, mit Worten, die man unweigerlich als Shakespeares bezeichnen kann:

Wenig später schreit Macbeths Seele aus der äußeren Dunkelheit zu uns: „Es gibt nichts Ernstes in der Sterblichkeit"; Leben

Und aus dieser verzweifelten Düsternis kommen Lears Schmerzensschreie und mitleiderregende Schwärmereien, und in den schweren Pausen das Geplapper des Narren. Selbst als die ruhigere Stimmung des Alters über Shakespeare hereinbrach und ihm die Bitterkeit nahm, widerrief er nie; Posthumus spricht von Leben und Tod fast mit den Worten von Vincentio, und Prospero hat nichts hinzuzufügen, außer dass „unser kleines Leben durch einen Schlaf abgerundet wird".

Es ist bemerkenswert, dass Shakespeare diese philosophischen Fragen immer den Figuren stellt, die ich als seine Nachahmungen betrachte, {1} und wenn er diese Regel bricht, dann bricht er sie zugunsten eines Claudio, der überhaupt keine Figur, sondern lediglich das Sprachrohr ist einer seiner Stimmungen.

{Fußnote 1: Einer meiner Korrespondenten, Herr Theodore Watts-Dunton, war so freundlich, mir einen Artikel im „Colbourn's Magazine" aus dem Jahr 1873 zu schicken, in dem er erklärt: „Shakespeare scheint eine Art Hamlet-Notizbuch geführt zu haben." , voller Hamlet-Gedanken, deren Typus „Sein oder Nichtsein" sein kann. Diese wurden ihm aufgebürdet. Diese stopfte er in Hamlet hinein, so weit er konnte, und dann warf er die anderen wahllos in andere Stücke, Tragödien und Geschichten, völlig unabhängig von der Figur, die sie aussprach." Obwohl Herr Watts-Dunton erkennt, dass einige dieser „Hamlet-Gedanken" bei Macbeth, Prospero und Claudio zu finden sind, fehlt ihm offensichtlich der Schlüssel zu Shakespeares Persönlichkeit, sonst hätte er nie gesagt, dass Shakespeare diese Überlegungen „wahllos in andere" geworfen hat Theaterstücke." Dennoch ist die Aussage selbst interessant und verdient mehr Beachtung, als ihr zuteil wurde.}

Ich komme nun an einen Punkt in dem Drama, der gleichzeitig einer Erklärung bedarf und sich jeder Erklärung entzieht. In der ersten Szene des dritten Akts teilt der Herzog , nachdem er der schrecklichen Diskussion zwischen Isabella und Claudio zugehört hat, Claudio zunächst mit, dass „Angelo nie die Absicht hatte, Isabella zu korrumpieren", und versichert Claudio dann, dass er morgen sterben muss . Die Erklärung dieser beiden Unwahrheiten wäre schwer zu finden, wenn wir nicht davon ausgehen, dass sie lediglich erfunden wurden, um unser Interesse an dem Drama zu verlängern. Obwohl diese Annahme wahrscheinlich ist, erhöht sie jedoch nicht unsere Sympathie für den Protagonisten – die Lügen scheinen zu nachlässig geäußert zu sein, um überhaupt charakteristisch zu sein – und auch nicht unsere Bewunderung für die Struktur eines Stücks, das auf solch schwache Stützpfeiler gestützt werden muss. Dennoch ist gerade diese Nachlässigkeit der Tatsachen, wie ich bereits sagte, Shakespeare-mäßig; Der philosophische Träumer schenkte den bloßen Begebenheiten der Geschichte kaum Beachtung.

Es folgt das Gespräch zwischen dem Herzog und Isabella. Die Form der Rede des Herzogs mit ihrem Hauch euphuistischer Einbildung ist eine, die Hamlet-Shakespeare berührt:

> *„Die Hand, die dich schön gemacht hat, hat dich gemacht*
>
> *gut: das Gute, das in der Schönheit billig ist, macht*
>
> *Schönheit kurz in Güte; aber Gnade, die Seele von*
>
> *Dein Teint soll seinen Körper immer schön halten. "*

Auch dieser Herzog spielt in und außerhalb der Saison einen Philosophen wie Hamlet: Er sagt zu Isabella:

> *„Tugend ist kühn und Güte niemals furchtbar"*

er übertrug sein Lob sogar auf eine Frau.

Als Pompeius erneut verhaftet wird, wechselt er vom Einzelnen zum General und ruft aus:

> *„Dass wir alle so waren, wie manche zu sein scheinen,*
>
> *Frei von unseren Fehlern, wie von scheinbar freien Fehlern. "*

Dann folgt das interessante Gespräch mit Lucio, der mit seiner Verachtung den leicht pompösen Herzog zum natürlichen Leben erweckt. Als Lucio dem Herzog, der als Mönch verkleidet ist, erzählt, dass er (der Herzog) ein berüchtigter Faulpelz war – „ hatte er ein gewisses Gefühl für den Sport; er kannte den Dienst" – der Herzog bestreitet lediglich die sanfte Amtsenthebung; Doch als Lucio ihm sagt, dass der Herzog nicht weise, sondern „ein sehr oberflächlicher, unwissender, unbedeutender Kerl" sei, platzt der Herzog heraus: „Entweder ist das Neid, Torheit oder Irrtum von dir: ... Lass ihn nur aussagen. " in seinem eigenen Schaffen , und er wird den Neidern als Gelehrter, Staatsmann und Soldat erscheinen", was an Hamlets „Freunde, Gelehrte und Soldaten" und Ophelias Lob von Hamlet als

„Höfling, Soldat, Gelehrter" erinnert. " Lucio geht los und der Herzog „moralisiert" den Vorfall in Hamlets Akzent:

> *„Es gibt weder Macht noch Größe in der Sterblichkeit*
>
> *Kann 'Scape' tadeln; hinterhältige Verleumdung*
>
> *Die weißeste Tugend schlägt zu. Was für ein König, so stark*
>
> *Kann die Galle in der verleumderischen Zunge binden?"*

Hamlet sagt zu Ophelia:

> *„Sei so keusch wie Eis, so rein wie Schnee, das wirst du tun*
>
> *der Verleumdung nicht entgehen."*

Und Laertes sagt, dass „die Tugend selbst" der Verleumdung nicht entgehen kann.

Die Reflexion ist offensichtlich Shakespeares eigene, und auch hier ist die Form charakteristisch. Vielleicht ist es gut, sich jetzt daran zu erinnern, dass Shakespeare selbst zu seinen Lebzeiten verleumdet wurde; Die Tatsache wird in Sonett 36 zugegeben, wo er befürchtet, dass seine „Schuld" seinen Freund „beschämen" wird.

In seinem Gespräch mit Escalus wird die Rede des Herzogs durch die übermäßige Verdichtung der Gedanken fast undeutlich – eine Gewohnheit, die sich bei Shakespeare entwickelt hat.

Escalus fragt:

> *„Welche Neuigkeiten gibt es im Ausland?"*

Der Herzog antwortet:

> *„Keine, außer dass es ein so großes Fieber für das Gute gibt,*
>
> *dass die Auflösung es heilen muss: Neuheit ist nur in*
>
> *Anfrage. ... Es gibt kaum eine Wahrheit, die lebendig genug ist, um sie lebendig werden zu lassen*
>
> *Gesellschaften sind sicher, aber Sicherheit genug, um Gemeinschaften zu schließen*
>
> *verflucht."*

Dann erzählt uns Escalus vom Temperament des Herzogs in Worten, die perfekt zu Hamlet passen würden; denn seltsamerweise liefern sie uns die beste Beschreibung von Shakespeares Melancholie:

„Eher froh, einen anderen fröhlich zu sehen, als fröhlich darüber

alles, was ihm angeblich Freude bereitete.“

Und schließlich muss der seltsame gereimte Monolog von Vincentio, der diesen dritten Akt abschließt, mit dem Epilog zu „Der Sturm“ verglichen werden:

„Er, der das Schwert des Himmels tragen wird

Sollte ebenso heilig wie streng sein;

Muster in sich selbst zu wissen,

Gnade zu bestehen und Tugend zu gehen;“

- - - - - - - - - -

„Schande für ihn, der so grausam zuschlägt

Tötet für Fehler, die ihm gefallen!

Zweimal dreifache Schande für Angelo,

Um mein Laster zu beseitigen und seines wachsen zu lassen!“

- - - - - - - - - -

Im fünften Akt spricht der Herzog, befreit von Intrigen und Plänen, ohne Zwang und offenbart sein Wesen auf unbefangene Weise. Er verwendet gegenüber Angelo Worte, die an die Sonette erinnern:

„O, deine Wüste spricht laut; und ich sollte es falsch machen,

Um es in den Schutzzaubern der bedeckten Brust einzuschließen,

Wenn es es verdient, mit Charakteren aus Messing,

Eine befestigte Residenz, die dem Zahn der Zeit trotzt

Und Zerstörung des Vergessens.“{1}

{Fußnote 1: Vgl. Sonett 122 mit seinem „vollen Charakter“ und seiner „gelöschten Vergessenheit“.}

Wieder argumentiert der Herzog in sanfter Shakespeare-Manier für Angelo und gegen Isabella:

„Wenn er so beleidigt gewesen wäre,

Er hätte deinen Bruder alleine gewogen

Und ihn nicht abgeschnitten haben."

Für Shakespeare scheint es unmöglich zu glauben, dass der Sünder Sünde bestrafen kann. Es erinnert an das Heilige: „Wer unter euch ohne Sünde ist, der werfe zuerst einen Stein." Es folgen die Entdeckungen und Vergebungen des letzten Aktes.

Ich denke, es wird allgemein zugegeben, dass Herzog Vincentio während des gesamten Stücks mit Shakespeares Stimme spricht. Aus der Sicht der literarischen Kunst ist sein Charakter bei weitem nicht so komplex oder so tiefgründig wie der von Hamlet oder Macbeth oder sogar wie der von Romeo oder Jacques, und doch ist dies noch ein anderer Charakterzug neben dem des skeptischen Grübelns so überbetont, dass man es nie vergessen kann. In der letzten Szene befiehlt der Herzog Barnardine, den Block zu betreten, und im nächsten Moment gibt er ihm Aufschub; er verurteilt

„Ein Angelo für Claudio; Tod für Tod";

dann entschuldigt er Angelo und beginnt sofort, in freundlicher Vertraulichkeit mit ihm zu plaudern; er beteuert, dass er Lucio nicht verzeihen kann, Lucio, der ihn betrogen hat, soll ausgepeitscht und gehängt werden, und erlässt im selben Atemzug die schwere Strafe. Er ist wahrlich „ein unverletzendes Gegenteil" {Fußnote: Die Kritiker sind sich uneinig über dieses Ende und tatsächlich über das ganze Stück. Coleridge sagt, dass „unser Gerechtigkeitsgefühl durch Angelos Flucht schwer verletzt wurde"; denn „Grausamkeit aus Wollust und verdammende Niedrigkeit kann nicht vergeben werden." Auch Herr Swinburne bedauert den Justizirrtum; Für ihn ist das Stück eine Tragödie und sollte tragisch mit der Bestrafung des „Autotyps des riesigen Nationallasters Englands" enden. Vielleicht war die puritanische Heuchelei jedoch zur Zeit Shakespeares nicht so weit verbreitet oder so mächtig wie heute; Vielleicht war Shakespeare auch kein so guter Hasser wie Mr. Swinburne und auch kein so energischer Moralist wie Coleridge, zumindest theoretisch. Auf jeden Fall ist es offensichtlich, dass es Shakespeare schwerer fiel, Lucio zu verzeihen, der seine Eitelkeit verletzt hatte, als Angelo, der die Lust zur Gewalttat und zum Mord steigerte, eine seltsame, aber dennoch charakteristische Tatsache, die ich der Gnade künftiger Kommentatoren überlasse. Herr Sidney Lee betrachtet „Maß für Maß" als „eines der größten Stücke Shakespeares". Coleridge hielt es jedoch für „ein hasserfülltes Werk"; Es ist außerdem ein schlechtes Werk, schlecht aufgebaut und größtenteils nachlässig geschrieben. Im Wesentlichen ist es ein bloßes Traktat gegen den Puritanismus und in der Form eine Art Unterhaltung aus Tausendundeiner Nacht, in der der Held die Rolle von Haroun-al- Raschid spielt .} dessen Zorn keine Standhaftigkeit besitzt; Aber die sanfte Versöhnlichkeit des Gemüts, die bei Vincentio so ausgeprägt ist, ist ein Charakterzug, den wir bei Romeo und erneut bei Hamlet und erneut bei Macbeth betont fanden. Es ist in der Tat eines der beständigsten Merkmale Shakespeares. Vom Anfang bis zum Ende des Stücks ist Herzog Vincentio in seinem Handeln schwach freundlich und wird von unbeständigen Impulsen beeinflusst; sein vermeintliches strenges Verhalten ist der dünne Anstrich der Eitelkeit, der solch weiches Material nicht annimmt. Die Hamlet-Schwäche ist bei ihm so übertrieben und so unbegründet , dass ich zu der Annahme neige, dass Shakespeare noch unentschlossener und handlungsunwilliger war als Hamlet selbst.

In der Figur des Posthumus, dem Helden von „Cymbeline", hat Shakespeare sich mit außerordentlicher Sorgfalt dargestellt; hat uns tatsächlich ein ebenso bewusstes und fast ebenso vollständiges Bild von sich selbst gegeben wie in Hamlet. Unglücklicherweise war seine Hand im Laufe der zehn Jahre schwächer geworden, und er ließ seiner Idealisierungsgewohnheit so locker freien Lauf, dass das Porträt weder so wahrhaftig noch so lebensecht ist. Die Erklärung all dessen wird später gegeben; Es reicht für den Moment, festzustellen, dass Posthumus vielleicht das vollständigste Porträt von ihm ist, das wir nach seinem geistigen Schiffbruch haben. Wir müssen die Merkmale sorgfältig beobachten und sehen, für welche Art von Mann sich Shakespeare gegen Ende hielt seine Karriere.

Es ist schwer zu verstehen, wie die Kommentatoren „Cymbeline" lesen konnten, ohne die Ähnlichkeit zwischen Posthumus und Hamlet zu erkennen. Die Wette, die das Thema des Stücks ist, mag sie ein wenig behindert haben, aber da es ihnen leicht fiel, ihre Grobheit mit der Zuschreibung von Unanständigkeit auf die Zeit zu entschuldigen, scheint es keinen Grund gegeben zu haben, Posthumus nicht anzuerkennen. Posthumus ist einfach ein biederer, deutlich idealisierter Hamlet. Ich bin mir überhaupt nicht sicher, ob das Thema des Stücks zur Zeit Elisabeths nicht anstößig war; Alle feineren Geister müssen es schon damals als kindisch und grob empfunden haben. Was hätte Spenser dazu gesagt? Shakespeare nutzte die Wette, weil sie ihm die Möglichkeit gab, sich selbst und eine ideale Frau darzustellen. Seine Meinung dazu ist nur angedeutet; Iachimo sagt:

„Ich setze meine Wette eher gegen Ihr Vertrauen als gegen ihren Ruf, und um Sie auch hier nicht zu beleidigen, wage ich es gegen jede Dame auf der Welt." Doch trotz der Tatsache, dass Iachimo seine Beleidigung allgemein ausspricht, warnt ihn Posthumus:

„Wenn sie sich nicht verführen lässt ... für Ihre schlechte Meinung,

und den Angriff, den du ihrer Keuschheit zugefügt hast, sollst du tun

Antworte mir mit deinem Schwert.

Daraus geht hervor, dass die Wette Posthumus missfiel; es ist für ihn nicht so anstößig , wie es nach unserer modernen Einstellung hätte sein sollen; aber dieser Mangel, ein unbewusster Mangel, ist der einzige Fehler, den Shakespeare seinem Helden zugestehen wird. In der ersten Szene des ersten Aktes wird Posthumus gepriesen, da Menschen niemals die Abwesenden ohne persönliches Motiv loben; der Erste Herr sagt über ihn:

"Ich denke nicht

So schön von außen und solche Dinge von innen

Beschenkt einen Mann außer ihm. "

Der Zweite Herr antwortet:

„Du sprichst ihn weit;"

und der Erste Herr fährt fort:

„Ich erweitere ihn, Sir, in sich selbst;

Zerschmettere ihn, anstatt ihn zu entfalten

Sein Maß ordnungsgemäß. "

Und als ob das nicht genug wäre, erzählt uns dieser Gentleman-Lobredner weiter, dass Posthumus „alle Erkenntnisse" seiner Zeit aufgesaugt habe, „wie wir die Luft" und weiter:

„Er lebte vor Gericht —

Was selten vorkommt — am meisten gelobt, am meisten geliebt;

Eine Kostprobe für die Jüngsten , für die Älteren

Ein Glas, das sie hervorbrachte ; und zum Graver

Ein Kind, das Verrückte geführt hat. "

Dieses grobe Lob ist lächerlich unnatürlich und empört unser Wissen über das Leben; Männer neigen viel eher dazu, die Abwesenden zu kritisieren als zu loben; aber es zeigt eine Voreingenommenheit Shakespeares zugunsten von Posthumus, die nur durch die Tatsache erklärt werden kann, dass er sich in Posthumus selbst darstellte. Für uns ist jedes Wort von Bedeutung, denn Shakespeare erzählt uns hier offenbar, was er gegen Ende seines Lebens über sich selbst dachte bzw. denken wollte. Es ist unmöglich zu glauben, dass er „am meisten gelobt und am meisten geliebt" wurde; Männer lieben oder loben ihre Vorgesetzten weder hinsichtlich ihres Aussehens noch ihrer Intelligenz.

Die ersten Worte, die Posthumus in derselben Szene an Imogen richtet, zeigen die sanfte Natur Shakespeares:

„Oh Dame, weine nicht mehr, damit ich keinen Grund gebe

Mehr Zärtlichkeit vermutet werden

Dann wird ein Mann."

Und als Imogen ihm den Ring gibt und ihm sagt, er solle ihn tragen, bis er eine andere Frau umwirbt, spricht er genau so mit ihr, wie Romeo gesprochen hätte:

"Wie! Wie! ein anderer?-

Ihr sanften Götter, gebt mir doch das, was ich habe,

Und verbrenne meine Umarmungen von einem nächsten Moment an

Mit Fesseln des Todes! {Setzt den Ring an.}

Bleib, bleib hier

Während der Verstand es weiterführen kann."

Und er kommt zu dem Schluss, wie der selbstironische Hamlet zu dem Schluss gekommen wäre:

„Und am süßesten, am schönsten,

Wie ich, mein armes Ich, für dich getauscht habe,

Zu deinem so unendlichen Verlust, so in unseren Kleinigkeiten

Ich gewinne immer noch von dir; Um meinetwillen trage Folgendes:

Es ist eine Fessel der Liebe; Ich werde es platzieren

Auf diesen schönsten Gefangenen.

{Legt ihr ein Armband um den Arm.} "

In seinem Kampf mit Cloten wird er als seltener Schwertkämpfer von wunderbarer Großmut dargestellt. Pisanio sagt:

„Mein Meister hat lieber gespielt als gekämpft,

Und der Zorn konnte ihm nichts anhaben."

Ich nenne diese sanfte Freundlichkeit, die Posthumus zeigt, das Muttermal von Shakespeare; er hatte „keine Hilfe gegen den Zorn". Im weiteren Verlauf des Stücks entdecken wir weitere Besonderheiten Shakespeares oder Hamlets. Iachimo stellt Posthumus als „fröhlich", „spielerisch", „den britischen Nachtschwärmer " dar; aber seltsamerweise antwortet Imogen so, wie Ophelia vielleicht über Hamlet geantwortet hätte:

„Als er hier war,

Er neigte zur Traurigkeit; und oft

Ich weiß nicht warum."

Diese unverschuldete Melancholie, die Romeo, Jaques, Hamlet, Macbeth und Vincentio auszeichnet, ist für die Hamlet-Shakespeare-Natur nicht charakteristischer als die Art und Weise, wie sich Posthumus verhält, wenn Iachimo ihn glauben machen will, dass er die Wette gewonnen hat. Posthumus ist fast sofort überzeugt; kommt tatsächlich zu dem Schluss mit der rücksichtslosen Schnelligkeit des naiven, sensiblen, schnell denkenden Mannes, der seine Gefühle und Gedanken durch das Schreiben in Einsamkeit kultiviert hat, und nicht durch den Verdacht und das Misstrauen gegenüber anderen, die auf dem Markt entwickelt werden. Man wird an Goethes berühmtes Couplet erinnert:

„Es bildet ein Talent sich in der Stille,

Sich ein Charakter im Strom der Welt."

Posthumus ist alles in unruhigen Extremen; Nicht zufrieden damit, die Lüge zu glauben, gibt er auch Iachimo Imogens Ring und bricht in eine Schmährede aus:

„Es soll keine Ehre geben

> *Wo Schönheit ist; Wahrheit, wo Schein; Liebe,*
>
> *Wo ein anderer Mann ist",*

und so weiter. Selbst Philario , der an der Sache kein Interesse hat, ist unendlich viel schwerer zu überzeugen:

> *„Haben Sie Geduld, Herr,*
>
> *Und nimm deinen Ring wieder; Es ist noch nicht gewonnen:*
>
> *Es ist wahrscheinlich, dass sie es verloren hat. "*

Dann fordert dieses „instabile Gegenteil", Posthumus, seinen Ring wieder zurück, aber sobald Iachimo schwört, dass er das Armband von ihrem Arm hatte, kehrt Posthumus aus reiner Gedankenschnelligkeit wieder zum Glauben zurück. Wieder Philario wird nicht überzeugt sein. Er sagt:

> *„Sir, haben Sie Geduld,*
>
> *Das ist nicht stark genug, um es zu glauben*
>
> *Von jemandem, der gut davon überzeugt ist –"*

Aber Posthumus wird den Beweis, den er verlangt hat, nicht abwarten. Er ist wie Othello vom Verdacht überzeugt, und gerade die Beweglichkeit seines Hamlet-Intellekts, der erkennt, dass Wahrscheinlichkeiten gegen ihn sprechen, verstrickt ihn in die Falle. Selbst sein Diener Pisanio glaubt nicht an Imogens Schuld, obwohl sein Herr ihm dies versichert. Shakespeare bemerkt diese eigentümliche unvorsichtige Eile seines Helden nicht, wie er beispielsweise die hastige Rede von Hotspur dadurch bemerkt, dass er Harry von England sie nachahmen ließ, einfach weil die Schnelligkeit seine eigene war; während ihm die hastige, stotternde Rede fremd war. Posthumus wettert wie Hamlet gegen Frauen; wie alle Menschen es tun, die sie nicht verstehen:

> *„Denn sogar zum Laster*
>
> *Sie sind nicht konstant, sondern verändern sich immer noch. "*

Und Posthumus verrät Hamlet so deutlich wie immer, dass er lediglich eine Shakespeare-Maske ist:

> *„Ich werde gegen sie schreiben,*

Verabscheuen Sie sie, verfluchen Sie sie – doch das ist eine größere Fähigkeit

In wahrem Hass beten sie um ihren Willen:

Selbst die Teufel können sie nicht besser plagen."

„Schreiben Sie gegen sie"! Dies ist die gleiche Drohung, die Shakespeare im Sonett 140 gegen seine dunkle Geliebte anwendet, und jeder wird zugeben, dass sie eher im Charakter des Dichters und Literaten liegt als in dem des kriegerischen Schwiegersohns einer Halbzeit. barbarischer König. Die letzte Zeile hier scheint mir, weil sie ein wenig überflüssig und ein wenig nachdrücklich ist, eine persönliche Bedeutung zu haben. Ich frage mich, ob Shakespeares Geliebte, als sie ihr Testament erhielt, ins Elend geriet?

Ich darf hier vielleicht bemerken, wie sehr dieses ganze Stück für Shakespeare charakteristisch ist. In der dritten Szene des dritten Akts wird das Leben auf dem Land in vorteilhafter Weise dem Leben am Hof gegenübergestellt; und dann wird Gold von den fürstlichen Brüdern wie Dreck behandelt – beides, die Liebe zum Landleben und die Verachtung des Goldes, sind, wie wir später sehen werden, bleibende Eigentümlichkeiten Shakespeares.

Als wir fast am Ende des Stücks wieder zu Posthumus kommen, stellen wir fest, dass seine Wut auf Imogen ausgebrannt ist. Er ist jetzt wütend auf Pisanio , weil er seinen Befehl ausgeführt und sie ermordet hat; er hätte „die edle Imogen zur Buße retten sollen". Sicherlich spricht der Dichter Shakespeare und nicht der empörte Liebhaber in diesem Beinamen „edel".

Posthumus beschreibt die Schlacht, in der er in Shakespeares üblicher Manier eine so tapfere Rolle spielte. Er verfällt in Reime; er zeigt die billige Bescheidenheit des konventionellen Helden; er erzählt von dem, was andere getan haben, und nichts von seinen eigenen Taten; Belarius und die beiden Jünglinge, er sagt:

„Mit ihrer eigenen Noblesse ... vergoldeten, blassen Blicken."

Leider wird man an die exquisite Sonettzeile erinnert:

„Blasse Bäche mit himmlischer Alchemie vergolden."

„Gold" ist eines von Shakespeares Lieblingswörtern ; er nutzt es sehr oft, manchmal sogar, wie in diesem Fall, wirkungslos.

Aber die Szene, die den Charakter des Posthumus zweifelsfrei offenbart, ist die Gefängnisszene im fünften Akt. Sein Monolog, der beginnt:

„Sehr willkommen, Knechtschaft, denn du bist ein Weg,

Ich denke, zur Freiheit" –

ist alles reiner Shakespeare. Als er beschließt, das Leben aufzugeben, sagt er:

„O Imogen!

Ich werde schweigend zu dir sprechen.

und Hamlet kommt bei seinem Tod zu demselben Wort:

"Der Rest ist Stille."

Die Szene mit dem Gefängniswärter stammt aus Hamlets Seele; Posthumus scherzt mit seinem Hüter wie Hamlet mit dem Totengräber:

„Wenn ich den Zuschauern also ein gutes Mahl beschere, dann

Schiff zahlt den Schuss;"

und die Hamlet-Melancholie:

„Ich bin froher zu sterben als sie zu leben."

und das Hamlet-Rätsel ist immer noch ungelöst:

„Ich sage dir, mein Freund, es gibt niemanden, dem es nicht mangelt, den Blick zu lenken

ihnen den Weg, den ich gehe; aber wie Augenzwinkern und Wille

Benutze sie nicht."

Als der Bote kommt, um ihn zum König zu bringen, ruft Posthumus:

„Du bringst gute Nachrichten, ich bin dazu berufen, gemacht zu werden

frei,"

denn es gibt „keine Bolzen für die Toten".

Wer sehen möchte, wie Shakespeares Geist funktionierte, vergleicht Posthumus' Rede vor Iachimo , als er die Wahrheit erfahren hat, mit Othellos Worten, als er von seinem eigenen fatalen Irrtum und von Desdemonas Keuschheit überzeugt war. Die beiden Reden sind Zwillinge; obwohl die Personen, die sie aussprechen, völlig unterschiedliche Charaktere haben sollten. Die Erklärung dieser erstaunlichen Ähnlichkeit wird gegeben, wenn wir zu „Othello" kommen.

Es ist charakteristisch für Posthumus, dass er Imogen im Kleid ihres Pagen schlug, ohne sie zu erkennen; Er ist immer zu schnell – ein bloßes Geschöpf des Impulses. Noch charakteristischer ist die Art und Weise, wie er Iachimo vergibt , so wie Vincentio Angelo vergibt:

> *„Knie nicht vor mir nieder:*
>
> *Die Macht, die ich über dich habe, besteht darin, dich zu verschonen,*
>
> *Die Bosheit dir gegenüber, um dir zu vergeben. Live,*
>
> *Und besser mit anderen umgehen. "*

Wenn es um die Beurteilung seiner Mitmenschen geht, ist dies Shakespeares schärfstes Wort. Posthumus wird uns also zu Beginn des Stücks als vollkommen präsentiert, als Vorbild für Jung und Alt, von tadelloser Tugend und allen wunderbaren Eigenschaften. Im Verlauf des Stücks zeigt er sich jedoch als sehr gewandt, leichtgläubig und impulsiv, schnell wütend und noch schneller verzeihend; mit Gedanken, die sich ganz der Traurigkeit und dem Grübeln zuwandten; ein Dichter – immer in den Extremen; jetzt hasst er seine eigenen voreiligen Fehler so sehr, dass er die härteste Strafe dafür fordert; jetzt schwört er, dass er sich an Frauen rächen wird, indem er gegen sie schreibt; ein Philosoph – er scherzt mit seinem Gefängniswärter und tröstet sich mit verzweifelten Spekulationen in der Gegenwart des Erzfurchts. All dies sind offensichtliche Merkmale von Hamlet, und Posthumus besitzt keine anderen.

Abgesehen davon, dass Shakespeare sich in seinen Dramen nie offenbart hat, habe ich gezeigt, dass er sich selbst als den Helden vorstellte. {Fußnote: Ein Hyperkritiker könnte behaupten, dass Jaques nicht der Held von „Wie es euch gefällt" war; aber der Einwand stärkt meine Argumentation wirklich. Shakespeare macht Jaques, der lediglich eine Nebenfigur ohne Einfluss auf die Handlung ist, zur Hauptfigur des Stücks, einfach weil er in Jaques sein eigenes Bedürfnis nach Selbstoffenbarung befriedigte.} von sechs Stücken, die zu sehr unterschiedlichen Zeiten geschrieben wurden; Tatsächlich malte er wie Rembrandt in allen kritischen Phasen seines Lebens sein eigenes Porträt: als sinnlicher Jüngling, der sich in Romeo der Liebe und Poesie hingab; ein paar Jahre später als melancholischer Zuschauer beim Lebensfest in Jaques; im mittleren Alter als leidenschaftlicher, melancholischer Ästhet-Philosoph von freundlichster Natur in Hamlet und Macbeth; als der launische, zur Strenge unfähige Herzog in „Maß für Maß" und schließlich, wenn er im Schatten steht, als Posthumus, eine idealisierte, aber schwächere *Nachbildung* von Hamlet.

KAPITEL IV.
SHAKESPEARES MÄNNER DER AKTION: DER BASTARD, ARTHUR UND KÖNIG RICHARD II.

Ich denke, es ist jetzt an der Zeit, meine Theorie zu testen, indem ich das Gegenteil davon betrachte. Auf jeden Fall wird der Versuch, die andere Seite zu sehen, ziemlich sicher zur Erleuchtung führen und sich daher rechtfertigen. Im Spiegel, den Shakespeare der menschlichen Natur vorhielt, sehen wir nicht nur Romeo und Jacques, Hamlet, Macbeth und Posthumus; aber auch das löwenhafte, offene Gesicht des Bastards, die feurige, hagere, ungeduldige Maske von Hotspur und die zynischen, kühnen Augen von Richard III. Selbst wenn man zugibt, dass Shakespeare den Typus des Dichter-Philosophen bevorzugte, war er sicherlich in der Lage, den Mann der Tat mit außerordentlicher Kraft und Erfolg darzustellen. Er selbst muss also über eine gewisse Charakterstärke, gewisse Entschlusskraft und Mut verfügt haben; er muss zumindest „einen guten Schlaganfall in sich" gehabt haben, wie Carlyle es ausdrückte. Dies ist der universelle Glaube, ein Glaube, der von Coleridge und Goethe bestätigt wurde und scheinbar auf klaren Tatsachen beruht, und der dennoch meiner Meinung nach falsch und nachweislich unwahr ist. Es könnte sogar plausibler formuliert sein, als es jeder seiner Verteidiger ausgedrückt hat. Man könnte darauf hinweisen, dass Shakespeares Männer der Tat fast ausschließlich in den historischen Dramen zu finden sind, die er im frühen Mannesalter schrieb, während das Porträt des Philosophen-Dichters die Lieblingsstudie seiner reiferen Jahre ist. Dann könnte man annehmen, dass Shakespeare von einem kühnen, ausgelassenen Jugendlichen in ein melancholisches, nachdenkliches Alter hineinwuchs und in seiner eigenen Entwicklung beide Extreme der Männlichkeit berührte. Aber selbst diese tröstliche Erklärung hält nicht stand: Seine frühesten Imitationen sind allesamt Denker.

Betrachten wir noch einmal, wie die Präferenz eines Schriftstellers entsteht. Jeder hat das Gefühl, dass Sophokles Antigone Ismene vorzieht; Ismene ist lediglich eine Skizze sanfter weiblicher Schwäche; Während Antigone ein großartiges Porträt der *Revoltée ist* , verraten das tatsächliche erste Auftreten der „neuen Frau" in der Literatur, die Rolle, die sie im Drama einnimmt, und die idealen Eigenschaften, die ihrer Kindheit zugeschrieben werden, gleichermaßen die persönliche Bewunderung der Dichterin. Ebenso sind Shakespeares Männer der Tat nur Skizzen im Vergleich zu dem intimen, detaillierten Porträt des Ästheten-Philosophen-Dichters mit seinem sinnlichen, sanften, melancholischen Temperament. Darüber hinaus, und das sollte entscheidend sein, sind Shakespeares Tatmänner alle der Geschichte, der Tradition oder Erzählung entnommen und nicht der Fantasie, und ihre

Merkmale wurden von den Chronisten geliefert und nicht vom Dramatiker erfunden. Um zu sehen, inwieweit dies wahr ist, muss ich Shakespeares historische Dramen eingehend untersuchen. Eine solche Untersuchung war nicht Teil meiner ursprünglichen Absicht. Es ist sehr schwierig, um nicht zu sagen unmöglich, genau festzustellen, inwieweit Geschichte und verbale Tradition Shakespeare bei seinen historischen Porträts englischer Würdenträger geholfen haben. Jaques zum Beispiel ist von Kopf bis Fuß seine eigene Kreation; Jedes ihm gegebene Wort verdient daher ein sorgfältiges Studium; aber wie viel von Hotspur gehört Shakespeare und wie viel vom Bastard? Ohne jedoch den Anspruch zu erheben, die Quellen oder Grenzen der Inspiration des Meisters genau zu definieren, gibt es in den historischen Stücken bestimmte Hinweise, die ein Flut von Licht auf das Wesen des Dichters werfen, und bestimmte klare Schlussfolgerungen aus seinen Methoden, die nicht dumm wären zeichnen.

Beginnen wir mit „König John" als einem der einfachsten und hilfreichsten Stücke für uns in diesem Stadium, und erinnern wir uns daran, dass Shakespeares Drama offensichtlich auf dem alten Stück mit dem Titel „The Troublesome Raigne of King John" basierte, lassen Sie uns von unserem Wissen ausgehen Die Darstellung von Shakespeares Charakter lässt erahnen, welche Rolle er in dem Werk gespielt haben muss. Wer an die Theorie glaubt, die ich dargelegt habe, würde sofort vermuten, dass der starke, männliche Charakter des Bastards bereits im alten Stück eindringlich dargestellt wurde, und ebenso sicher würde man den sanften, weiblichen, erbärmlichen Charakter von Arthur Shakespeare zuschreiben. Und genau das finden wir: Philip Fauconbridge wird im alten Stück hervorragend dargestellt; er heißt:

„Ein robuster Wildkopf, zäh und mutig"

und er spricht und spielt den Charakter zum Leben. In „The Troublesome Raigne " ist er wie in „King John" stolz auf seinen wahren Vater, den löwenherzigen Richard, und kümmert sich nicht um den Makel seiner unehelichen Geburt; er weint:

„Die Welt steht in meiner Schuld,

Es gibt etwas, das Plantaginet zu verdanken hat .

Ich, heirate Sir, lass mich zum Spielen in Ruhe

Er wirkte einige Wunder, jetzt weiß ich meinen Namen;

Von der gesegneten Marie. Er verkauft diesen Stolz nicht

Für Englands Reichtum und die ganze Welt daneben. "

Wer spürt in diesen Zeilen nicht den sprunghaften Mut und die Kühnheit des Bastards? Shakespeare erfasst den Geist der Figur und gibt ihn wieder, aber seine Korrekturen dienen ausschließlich der Betonung: Er fügt keine neue Qualität hinzu; sein Bastard ist der Bastard von „The Troublesome Raigne ". Aber der sanfte, erbärmliche Charakter von Arthur ist ganz Shakespeares Charakter. In dem alten Stück wird Arthur als frühkluger Jugendlicher dargestellt, der nun die Ansprüche seiner Abstammung geltend macht und mutig für seine Rechte einsteht und nun seine schurkische Mutter darum bittet

> *„Es ist klug, überhaupt zu zwinkern*
>
> *Zumindest weiter Schaden entsteht durch unsere hastige Rede. "*

Erneut tröstet er sie mit der gleichen Besonnenheit:

> *„Die Jahreszeiten werden sich ändern und damit auch unsere gegenwärtige Trauer*
>
> *Möge sich mit ihnen und allen zu unserer Erleichterung ändern . "*

Dieser Arthur hat mit Sicherheit nichts mit Shakespeares Arthur zu tun. Shakespeare, der gerade seinen einzigen Sohn Hamnet verloren hatte, {Fußnote: Einige Monate bevor er „King John" schrieb, besuchte Shakespeare nach zehnjähriger Abwesenheit zum ersten Mal Stratford und hatte dann vielleicht den jungen Hamnet kennen und lieben gelernt.} in seinem zwölften Jahr Jahr, verwandelt Arthur von einem jungen Mann in ein Kind und schöpft aus seiner Schwäche und seinem Leiden das größtmögliche Pathos; Arthurs erste Worte beziehen sich auf „seine machtlose Hand", und sein Rat an seine Mutter rührt zu Tränen:

> *„Gut meine Mutter, Frieden!*
>
> *Ich wünschte, ich würde tief in meinem Grab liegen;*
>
> *Ich bin diese Spule nicht wert, die für mich gemacht ist. "*

Als er gefangen genommen wird, denkt er nicht an sich selbst:

> *„Oh, das wird meine Mutter vor Kummer sterben lassen. "*

Er ist ein Frau-Kind in selbstlosem Mitgefühl.

Die gesamte äußerst pathetische Szene zwischen Hubert und Arthur gehört, wie man sich denken konnte, Shakespeare, das heißt, das ganze Pathos davon gehört ihm.

In dem alten Stück dankt Arthur Hubert für seine Fürsorge, nennt ihn „vorsichtiger Hüter" und verhält sich tatsächlich wie der konventionelle Prinz. Er hat keine Worte von so ergreifender Anziehungskraft, wie Shakespeare sie Arthur in den Mund legt:

> *„Ich würde in den Himmel*
>
> *Ich war dein Sohn, also würdest du mich lieben, Hubert. "*

Diese Liebe und Sehnsucht nach Liebe ist das Charakteristikum von Shakespeares Arthur; er fährt fort:

> *„Bist du krank, Hubert? Du siehst heute blass aus.*
>
> *In Wahrheit wünschte ich, du wärst ein wenig krank,*
>
> *Dass ich die ganze Nacht sitzen und mit dir zusehen könnte:*
>
> *Ich garantiere, ich liebe dich mehr als du mich. "*

Ein Mädchen könnte nicht zärtlicher und ängstlicher um die Gewissheit der Liebe sein. Als Hubert Arthur in „The Troublesome Raigne " erzählt, dass er schlechte Nachrichten für ihn habe, die Nachricht von „mehr Hass als Tod", begegnet Arthur dem Unbekannten mit dem Mut eines Mannes; er fragt:

> *„Was ist los, Mann? Wenn nötig , Don,*
>
> *Handeln Sie und beenden Sie es, damit die Schmerzen vorbei sind .*

Es könnte der Bastard sein, der spricht, so unerschrocken sind die Worte. Als dieser Arthur um sein Augenlicht bittet, tut er es folgendermaßen:

> *„Ich spreche nicht nur für Augenprivileg ,*
>
> *Das wichtigste Äußere, das mir gefallen würde:*
>
> *Aber für deine Gefahr , die weit über meinen Schmerz hinausgeht ,*
>
> *Dein Schatz Seelen Ich verliere mehr als meine Augen eitel sind.*

Am Ende sagt er noch einmal :

„Zögere nicht, Hubert, meine Gebete sind zu Ende,

Ich bitte dich, befreie mich von meinem Augenlicht.

Und als Hubert nachgibt, weil „sein Gewissen ihn dazu auffordert, aufzuhören", sagt Arthur:

„Hubert, wenn Arthur jemals im Staat ist

Suchen Sie nach Wiedergutmachung für dieses erhaltene Geschenk."

Bei all dem gibt es weder eine Charaktererkenntnis noch aufrichtige Gefühle. Aber Shakespeares Arthur ist ein Meisterwerk der Seelenoffenbarung und rührt uns bei jedem Wort zum Mitleid:

mir die Augen auslöschen ?

Diese Augen, die es nie getan haben und auch nie tun werden,

Auch nur ein Stirnrunzeln auf dich?"

Und dann der fantasievolle Horror des Kindes vor der Fesselung:

„Um Himmels willen, Hubert, lass mich nicht gebunden sein.

Nein, höre mich, Hubert: vertreibe diese Männer,

Und ich werde still sitzen wie ein Lamm;

Ich werde mich nicht rühren, nicht zusammenzucken, noch ein Wort sagen."

Als Hubert nachgibt, verspricht Shakespeares Arthur keine Belohnung, er atmet lediglich einen Seufzer erlesener Zuneigung aus:

„Oh, jetzt siehst du aus wie Hubert: die ganze Zeit

Du warst verkleidet."

Und als Hubert schließlich verspricht, ihn niemals zu verletzen, lauten seine Worte:

„O Himmel! Ich danke dir, Hubert."

Arthurs Charakter verdanken wir ganz und gar Shakespeare. Es gibt im Original keinen Hinweis auf seine Schwäche und Zärtlichkeit, auch keinen Hinweis auf das Pathos seiner Anziehungskraft – dies sind die Erfindungen des sanften Shakespeare, der offensichtlich seine eigene außerordentliche Zärtlichkeit und Sanftheit offenbart hat Herz in der Person des kindlichen Prinzen. Natürlich gibt es Fehler in der Arbeit; Fehler der Affektiertheit und des Wortdünkels sind kaum zu ertragen. Als Hubert sagt, er werde sich mit heißen Eisen die Augen ausbrennen, antwortet Arthur:

„Ah, keiner, aber in diesem eisernen Zeitalter würde ich es tun! Das Eisen von selbst, obwohl es glühend heiß ist.“

und so weiter. ... Auch diese Lametta-Passage steht nicht allein. Als das Eisen abkühlt und Hubert sagt, dass er es wieder zum Leben erwecken kann, antwortet Arthur mit zimperlichen Einbildungen:

„Und wenn du es tust, wirst du es nur erröten lassen und vor Scham über dein Vorgehen glühen.“

und so weiter. Die Fehler sind schlimm genug; aber die himmlischen Tugenden tragen sie alle siegreich davon. Im gesamten Bereich der Poesie gibt es keine Schöpfung wie Arthur; er ist ganz engelhafter Liebe und Sanftmut und doch weder rührselig noch unnatürlich; Seine Ängste machen ihn für uns real, und der Schrecken seiner Situation ermöglicht es uns, sein exquisites Flehen so gut wie möglich anzunehmen. Wir müssen nur an Tennysons „May Queen“ oder an seinen unaussprechlichen Arthur oder an Thackerays Idioten Esmond denken, um zu verstehen, wie schwierig es in der Literatur ist, das Gute attraktiv oder sogar glaubwürdig zu machen. Doch Shakespeares Kunst triumphiert dort, wo niemand außer Balzac und Tourgenief auch nur einen halben Erfolg erzielt hat.

Ich kann dieses Stück nicht verlassen, ohne zu bemerken, dass Shakespeare darin seinen Hass auf Mord ebenso deutlich zum Ausdruck gebracht hat, wie er in der Erschaffung von Arthur seine Liebe zur Sanftmut und zum Mitleid zum Ausdruck gebracht hat. Trotz der Loyalität, die die englischen Adligen in der zweiten Szene des vierten Akts bekunden, eine Eigenschaft, die Shakespeare stets lobt, ist Pembroke lediglich ihr Sprachrohr bei der Bitte an den König, „Arthur das Wahlrecht zu gewähren“. Sobald John ihnen sagt, dass Arthur tot ist , brechen sie ihre Loyalität ab und beleidigen den Monarchen ins Gesicht. Sogar Johannes ist über ihre Empörung erschrocken und bringt so viel Reue hervor, wie es für ihn nur möglich ist:

"Ich bereue;

Es gibt keine sichere Grundlage auf Blut;

– was sich wie eine Widerspiegelung Shakespeares selbst liest. Als der Bastard die Adligen bittet, zu ihrer Treue zurückzukehren, findet Salisbury einen erstaunlichen Satz, um ihre Abscheu vor dem Verbrechen auszudrücken:

> *„Der König hat sich von uns enteignet ;*
>
> *Wir werden seinen dünnen, fleckigen Umhang nicht auskleiden*
>
> *Mit unseren reinen Ehren nehmen wir nicht am Fuß teil*
>
> *Das hinterlässt den Abdruck von Blut, wohin es geht."*

In der gesamten Literatur gibt es kein schrecklicheres Bild: Shakespeares Schrecken vor dem Blutvergießen hat mehr als aischylische Intensität. Als die Leiche von Arthur gefunden wird, drückt jeder der Adligen der Reihe nach seine Abscheu vor der Tat aus und alle schwören gemeinsam sofortige Rache. Sogar der Bastard nennt es

> *„Eine verdammte und blutige Arbeit,*
>
> *Die gnadenlose Aktion einer schweren Hand",*

und wenig später bringt der Gedanke an das Verbrechen selbst diesen harten Abenteurer zur Schwäche:

> *„Ich bin erstaunt, denke ich, und verliere den Überblick*
>
> *Unter den Dornen und Gefahren dieser Welt."*

– ein Satz, der der Schwäche von Richard II. gerecht wird. oder Heinrich VI. oder Shakespeare selbst besser, als es dem robusten Bastard passt. Schon als junger Mann hasste Shakespeare die Grausamkeit des Ehrgeizes und die Grausamkeit des Krieges ebenso sehr, wie er alle ritterlichen Zeremonien und Bräuche sanfter Höflichkeit liebte.

Sehr ähnliche Schlussfolgerungen lassen sich aus einer Studie über Shakespeares „König Richard II." ziehen, das in mancher Hinsicht seine wichtigste historische Schöpfung ist. Coleridge sagt: „Ich kenne keine Figur, die unser großer Dichter mit so unvergleichlichem Können gezeichnet hat wie die von Richard II." Ein solches Lob ist übertrieben; Aber es wäre wahr gewesen zu sagen, dass Shakespeare uns bis 1593 oder 1594, als er „König

Richard II." schrieb, keinen so komplexen und interessanten Charakter wie diesen Richard gegeben hatte. Coleridge lobte die Charakterzeichnung wahrscheinlich deshalb über, weil ihm das Studium von Richards Schwäche und Unentschlossenheit und dem aus dieser Hilflosigkeit resultierenden Pathos wie eine Analyse seiner eigenen Natur vorgekommen sein muss.

Betrachten wir nun „Richard II." und sehen wir, welches Licht es auf Shakespeares Qualitäten wirft. Es gab ein altes Theaterstück mit demselben Titel, das heute verschollen ist, aber aus der Beschreibung in Formans Tagebuch können wir uns eine Vorstellung davon machen, wie es aussah. Wie die meisten alten Historiendramen erstreckte es sich über mehr als zwanzig Regierungsjahre Richards, während Shakespeares Tragödie auf das letzte Jahr von Richards Leben beschränkt ist. Es ist wahrscheinlich, dass das alte Stück König Richard als böser und betrügerischer darstellte, als Shakespeare ihn sich vorstellt. Das wissen wir in der „ Confessio „ Amantis ", der Dichter Gower, gab seine Treue zu Richard auf, denn er hob die Widmung des Gedichts an Richard auf und widmete es stattdessen Henry. Auch William Langland, der Autor der „Vision von Piers Plowman", wandte sich zuletzt von Richard ab und nutzte seine Aussage als Warnung an schlecht beratene Jugendliche. Man kann also davon ausgehen, dass die Überlieferung Richard als ein abscheuliches Geschöpf darstellte, in dem Schwäche das Verbrechen nährte. Shakespeare entnahm seine Geschichte teilweise der Erzählung von Holinshed und teilweise entweder dem alten Stück oder der traditionellen Sicht auf Richards Charakter. Als er begann, das Stück zu schreiben, hatte er offensichtlich vor, Richard als noch abscheulicher darzustellen, als ihn Geschichte und Tradition dargestellt hatten. In Holinshed wird Richard nicht des Mordes an Gloster beschuldigt, während Shakespeare ihn direkt des Mordes an Gloster beschuldigt bzw. Gaunt dazu zwingt, dies zu tun, und die Anschuldigung wird nicht geleugnet, geschweige denn widerlegt. Am Ende des ersten Akts sind wir erstaunt über die Offenbarung von Richards teuflischer Herzlosigkeit. Als der König erfährt, dass sein Onkel, John of Gaunt, „schwer krank" ist, schreit er:

> *„Nun lege es, Gott, in die Gedanken seines Arztes,*
>
> *Ihm sofort zu seinem Grab zu helfen!*
>
> *Die Auskleidung seiner Kassen soll zu Mänteln werden*
>
> *Um unsere Soldaten für diese irischen Kriege auszurüsten.*
>
> *Kommen Sie, meine Herren, besuchen wir ihn alle:*
>
> *Bete zu Gott, dass wir uns beeilen und zu spät kommen. "*

Diese Mischung aus Gier und kalter Grausamkeit, gewürzt mit blasphemischen Phrasen, ist meiner Meinung nach abscheulicher als alles, was Shakespeare den schlimmsten seiner Schurken zuschreibt. Aber sicherlich hätte ein Hinweis auf Richards unglaubliche Gemeinheit früher im Stück kommen müssen, hätte zumindest seiner Verbannung von Bolingbroke vorausgehen müssen, wenn Shakespeare wirklich vorgehabt hätte, ihn uns in diesem Licht zu präsentieren.

Als Gaunt ihn in der ersten Szene des zweiten Akts zurechtweist, wendet sich Richard wütend und drohend gegen ihn. In derselben Szene tadelt York Richard, weil er Gaunts Geld und Land beschlagnahmt hat, und Richard erwidert:

„Denken Sie, was Sie wollen: Wir ergreifen es in unsere Hände

Seinen Teller, seine Güter, sein Geld und seine Ländereien."

Doch als York ihm ins Gesicht die Schuld gibt und vorhersagt, dass ihm Böses widerfahren wird, und ihn verlässt, schafft Richard trotzdem sofort:

„Unser Onkel York, Lordgouverneur von England;

Denn er ist gerecht und hat uns immer sehr geliebt."

Dieser Richard von Shakespeare ist bisher meiner Meinung nach fast unverständlich. Als Richard von Gaunt zurechtgewiesen und gewarnt wird, tobt er und droht; Als York ihm viel härtere Vorwürfe macht, belohnt Richard York: Die beiden Szenen widersprechen einander. Obwohl seine gefühllose Selbstsucht, Gier und Grausamkeit offensichtlich offensichtlich sind, wird in der nächsten Szene dieses Aktes unsere Sympathie für Richard durch das Lob geweckt, das seine Königin ihm schenkt. Sie sagt:

„Ich kenne keinen Grund

Warum ich einen solchen Gast als Kummer begrüßen sollte,

Sparen Sie sich den Abschied von einem so lieben Gast

Als mein süßer Richard."

Und von dieser Szene bis zum Ende des Stücks wirbt Shakespeare unser ganzes Mitgefühl für Richard. Was ist nun der Grund für diese Kehrtwendung seitens des Dichters?

Das Merkwürdige ist, dass Shakespeare zwar Richards Herzlosigkeit darstellt, seine Arbeit aber schlecht macht; die Charakterzüge sind, wie ich gezeigt habe, äußerst extravagant und sogar widersprüchlich; Aber wenn er Richards Sanftmut und Liebenswürdigkeit malt, arbeitet er wie ein Meister, jede Berührung ist unfehlbar: Er malt sich selbst.

Für Shakespeare war es selbstverständlich, dass er tiefes Mitgefühl für Richard hegte; Er war noch jung, als er das Stück schrieb, jung genug, um sich lebhaft daran zu erinnern, wie er selbst von losen Gefährten in die Irre geführt worden war, und dies schweißte sie zusammen. Zu dieser Zeit seines Lebens war dies Shakespeares Lieblingsthema : Er behandelte es erneut in „Heinrich IV.", das zugleich den Epilog von „Richard II." darstellt. und ein Begleitbild dazu; denn das Thema beider Stücke ist das gleiche – die Unterwerfung der Jugend vor unwürdigen Gefährten –, obwohl die Behandlung im früheren Stück unvergleichlich schwächer ist als in „König

Heinrich IV.". Bushy, Bagot und Green, die Favoriten von Richard, werden nicht so gemalt, wie Shakespeare später Falstaff und seine Anhänger malte. Aber teilweise weil er noch nicht zu einer solch objektiven Behandlung des Charakters gelangt war, identifizierte sich Shakespeare auf besondere Weise mit Richard; und sein Gemälde von Richard ist intimer, subtiler, selbstoffenbarter und erbärmlicher als alles in „Heinrich IV."

Wie ich bereits gesagt habe, beginnt Shakespeare von dem Zeitpunkt an, als Richard York zum Regenten ernennt und England verlässt, sich selbst als Richard zu betrachten, und von diesem Moment bis zum Ende kann niemand anders, als mit dem unglücklichen König zu sympathisieren. Auch an diesem Punkt wird die Charakterzeichnung plötzlich hervorragend. Als Richard in England landet, wird ihm eine Rede nach der anderen gehalten, und alles, was er danach sagt und tut, wirft, so scheint es mir, Licht auf Shakespeares eigenes Wesen. Lassen Sie uns jedes Merkmal markieren. Erstens ist Richard sehr, ehrlich gesagt, emotional: Er „weint vor Freude", wieder in England zu sein; „weinend, lächelnd" begrüßt er die Erde Englands und ist voller Hoffnung. „Der Dieb, der Verräter", Bolingbroke, wird es nicht wagen, sich dem Licht der Sonne zu stellen; Für „jeden Mann, den Bolingbroke in seinem Lohn hat", jubelt er, „hat Gott Richard einen „herrlichen Engel" gegeben; ... Der Himmel bewacht immer noch das Recht." Einen Moment später hört er aus Salisbury, dass die Waliser, auf die er als Verbündete vertraut hatte, zerstreut wurden und flohen. Sofort wird er „blass und tot". Vom Höhepunkt des Stolzes und des Selbstvertrauens stürzt er in völlige Hoffnungslosigkeit.

> *„Alle Seelen, die in Sicherheit sein werden, fliehen von meiner Seite;*
>
> *Denn die Zeit hat meinem Stolz einen Strich durch die Rechnung gemacht."*

Aumerle bittet ihn, sich daran zu erinnern, wer er ist, und plötzlich verwandelt er sich wieder in Selbstvertrauen. Er weint:

> *„Wach auf, du träge Majestät! du schläfst .*
>
> *Ist der Name des Königs nicht vierzigtausend Namen?"*

Im nächsten Moment spricht Scroop von Sorgen, und schon ist der unruhige Richard wieder auf der Kippe. Aber dieses Mal verwandelt sich seine Schwäche in Resignation und Traurigkeit, und das Pathos davon wird vom Dichter zum Ausdruck gebracht:

> *„Strebt Bolingbroke danach, so großartig zu sein wie wir?*

Größer wird er nicht sein; wenn er Gott dient

Wir werden ihm auch dienen und sein Gefährte sein.

Revoltieren unsere Untertanen? das können wir nicht reparieren;

Sie brechen ihren Glauben an Gott und an uns.

Schreie Weh, Zerstörung, Ruin, Verlust, Verfall;

Das Schlimmste ist der Tod, und der Tod wird seinen Tag haben. "

Wer hört Hamlet nicht in dieser denkwürdigen letzten Zeile sprechen? Wie Hamlet hegt auch dieser Richard schnell Zweifel an der Loyalität selbst seiner Freunde. Er vermutet, dass Bagot, Bushy und Green mit Bolingbroke Frieden geschlossen haben, und als Scroop dies zuzugeben scheint, ist Richard ebenso schnell wie Hamlet dabei, sein Herz mit Worten auszupacken:

„O Schurken, Vipern, verdammt ohne Erlösung!

Hunde, die man leicht gewinnen kann, um jeden Mann zu umschmeicheln!

Schlangen",

und so weiter.

Doch sobald er erfährt, dass seine Freunde tot sind, bricht er in ein langes Klagelied um sie aus, das von Würmern bis zu Königen reicht und in seinem melancholischen Pessimismus den Prototyp jener Meditationen darstellt, die Shakespeare fast jedem in den Mund gelegt hat seine Lieblingscharaktere . Wer wird nicht an Hamlets großen Monolog erinnert, wenn er liest:

„Denn in der hohlen Krone,

Das umrundet die sterblichen Tempel eines Königs,

Hält den Tod an seinem Platz: und da sitzt der Scherz

Seinen Zustand verspottend und über seinen Pomp grinsend;

Erlaube ihm einen Atemzug, eine kleine Szene

Um zu monarchisieren, fürchte dich und töte mit Blicken;

Erfüllt ihn mit Selbstgefälligkeit und eitler Einbildung,

Als ob dieses Fleisch, das unser Leben umgibt,

Waren Messing uneinnehmbar; und so humorvoll ,

Kommt zum Schluss und mit einer kleinen Anstecknadel{ 1 }

Bohrt durch seine Burgmauer und – lebe wohl, König!"

{Fußnote 1: In Hamlets berühmtem Monolog ist die Nadel ein „Bodkin".}

Nehmen wir noch zwei Zeilen dieses Monologs:

„Um Gottes Willen, lasst uns auf der Erde sitzen

Und erzählen Sie traurige Geschichten über den Tod von Königen."

In der zweiten Szene des dritten Aktes von „Titus Andronicus" sagen wir Titus zu seiner Tochter:

„Ich werde zu deinem Schrank; und geh mit dir lesen

Traurige Geschichten gab es in alten Zeiten."

Auch in der „Komödie der Irrtümer" erzählt uns Ægeon , dass sein Leben verlängert wurde:

„Um traurige Geschichten über meine eigenen Missgeschicke zu erzählen."

Die Ähnlichkeit dieser Passagen zeigt, dass Shakespeare im Frühling des Lebens und in der Blütezeit des Blutes eine gewisse romantische Melancholie in sich trug, die sich später durch die Enttäuschungen des Lebens bis zur Verzweiflung von Macbeth und Lear entwickelte.

Als der Bischof Richard zum Handeln auffordert, dreht sich der Geist des Wetterhahns erneut um und er schreit:

„Dieser Angstanfall ist übertrieben,

Es ist eine leichte Aufgabe, unser eigenes Team zu gewinnen."

Doch als Scroop ihm erzählt, dass York sich Bolingbroke angeschlossen hat, glaubt er ihm sofort, gibt schließlich die Hoffnung auf und wendet sich wie tröstend seinem eigenen melancholischen Schicksal zu:

„Besehr dich, Cousin, was mich weitergeführt hat

Auf diese süße Art war ich am Verzweifeln!"

Diese „süße Art" der Verzweiflung ist Romeos Art, Hamlets, Macbeths und Shakespeares Art.

In der nächsten Szene trifft Richard auf seine Feinde und spielt zunächst den König. Shakespeare sagt uns, dass er wie ein König aussieht, dass seine Augen so „hell wie die eines Adlers" sind; und diese poetische Bewunderung für Staat und Ort scheint Richard ins Blut gestiegen zu sein, denn zunächst erklärt er, Bolingbroke sei des Hochverrats schuldig, und behauptet:

„Mein Herr, allmächtiger Gott,

versammelt sich in seinen Wolken für uns,

Armeen der Pest."

Natürlich gibt er im nächsten Moment mit fairen Worten nach, und im nächsten wütet er gegen Bolingbroke; Und dann kommt die große Rede, in der sich der Dichter so unbefangen offenbart, dass am Ende der König, für den er sich ausgibt, zugeben muss, dass er nur müßig geredet hat. Ich kann nicht umhin, die gesamte Passage zu transkribieren, denn sie zeigt, wie leicht Shakespeare von der Figur dieses Königs in seine eigene übergeht:

„Was muss der König jetzt tun? Muss er sich unterwerfen?

Der König wird es tun. Muss er deponiert werden ?

Der König wird zufrieden sein: Muss er verlieren?

Der Name des Königs? Ö! Gottes Name, lass es los:

Ich gebe meine Juwelen für ein Perlenset;

Mein wunderschöner Palast für eine Einsiedelei;

Mein fröhliches Gewand für ein Almosenmanngewand;

Meine Figurenkelche für eine Holzschale;

Mein Zepter für den Wanderstab eines Palmers;

Meine Motive für ein Paar geschnitzter Heiligen;

Und mein großes Königreich für ein kleines Grab,

Ein kleines, kleines Grab, ein dunkles Grab: —

Oder ich werde auf der Straße des Königs begraben,

Eine Art gemeinsamer Handel, bei dem die Untertanen ihre Füße haben

Mögen stündlich auf dem Kopf ihres Herrschers herumtrampeln:

Denn auf meinem Herzen treten sie, jetzt, solange ich lebe;

Und einmal begraben, warum nicht auf meinem Kopf? –

Aumerle , du weinst ; mein zärtlicher Cousin!—

Wir werden schlechtes Wetter mit verachteten Tränen machen;

Unsere Seufzer und sie werden den Sommerkorn beherbergen,

Und machen Sie einen Mangel in diesem abscheulichen Land.

Oder sollen wir mit unserem Leid die Frevler spielen,

Und mit dem Vergießen von Tränen eine hübsche Verbindung herstellen?

So : Sie noch an einem Ort fallen zu lassen,

Bis sie uns ein paar Gräber bereitet haben

Innerhalb der Erde; und darin liegt: Da liegt

Zwei Verwandte gruben ihre Gräber mit weinenden Augen.

Wäre das nicht gut ? – Na ja, ich verstehe

Ich rede nur müßig, und du verspottest mich.—

Mächtigster Prinz, mein Herr Northumberland,

Was sagt König Bolingbroke? wird Seine Majestät

Richard die Erlaubnis geben, zu leben, bis Richard stirbt?

Du machst ein Bein und Bolingbroke sagt ja. "

Jeder wird zugeben, dass der Dichter hier zumindest selbst spricht, von den Worten „Ich werde meine Juwelen geben" bis zu den Worten „Würde das nicht gut tun?" Aber die melancholische Stimmung, die pathetische Akzeptanz des Unvermeidlichen, die zarte poetische Stickerei passen jetzt zu dem König, der dem Dichter nachempfunden ist.

Im nächsten Moment rebelliert Richard erneut gegen sein Schicksal:

„Basisgericht, wo Könige ihre Basis aufbauen,

Auf den Ruf der Verräter zu kommen und ihnen Gnade zu erweisen. "

Und als Bolingbroke vor ihm kniet , spielt er mit Worten, wie Gaunt es etwas früher in dem Stück getan hat, in dem er das Elend zum Spaß macht, um sich über sich selbst lustig zu machen. Er sagt:

„Auf, Cousin, auf; Dein Herz schlägt, ich weiß,

So hoch zumindest, obwohl dein Knie niedrig ist" –

und dann überlässt er sich der Aufgabe, „das zu tun, was die Macht von uns verlangt".

Das Elend der Königin wird als nächstes genutzt, um unsere Sympathie für Richard zu steigern, und gleich danach haben wir diese seltsame Szene zwischen dem Gärtner und seinem Diener, die lediglich jugendlicher Shakespeare ist, denn einen solchen Gärtner und einen solchen Diener gab es noch nie. Die Szene {Fußnote: Coleridge nennt diese Szene ein Beispiel für Shakespeares „wunderbares Urteilsvermögen"; Die Einführung des Gärtners, sagt er, „erkennt die Sache", und tatsächlich hätte die Einführung eines Gärtners diese Tendenz, aber nicht die Einführung dieses pompösen, hochnäsigen Philosophen, der nach dem Vorbild des alten Adam gestaltet ist. So kritisiert dieser Gärtner den König:

„Alles überflüssige Zweige

Wir hüpfen weg, damit die tragenden Zweige leben;

Hätte er das getan, hätte er selbst die Krone getragen,

Welche Verschwendung von Leerlaufzeiten hat mich ziemlich umgehauen.}

zeigt die Extravaganz von Shakespeares Liebe zur Hierarchie und zeigt

auch , dass seine Fähigkeit, den Charakter zu erkennen, noch gering ist. Der

Es folgt die Abdankung, als Richard eine exquisite Rede nach der anderen hält

packt sein schweres Herz aus. Bis zuletzt kommt seine Unentschlossenheit zum Vorschein

so oft wie seine Melancholie. Bolingbroke ist äußerst praktisch:

„Sind Sie damit zufrieden, die Krone abzugeben?"

Richard antwortet:

"Ey Nein; nein, ja; – denn ich darf nichts sein;

Deshalb nein, nein, denn ich ergebe mich vor dir.“

Als er gebeten wird, seine Sünden öffentlich zu bekennen, erregt er bei uns allen Mitleid:

„Muss ich das tun? und muss ich rausschwärmen

Meine verwobenen Torheiten? Sanftes Northumberland,

Wenn deine Vergehen aktenkundig wären,

Würde es dich nicht beschämen, in einer so schönen Truppe,

Um eine Vorlesung darüber zu lesen?“

Seine Augen sind zu voller Tränen, um seine eigenen Fehler zu erkennen, und Mitgefühl treibt auch uns Tränen in die Augen. Richard ruft nach einem Glas, in dem er seine Sünden sehen kann, und wir werden an Hamlet erinnert, der den Spielern rät, der Natur den Spiegel vorzuhalten. Auch er scherzt mit seiner Trauer in einer schlagfertigen Erwiderung, wie Hamlet scherzt:

"Reich. Sag das nochmal.

Der Schatten meiner Trauer? Ha! mal sehen:-

Es ist sehr wahr, mein Kummer liegt ganz in mir;

Und diese äußeren Klageweisen

Sind nur Schatten der unsichtbaren Trauer,

Das schwillt mit Stille in der gequälten Seele an.“

Hamlet berührt die gleiche Anmerkung:

„Es liegt nicht nur an meinem tintenschwarzen Umhang, gute Mutter,

Auch nicht die üblichen Anzüge in feierlichem Schwarz,

- - - - - - - -

Aber ich habe das, was in mir vergeht ;

Dies sind nur die Beigaben und Klagen des Elends.“

Im fünften Akt dient die Szene zwischen der Königin und Richard lediglich dazu, unser Mitleid zu wecken. Sie sagt, er sei „überaus schön“, aber allzu sanft, und er antwortet ihr:

> *„Ich bin geschworener Bruder, Liebling,*
>
> *Zur grimmigen Notwendigkeit; und er und ich*
>
> *Werde eine Liga bis zum Tod behalten. "*

Er fordert sie auf, es zu nehmen,

> *„Von meinem Sterbebett an mein letzter lebender Urlaub"*

und zu ihrem Trost wendet er sich erneut dem Erzählen romantischer, melancholischer Geschichten zu:

> *„Setzen Sie sich in den langweiligen Winternächten ans Feuer*
>
> *Mit guten alten Leuten; und lass sie dir Geschichten erzählen*
>
> *Aus traurigen Zeiten vor langer Zeit :*
>
> *Und bevor du gute Nacht sagst, um ihren Kummer zu beenden,*
>
> *Sage dir den beklagenswerten Fall von mir,*
>
> *Und schicke die Zuhörer weinend in ihre Betten,*
>
> *Warum; Die sinnlosen Marken werden mitfühlen*
>
> *Der schwere Akzent deiner bewegten Zunge. "*

Ich kann diese Passage nicht kopieren, ohne die Aufmerksamkeit auf die eindringliche Musik der dritten Zeile zu lenken.

Die Szene, in der York seinen Sohn an Bolingbroke verrät und den König bittet, das beleidigende Mitglied nicht zu begnadigen, sondern „abzuschneiden", ist lediglich ein Beweis (wenn überhaupt ein Beweis nötig wäre) für Shakespeares Bewunderung für Königtum und Loyalität, zumindest in seiner Jugend , verleitete ihn oft zu den albernsten Extravaganzen.

Die Kerkerszene und Richards Monolog darin sind für Shakespeare ebenso charakteristisch wie die ähnliche Szene in „Cymbeline" und der Monolog von Posthumus:

> *„K. Rich., ich habe studiert, wie ich vergleichen kann*
>
> *Dieses Gefängnis, in dem ich lebe, der Welt:*
>
> *Und weil die Welt bevölkerungsreich ist,*

Und hier ist kein Geschöpf außer mir selbst,

Ich kann es nicht tun; Dennoch werde ich es hinbekommen,

Mein Gehirn, ich werde meiner Seele das Weibliche beweisen

Meine Seele der Vater; und diese beiden zeugen

Eine Generation immer noch wachsender Gedanken,

Und dieselben Gedanken bevölkern diese kleine Welt,

In Humor wie die Menschen dieser Welt,

Denn kein Gedanke ist zufrieden ..."

Hier spielt der Philosoph mit seinen eigenen Gedanken; Doch schon bald stimmt die Hamlet-Melancholie die Meditation auf Traurigkeit ab, und Shakespeare spricht direkt zu uns:

„So spiele ich in einer Person viele Menschen,

Und keiner ist zufrieden: Manchmal bin ich König;

Dann bringt mich Verrat dazu, dass ich mir einen Bettler wünsche,

Und so bin ich: Dann vernichte ich die Not

Überzeugt mich, dass ich als König besser war;

Dann bin ich wieder König ; und nach und nach

Denken Sie, dass ich von Bolingbroke entkönigt werde,

Und gerade ist nichts; Aber was auch immer ich bin,

Weder ich noch irgendein anderer als der Mensch ist

Mit nichts wird er zufrieden sein, bis ihm Erleichterung verschafft wird

Mit dem Nichtssein."

Später hört man Kents Klage um Lear in Richards Worten:

„Wie diese eitlen, schwachen Nägel

Kann einen Durchgang durch die Steinrippen reißen

Von dieser harten Welt, meinen zerlumpten Gefängnismauern."

Für Richard ist Musik „süße Musik", wie für alle Charaktere, die *lediglich* Shakespeares Masken sind, und die Szene, in der Hamlet Guildenstern bittet, „auf der Pfeife zu spielen", wird uns in Richards Selbstvorwurf vorgezeichnet:

„Und hier habe ich die Anmut der Ohren,

Um die Zeit zu überprüfen, brach eine ungeordnete Saite ein;

Aber für die Übereinstimmung meines Staates und meiner Zeit,

Ich hatte kein Ohr, um zu hören, wie meine wahre Zeit brach. "

In den letzten drei Zeilen dieses Monologs, den ich jetzt zitieren werde, kann ich Shakespeare genauso deutlich sprechen hören wie in Arthurs Appellen; Die weibliche Sehnsucht nach Liebe ist der unverkennbare Ton:

„Dennoch segne er sein Herz, das es mir gibt!

Denn es ist ein Zeichen der Liebe; und alles Liebe zu Richard

Ist eine seltsame Brosche in dieser alles hasserfüllten Welt. "

Und schließlich zeigt dieser Richard, indem er den Diener tötet, der ihn angreift, dass er das „Etwas Verzweifelte" in sich trägt, mit dem Hamlet prahlte.

Das Lob des Mörders, dass dieser unentschlossene, schwache und liebevolle Richard „so voller Tapferkeit wie königlichem Blut" sei, ist nichts weiter als ein hervorragendes Beispiel für Shakespeares Selbstillusion. Er kommt der Tatsache in „Maß für Maß" näher, wo der Herzog, sein anderes Ich, als „unverletzender Gegenspieler" dargestellt wird, zu sanftmütig, um sich an eine Verletzung zu erinnern oder den Täter zu bestrafen, und er läutet die Glocke im Zentrum der Wahrheit als in „Julius Cäsar" seine Maske Brutus zugibt, dass er

„... trägt Wut in sich, wie der Feuerstein Feuer trägt

Wer viel erzwungen hat, zeigt einen hastigen Funken

Und gerade ist es wieder kalt. "

Wenn ein überstürzter Schlag ein Beweis für Tapferkeit wäre, dann würde man Walter Scotts Eachin in „The Fair Maid of Perth" als mutig bezeichnen. Aber der Mut, diesen Namen wert zu sein, muss auf hartnäckiger

Entschlossenheit beruhen, und alle Inkarnationen Shakespeares und insbesondere dieser Richard sind so instabil wie Wasser.

Das ganze Stück wird in Yorks erbärmlicher Beschreibung von Richards Einzug in London zusammengefasst:

> *„Niemand schrie, Gott schütze ihn;*
>
> *Keine freudige Zunge gab ihm sein willkommenes Zuhause:*
>
> *Aber Staub wurde auf sein heiliges Haupt geworfen;*
>
> *Was er mit so sanfter Trauer abschüttelte –*
>
> *Sein Gesicht kämpft immer noch mit Tränen und Lächeln,*
>
> *Die Zeichen seiner Trauer und Geduld –*
>
> *Das hatte Gott nicht aus irgendeinem starken Grund gefestigt*
>
> *Die Herzen der Menschen müssen zwangsläufig geschmolzen sein,*
>
> *Und die Barbarei selbst hat Mitleid mit ihm. "*

Diese Passage scheint mir sowohl in der Art als auch im Inhalt so charakteristisch für Shakespeare zu sein wie alle anderen, die in all seinen Werken zu finden sind: Sein liebevolles Mitleid mit den Gefallenen, sein leidenschaftliches Mitgefühl für „sanfte Trauer" kamen noch nie so perfekt zum Ausdruck.

Mitleid ist in der Tat der Ton der Tragödie, wie es in den Arthur-Szenen in „König John" der Fall war, aber das Wissen über Shakespeare, das sich aus „König John" ergibt, wird durch das Studium von „König Richard II." erheblich erweitert. Im Arthur von „König John" fanden wir Shakespeares exquisites Mitleid mit der Schwäche, sein Mitgefühl für das Leiden und vor allem seine mädchenhaft-zärtliche Liebe und sein Verlangen nach Liebe. In „Richard II." ist die Schwäche, die Shakespeare bemitleidet, nicht körperliche Schwäche, sondern geistige Unentschlossenheit und Handlungsunfähigkeit, und diese Hamlet-Schwächen gehen mit einer Gewohnheit des philosophischen Denkens einher und werden durch einen flinken Witz und große lyrische Kraft belebt. In Arthur ist Shakespeare bestrebt, seine Herzensqualitäten zu offenbaren, und in „Richard II." seine Geistesqualitäten, und dass diese beiden nur Teile derselben Natur sind, wird durch die Tatsache bewiesen, dass Arthur eine große Auffassungsgabe und eine glückliche Sprache zeigt, während Richard ein- oder zweimal zumindest ein zärtliches Herz und eine Sehnsucht nach würdiger Liebe an den Tag legt von Arthur.

Es scheint also, dass Shakespeares Natur schon in seiner hitzigen, rücksichtslosen Jugend äußerst weiblich und liebevoll war und dass er, selbst wenn er sich mit Geschichten und Männern der Tat beschäftigte, es vorzog, Unentschlossenheit und Schwäche statt Stärke darzustellen, und mehr Sympathie für Misserfolge als für Erfolg empfand.

KAPITEL V.
SHAKESPEARES MÄNNER DER AKTION (*Fortsetzung*). HOT-SPUR, HEINRICH V., RICHARD III.

Die Schlussfolgerungen, zu denen wir bereits gelangt sind, werden durch das Studium von Hotspur – Shakespeares Meisterbild des Mannes der Tat – auf unerwartete Weise bestätigt und gestärkt. Die untergehende Sonne des Rittertums, die auf bestimmte Figuren fiel, warf riesige Schatten auf Shakespeares Weg, und von diesen Figuren verdiente niemand mehr Unsterblichkeit als Harry Percy. Obwohl er in „Die berühmten Siege Heinrichs V.", dem alten Stück, das Shakespeare seinen ausgelassenen Prinzen und den ersten schwachen Hinweis auf Falstaff bescherte, nicht vorgestellt wird, lebte Harry Percy in der Erzählung und in der mündlichen Überlieferung. Sein Spitzname allein ist ein ausreichender Beweis für den Eindruck, den er auf die öffentliche Meinung gemacht hatte. Und sowohl Prinz Heinrich, als er ihn verspottete, als auch seine Frau, die ihn lobte, zeugen von den zweifellos anerkannten Eigenheiten seines Charakters. Wir können sicher sein, dass Hotspur im Gedächtnis der Menschen mit dicker, hastiger Sprache und heißem, ungeduldigem Temperament weiterlebte, und ich denke, dass es selbst zu diesem späten Zeitpunkt leicht ist, Shakespeares Berührungen mit dem traditionellen Porträt zu erkennen. Es ist Sache des Lesers zu sagen, ob Shakespeare das Bild verwischt oder verbessert hat.

Hotspurs erste Worte an den König im ersten Akt sind bewundernswert; sie bringen uns den schroffen, leidenschaftlichen Soldaten anschaulich vor Augen; aber ich bin sicher, Shakespeare hatte die Tatsache aus der Geschichte oder Tradition.

„Mein Lehnsherr, ich habe keine Gefangenen zurückgewiesen.

Aber ich erinnere mich, als der Kampf vorbei war,

Als ich vor Wut und extremer Anstrengung ausgetrocknet war,

Atemlos und schwach, auf mein Schwert gestützt,

Dorthin kam ein gewisser Herr, adrett, ordentlich gekleidet,

Frisch wie ein Bräutigam. "

Hotspurs Bild dieses „Popinjay" mit der Pouncet -Box in der Hand und „parfümiert wie eine Hutmacherin" ist eine großartige Selbstoffenbarung:

„ Er hat mich wütend gemacht,

Ihn so lebhaft strahlen und so süß riechen zu sehen,

Und rede so wie eine wartende Dame.“

Aber unmittelbar danach zeigt Hotspurs Verteidigung von Mortimer eher den Dichter Shakespeare als den unhöflichen Soldaten, der nichts mehr hasst als „die Poesie zu zerstückeln“. Der Anfang ist ziemlich gut:

"Heiß. Empörter Mortimer!

Er ist nie heruntergefallen, mein souveräner Lehnsherr,

Aber durch die Chance des Krieges: um zu beweisen, dass es wahr ist,

Braucht nicht mehr als eine Zunge für all diese Wunden,

Diese Mundwunden, die er tapfer nahm,

Wenn man sich am sanften Ufer des Severn befindet.“

Diese „Sedgy-Bank des sanften Severn“ ist für Hotspur zu poetisch; aber was soll man über seine Beschreibung des Flusses sagen?

„Wer dann, erschrocken über ihre blutigen Blicke,

Rannte ängstlich durch das zitternde Schilf,

Und versteckte seinen knackigen Kopf in der hohlen Bank

Blutbefleckt von diesen tapferen Kämpfern.“

Shakespeare war noch zu jung und zu sehr in die Poesie verliebt, um sich auf die Natur von Hotspur zu beschränken. Aber die Figur des Hotspur war so bekannt, dass Shakespeare nicht lange außen vor bleiben konnte. Als der König die Audienz mit dem Befehl unterbricht, die Gefangenen zurückzuschicken, finden wir den leidenschaftlichen Hotspur wieder:

„Und wenn der Teufel kommt und für sie brüllt,

Ich werde sie nicht schicken. — Ich werde sie sofort schicken,

Und sag es ihm: denn ich werde mein Herz beruhigen,

Obwohl es mit der Gefahr meines Kopfes geschieht.“

Die letzte Zeile schlägt einen falschen Ton an; Eine solche Reflexion wirft kaltes Wasser auf die Hitze der Leidenschaft, und das ist nicht beabsichtigt,

denn obwohl Hotspur von seinem Vater zurechtgewiesen wird, stürmt er
weiter:

„Apropos Mortimer!

„Zounds! Ich werde von ihm sprechen; und lass meine Seele

Will Gnade, wenn ich mich ihm nicht anschließe ... "

Die nächste lange Rede von Hotspur ist bloßer poetischer Matsch; er
beginnt:

*„Nein, dann kann ich seinem Vetter, dem König, keine Vorwürfe
machen,*

Dieser Wunsch ließ ihn auf den kargen Bergen verhungern ... "

und geht dreißig Zeilen lang weiter, um die Verschwörer dafür zu tadeln,
dass sie „Richard, diese süße, schöne Rose" niedergeschlagen und „diesen
Dorn, Bolingbroke" gepflanzt haben. Diese lange Rede verzögert die
Handlung, verschleiert den Charakter von Hotspur und zeigt nur, wie
Shakespeare ohne einen Geistesblitz dichtet . Dann kommt Hotspurs
berühmte Rede über Ehre :

„Beim Himmel, ich glaube, es war ein leichter Sprung,

Um dem bleichen Mond strahlende Ehre zu entreißen ;

Oder tauchen Sie ein in den Grund der Tiefe ... "

Und gleich danach eine Rede, in der seine unbändige Ungeduld und die
Kindlichkeit, die immer im Zorn lauert, perfekt zum Ausdruck kommen. Um
ihn zu beruhigen, sagt Worcester, er solle seine Gefangenen behalten;
Hotspur platzt heraus:

„Nein, das werde ich: Das ist flach.

Er sagte, er würde Mortimer nicht freikaufen;

Verbot meiner Zunge, von Mortimer zu sprechen;

Aber ich werde ihn finden, wenn er schläft,

Und in sein Ohr werde ich rufen: „Mortimer!" Nein,

Ich werde einem Star das Sprechen beibringen

Nichts als „Mortimer", und gib es ihm,

Kein Wunder, dass Lord Worcester ihn zurechtweist und sein Vater ihn als „einen von Wespen gestochenen und ungeduldigen Narren“ tadelt, der nur redet und nicht zuhört. Doch erneut bricht Hotspur hervor, und erneut erweckt ihn seine Wut zum Leben:

„Sehen Sie, ich werde mit Ruten ausgepeitscht und gegeißelt,

Als ich das höre, bin ich gereizt und von Peinlichkeiten gestochen

Von diesem abscheulichen Politiker, Bolingbroke.

Zu Richards Zeiten – wie nennt man den Ort? –

Eine Seuche über uns – es ist in Glostershire ;-

„Das war der Ort, an dem der verrückte Herzog, sein Onkel , wohnte
– ...“

Die Ekstase der Ungeduld und des kindischen, leidenschaftlichen Temperaments wurde noch nie besser wiedergegeben.

Auch sein Monolog zu Beginn der dritten Szene, in dem er den Brief liest, der das kalte Licht der Vernunft auf sein Unternehmen wirft, ist ausgezeichnet, obwohl er Eigenschaften wiederholt, die wir bereits in Hotspur kannten, und keine neuen offenbart:

„Der Zweck, den Sie verfolgen, ist gefährlich “;- warum,

Das ist sicher: Es ist gefährlich, sich zu erkälten, zu schlafen, zu schlafen

trinken; aber ich sage es dir, mein Herr Narr, aus dieser Nessel

Gefahr, wir pflücken diese Blume sicher.... Was für eine frostige Stimmung

Schurke ist das!... Oh, ich könnte mich teilen und

Gehen Sie zu Buffets, um ein solches Gericht mit Magermilch zu bewegen

mit einer so ehrenvollen Tat! Hängen ihn! Lass es ihn erzählen

der König: Wir sind vorbereitet. Ich werde mich heute Abend auf den Weg machen.

Den Höhepunkt der Selbstdarstellung erreicht aber die unmittelbar darauffolgende Szene mit seiner Frau. Lady Percy kommt herein und Hotspur begrüßt sie:

> *„Wie geht es jetzt, Kate? Ich muss dich innerhalb dieser zwei Stunden verlassen."*

Die Antwort der Dame ist zu lang und zu poetisch. Hotspur unterbricht sie, indem er den Diener ruft und ihm Befehle gibt. Dann fragt Lady Percy, und Hotspur vermeidet eine direkte Antwort, und Shakespeare arbeitet sich nach und nach in die Figuren ein, bis sogar Lady Percy für uns lebt:

> *"Dame. Komm, komm, du Paraquito , antworte mir*
>
> *Direkt zu dieser Frage, die ich stelle.*
>
> *Im Glauben werde ich dir den kleinen Finger brechen, Harry,*
>
> *Und wenn du mir nicht die Wahrheit sagen willst.*
>
> *Heiß. Weg,*
>
> *Weg, du Kleiner! – Liebe? – Ich liebe dich nicht,*
>
> *Du bist mir egal, Kate; Das ist keine Welt*
>
> *Mit Mammuts spielen und mit den Lippen kippen ..."*

Es zeigt eine gewisse Unreife der Kunst, dass Hotspur das Thema „Liebe" einführt und nicht Lady Percy; aber natürlich greift Lady Percy das Wort auf:

> *"Dame. Liebst du mich nicht? Bist du nicht in der Tat,*
>
> *Nun, dann tun Sie es nicht; denn da du mich nicht liebst,*
>
> *Ich werde mich selbst nicht lieben. Liebst du mich nicht?*
>
> *Nein, sagen Sie mir, ob Sie im Scherz sprechen oder nicht?*
>
> *Heiß. Komm, wirst du mich reiten sehen?*
>
> *Und wenn ich zu Pferd bin, werde ich schwören*
>
> *Ich liebe dich unendlich ..."*

Das alles ist großartig; Hotspurs grobe Verachtung der Liebe vertieft unser Gefühl für seine soldatenähnliche Natur und seinen Tatendrang; Doch obwohl die Qualitäten auf magische Weise wiedergegeben werden, gibt es nur wenige Qualitäten selbst: Shakespeare greift immer noch auf Hotspurs Ungeduld herum; Aber selbst ein Soldat ist mehr als ein hastiges Temperament und eine Verachtung für Liebesspiele. Aber das Porträt ist noch nicht fertig. Die erste Szene im dritten Akt zwischen Hotspur und Glendower ist auf demselben höchsten Niveau; Hotspurs Ungeduld gegenüber Glendowers ausführlicher Prahlerei findet einen unvergesslichen Satz:

> *„Glend. Ich kann Geister aus der unendlichen Tiefe rufen.*
>
> *Heiß. Ich kann das auch, oder jeder Mensch kann das auch.*
>
> *Aber werden sie kommen, wenn du nach ihnen rufst?"*

Dann kommt es zu Hotspur-Streitigkeiten über die Teilung Englands; er möchte einen größeren Anteil als ihm zugeteilt wird; das Merkmal ist typisch, ausgezeichnet; aber im nächsten Moment löscht Shakespeare es aus. Sobald Glendower nachgibt, schreit Hotspur:

> *"Das ist mir egal; Ich werde dreimal so viel Land geben*
>
> *Weg zu einem wohlverdienten Freund;*
>
> *Aber was den Handel angeht, merket euch,*
>
> *Ich werde über den neunten Teil eines Haares meckern ... "*

Diese große Großzügigkeit ist ein Merkmal von Shakespeare und nicht von Hotspur; Der Dichter kann es nicht ertragen, seinem Helden einen Anflug von Gemeinheit oder Geiz zu verleihen, und doch braucht die Figur ein oder zwei starke Schatten, und kein Schatten könnte passender sein als dieser, denn Landgier war schon immer ein Merkmal des Soldaten - Aristokrat.

Shakespeare ist durchaus bereit, Hotspur als einen Verächter der Künste darzustellen. Wenn Glendower die Poesie lobt, schwört Hotspur, dass er „eher ein Kätzchen sein und miauen würde ... als ein Balladenhändler ". ..." Nichts bringt ihn so auf die Nerven, „wie das Zerhacken von Poesie": und wenig später zieht er das Heulen eines Hundes der Musik vor. Als er von Lord Worcester wegen „Mangel an Manieren, Mangel an Regierung, ... Stolz, Hochmut, Verachtung" zurechtgewiesen wird, ist seine Antwort höchst charakteristisch:

> *„Nun, ich bin geschult: Gute Manieren sind deine Geschwindigkeit,*
>
> *Hier kommen unsere Frauen, und lasst uns gehen."*

Er ist zu alt, um zu lernen, und sein Selbstvertrauen ist nicht zu erschüttern; Aber obwohl er die Schule hasst, wird er seine Frau unterrichten:

„Schwöre mir, Kate, wie eine Dame, wie du bist,

Ein guter, mundfüllender Eid; und geh „in Ruhe"

Und so ein Protest von Pfeffer-Lebkuchen

An Samtwächter und Sonntagsbürger."

Dies ist lediglich eine Wiederholung des Charakterzugs, den er in seiner ersten Rede zeigte, als er den Popinjay-Lord verspottete, weil er in „Feiertags- und Damenbegriffen" sprach. Aber nicht nur, dass Shakespeare in Hotspur bekannte Züge wiederholt, er nutzt ihn auch immer wieder als bloßes Sprachrohr, wie er ihn zu Beginn in der poetischen Beschreibung des Severn eingesetzt hat. Der vierte Akt beginnt mit einer Rede von Hotspur an Douglas, die diesen Fehler seltsamerweise veranschaulicht:

„ Heiß... Gut gesagt, mein edler Schotte, wenn ich die Wahrheit sage

In diesem schönen Zeitalter galt keine Schmeichelei,

Eine solche Zuschreibung sollte der Douglas haben,

Als kein Soldat dieser Saison

So sollte allgemeiner Strom durch die Welt gehen.

Bei Gott, ich kann nicht schmeicheln; Ich widersetze mich

Die Zungen von Schnullern; aber ein mutigerer Ort

In der Liebe meines Herzens hat kein Mensch außer dir.

Nein, beauftrage mich mit meinem Wort; Genehmige mich, Herr. "

In den ersten fünf Zeilen dieses Skimble-Skamble- Zeugs höre ich Shakespeare auf seine billigste Art sprechen; Mit dem Eid versucht er jedoch, sich wieder in die Figur hineinzuversetzen, was ihm jedoch kläglich gelingt.

Unmittelbar danach ist Hotspur schockiert über die Nachricht, dass sein Vater krank ist und nicht einmal die versprochene Hilfe geschickt hat; Von dem Verrat bis ins Herz getroffen, sollte der heiße Soldat nun seinen wahren Charakter offenbaren; Man erwartet von ihm, dass er seinen Vater verflucht und, wenn er sich der Gefahr stellt, schreit, dass er ohne Verräter und schwache Freunde stärker sei. Aber Shakespeare, der Philosoph, beschäftigt sich hauptsächlich mit der Wirkung solcher Nachrichten auf ein Rebellenlager, und wiederum spricht er durch Hotspur:

> *„Jetzt bin ich krank! jetzt hängen! Diese Krankheit ist ansteckend*
>
> *Das Lebenselixier unseres Unternehmens;*
>
> *Es ist fesselnd hierher, sogar bis zu unserem Lager.“*

Dann rappelt sich Shakespeare auf und versucht, sich wieder in die Figur von Hotspur hineinzuversetzen, indem er sich den Sachverhalt vorstellt:

> *„Er schreibt mir hier, diese innere Krankheit –*
>
> *Und das konnten seine deputierten Freunde nicht*
>
> *Also bald gezogen werden; Er glaubte auch nicht, dass es so wäre –“*
>
> *und so weiter zur Frage: „…Was sagst du dazu?“*
>
> *„ Wor. Die Krankheit deines Vaters ist für uns eine Verstümmelung.*
>
> *Heiß. Eine gefährliche Wunde, ein abgetrenntes Glied : – “*

Shakespeare erkennt, dass er die Verletzung nicht weiter übertreiben kann – das ist nicht Hotspurs Linie, sondern entspricht in der Tat völlig der Natur von Hotspur; und so versucht er, sich zurückzuhalten und an Hotspur zu denken:

> *„Und doch ist es im Glauben nicht so; sein gegenwärtiger Wunsch*
>
> *Scheint mehr, als wir finden werden: Wäre es gut?*
>
> *Um den genauen Reichtum aller unserer Staaten festzulegen*
>
> *Alles aus einem Guss? einen so reichhaltigen Main zu setzen*
>
> *Auf die schöne Gefahr einer zweifelhaften Stunde?*
>
> *Es war nicht gut; denn darin sollten wir lesen*
>
> *Der tiefste Grund und die Seele der Hoffnung,*
>
> *Die Liste selbst, die äußerste Grenze*
>
> *Von all unserem Vermögen.“*

Nach den ersten beiden Zeilen, die Hotspur hätte sprechen können, haben wir die Sophistik des Denkers auf poetische Weise zum Ausdruck gebracht und nicht ein einziges Wort von dem heißen, mutigen Soldaten . Tatsächlich haben wir in den letzten vier Zeilen vom buchstäblichen „Wir lesen" bis zum Ende den sanften Dichter, der in verzweifelte Extremitäten verliebt ist. Die Passage muss mit Othellos verglichen werden:

> *„Hier ist das Ende meiner Reise, hier ist mein Hintern,*
>
> *Und ein echtes Zeichen meines äußersten Segels. "*

Doch schließlich, als Worcester der Gefahr noch Angst hinzufügt, findet Hotspur sich zur Hälfte wieder:

> *„ Heiß, du strengst dich zu sehr an.*
>
> *Ich nutze lieber seine Abwesenheit als Folgendes :*
>
> *Es verleiht Glanz und eine noch bessere Meinung.*
>
> *Eine größere Herausforderung für unser großes Unternehmen,*
>
> *Als wenn der Earl hier wäre; denn die Menschen müssen denken,*
>
> *Wenn wir ohne seine Hilfe einen Kopf machen können*
>
> *Gegen das Königreich vorgehen; mit seiner Hilfe*
>
> *Wir werden es auf den Kopf stellen . —*
>
> *Und doch geht alles gut, und doch sind alle unsere Gelenke gesund. "*

Und das ist alles. Die Szene ist so gestaltet, die Situation so konstruiert, dass sie uns den Mut von Hotspur zeigt: Hier, wenn überhaupt, sollte uns das heiße Blut überraschen und die Gefahr zum Sprungbrett für sprunghafte Tapferkeit machen. Aber das ist das Beste, was Shakespeare erreichen kann – dieses ohnmächtige, bleiche „Dennoch geht alles gut, und doch sind alle unsere Gelenke gesund." Die Unzulänglichkeit, die Schwäche des Ganzen ist erstaunlich. Milton hatte nicht den Mut eines Soldaten, aber er hatte mehr als das: Er fand nach der Niederlage bessere Worte für seinen Satan als Shakespeare vor der Schlacht für Hotspur:

> *„Was wäre, wenn das Feld verloren gehen würde?*
>
> *Alles ist nicht verloren; der unbesiegbare Wille,*
>
> *Und Studium der Rache, des unsterblichen Hasses,*
>
> *Und Mut, sich niemals zu unterwerfen oder nachzugeben,*
>
> *Und was sonst noch nicht zu überwinden ist;*
>
> *Diese Herrlichkeit wird niemals seinen Zorn oder seine Macht ertragen*

Wenn Shakespeare Hotspurs Ungeduld wiedergeben muss , gelingt ihm das hervorragend, wenn er Hotspurs Mut wiedergeben muss, scheitert er kläglich.

In der dritten Szene dieses vierten Aktes haben wir ein weiteres bemerkenswertes Beispiel

von Shakespeares Manko. Sir Walter Blount trifft die Rebellen „mit

gnädige Angebote des Königs", woraufhin Hotspur den König beschimpft

durch vierzig Zeilen; Das ist so ein Zeug:

„Mein Vater und mein Onkel und ich

Hat ihm das gleiche Königtum gegeben, das er trägt;

Und als er noch keine sechsundzwanzig Jahre alt war,

Krank in der Welt, elend und niedergeschlagen,

Ein armer , gedankenloser Gesetzloser, der sich nach Hause schleicht,

Mein Vater hieß ihn am Ufer willkommen; ... "

und so weiter und so weiter, wie Hamlet, packt er sein Herz mit Worten aus, bis

Blount schreit:

„Tut, ich bin nicht gekommen, um das zu hören."

Hotspur gibt den Vorwurf zu, fängt aber gleich wieder von vorne an:

"Heiß. Dann zur Sache.

Kurze Zeit nachdem er den König abgesetzt hatte;

Kurz darauf wurde er seines Lebens beraubt",

und so weiter, zwanzig Zeilen lang, bis Blount ihn mit der klugen Frage wieder hochzieht:

„Soll ich diese Antwort dem König zurückgeben?"

Hotspur antwortet:

„Nicht so, Sir Walter; Wir werden uns eine Weile zurückziehen.

Geh zum König .....

Und am frühen Morgen wird mein Onkel sein

Bringen Sie ihm unsere Absichten; und so auf Wiedersehen."

Und doch versichert uns dieser Hotspur, der endlos redet, obwohl er viel besser täte, ruhig zu bleiben, wenig später, dass er „die Gabe der Zunge" nicht gut besitze, und erklärt erneut, dass er froh sei, dass ihn ein Bote unterbrochen habe, denn „Ich bekenne nicht sprechen."

Die Wahrheit ist, dass der echte Hotspur nicht viel redete, aber Shakespeare hatte die Gabe des Redens, wenn überhaupt ein Mann sie hatte, und Hotspur war ein Sprachrohr. Es ist erwähnenswert, dass Hotspur, obwohl sich der Dramatiker normalerweise nach und nach in eine Figur hineinarbeitet, am besten in den früheren Szenen dargestellt wird: Shakespeare begann die Arbeit mit dem Hotspur der Geschichte und Tradition im klaren Kopf; Aber während er schrieb, interessierte er sich zunehmend für Hotspur und identifizierte sich zu sehr mit seinem Helden, wodurch das Porträt fast verdorben wäre. Dies ist am Ende von Hotspur gut zu sehen; Prinz Heinrich hat gesagt, er würde seine aufkeimenden Ehrenstücke abschneiden und sich daraus eine Girlande machen, und so antwortet ihm der sterbende Hotspur:

„O Harry, du hast mir meine Jugend geraubt!

Ich ertrage besser den Verlust brüchigen Lebens

Als die stolzen Titel, die du von mir gewonnen hast;

Sie haben meine Gedanken schlimmer verletzt als dein Schwert mein Fleisch: —

Aber das Denken ist der Sklave des Lebens und der Narr der Lebenszeit,

Und die Zeit, die die ganze Welt überblickt,

Muss einen Stopp einlegen. O, ich könnte prophezeien,

Aber das ist die erdige und kalte Hand des Todes

Lügen auf meiner Zunge: — Nein, Percy, du bist Staub,

Und Essen für —"

Natürlich schließt Prinz Heinrich den Satz ab und setzt das Hamlet-artige philosophische Monolog fort:

Ich habe versucht, diesem Porträt von Hotspur gerecht zu werden, denn Shakespeare hat nie ein besseres Bild eines Mannes der Tat gezeichnet, ja, wie wir gleich sehen werden, hat er es nie wieder so gut hinbekommen. Aber wenn man Hotspur die Qualitäten wegnimmt, die ihm Geschichte und Tradition verliehen haben, das hastige Temperament, die dicke, stotternde Rede und die Verachtung von Frauen, dann wird man sehen, wie wenig Shakespeare dazu beigetragen hat. Er bringt Hotspur dazu, es zu hassen, „Poesie zu zerkleinern", und legt ihm dann lange poetische Beschreibungen in den Mund; er stellt den Soldaten dar, der „die Gabe der Zunge" verachtet, und zwingt ihn, zu jeder Jahreszeit und auch außerhalb historischer und poetischer Phrasen zu reden; er macht den Aristokraten gierig und lässt ihn mit seinen Gefährten um mehr Land streiten, und im nächsten Moment, als ihm das Land gegeben wird, gibt Hotspur es ohne weiteren Gedanken auf; Er entwirft eine Gelegenheit, die darauf ausgelegt ist, Hotspurs Mut zur Schau zu stellen, und erlaubt ihm dann, schwachherzig zu reden, und schließlich, als Hotspur stumm oder mit einem bitteren Fluch sterben sollte, der bis zum Letzten beißt, verliert sich Shakespeares Hotspur in fehlgeleiteter philosophischer Reflexion und poetische Vorhersage. Doch Shakespeares Ausdrucksmagie ist so groß, dass er, wenn er die Qualitäten offenbart, die Hotspur wirklich besaß, ihn mit einer solchen Lebensintensität für uns leben lässt, dass keine noch so vielen falschen Striche diesen Eindruck auslöschen können. Nur der Kritiker, der *sine ira et studio arbeitet* , wird feststellen, dass dieses Porträt durch das Eindringen der Persönlichkeit des Dichters verwischt wird.

Es ist das Begleitbild des Prinzen Heinrich, das wie in einem Glas Shakespeares Vorstellungsarmut zeigt, wenn er sich mit den ausgesprochen männlichen Qualitäten beschäftigt. Um die Sache fair beurteilen zu können, müssen wir bedenken, dass Shakespeare genauso wenig Prinz Heinrich erschaffen hat wie Hotspur. In dem alten Stück mit dem Titel „Die berühmten Siege Heinrichs V." und in der populären Sprache fand Shakespeare den ausgelassenen Prinzen Hal. Der verrückte Prinz war, wie

Harry Percy, ein Geschöpf mit allgemeiner Sympathie; Seine übermütige Stimmung und seine Extravaganzen, die kräftige Art, mit der er seinen wilden Hafer gesät hatte, hatten die Engländer angelockt, die historische Persönlichkeit war durch die Volkserregung zu lebhaftem Leben erweckt worden.

Shakespeare interessierte sich persönlich für diesen fürstlichen Helden. Wie wir gesehen haben, verdunkelt er Hotspurs Porträt, indem er seine eigenen Besonderheiten einbringt; und im Fall von Harry Percy wird diese Versuchung stärker sein.

Das Thema des Stücks, ein junger Mann mit edlen Gaben, der von lockeren Gefährten in die Irre geführt wird, war zu dieser Zeit ein Lieblingsthema Shakespeares; er hatte es bereits in „Richard II." behandelt; und er hat es auch hier mit solchem Elan behandelt, dass wir fast gezwungen sind, an die Überlieferung zu glauben, Shakespeare selbst habe in seiner frühen Jugend in unwürdiger Gesellschaft wilden Hafer gesät. Mithilfe eines großartigen Modells und voller Sympathie für sein Thema könnte man von Shakespeare erwarten, dass er ein großartiges Bild malt. Aber Prinz Heinrich ist alles andere als ein großartiges Porträt; Er ist zunächst kaum mehr als ein Idiot und später eine schwache und farblose Nachbildung von Hotspur. Es ist sehr merkwürdig, dass Shakespeare sich selbst in den Komödienszenen mit Falstaff nie die Mühe gemacht hat, den Prinzen zu verwirklichen : Er verleiht ihm oft seinen eigenen Wortwitz und ab und zu seine eigene hohe Intelligenz, aber er merkt es nicht für einen Moment uns die Seele seines Helden. Er erzählt uns nicht einmal, welche Freude Henry daran hat, mit Falstaff zu leben und zu zechen. Hat der Prinz seine Gefährten aus Eitelkeit ausgewählt, weil er in der Eastcheap- Taverne einen Hof suchte, wo er sie thronen könnte? Oder war es der unendliche Humor von Falstaff, der ihn anzog? Oder hat er Grenzen nur aus Übermut überschritten, weil ihn die albernen Formalitäten des Palastes langweilten? Man hätte meinen können, Shakespeare hätte uns gleich in der ersten Szene den Schlüssel zum Geheimnis gegeben. Aber diese Szene, die Falstaff bis ins Herz berührt, sagt uns nichts über den Prinzen ; sondern verwischt eher eine Figur, die jeder zumindest in Umrissen zu kennen glaubt. Die erste Rede von Prinz Heinrich eignet sich hervorragend als Beschreibung; Falstaff fragt ihn nach der Tageszeit; er antwortet:

> *„Du bist so dickköpfig, dass du alten Sack trinkst, und*
>
> *Ich knöpfe dich nach dem Abendessen auf und schlafe auf Bänken*
>
> *nach Mittag, dass du vergessen hast, das wirklich zu fordern*
>
> *was du wirklich wissen würdest ... "*

Dies hilft, Falstaff darzustellen, zeigt uns aber nicht den Prinzen , denn gut gelaunte Verachtung für Falstaff ist allgemein verbreitet; es hat nichts Individuelles und Eigentümliches an sich.

Dann kommt die Rede, in der der Prinz in Falstaffs Manier von sich selbst als einem der „Männer des Mondes" spricht, der „am Montagabend entschlossen einen Geldbeutel mit Gold ergreift" und ihn „am Dienstagmorgen am entschlossensten ausgibt". Wenig später spielt er mit Falstaff und fragt: „Wo sollen wir morgen eine Handtasche hinbringen, Jack?" Es sieht so aus, als ob der Prinz zu Schlimmerem als nur Unheil bereit wäre. Doch als Falstaff wissen will, ob er einen aus der Bande dazu bringen wird, Gadshill auszurauben , schreit er, wie empört und überrascht:

P. Hen. Wen raube ich aus? Der Dieb? Ich nicht, bei meinem Glauben.

Fal. Es gibt weder Ehrlichkeit, Männlichkeit noch gute Kameradschaft

in dir, und du verdienst nicht das königliche Blut,

wenn du es nicht wagst , für zehn Schilling einzutreten.

P. Hen. Na dann, einmal im Leben werde ich ein Verrückter sein.

Fal. Das ist gut gesagt.

P. Hen. Nun, was auch immer kommt, ich bleibe zu Hause.

Erst Poins' Vorschlag, die Räuber auszurauben, überzeugt ihn schließlich. Man könnte sagen, dass diese Veränderungen des Fürsten in der Situation natürlich sind, aber sie sind zu plötzlich und unmotiviert ; sie sind wie das Kopfnicken des Mandarins – sie haben keine Bedeutung; Und nachdem der Prinz von sich selbst als einem der „Männer des Mondes" gesprochen hat, wäre es sicherlich natürlicher von ihm, wenn der direkte Vorschlag zum Raub gemacht wird, keine empörte Überraschung zu zeigen, die gezwungen oder vorgetäuscht wirkt; sondern zu reden, als würde man eine frühere Torheit bereuen. Die Szene ist, soweit es den Prinzen betrifft, schlecht inszeniert. Als er Poins nachgibt und sich bereit erklärt, Falstaff auszurauben, lauten seine Worte: „Ja, aber ich bezweifle, dass sie zu hart für uns sein werden" – ein Satz, der kaum wilde Geister oder großen Mut oder auch nur die Fähigkeit zeigt, Menschen zu beurteilen. und der Monolog, der die Szene lahm genug beendet, stammt nicht vom Prinzen , sondern von Shakespeare, und leider von Shakespeare, dem Dichter, und nicht von Shakespeare, dem Dramatiker:

"P. Henne. Ich kenne euch alle und werde euch eine Weile unterstützen

Der ungezwungene Humor deines Nichtstuns.

Doch hierin werde ich die Sonne nachahmen,

Wer lässt die Basis ansteckender Wolken zu?

Um seine Schönheit vor der Welt zu verdrängen,

Dass er, wenn er wieder er selbst sein möchte,

Da er gesucht wird, wundert er sich vielleicht mehr darüber,

Indem wir den üblen und hässlichen Nebel durchbrechen

Von Dämpfen , das schien ihn zu erwürgen. ..."

Zeug akzeptieren könnten, würden wir Prinz Heinrich für den Prinzen der Idioten halten; aber es ist unmöglich, es zu akzeptieren, und so zucken wir mit den Schultern mit dem Bedauern, dass der verrückte Fürst der Geschichte uns nicht durch Shakespeares Genie erleuchtet wird. In diesem „Ersten Teil von Heinrich IV." zeigt uns der Prinz , wenn er nicht Falstaff gegenüber beschimpft oder ein Witzbold spielt, entweder eine Art von Harry Percy oder von Shakespeare selbst. Jeder erinnert sich an die Szene, als Falstaff, Percys Leiche tragend, die Prinzen trifft und ihnen erzählt, dass er Percy getötet hat:

P. John. Das ist die seltsamste Geschichte, die ich je gehört habe.

P. Hen. Das ist der seltsamste Kerl, Bruder John.—

Kommen Sie, bringen Sie Ihr Gepäck edel auf den Rücken:

Meinerseits, wenn dir eine Lüge Gnade erweisen kann,

Ich werde es mit den glücklichsten Bedingungen vergolden, die ich habe."

loskauflos und frei" seinem Vergnügen überlässt . Aber der Dichter verleiht dem Soldaten nicht nur seine eigenen Gefühle und seine eigene Ausdrucksweise, er präsentiert ihn uns auch als eine schattenhafte Nachbildung von Hotspur, sogar zu Hotspurs Lebzeiten. Wir haben bereits die bewundernswerte Antwort von Hotspur bemerkt, als Glendower damit prahlt, dass er Geister aus der unermesslichen Tiefe rufen kann:

"Heiß. Ich kann das auch, oder jeder Mensch kann das auch.

Aber werden sie kommen, wenn du nach ihnen rufst?"

Die gleiche Liebe zur Wahrheit wird Prinz Heinrich im vorherigen Akt
zuteil:

„Fal. Owen, Owen, – derselbe; – und sein Schwiegersohn,

Mortimer; und das alte Northumberland; und das munter

Schotte der Schotten, Douglas, der zu Pferd einen Hügel hinauf rennt

aufrecht,-

P. Hen. Der mit hoher Geschwindigkeit fährt, und zwar mit

Pistole tötet einen fliegenden Spatz.

Fal. Du hast es geschafft.

P. Hen. So war er auch nie, der Spatz. "

Aber diese offene Verachtung des Lügens ist nicht das einzige oder
wichtigste gemeinsame Merkmal von Hotspur und Harry Percy. Hotspur
verachtet den Prinzen :

"Heiß. Wo ist sein Sohn,

Der flinke, verrückte Prinz von Wales,

Und seine Kameraden , die die Welt verblüfften

Und sagen Sie, dass es passieren soll?"

und der Prinz ahmt Hotspur nach und macht sich über ihn lustig:

"P. Henne. Er, der mich etwa sechs oder sieben Dutzend tötet

von Schotten beim Frühstück, wäscht sich die Hände und sagt zu seinen

Frau: „Pfui, dieses ruhige Leben! Ich möchte Arbeit.'"

Dann prahlt Hotspur damit, was er tun wird, wenn er seinen Rivalen trifft:

"Heiß. Einmal vor der Nacht

Ich werde ihn mit dem Arm eines Soldaten umarmen,

Dass er unter meiner Höflichkeit zurückweichen wird."

Und in genau der gleichen Weise spricht Prinz Heinrich zu seinem Vater:

"P. Henne. Die Zeit wird kommen

Dass ich diesen Jugendaustausch im Norden machen werde

Seine glorreichen Taten für meine Demütigungen."

Es ist wahr, dass Prinz Heinrich Hotspur mehr als einmal lobt, während Hotspur sich damit begnügt, sich selbst zu loben, aber der Unterschied ist zu gering, um von Bedeutung zu sein: So wie er ist, kann man ihn gut erkennen, wenn die beiden Helden aufeinandertreffen.

"Heiß. Mein Name ist Harry Percy.

P. Hen. Warum, dann verstehe ich

Ein sehr tapferer Rebell dieses Namens."

aber Prinz Heinrich legt diese königliche Stimmung sofort ab, um Hotspur nachzuahmen. Er fährt fort:

„Ich bin der Prinz von Wales und glaube nicht, Percy,

Um die Herrlichkeit nicht mehr mit mir zu teilen ;

Zwei Sterne behalten ihre Bewegung nicht in einer Kugel bei,

Auch unser England kann eine Doppelherrschaft nicht ertragen

Von Harry Percy und dem Prinzen von Wales ... "

Und so rollt der Bombast, und einer prahlt gegen den anderen wie Systole und Diastole, die sich im selben Herzen gegenseitig ausgleichen. Aber das Schlimmste an der Sache ist, dass Prinz Heinrich und Hotspur, wie wir bereits bemerkt haben, beide die gleiche Seele und das gleiche inspirierende Motiv in der Liebe zur Ehre haben . Beide bekennen dies immer wieder, doch Hotspur findet dafür den schöneren Ausdruck, wenn er schreit, dass er „ dem bleichen Mond strahlende Ehre entreißen" werde.

Für den Leser des Stücks sieht es wirklich so aus, als ob Shakespeare sich keinen anderen Anreiz zu edlen oder heroischen Taten vorstellen könnte als diese Liebe zum Ruhm: Denn fast alle anderen ernsten Charaktere des Stücks singen in derselben Tonart von Ehre . König Heinrich IV. beneidet Northumberland

„Ein Sohn, der Gegenstand der Zunge der Ehre ist "

und erklärt, dass Percy „unvergängliche Ehre gegen den berühmten Douglas" erlangt habe. Auch der Douglas findet kein anderes Wort, um Hotspur zu loben – „ Du bist der König der Ehre ": Sogar Vernon, eine bloße Nebenfigur, hat die gleiche Triebfeder: Er sagt zu Douglas:

„Wenn die hochgeachtete Ehre mich auffordert,

Ich halte wenig Rat mit schwacher Angst

Wie Sie oder jeder Schotte, der diesen Tag lebt. "

Falstaff selbst erklärt, dass ihn „nichts außer der Ehre reizt ", und der prahlende Pistol gibt zu, dass „ die Ehre mit der Keule aus seinen müden Gliedern geschlagen wird ". Auch die Franzosen, wenn sie von Heinrich V. geschlagen werden, beklagen alle ihre Schande und ihren Ehrenverlust und haben kein Wort der Trauer über ihre zerstörten Gehöfte und empörten Frauen und Kinder. Der Dauphin schreit:

„Vorwurf und ewige Schande

Sitzt spöttisch in unseren Federn. "

Und Bourbon stimmt ihm zu:

„Scham und ewige Schande, nichts als Scham. "

Es ist merkwürdig, dass Bourbon denselben Gedanken vertritt, der auch Hotspur beseelte. Kurz vor der entscheidenden Schlacht schreit Hotspur:

„Oh, meine Herren! die Lebenszeit ist kurz;

Diese Kürze zu verbringen wäre im Grunde zu lang. "

Und als sich die Schlacht gegen die Franzosen wendet, ruft Bourbon aus:

„Der Teufel übernimmt jetzt die Ordnung! Ich werde zur Menge:

Lass das Leben kurz sein; sonst wird die Schande zu lange dauern. "

Wie Jaques in „Wie es euch gefällt" über den Soldaten sagt: Sie sind „eifersüchtig auf Ehre " und alle streben nach „dem Blasenruf, selbst im Mund der Kanone".

Nur bei Shakespeare haben die Menschen keinen anderen Beweggrund für mutige Taten als die Liebe zur Ehre , keine andere Angst als die der Scham, mit der sie die Angst vor dem Tod überwinden können. Wir werden später sehen, dass der Wunsch nach Ruhm das inspirierende Motiv seiner eigenen Jugend war.

Im „Zweiten Teil von König Heinrich IV." Über Prinz Heinrich wird uns sehr wenig erzählt; er erscheint nur im zweiten Akt sowie im vierten und fünften; und im Großen und Ganzen ist er das Sprachrohr von Shakespeare und nicht der ausgelassene Prinz: Doch bei seinem ersten Auftritt gibt es Spuren von Charakterisierung, etwa wenn er erklärt, dass sein „Appetit nicht fürstlich" sei, denn er erinnert sich an „das arme Geschöpf, das kleine Bier, ", wohingegen er im letzten Akt lediglich der poetische Idiot ist. Lassen Sie uns zuerst die beste Szene zeigen:

"P. Henne. Soll ich dir etwas sagen, Poins?

- - - - - - - -

P. Hen. Heiraten, sage ich dir, das ist nicht angebracht

*sei traurig, jetzt ist mein Vater krank: obwohl ich es dir sagen könnte —
wie*

Einem gefällt es mir, aus Verschulden eines Besseren mein zu nennen

Freund — ich könnte traurig sein, und zwar auch traurig.

Punkte. Sehr wohl kaum zu einem solchen Thema.

P. Hen. Durch diese Hand glaubst du, dass ich so weit bin

Teufelsbuch wie du und Falstaff für Sturheit und Beharrlichkeit:

Lass das Ende den Mann versuchen. Aber ich sage es dir, mein

Herz blutet innerlich, dass mein Vater so krank ist; und behalten

*Solch eine abscheuliche Gesellschaft, wie du es bist, hat dich mit Vernunft
angenommen*

von mir alle Zurschaustellung des Kummers.

Punkte. Der Grund?

P. Hen. Was würdest du von mir denken, wenn ich es tun würde?

weinen?

Punkte. Ich würde dich für einen überaus fürstlichen Heuchler halten.

P. Hen. Es wäre der Gedanke eines jeden Mannes; und du

Es ist ein gesegneter Kerl, so zu denken, wie jeder Mensch denkt. niemals

Der Gedanke eines Mannes in der Welt hält die Straße besser

als deins: Jedermann würde mich tatsächlich für einen Heuchler halten.

Und was regt Ihren verehrungswürdigsten Gedanken an

denke schon?

Punkte. Warum, weil du so unanständig warst und so

sehr verbunden mit Falstaff. "

Das mit Abstand Beste an dieser Seite – die Verachtung dafür, dass die Gedanken eines jeden Menschen mit Sicherheit falsch sind – ist, wie ich kaum sagen muss, purer Shakespeare. Genau die gleiche Reflexion findet in „Hamlet" seinen Platz; Der studentische Denker erzählt uns von einem Stück, das seiner Meinung nach und nach Meinung der besten Juroren ausgezeichnet war, das aber nur einmal aufgeführt wurde, weil es „nicht einer Million gefiel; „Das war Kaviar für den General." Sehr früh machte Shakespeare die Entdeckung, die alle Menschen mit Verstand früher oder später machen, dass die Gedanken einer Million wertlos und das Urteilsvermögen und der Geschmack einer Million abscheulich sind.

In dieser Szene gibt es nichts, was es wert wäre, als Charakterzeichnung bezeichnet zu werden. aber in der letzten Bemerkung von Poins gibt es nur eine Andeutung davon. Laut seinem Lieblingsgefährten war der Prinz sehr „unzüchtig", und doch zeigt uns Shakespeare nie seine Unanständigkeit in der Tat; „moralisiert" es nicht, wie Jaques oder Hamlet es versucht hätten. Es wird nur erwähnt und leichtfertig übergangen. Es ist auch merkwürdig, dass Shakespeares *Alter Ego* , Jaques, vom im Exil lebenden Herzog ebenfalls der Unanständigkeit beschuldigt wurde; Auch Vincentio, eine weitere Inkarnation Shakespeares, wurde von Lucio der Lüsternheit angeklagt; aber in keinem dieser Fälle geht Shakespeare auf das Scheitern ein. Shakespeare scheint die Zurückhaltung gegenüber bestimmten Sünden des Fleisches für den größten Teil gehalten zu haben. Es muss jedoch angemerkt werden, dass er diese Zurückhaltung nur dann übt, wenn seine Helden in Frage gestellt werden : Er begnügt sich damit, uns beiläufig zu erzählen, dass Prinz Heinrich ein Sensualist war; aber er zeigt uns Falstaff und Doll Tearsheet, die auf Lippenlänge miteinander verlobt sind. Um es kurz zu machen: Shakespeare schreibt seinen Nachahmungen Unanständigkeit zu, wird den Fehler jedoch nicht durch Beispiele betonen. Shakespeare wird es seinem „verrückten Prinzen" auch nicht erlauben, mit herzlichem Wohlwollen „Schublade" zu spielen. Während der Prinz sich bereit erklärt, Falstaff in der Taverne auszuspionieren, sagt er zu Poins, dass „vom Prinzen zum Lehrling" eine „niedrige Verwandlung" sei, und kaum hat der Spaß begonnen, wird er in den Krieg gerufen und nimmt mit diesen Worten Abschied :

> "P. Henne. Beim Himmel, Poins, ich fühle mich sehr schuldig,
>
> So müßig, die kostbare Zeit zu entweihen
>
> Bei einem Sturm der Aufregung, wie im Süden
>
> Dampf getragen , beginnt es zu schmelzen
>
> Und lass dich auf unsere nackten, unbewaffneten Köpfe fallen."

Die ersten beiden Zeilen sind überheblich und die letzten drei nur poetischer Blödsinn. Doch erst im vierten Akt, als Prinz Heinrich am Bett seines sterbenden Vaters zuschaut, spricht Shakespeare unverhohlen durch ihn:

> liegt die Krone dort auf seinem Kissen ?
>
> Ein so lästiger Bettgenosse?
>
> O polierte Unruhe! goldene Pflege!
>
> Das hält die Tore des Schlafes weit offen
>
> Auf manche wachsame Nacht! – Schlaf jetzt damit,
>
> Doch nicht so gesund und halb so tief süß
>
> Als er, dessen Stirn mit heimeligem Biggin verbunden ist
>
> Schnarcht die Nachtwache."

Im dritten Akt spricht König Heinrich genauso:

> *„O Schlaf, oh sanfter Schlaf,*
>
> *Sanfte Amme der Natur, wie habe ich dich erschreckt?...*
>
> *- - - - - - - - -*
>
> *Willst du auf dem hohen und schwindelerregenden Mast*
>
> *Verschließe die Augen des Schiffsjungen und erschüttere sein Gehirn*
>
> *In der Wiege der unhöflichen, herrschaftlichen Welle ... “*

Die Wahrheit ist, dass wir in diesen beiden Passagen, wie auch in hundert ähnlichen, Shakespeare selbst finden, der den Schlaf lobt, wie ihn nur diejenigen loben können, die von Schlaflosigkeit geplagt werden.

Als sein Vater ihm „Hunger nach seinem leeren Stuhl“ vorwirft, antwortet Prinz Heinrich so:

> *„O verzeih mir, mein Herr, wenn meine Tränen nicht wären,*
>
> *Die feuchten Hindernisse meiner Rede,*
>
> *Ich war dieser teuren und tiefen Zurechtweisung zuvorgekommen.*
>
> *Bevor du mit Kummer gesprochen hattest und ich es gehört hatte*
>
> *Der bisherige Verlauf ... “*

Es könnte Alfred Austin sein, der an Lord Salisbury schreibt – „ die feuchten Hindernisse“ fürwahr – und der waghalsige junge Soldat macht vierzig Zeilen lang so weiter.

Das einzig denkwürdige im fünften Akt ist die verächtliche Ablehnung Falstaffs durch den neuen König: Ich finde es zumindest inhaltlich entsetzlich:

> *„Ich kenne dich nicht, alter Mann. Erhöre deine Gebete;*
>
> *Wie krank werden weiße Haare zum Narren und Narren!*
>
> *Ich habe lange von so einem Mann geträumt,*
>
> *So überfüllt, so alt und so profan;*
>
> *Aber wenn ich wach bin, verachte ich meinen Traum.*
>
> *- - - - - - - - -*
>
> *Antworte mir nicht mit einem dummen Scherz;*
>
> *Gehen Sie nicht davon aus, dass ich das bin, was ich war;*
>
> *- - - - - - - - -*

Bis dahin verbanne ich dich bei Todesstrafe,

Wie ich den Rest meiner Irreführer getan habe,

Wir dürfen uns nicht auf zehn Meilen annähern ."

Im alten Stück „Die berühmten Siege" wird das Urteil der Verbannung ausgesprochen; Aber diese bittere Verachtung für den überfüllten, profanen alten Mann stammt von Shakespeare. Zwar mildert er die Härte des Urteils in der für ihn charakteristischen großzügigen Weise: Der König sagt:

„Für die Kompetenz des Lebens werde ich es dir erlauben

Dieser Mangel an Mitteln zwingt dich nicht zum Bösen:

Und während wir hören, dass Sie sich reformieren,

Wir werden, entsprechend Ihrer Stärke und Qualitäten,

Gib dir Aufstieg. "

Von dieser „Lebenskompetenz" ist im alten Stück keine Rede. Aber trotz dieser großzügigen Voraussicht ist das Urteil schmerzlich hart, und Shakespeare meinte jedes Wort ernst, denn unmittelbar danach befiehlt der Oberste Richter, Falstaff und seine Kompanie ins Flottengefängnis zu bringen; und in „König Heinrich V." Uns wird gesagt, dass die Verurteilung des Königs Falstaffs Herz brach und die Verbannung des alten Narren ewig machte. Shakespeare in seinem Urteil strenger zu finden als die Mehrheit der Zuschauer und Leser, ist eine so erstaunliche, so einzigartige Tatsache, dass sie nach Erklärung schreit. Ich denke, es besteht kein Zweifel daran, dass die Überlieferung, die uns erzählt, dass Shakespeare in seiner Jugend Streiche in untergeordneter Gesellschaft gespielt habe, hier eine weitere Bestätigung findet. Er scheint seine eigene Schande und die verächtliche Einschätzung, die ihm von anderen entgegengebracht wurde, etwas übertrieben übel genommen zu haben.

„Nehmen Sie nicht an, dass ich das bin, was ich war. "

– ist ein Gefühl, das Prinz Heinrich immer wieder in den Mund gelegt wird; Er versichert uns immer wieder die Veränderung in sich selbst und die großartigen Ergebnisse, die sich daraus ergeben müssen. Es ist diese Abneigung gegen seine eigene lose Vergangenheit und „seine Irreführer", die Shakespeare gegenüber Falstaff so einzigartig streng macht. Wie wir gesehen haben, war er bei Angelo in „Maß für Maß" das Gegenteil von streng, obwohl es in diesem Fall einen besseren Grund für Härte gab. „Maß für Maß" wurde zwar sechs oder sieben Jahre später geschrieben als „Heinrich IV.", und die Tragödie in Shakespeares Leben trennt die beiden Stücke. Shakespeares ethisches Urteil war in der Jugend und im frühen Mannesalter stärker auf Strenge ausgerichtet als später, als seine eigenen Leiden seine Sympathien vertieft hatten und er, um seine eigenen Worte zu verwenden, „durch die Kunst des Wissens „dem guten Mitleid geschwängert" worden war und Kummer empfinden." Aber er hätte den alten Jack Falstaff nie so hart behandelt wie er, wenn er nicht zumindest die Folgen seiner eigenen jugendlichen Fehler bereut hätte. Es sieht so aus, als wäre Shakespeare wie andere schwache Männer von dem Wunsch erfüllt gewesen, die Schuld auf seine „Irreführer" zu schieben. Er freute sich sicherlich über ihre Bestrafung.

Es fällt mir schwer, ausführlich über die Figur des Königs in „Heinrich V." zu schreiben, und glücklicherweise ist es auch nicht notwendig. Ich habe die Mängel im Gemälde des Prinzen Heinrich bereits so ausführlich dargelegt, dass es mir vielleicht erspart bleibt, noch einmal auf ähnliche Schwächen einzugehen, wo sie noch offensichtlicher sind als in den beiden Teilen von „Heinrich IV.". Aber etwas muss ich sagen, denn die Kritiker in Deutschland und England sind sich einig, dass „„Heinrich V.' muss sicherlich als Shakespeares Ideal der Männlichkeit im Bereich der praktischen Leistung angesehen werden." Ausnahmslos haben sie alle dieses Drama mit übertriebenem Lob als eines von Shakespeares Meisterwerken gelobt, obwohl es in Wirklichkeit eines der schlechtesten Werke ist, die er je geschrieben hat, fast so schlecht wie „Titus Andronicus", „Timon" oder „Die Zähmung". des Widerspenstigen." Unglücklicherweise für die angehenden Richter ließ sich Coleridge bei ihrer Meinung über „Heinrich V." nicht leiten; Er erwähnte das Stück kaum, und so schreiben sie alle den absurdesten Unsinn darüber und loben, weil das Lob Shakespeares in Mode gekommen ist, und zweifellos auch, weil seine schlechte Arbeit mehr auf der Ebene ihrer Intelligenz liegt als seine gute Arbeit.

Es lässt sich kaum leugnen, dass Shakespeare sich so weit wie möglich mit Heinrich V. identifizierte. Bevor der König erscheint, wird er überschwänglich gelobt, so wie Posthumus gelobt wurde, aber die Laudatio steht dem Dichter besser als dem Soldaten. Der Erzbischof von Canterbury sagt:

> ... *„Wenn er spricht,*
>
> *Die Luft, ein gecharterter Wüstling, ist still,*
>
> *Und das stumme Wunder lauert in den Ohren der Menschen*
>
> *Um seine süßen und honigsüßen Sätze zu stehlen."*

Der Bischof von Ely geht in seiner Entschuldigung sogar noch weiter:

... "Der Prinz verdunkelte seine Betrachtung

Unter dem Schleier der Wildheit. "

Und so spricht der Soldatenkönig selbst:

„Mein gelehrter Herr, wir bitten Sie, fortzufahren

Und gerecht und religiös entfalten

Warum das Gesetz Salique, das es in Frankreich gibt?

Oder sollten oder sollten uns von unserem Anspruch ausschließen;

Und Gott bewahre, mein lieber und treuer Herr,

Dass du deine Lektüre formen, ringen oder verbeugen solltest ... "

All dies ist eindeutig Shakespeare und Shakespeare in seiner schlimmsten Form; und es gibt Hunderte solcher Zeilen, die hier und da mit einem unvergesslichen Satz verziert sind , wie wenn der Erzbischof die Bienen ruft: „Die singenden Maurer, die Dächer aus Gold bauen." Die Antwort des Königs, als der Dauphin ihm die Tennisbälle schickt, wurde wegen ihrer Männlichkeit und Bescheidenheit sehr gelobt; es beginnt:

„Wir sind froh, dass der Dauphin bei uns so angenehm ist;

Für sein Geschenk und deine Schmerzen danken wir dir:

Wenn wir unsere Schläger auf diese Bälle abgestimmt haben,

Wir werden, durch Gottes Gnade, in Frankreich ein Set spielen

Er wird die Krone seines Vaters in die Gefahr schlagen. "

Die erste Zeile ist äußerst ausgezeichnet, aber Shakespeare hat sie in dem alten Stück gefunden, und die folgende Prahlerei wird durch die fromme Verwünschung kaum übertroffen.

Auch die Szene mit den Verschwörern kommt mir nicht besser vor. Der Soldatenkönig hätte nicht sechzig Zeilen lang über sie gepredigt, bevor er sie verurteilt hätte. Er hätte sie auch nicht mit dieser außergewöhnlichen Mischung aus Anmaßung und frommem Mitleid verurteilt:

„K. Henne. Gott hat dich in seiner Gnade verlassen. Hören Sie Ihr

Diese „armen, elenden Kerle" würden besser zu einer großzügigen Begnadigung passen, und eine solche Vergebung würde eher in Shakespeares Natur liegen. Die Notwendigkeit, durch den Soldatenkönig zu sprechen, bringt den Dichter in diesem ganzen Stück in Verlegenheit, und die Einflößung des Mitgefühls und der Gefühle des Dichters macht die Puppe lächerlich. Heinrichs Rede vor Harfleur wurde von allen Seiten gelobt; Nicht nur von den Professoren und Kritikern, sondern von denen, die Aufmerksamkeit verdienen. Carlyle findet in dem Sprichwort „Ihr guten Landsleute, deren Glieder in England hergestellt wurden" unsterbliche Tapferkeit, und zwar nicht nur unsterbliche Tapferkeit, sondern auch „edlen Patriotismus"; „Ein wahres englisches Herz atmet, ruhig und stark durch die ganze Sache ... auch dieser Mann (Shakespeare) hatte einen richtigen Schlag in sich, wenn es dazu gekommen wäre." Ich finde darin keinerlei Tapferkeit , weder unsterblich noch sonstwie; sondern die Illusion von Tapferkeit , der vollständigste Beweis dafür, dass Tapferkeit fehlte. Hier sind die Worte:

Und so weiter für weitere zwanzig Zeilen. Betrachten Sie nun Folgendes: Zuerst kommt die Überlegung, die eher für den Philosophen als für den Mann der Tat geeignet ist: „Im Frieden gibt es nichts, was einem Menschen so gut steht ...“; Dann möchte der Soldatenkönig, dass seine Männer das Aussehen des Tigers „nachahmen“, „die schöne Natur verschleiern“ und „dem Auge ein schreckliches Aussehen verleihen“. Aber der Mann, der die Wut des Tigers spürt, versucht, den Aspekt davon zu kontrollieren: Er runzelt nicht die Stirn – das ist Pistols Art. Das Ganze ist lediglich eine poetische Beschreibung davon, wie ein wütender Mann aussieht, und nicht davon, wie sich ein tapferer Mann fühlt, und dass es Carlyle hätte täuschen sollen, überrascht mich. Die Wahrheit ist, dass Shakespeare, sobald er einen, ich möchte sagen, magischen Ausdruck für Mut, aber auch nur einen adäquaten und würdigen Ausdruck finden muss, völlig scheitert. Und ist der Patriotismus in „Ihr guten Landleuten, deren Glieder in England hergestellt wurden“ ein „edler Patriotismus“? Oder ist es die einfachste, die gröbste, die am wenigsten zu rechtfertigende Form des Patriotismus? Es gibt einen edlen Patriotismus, der auf den hohen und großzügigen Taten von Männern eigenen Blutes beruht, ebenso wie die eitle und leere Selbstverherrlichung von „in England hergestellten Gliedmaßen“, als ob englische Gliedmaßen besser wären als die in Timbuctoo hergestellten .

In der dritten Szene des vierten Akts, kurz vor der Schlacht, redet Henry von seiner besten Seite, oder besser gesagt von Shakespeares Bestem: und wir erkennen den wahren Akzent des Mutes. Westmoreland wünscht

aber Henry lebt auf einer höheren Ebene:

Aber dieses mutige Gefühl wird von Holinshed fast wörtlich übernommen. Der Rest der Rede zeigt uns Shakespeare als einen großartigen Rhetor, der den Ruhm verherrlicht; hin und wieder wird die Rhetorik in Poesie sublimiert:

Shakespeares Hauptziel zu dieser Zeit war es, ein Wappen für seinen Vater zu bekommen und so seinen Zustand zu mildern. Im ganzen Stück gibt es kein einziges Wort des Lobes für die einfachen Bogenschützen, die die Schlacht gewonnen haben; Keine Erwähnung außer dem Sanften.

Immer wieder kommt es bei Heinrich V. zu einer charakterlichen Dissonanz zwischen dem Dichter und seiner Soldatenpuppe, die an den Ohren schlägt, und diese Dissonanz ist allgemein charakteristisch. Beispielsweise fordert Shakespeare im dritten Akt durch König Heinrich seine Soldaten ausdrücklich dazu auf, „nichts aus den Dörfern zu vertreiben, nichts zu nehmen, sondern zu bezahlen, keinen der Franzosen zu beschimpfen oder in verächtlicher Sprache zu beschimpfen; Denn wenn Nachsicht und Grausamkeit um ein Königreich spielen, ist der sanftere Spieler am schnellsten der Sieger." Weise Worte, die selbst Staatsmänner noch nicht gelernt haben; Tropfen Lebenselixier der Weisheit aus dem Herzen des sanften Shakespeare. Doch einen Akt später, als die Schlacht vorbei ist, gibt Heinrich V. aufgrund der bloßen Nachricht, dass die Franzosen ihre verstreuten Männer verstärkt haben, mit Tränen in den Augen über den Tod des Herzogs von York den Befehl, die Gefangenen zu töten:

Die Puppe ist nicht einmal ein Mensch: bloßes Holz!

Im fünften Akt übernimmt König Heinrich die Stimme und Natur des begrabenen Hotspur. Er wirbt um Katherine, genau wie Hotspur es mit seiner Frau gesagt hat: Er kann aus Liebe kein Blatt vor den Mund nehmen, sagt er ihr mit den Worten von Hotspur; aber es ist völlig klar; wie Hotspur verachtet er Verse und Tänze; Wie Hotspur kann er auch prahlen; findet es genauso „einfach", Königreiche zu erobern, wie Französisch zu sprechen; kann „mit seiner Rüstung auf dem Rücken in seinen Sattel springen "; er ist kein Teppichsoldat; Er „schaut nie aus Liebe zu allem, was er dort sieht, in sein Glas", und um die Ähnlichkeit zu vervollständigen, verachtet er diese „Gefährten von unendlicher Zunge, die sich in Damenbezeigungen reimen können ... ein Redner ist nur ein Schwätzer; ein Reim ist nur eine Ballade." Aber wenn Shakespeare eine lebenswichtige Sympathie für Soldaten und Männer der Tat gehabt hätte , hätte er Heinrich V. nicht auf diese Weise zu einer schwachen Nachbildung des traditionellen Hotspur degradiert. In diesen engen Londoner Straßen am Fluss muss er mit großen Abenteurern zusammengetroffen sein; er kannte Essex; hatte sich vor Raleigh am Hofe verbeugt; muss von Drake gehört haben: Es fehlte an Neigung, nicht an Vorbildern. Er hätte vielleicht sogar zwischen Prinz Heinrich und Hotspur unterscheiden können, ohne seine Geschichtsbücher zu verlassen; aber ein höchst merkwürdiger Punkt ist, dass er es vorzog, ihre Unterschiede zu glätten und die Ähnlichkeit zu betonen. Tatsächlich war Hotspur sehr viel älter als Prinz Heinrich, denn er kämpfte 1388 in Otterbourne , dem Jahr der Geburt des Prinzen; aber Shakespeare macht sie beide absichtlich und ausdrücklich zu Jugendlichen. Als der König mit Prinz Heinrich über Percy spricht, sagt er:

„Und nicht mehr in der Schuld zu sein als du ... "

Es wäre meiner Meinung nach klüger und dramatischer gewesen, wenn Shakespeare den hitzköpfigen Percy als den älteren Mann gelassen hätte, der trotz seiner Jahre zu ungeduldig und zu schnell ist, um hinzusehen, bevor er einen Sprung macht, und gleichzeitig den jugendlichen zu geben Prinz besitzt die ruhige Besinnung und die unpersönliche Einstellung, die zwangsläufig zu einem großen Sieger von Königreichen gehören. Der Dramatiker hätte die Rivalen weiter differenzieren können, indem er Percy gierig gemacht hätte; Er hätte nicht nur mit seinen Genossen über die Aufteilung des Landes streiten sollen, sondern auch darauf bestanden, den größeren Anteil zu erhalten, und selbst dann hätte er gemurrt, als wäre er gekränkt; Der Soldatenaristokrat betrachtete weite Äcker immer als seine besondere Belohnung. Andererseits hätte Prinz Heinrich offenherzig und nachlässig großzügig sein sollen, wie es der Gönner von Falstaff wahrscheinlich sein würde. Darüber hinaus hätte man Hotspur als übermäßig stolz auf seinen Namen und seine Geburt darstellen können; Der Provinzaristokrat ist es normalerweise, während Heinrich, der Prinz, sich seiner eigenen Qualitäten sicherlich zu sicher gewesen wäre, als dass er zufällige Hilfsmittel zum Stolz benötigt hätte. Man hätte uns Percy zeigen können, wie er über eingebildete Kränkungen tobt; Worcester sagt, er sei „von einer Milz beherrscht" worden; während dem Prinzen das hohe Ehrgefühl und die unersättliche Liebe zum Ruhm verliehen werden sollten, die die Pole des Rittertums darstellten. Schließlich hätte der Dramatiker Hotspur, den Soldaten, als einen Mann darstellen können, der Frauen und die Kunst der Musik und Poesie verachtet, während er Prinz Heinrich mit einer größeren Kultur und Sympathie beschenkte.

Wenn ich die Aufmerksamkeit auf solche offensichtlichen Punkte lenke , dann nur, um zu zeigen, wie unglaublich nachlässig Shakespeare war, als er den Eroberer zu einer schlechten Kopie des Besiegten machte. Seine Schnelligkeit und Ungeduld zogen ihn ein wenig nach Hotspur; aber er hatte überhaupt kein Mitleid mit dem Kämpfer und machte sich nie die Mühe, auch nur an die Qualitäten zu denken, die ein Anführer von Männern besitzen muss.

KAPITEL VI.
SHAKESPEARE'S MEN OF ACTION (*abgeschlossen*): KÖNIG HEINRICH VI. UND RICHARD III.

Ich halte es kaum für nötig, diesen Rückblick auf Shakespeares historische Dramen durch die Betrachtung der drei Teile von „König Heinrich VI." zu erweitern. und „Richard III." zu einer ausführlichen und minutiösen Kritik. Wenn ich sie jedoch ohne Erwähnung übergehen würde, würde man wahrscheinlich annehmen, dass sie im Widerspruch zu meiner Theorie stehen oder dass ich zumindest einen triftigeren Grund hätte, sie nicht zu berücksichtigen, als ihre relative Bedeutungslosigkeit. Tatsächlich tragen sie jedoch dazu bei, meine Argumentation zu untermauern, und deshalb werde ich sie auf die Gefahr hin, dass sie langweilig werden, behandeln, wenn auch so kurz wie möglich. Coleridge bezweifelte, dass Shakespeare etwas mit dem „Ersten Teil von Heinrich VI." zu tun hatte, aber seine Schauspielkollegen Heminge und Condell platzierten die drei Teile von „König Heinrich VI." in der ersten Gesamtausgabe der Shakespeare-Dramen, und unsere neueste Kritik findet gute Gründe, dieses zeitgenössische Urteil zu rechtfertigen. Herr Swinburne schreibt: „Die letzte Schlacht von Talbot scheint mir ebenso unbestreitbar das Werk des Meisters zu sein wie die Szene in den Tempelgärten oder die Werbung von Margaret durch Suffolk"; und es wäre leicht zu beweisen, dass vieles von dem, was der sterbende Mortimer sagt, genauso sicher Shakespeares Werk ist wie alle Passagen, auf die sich Mr. Swinburne bezieht. Wie die meisten von denen, die dazu bestimmt sind, die Höhe zu erreichen, scheint Shakespeare langsam gewachsen zu sein, und selbst im Alter von achtundzwanzig oder dreißig Jahren war sein Charakterverständnis so unsicher, sein Stil so unausgebildet und neigte so dazu, aus der Leere zu schwanken Vers zu reimen, dass es schwierig ist, genau zu bestimmen, was er geschrieben hat. Ich denke, wir können davon ausgehen, dass er mehr geschrieben hat, als wir, die wir sein reifes Werk im Sinn haben, ihm zuzuschreiben geneigt sind.

Der „Zweite Teil von König Heinrich VI." ist eine poetische Überarbeitung des alten Stücks mit dem Titel „Der erste Teil des Streits zwischen den beiden berühmten Häusern Yorke und Lancaster" und so weiter. Mittlerweile ist man sich allgemein darüber einig, dass Shakespeares Hand im alten Drama und mit besonderer Sicherheit in den komischen Szenen, in denen Cade und seine Anhänger die Hauptrolle spielen, zurückverfolgt werden kann. Dennoch war die Überarbeitung äußerst gründlich. Die Hälfte der Zeilen im „Zweiten Teil von Heinrich VI." sind neu, und die weitaus meisten davon werden heute mit gutem Grund

Shakespeare zugeschrieben. Aber einige der Änderungen sind zum Schlechteren, und da meine Argumentation keiner Bestätigung bedarf, ziehe ich es vor, nichts anzunehmen und werde mich daher darauf beschränken, darauf hinzuweisen, dass derjenige, der „The Contention" überarbeitet hat, es im Wesentlichen getan hat, wie wir es von unserem jugendlichen Shakespeare erwartet hätten. Wenn beispielsweise Humphrey von Gloster beschuldigt wird, „seltsame Qualen für Täter" erfunden zu haben, antwortet er im alten Stück:

> *„Es ist wohl bekannt, dass ich, als ich Beschützer war,*
>
> *„Mitleid war die einzige Schuld, die in mir war."*

und der sanfte Rezensent fügt hinzu:

> *„Denn ich würde vor den Tränen eines Täters schmelzen,*
>
> *Und demütige Worte waren das Lösegeld für ihre Schuld."*

Außerdem erweitert der Rezensent die Rolle des schwachen Königs erheblich, mit dem offensichtlichen Ziel, seine Hilflosigkeit erbärmlich zu machen. Er gibt auch Henry seine süßesten Sätze, und wenn er ihn dazu bringt, davon zu reden, wie er Glosters Fall „mit traurigen, nicht hilfreichen Tränen" beklagt, fangen wir den Tonfall von Shakespeares Stimme genau ein. Aber er beschränkt seine Korrekturen nicht auf die Reden einer einzelnen Persönlichkeit: Die Sorgen der Liebenden interessieren ihn, wie ihn ihre Zuneigung im „Ersten Teil von Heinrich VI." interessierte, und die Abschiedsworte von Königin Margaret an Suffolk sind besonders charakteristisch für ihn unser sanfter Dichter:

> *„Oh, geh noch nicht; Trotzdem wurden zwei Freunde so verurteilt*
>
> *Umarme und küsse und nimm zehntausend Blätter,*
>
> *Leder hundertmal trennen als sterben.*
>
> *Doch nun lebe wohl; und lebe wohl, das Leben mit dir."*

Das erinnert mich fast unwiderstehlich an Julias Worte beim Abschied von Romeo und an Imogens Worte, als Posthumus sie verlässt. Während des gesamten Stücks ist Henry der Favorit des Dichters , und in der sanften Klage des Königs über Glosters Tod finden wir eine Besonderheit von Shakespeares Kunst. Es gehörte zur List seiner exquisiten Sensibilität, immer dann ein neues Wort zu erfinden, wenn er zutiefst bewegt war, und die

Intensität des Gefühls kleidete sich treffend in einen neuartigen Beinamen
oder ein neues Bild. Hierfür ließen sich hundert Beispiele anführen, etwa
„Die zahlreichen Meere inkarnadinisch"; und so finden wir hier „Paly-
Lippen". Die Passage lautet:

> *„ Am liebsten würde ich ihm die blassen Lippen aufreiben*
>
> *Mit zwanzigtausend Küssen und zum Abtropfen*
>
> *Auf seinem Gesicht ein Ozean aus Salztränen,*
>
> *Um seinem stummen, tauben Stamm meine Liebe zu sagen*
>
> *Und mit meinem Finger spüre ich seine gefühllose Hand. "*

Es muss auch beachtet werden, dass der Rezensent in diesem „zweiten
Teil" beginnt, sich als etwas mehr als nur der süße Lyriker zu zeigen. Er
transponiert Szenen, um das Interesse zu steigern, und wo Feinde
aufeinandertreffen, wie Clifford und York, lässt er sie, anstatt sie in bloßem
blinden Hass toben zu lassen, großzügige Bewunderung für die Qualitäten
des anderen zeigen; Zusammenfassend lässt sich sagen, dass wir hier die
Keime jenes dramatischen Talents finden, das so bald so wunderbare Früchte
tragen sollte. Es gibt kein besseres Beispiel für Shakespeares Entwicklung an
dramatischer Kraft und Humor als die Art und Weise, wie er die Szenen mit
Cade überarbeitet. Es ist, wie gesagt, sehr wahrscheinlich, dass die erste
Skizze von ihm stammte; Als einer von Cades Anhängern erklärt, dass Cades
„Atem stinkt", werden wir daran erinnert, dass Coriolanus die gleichen Worte
wie der römische Pöbel sprach. Aber obwohl es sich um sein eigenes Werk
handelt, nimmt Shakespeare es offensichtlich mit größtem Interesse wieder
auf, denn er fügt unnachahmliche Akzente hinzu. Zum Beispiel in der ersten
Szene, in der die beiden Rebellen George Bevis und John Holland über Cades
Aufstieg und seine Absicht sprechen, „dem Commonwealth einen neuen
Schlaf zu versetzen", Georges Bemerkung:

> *„Oh, elendes Alter! Tugend wird bei Handwerkern nicht geschätzt"* –

eine Ergänzung und kann mit Falstaffs verglichen werden:

> *„ Es gibt keine Tugend. "*

John antwortet:

> *„Der Adel hält es für Verachtung, Lederschürzen zu tragen"*

was in der ersten Skizze steht.

Aber Georges Antwort:

„Nein, mehr; der Rat des Königs sind keine guten Arbeiter" –

ist nur in der überarbeiteten Fassung zu finden. Der gesteigerte Humor dieses „Oh, elendes Zeitalter! Tugend wird bei Handwerkern nicht geschätzt", versichert uns, dass der Rezensent Shakespeare war.

Was für den „zweiten Teil" gilt, trifft im Wesentlichen auch auf den „dritten Teil von König Heinrich VI." zu. Shakespeares Überarbeitungen sind hauptsächlich die Überarbeitungen eines Lyrikers, und er verstreut seine Korrekturen, ohne viel Rücksicht auf den Charakter zu nehmen. Allerdings verschiebt er im dritten Teil wie im zweiten die Szenen, verleiht den Marionetten mehr Leben und steigert auf verschiedene Weise das dramatische Interesse. Dieser dritte Teil ähnelt in mancher Hinsicht „König John", und daraus lassen sich ähnliche Schlussfolgerungen ziehen. Wie in „König John" haben wir die stark gegensätzlichen Figuren des Bastards und Artus, so gibt es in diesem „Dritten Teil" zwei gegensätzliche Charaktere, Richard Duke of Gloster und König Heinrich VI., der eine ist ein wildes Tier, dessen Leben aus Taten besteht , und der weder Furcht, Liebe, Mitleid noch irgendeinen Hauch von Skrupel kennt; der andere, ein heiliger König, dessen schlimmster Fehler sanfte Schwäche ist. In „The True Tragedie of Richard", dem alten Stück, auf dem dieser „Dritte Teil" basiert, wird der Charakter Richards eindrucksvoll skizziert, auch wenn die menschlichen Umrisse manchmal durch seine teuflische Bösartigkeit verwirrt werden. Shakespeare übernimmt diese Figur aus dem alten Stück und verändert sie nur geringfügig. Tatsächlich ist die großartigste Charakteroffenbarung in seinem Richard im alten Stück zu finden:

„Ich hatte keinen Vater, ich bin wie kein Vater,

Ich habe keinen Bruder, ich bin wie kein Bruder;

Und dieses Wort Loveb , das Graubärte göttlich nennen,

Wohne in Männern wie einander,

Und nicht in mir: – ich bin ich allein."

Die satanische Energie dieses Ausbruchs verkündet seinen Urheber, Marlowe.

{Fußnote: Ich glaube, Herr Swinburne war der Erste, der diese Passage Marlowe zuschrieb; er lobt auch die Verse, wie sie es verdienen; aber da ich das Obige geschrieben hatte, bevor ich sein Werk gelesen hatte, ließ ich es stehen.} Shakespeare kopiert es Wort für Wort und lässt nur die erste Zeile mit bewundernswerter Kunst weg. Obwohl er die Reden Richards ändert und verbessert, tut er tatsächlich nichts weiter; er fügt keine neue Qualität hinzu; sein Richard ist der Richard von „The True Tragedie ". Aber König Heinrich kann als Shakespeares Schöpfung angesehen werden. In dem alten Stück sind die Umrisse von Henrys Charakter so schwach und schwach skizziert, dass er kaum wiederzuerkennen ist, aber mit zwei oder drei Strichen macht Shakespeare den Heiligen zu einem lebenden Menschen. Dieser König ist im Gefängnis glücklicher als in seinem Palast; So spricht er zu seinem Wächter, dem Leutnant des Turms:

„Nein, seien Sie sicher, ich werde Ihre Freundlichkeit gut vergelten,

Dafür machte es meine Gefangenschaft zu einem Vergnügen;

Ja, so ein Vergnügen wie eingesperrte Vögel

Empfängnis, wenn nach vielen düsteren Gedanken

Endlich durch Noten der häuslichen Harmonie

Sie vergessen völlig ihren Freiheitsverlust. "

So wie der Vogel ein wenig rennt, bevor er aus der Erde springt und fliegt, so schreibt Shakespeare oft, wie in diesem Fall, ein oder zwei unbeholfene, schwache Zeilen, bevor sich seine Gesangsflügel frei bewegen. Aber die letzten vier Zeilen stammen besonders von ihm; das ist sein Gedanke; Ihm gehört auch die Süße der Worte „ eingesperrte Vögel" und „Haushaltsharmonie" an.

Schließlich wird uns Heinrich nicht nur als sanftmütig und liebevoll gezeigt, sondern auch als ein Mann, der die Ruhe und das Land dem Hofstaat und dem Staat des Königs vorzieht. Sogar in seiner eifrigen, heranwachsenden Jugend war dies Shakespeares eigene Entscheidung: Prinz Arthur in „König John" sehnt sich danach, ein Hirte zu sein: und dieser gekrönte Heilige hat den gleichen Wunsch. Von der Kindheit bis ins hohe Alter bevorzugte Shakespeare das „entfernte Leben":

„O Gott, ich glaube, es war ein glückliches Leben

Nicht besser zu sein als ein einfacher Kerl;

Auf einem Hügel zu sitzen, wie ich es jetzt tue,

Um Zifferblätter Punkt für Punkt urig herauszuarbeiten,

Dabei kann man den Minuten sehen, wie sie laufen;

Wie viele machen die Stunde voll?

Wie viele Stunden bringt der Tag mit sich?

All dies scheint mir ebenso charakteristisch für die sanfte Melancholie von Shakespeares Jugend zu sein, wie Jaques' bittere Worte für die tiefere Melancholie seines Mannesalters sind:

„Und so werden wir von Stunde zu Stunde reif und reif,

Und dann verrotten und verrotten wir von Stunde zu Stunde

Und dadurch entsteht eine Geschichte.“

Der „Dritte Teil Heinrichs VI." führt einen direkt zu „Richard III." Coleridge war der Meinung, dass Shakespeare „außer der Figur des Richard kaum etwas von diesem Stück geschrieben hat". Er hielt das Stück für ein Standardstück und schrieb die Teile neu, die den Charakter des Helden entwickelten; Er hat sicherlich nicht die Szenen geschrieben, in denen Lady Anne den Bitten des Usurpators nachgab." In diesem Fall verdient Coleridges positive Meinung eine respektvolle Würdigung. Zu der Zeit, als „Richard III." Shakespeare war immer noch eher ein Lyriker als ein dramatischer Dichter, und Coleridge war ein guter Kenner der Besonderheiten seines lyrischen Stils. Natürlich hat auch Professor Dowden Zweifel, ob „Richard III." sollte Shakespeare zugeschrieben werden. Er sagt: „Seine Art, Charaktere zu konzipieren und darzustellen, hat eine gewisse Ähnlichkeit mit der idealen Art von Marlowe, die nirgendwo anders in Shakespeares Schriften zu finden ist." Wie in den Stücken von Marlowe gibt es auch hier eine dominierende Figur, die sich durch einige stark ausgeprägte und übermäßig entwickelte Eigenschaften auszeichnet."

Diese fehlerhafte Argumentation zeigt nur, wie gefährlich es für einen Professor ist, seinen Lehrer sklavisch zu kopieren: Auch in „Coriolanus" haben wir die „eine dominante Figur" und alles andere. Die Wahrheit scheint im „Dritten Teil Heinrichs VI." zu liegen. Shakespeare hatte mit Marlowe zusammengearbeitet oder zumindest dessen Werk überarbeitet; In jedem Fall war er so sehr von Marlowes Geist durchdrungen, dass er, wie wir gesehen haben, das großartigste Stück von Richards Selbstoffenbarung direkt vom älteren Dichter übernahm. Darüber hinaus sind die Worte, die in Shakespeares „Richard III." am tiefsten charakterisierend sind,

„Richard liebt Richard – das heißt, ich bin ich"

sind offensichtlich ein schwaches Echo des Ungeheuerlichen

„Ich bin ich allein"

von Marlowes Richard. Zumindest in diesem Ausmaß bediente sich Shakespeare also bei der Darstellung von Richards Charakter Marlowe. Aber diese Eigenschaft, so wichtig sie auch war , brachte ihn nicht weit und er war bald gezwungen, auf seine eigene Lebenserfahrung zurückzugreifen. Er scheint bereits bemerkt zu haben, dass ein charakteristisches Merkmal tatkräftiger Männer die klare, schlichte Sprache ist; Ihr Mut zeigt sich in ihrer Offenheit, und außerdem stehen Worte bei ihnen für Realitäten und werden daher mit Aufrichtigkeit verwendet. Shakespeares Richard III. nutzt schlichte Sprache als heuchlerische Maske, aber Shakespeare ist bereits ein Dramatiker, und in seinen klugen Händen verbindet sich Richards klare Sprache so sehr mit seiner scharfen Intelligenz, dass sie bald wie eine Maske, bald wie angeborene Schamlosigkeit erscheint, und so gewinnt die Charakterisierung an Tiefe und Tiefe Geheimnis. Auch dieser Richard sieht hin und wieder Dinge, die kein Engländer außer Shakespeare selbst sehen konnte. Der gesamte „Gorgias" Platons besteht aus den beiden Zeilen:

„Gewissen ist nur ein Wort, das Feiglinge benutzen,

Ursprünglich gedacht, um die Starken in Ehrfurcht zu versetzen."

Die Aussage des zweiten Mörders, dass das Gewissen „den Menschen zum Feigling macht ... es bettelt jeden, der es behält; es wird aus allen Städten wegen einer gefährlichen Sache vertrieben; und jeder Mensch, der gut leben will, bemüht sich , sich selbst zu vertrauen und ohne es zu leben", sollte als Ergänzung zu dem angesehen werden, was Falstaff über Ehre sagt ; In beiden ist der Humor von Shakespeares charakteristischer Ironie nicht zu verkennen.

Ich denke, das ganze Stück muss Shakespeare zugeschrieben werden; Alle denkwürdigen Worte darin stammen zweifellos von ihm, und ich kann nicht glauben, dass irgendeine andere Hand für uns diese wunderbare , meisterhafte Werbung für Anne geschaffen hat, die Coleridge natürlich nicht zu schätzen wusste. Die Struktur des Stücks zeigt jedoch alle Schwächen von Marlowes Methode: Das Interesse konzentriert sich auf den Protagonisten;

Der Humor reicht nicht aus, um die düstere Intensität zu mildern, und die Szenen, in denen Richard nicht auftritt, sind unattraktiv und schwach.

Man muss nur an die beiden Charaktere denken – Richard II. und Richard III. – und sich an deren Umgang zu erinnern, um einen tiefen Eindruck von Shakespeares Wesen zu bekommen. Er kann den abscheulichen Richard II. nicht präsentieren. überhaupt; er hat kein Interesse an ihm; Doch sobald er an Richards Jugend denkt und sich daran erinnert, dass er von anderen in die Irre geführt wurde, beginnt er, sich mit ihm zu identifizieren, und sofort werden Richards Schwäche liebenswürdig und seine Leiden ergreifend. In dem Maße, wie Shakespeare sich gehen lässt und immer freier malt, werden seine Porträts immer erstaunlicher, bis sich der inhaftierte Richard schließlich melancholischen philosophischen Grübeleien hingibt, ohne einen Anflug von Bitterkeit, Neid oder Hass, und jeder hat die Augen dafür Sehen Sie, ist gezwungen, in ihm einen jüngeren Bruder von Hamlet und Posthumus zu erkennen. „Richard III." wurde auf eine ganz andere Art und Weise produziert. Es war Marlowes dämonische Kraft und Intensität, die Shakespeare zum ersten Mal für diesen Richard interessierte; Im Bann von Marlowes Persönlichkeit konzipierte Shakespeare das Stück und insbesondere die Szene zwischen Richard und Anne; Doch der ursprüngliche Impuls erschöpfte sich schnell, und dann griff Shakespeare auf seine eigenen Erfahrungen zurück und machte Richard scharfsinnig und heuchlerisch unverblümt in seiner Rede – eine Art Skizze von Jago. Etwas später hatte Shakespeare entweder das Gefühl, dass die Handlung für die Entwicklung einer solchen Figur ungeeignet sei, oder, was wahrscheinlicher ist, er wurde des Versuchs, einen Unhold darzustellen, überdrüssig; Auf jeden Fall wird das Stück immer uninteressanter und sogar die Figur Richards gerät ins Wanken. Gegen Ende des Dramas gibt es dafür ein erstaunliches Beispiel. Am Vorabend der entscheidenden Schlacht erwacht Richard aus seinen schrecklichen Träumen, und jetzt, wenn überhaupt, würde man von ihm vollkommene Aufrichtigkeit seiner Äußerungen erwarten. Das finden wir:

> *„Es gibt kein Geschöpf, das mich liebt;*
>
> *Und wenn ich sterbe, wird keine Seele Mitleid mit mir haben;*
>
> *Nein, warum sollten sie, da ich selbst*
>
> *Finde ich in mir selbst kein Mitleid mit mir selbst?"*

Die ersten beiden Zeilen zeugen von einer liebevollen, sanften Natur, Shakespeares Natur, der Natur eines Heinrich VI. oder ein Arthur, eine Natur, die Richard III. sicherlich verachtet hätte, und die letzten beiden Zeilen sind lediglich ein objektives ethisches Urteil, das völlig unangebracht und sehr ungeschickt ausgedrückt ist.

Zusammenfassend lässt sich sagen, dass es hier nicht der Ort ist, Shakespeares Anteil an „Heinrich VIII." zu betrachten. Ich finde, dass in den englischen historischen Stücken die männlichen Charaktere Hotspur, Harry V., der große Bastard und Richard III. sind alle der Tradition oder alten Stücken entnommen, und Shakespeare hat nichts anderes getan, als die Züge zu kopieren, die ihm gegeben wurden; Auf der anderen Seite sind die schwachen, unentschlossenen, sanften, melancholischen Charaktere seine eigenen, und er zeigt außerordentliches Geschick darin, die geheimen Funktionsweisen ihrer Seelen zu enthüllen. Selbst im frühen Mannesalter und wenn es um Geschichten und Männer der Tat geht, kann Shakespeare sein mangelndes Mitgefühl für die praktischen Führer der Menschen nicht verbergen; er versteht sie weder tief noch liebt er sie; Aber indem er den mädchenhaften Arthur und den Hamlet-ähnlichen Richard II. darstellt und das Pathos ihrer Schwäche zum Vorschein bringt, ist er in der gesamten Literatur ohnehin ohne Rivalen oder Zweiter.

Ich bin darauf bedacht, die Wahrheit nicht durch Übertreibung zu verfälschen; Eine Karikatur Shakespeares würde mich als Sakrileg beleidigen, auch wenn die Karikatur charakteristisch wäre, und wenn ich ihn selbst in meiner Jugend als einseitig, als Dichter und Träumer empfinde, bin ich eher geneigt, weniger als die Wahrheit zu sagen als mehr. Er war außerordentlich sensibel, sage ich mir, und lebte im Stress großer Taten; Er behandelte Heinrich V., einen Mann der Tat, wenn es einen gab, als Ideal und überschüttete ihn mit all seiner Bewunderung, aber das wird nicht genügen: Ich kann meine Augen vor dieser Tatsache nicht verschließen; Der Aufwand ist mehr als nutzlos. Er mochte Heinrich V. wegen seiner irregeführten Jugend und seinem späteren Aufstieg zu höchsten Ehren , und nicht wegen seines praktischen Genies. Wo in seiner Porträtgalerie ist das Bild eines Drake oder sogar eines Raleigh? Der Abenteurer war das charakteristische Produkt dieser turbulenten Zeit; aber Shakespeare wandte den Kopf ab; er interessierte sich nicht für ihn. Gegen seinen Willen entwickelte er jedoch ein leidenschaftliches Interesse für den bemitleidenswerten Richard II. und sein vorzeitiges Schicksal. Trotz des Lobes der Kritiker ist sein König Heinrich V. eine Holzmarionette; das intensive Leben des traditionellen verrückten Prinzen ist aus ihm gestorben; aber Prinz Arthur lebt unsterblich, und wir hören immer noch, wie er Hubert mit kindlichen Tönen von seiner Liebe erzählt.

Diejenigen, die meiner Meinung sind, müssen sich mit der Tatsache auseinandersetzen, dass selbst in den historischen Dramen, die er im frühen Mannesalter geschrieben hat, alle seine Porträts von Männern der Tat bloße Kopien sind, während sein Genie in den Porträts eines sanften Heiligen wie Heinrich VI. zum Vorschein kommt. , von einem Schwächling wie Richard II. oder von einem mädchenhaften Jüngling wie Arthur — alle diese

Lieblingsstudien stimmen in ihrer erbärmlichen Hilflosigkeit und zärtlichen Zuneigung überein.

Es ist merkwürdig, dass keinem der Kommentatoren diese außergewöhnliche Einseitigkeit Shakespeares aufgefallen ist. Trotz seiner wunderbaren Ausdrucksfähigkeit fand er nie wunderbare Ausdrücke für männliche Tugenden oder männliche Laster. Für Mut, Rache, Selbstbehauptung und Ehrgeiz haben wir im Englischen bessere Worte als alle, die Shakespeare geprägt hat. Auf diesem Gebiet sind Chapman, Milton, Byron, Carlyle und sogar Bunyan seine Meister.

Natürlich hatte er als Mann einen Instinkt für Mut und eine Bewunderung für Mut; Auch sein Intellekt verschaffte ihm ein gewisses Verständnis für die Reichweite. Dr. Brandes erklärt, dass Shakespeare nur den körperlichen Mut, den Mut des Schwertkämpfers, dargestellt habe; aber das ist nicht wahr: Dr. Brandes hat offensichtlich die Passage in „Antonius und Kleopatra" vergessen, in der Caesar das Duell mit Antonius verächtlich ablehnt und von seinem Gegenspieler als einem „alten Raufbold" spricht. Auch Enobarbus spottet über Antonys geplanten Duell:

„Ja, wie genug, der hart umkämpfte Caesar wird es tun

Bringen Sie sein Glück zum Ausdruck und lassen Sie sich in Szene setzen

Gegen einen Schwertkämpfer."

Ohne die Erinnerung hätte Dr. Brandes vermuten können, dass Shakespeare das Offensichtliche auf den ersten Blick erschöpfen würde. Aber die Seele des Mutes ist für Shakespeare, wie wir gesehen haben, eine Liebe zur Ehre , die auf schnellem, großzügigem Blut beruht – eine eher weibliche als eine männliche Sicht auf die Sache.

Carlyle hat ein tieferes Gespür für diese Tugend der Ureinwohner. Mit dem Gottvertrauen des Fanatikers wird sein Luther nach Worms gehen, „obwohl es Teufel regnet "; und als Carlyle in seiner eigenen Person von der kleinen, ehrlichen Minderheit sprach, die verzweifelt entschlossen war, ihre Ideen aufrechtzuerhalten, obwohl sie von einer riesigen feindseligen Mehrheit von Narren und Unaufrichtigen bekämpft wurde, fand er einen der schönsten Ausdrucksformen für Mut in unserer gesamten Literatur. „Das riesige Heer soll für uns sein", rief er, „wie Stoppeln dem Feuer". Man könnte einwenden, dass dies eher die Stimme des religiösen Glaubens als die Stimme des reinen Mutes sei, und dieser Einwand ist insoweit berechtigt; aber diese Entstehung des Mutes ist eigentümlich englisch, und der so gebildete Mut ist von höchstem Wert. Jeder erinnert sich, wie Valiant-for-Truth in Bunyans

Allegorie kämpft: „Ich kämpfte, bis mein Schwert an meiner Hand klebte; und als sie zusammengefügt wurden, als ob ein Schwert aus meinem Arm wuchs, und als das Blut durch meine Finger lief, da kämpfte ich mit größtem Mut." Der bloße Ausdruck gibt uns ein Verständnis für die verzweifelte Entschlossenheit von Cromwells Ironsides.

Aber auch wenn es in Shakespeare keinen verzweifelten Mut gibt, so sind es auch seine Nebeneigenschaften – Grausamkeit, Hass, Ehrgeiz, Rache – nicht. Wann immer er über diese Themen spricht, spricht er aus tiefstem Herzen, als wäre er jemand, der ihre gewalttätigen Freuden nicht kennt. Sein Gloucester schimpft über Ehrgeiz, ohne ein aufschlussreiches oder gar überzeugendes Wort. Hass und Rache hat Shakespeare nur oberflächlich studiert, und vor Grausamkeit schaudert er wie eine Frau.

Es ist erstaunlich, wie schlecht Shakespeare auf der Seite der Männlichkeit stand. Sein Intellekt war so fein, seine Ausdruckskraft so magisch, die Männer um ihn herum, seine Vorbilder, so mutig – Gründer des britischen Empire und der Seetyrannei –, dass er seine Hotspurs und Harrys nutzen kann, um sich davor zu verstecken der General die Armut seines Temperaments. Aber die Wahrheit wird ans Licht kommen: Shakespeare war der größte aller Dichter, auch ein wunderbarer Künstler, wenn er wollte; Aber er war kein Held, und Männlichkeit war nicht seine *Stärke* : Er war von Natur aus ein Neuropath und ein Liebhaber.

Er war ein Meister der Leidenschaft und des Mitleids, und es erstaunt, wie bereitwillig er stets in das Extrem der Sympathie überging, bei dem ihn nur seine exquisite Wort- und Bildwahl davor bewahrte, ins Alberne zu verfallen. Beispielsweise nennt Titus in „Titus Andronicus" mit seinen groben, unmotivierten Schrecken Marcus einen Mörder, und als Marcus antwortet: „Ach, mein Herr, ich habe nur eine Fliege getötet", antwortet Titus:

> *„Aber wie, wenn diese Fliege einen Vater und eine Mutter hätte?*
>
> *Wie würde er seine schlanken vergoldeten Flügel aufhängen,*
>
> *Und summendes, jammerndes Treiben liegt in der Luft?*
>
> *Arme harmlose Fliege!*
>
> *Das mit seiner hübschen summenden Melodie,*
>
> *Kam hierher, um uns fröhlich zu machen! und du hast ihn getötet."*

Schon in seinen frühesten Stücken zur Mittagszeit seiner lustvollen Jugend, als die Hitze des Blutes die meisten Menschen grausam oder zumindest gleichgültig gegenüber den Sorgen anderer macht, war Shakespeare voller Mitgefühl; Seine sanfte Seele weinte mit dem geschlagenen Hirsch und litt unter dem Tod einer Fliege. So wie Ophelia „Gedanken und Leiden, Leidenschaft, die Hölle selbst" in „ Bevorzugung und Schönheit" verwandelte, so verwandelte Shakespeares Genie die Leiden und Leidenschaften des Menschen in Pathos und Mitleid.

Kapitel VII.
SHAKESPEARE ALS LYRISCHER DICHTER: „ZWÖLFTE NACHT"

Shakespeare begann sein Lebenswerk als Lyriker. Es war daher zu erwarten, dass er, als er mit dem Schreiben von Theaterstücken begann, das Stück von Zeit zu Zeit als Gelegenheit für einen Text nutzte, und tatsächlich war dies seine ständige Gewohnheit. Vom Anfang bis zum Ende seiner Karriere war er sowohl Lyriker als auch Dramatiker. Seine ersten Komödien sind dürftig und dürftig gezeichnet und die lyrische Süße ist überall vorherrschend. Man könnte sagen, dass seine Lehrzeit mit seiner ersten Tragödie „Romeo und Julia" endete. Normalerweise begnüge ich mich damit, Mr. Furnivals „Trial Table of the order of Shakespeare's Plays" zu folgen, in dem „Richard II.", „Richard III." und „King John" alle später als „Romeo und Julia" platziert sind. und doch in der ersten Periode enthalten, die von 1585 bis 1595 reicht. Aber „Romeo und Julia" scheint mir weitaus charakteristischer für das Genie des Dichters zu sein als jede dieser Geschichten; Es ist nicht nur ein schöneres Kunstwerk als alle anderen und daher vielversprechender, sondern in seiner lyrischen Süße auch weitaus repräsentativer für Shakespeares Jugend als alle frühen Komödien oder historischen Stücke. Was auch immer ihre Form sein mag, fast alle frühen Werke Shakespeares sind Liebeslieder, „Venus und Adonis", „Lucrece", „ Verlorene Liebesmühe " und „Die zwei Herren von Verona", und man kann sagen, dass er seine Lehrzeit beendet hat mit der unvergänglichen Tragödie der ersten Liebe „Romeo und Julia".

In den Jahren 1585 bis 1595 brachte Shakespeare das lyrische Element sozusagen in die Unterordnung und schaffte es, sich fast vollständig von seiner frühen Reimgewohnheit zu befreien. Herr Swinburne hat über Shakespeares Verwendung gereimter Verse mit einer Fülle von Wissen und Sympathie geschrieben, die kaum Wünsche offen lässt. Er vergleicht es treffend mit der Verwendung der linken statt der rechten Hand und bezweifelt dringend, ob Shakespeare jemals eine solche Beherrschung des Reims erlangt hat wie Marlowe in „Hero und Leander". Aber ich denke gerne, dass Shakespeares Gesang schnell zu aufrichtig in seinen Emotionen und zu komplex in seinen Harmonien wurde, um die eindeutigen Grenzen, die der Reim setzt, zu ertragen. Jedenfalls hatte Shakespeare bis 1595 gelernt, leere Verse dem Reim vorzuziehen, zumindest beim Schreiben von Theaterstücken; Damit machte er den ersten großen Schritt zu einer hervorragenden Kenntnis seines Instruments.

Die Reifeperiode Shakespeares ist scharf umrissen; es erstreckt sich von 1595 bis 1608 und zerfällt auf natürliche Weise in zwei Teile; Der erste Teil umfasst die Trilogie „Heinrich IV." und „Heinrich V." und seine goldenen Komödien; der zweite, von 1600 bis 1608, ist vollständig mit seinen großen Tragödien gefüllt. Was das Instrument betrifft, ist für diese Zeit charakteristisch, dass Shakespeare die eigentliche Funktion der Prosa verstanden hat. Er erkennt zunächst, dass es sich um die einzige Sprache handelt, die für eine umfassende Komödie geeignet ist, und verwendet sie dann in Momenten plötzlicher Aufregung oder wenn ihm die dramatische Wahrheit der Figur am wichtigsten erscheint. Am besten verwendet er leere Verse, wenn ihm eine Emotion in den Sinn kommt, und Prosa als die gewöhnliche Sprache des Lebens, die Sprache der Überraschung, des Lachens, des Streits und aller gewöhnlicher Gefühle. Während dieser zwölf oder vierzehn Jahre ist die lyrische Note nicht aufdringlich; es ist normalerweise dem Charakter untergeordnet und der Handlung angemessen.

Seine dritte und letzte Periode beginnt mit „Pericles" und endet mit dem „Sturm"; sie zeichnet sich, wie wir später sehen werden, durch körperliche Schwäche und eine gewisse Verachtung für die dramatische Fiktion aus. Aber das einmal erworbene Wissen über das Instrument verließ Shakespeare nie. Zwar wird die lyrische Note in seinen späten Komödien immer deutlicher; Aber auch die Prosa wird von ihm mit der gleichen Meisterschaft verwendet, die er in seiner Reife bewiesen hat.

In der ersten Periode war Shakespeare oft nicht in der Lage, seinen Puppen individuelles Leben zu verleihen; im Erwachsenenalter interessierte er sich für die Puppen selbst und setzte sie mit großer Kunstfertigkeit ein; in der dritten Periode war er ihrer etwas überdrüssig geworden und zeigte im „Sturm" eine Neigung, seine Figuren in Symbole oder Typen zu verwandeln, so wie Goethe später dazu neigte.

Der Ort der „Zwölften Nacht" ist in Shakespeares Werken ebenso deutlich gekennzeichnet wie in „Romeo und Julia" oder „Der Sturm". Es steht auf der Trennlinie zwischen seinen leichten, fröhlichen Komödien und den großen Tragödien; es entstand alles auf dem Höhepunkt glücklicher Stunden, aber es gibt darin Hinweise, die wir später bemerken werden und die zeigen, dass Shakespeare beim Schreiben bereits in das Tal der Ernüchterung geschaut hatte, das er betreten wollte. Aber „Twelfth Night" ist im Geiste von „As You Like It" oder „Much Ado" geschrieben, nur dass es noch persönlicher-einfältiger und weniger dramatisch ist als diese; Es ist in der Tat eine Lyrik der Liebe und der Lebensfreude.

Für einen Literaturliebhaber gibt es keine größere Freude, als zu sehen, wie Shakespeare mit glücklicher Unbekümmertheit die Dinge singt, die er am meisten liebt – nicht den Shakespeare von Hamlet oder Macbeth, dessen Intellekt in kritischen Urteilen über Menschen und Leben spricht und dessen Herz wir erraten gern anhand geringfügiger Hinweise; noch Shakespeare, der

Dramatiker, der hin und wieder versuchte, Puppen wie Coriolanus und Jago, mit denen er wenig Verständnis hatte, zum Leben zu erwecken; sondern Shakespeare, der Dichter, Shakespeare, der Liebhaber, Shakespeare, den Ben Jonson „den Sanften" nannte, Shakespeare, den herzensguten Sänger, wie er lebte, litt und genoss. Wenn ich gebeten würde, das Porträt, das Shakespeare uns in Hamlet-Macbeth gegeben hat, mit einer einzigen Passage zu vervollständigen, würde ich auf jeden Fall die ersten Worte des Herzogs in „Twelfth Night" wählen. Ich muss das Gedicht transkribieren, obwohl es jedem Leser in Erinnerung bleiben wird; denn es enthält das vollständigste und charakteristischste Bekenntnis zu Shakespeares Gefühlen, das jemals in wenigen Zeilen gegeben wurde:

> *„Wenn Musik die Nahrung der Liebe ist, spielen Sie weiter;*
>
> *Gib mir ein Übermaß davon, dieses Übermaß*
>
> *Der Appetit kann nachlassen und so zum Tod führen.*
>
> *Wieder dieser Stamm ; – er hatte einen sterbenden Sturz:*
>
> *Oh, es kam über mein Ohr wie der süße Süden*
>
> *Das atmet auf eine Veilchenbank,*
>
> *Stehlen und riechen . – Genug! nicht mehr*
>
> *„Es ist jetzt nicht mehr so süß wie vorher."*

Jeder wird bemerken, dass Shakespeare, wie wir ihn in Romeo kennen, hier erneut dargestellt wird, wobei einige hervorstechende Merkmale betont werden; Auch hier haben wir es mit dem Dichter der Sonette zu tun, der sich als Herzog und Protagonist eines weiteren Theaterstücks verkleidet. Bei der Charakterisierung dieses Herzogs wird immer noch weniger Kunst verwendet als bei der Charakterisierung von Macbeth; Shakespeare lässt sich einfach fallen und besingt seine Gefühle in den schönsten Worten. Das ist seine Philosophie der Musik und der Liebe:

> *„Gib mir ein Übermaß davon, dieses Übermaß,*
>
> *Der Appetit kann krank werden und so sterben";*

und dann:

> *„Genug, nicht mehr; „Es ist jetzt nicht mehr so süß wie vorher."*

– der schnelle Abscheu des zarten, lustvollen Künstlers, der den erlesensten Schmerz des Vergnügens ungetrübt in Erinnerung behalten möchte.

Eine Rede nach der anderen entdeckt die gleiche glückliche Freiheit und absolute Hingabe an den „Sinn für Schönheit". Curio schlägt vor, den Hirsch zu jagen, und sofort bricht der Herzog aus:

„Ja, das tue ich, das Edelste, was ich habe.

O, als meine Augen Olivia zum ersten Mal sahen,

Ich dachte, sie hätte die Luft von der Pest befreit.

In diesem Moment wurde ich in einen Hirsch verwandelt,

Und meine Wünsche, wie grausame und grausame Hunde,

Verfolgt mich seitdem."—

Valentine erzählt ihm dann, dass Olivia immer noch um ihren Bruder trauert, und der Herzog nutzt die Gelegenheit für einen weiteren Text:

„Oh, sie, die ein Herz von dieser schönen Gestalt hat

Um diese Liebesschuld nur einem Bruder zu bezahlen,

Wie wird sie lieben, wenn der reiche goldene Schaft

Hat die Herde aller anderen Zuneigungen getötet

Das lebt in ihr; wenn Leber, Gehirn und Herz,

Diese souveränen Throne sind alle ausgestattet und gefüllt –

Ihre süßen Vollkommenheiten – mit einem Selbstkönig ! –

Weg vor mir zu süßen Blumenbeeten,

Liebesgedanken sind reich, wenn sie mit Lauben bedeckt sind."

Die letzten beiden Zeilen zeigen deutlich genug, dass Shakespeare sich beim Schreiben nicht um einen Gedanken an die Realität kümmerte: Er wurde von Fancy in dieses verzauberte Land der Romantik entführt, wo Blumenbeete Sofas und Lauben sind, Baldachine der Liebe. Aber was für eine Sinnlichkeit steckt in ihm!

„Wenn Leber, Gehirn und Herz,

Diese souveränen Throne sind alle ausgestattet und gefüllt –

Ihre süßen Vollkommenheiten – mit einem Selbstkönig ! – "

Natürlich ist auch dieser Herzog unbeständig und wechselt von der beharrlichen Verfolgung von Olivia zur Liebe zu Viola, ohne dass es einen anderen Grund als die Entdeckung von Violas Geschlecht gibt. Ebenso wendet sich Romeo auf den ersten Blick von Rosaline zu Julia. Diese Eigenschaft wurde von Coleridge und anderen als Ausdruck einer einzigartigen Kenntnis des Charakters eines jungen Mannes gelobt, aber ich würde eher sagen, dass Unbeständigkeit ein Merkmal der Sinnlichkeit war und zu Shakespeare selbst gehörte, denn Orsino hat wie Romeo keinen Grund, seine Liebe zu ändern ; Und das Merkwürdige an der Sache ist, dass Shakespeare offenbar nicht der Meinung ist, dass die schnelle Veränderung bei Orsino überhaupt einer Erklärung bedarf. Darüber hinaus ist die Liebe von Herzog Orsino zu Olivia lediglich der Wunsch nach ihrer körperlichen Schönheit – das Gegenstück zur sinnlichen Eifersucht von Othello. Aus Shakespeares tiefstem Herzen sagt der Herzog :

„Sag ihr, meine Liebe, edler als die Welt,

Preise sind nicht die Menge an schmutzigem Land;

Die Teile, die das Schicksal ihr verliehen hat,

Sag es ihr, ich halte so schwindlig wie Fortuna;

Aber es ist dieses Wunder und die Königin der Edelsteine

Dass die Natur ihr einen Streich spielt, zieht meine Seele an. “

So siegt der Körper über die Seele, so Orsino, der, ich wiederhole es noch einmal, Shakespeare in seiner naivsten und offensten Stimmung ist; die Verachtung des Reichtums – „ schmutzige Länder" – und die Sinnlichkeit – „dieses Wunder und die Königin der Edelsteine" – sind gleichermaßen charakteristisch. Noch ein paar Handgriffe und das Porträt dieses Herzogs wird fertig sein; Er sagt zu dem angeblichen Cesario, als er ihn als Botschafter nach Olivia schickt:

„Cesario, Du weißt nicht weniger als alles; Ich habe den Verschluss gelöst

Für dich das Buch meiner geheimen Seele; Deshalb, gute Jugend“, –

und so weiter.

Es ist selbstverständlich, dass dieser Herzog seinem Freund alles erzählt; Selbstverständlich war auch, dass er Bücher und Buchmetaphern liebte. Ohne es zu erfahren, weiß man, dass er sich an allen schönen Dingen erfreut – an Bildern mit ihrer feenhaft falschen Darstellung von Formen und Leben; die fleischfesten Umrisse von Marmor, die Wärme von Elfenbein und die meergrüne Patina von Bronze – war das Achterdeck des Schiffes nicht aus geschlagenem Gold, die Segel lila, die Ruder silbern und das Wasser selbst verliebt?

Dieser Herzog zeigt uns Shakespeares intimste Züge, auch wenn die Handlung keine Selbstoffenbarung suggeriert. Als er Viola schickt, um Olivia für ihn zu werben, fügt er hinzu:

> *„Etwa vier oder fünf, betreuen Sie ihn;*
>
> *Alles, wenn Sie so wollen; denn ich selbst bin der Beste*
>
> *Am wenigsten in Gesellschaft."*

Wie Vincentio, diese andere Maske Shakespeares, liebt auch dieser Herzog die Einsamkeit und das „entfernte Leben"; er ist „am besten, wenn er am wenigsten in Gesellschaft ist".

Wenn es jemanden gibt , der immer noch an der wesentlichen Identität von Herzog Orsino und Shakespeare zweifelt, sollte er die gedankliche und formale Ähnlichkeit zwischen den lyrischen Ergüssen des Herzogs und den Sonetten in Betracht ziehen, und wenn ihn das nicht überzeugt, könnte ich ein bisher unerprobtes Argument verwenden. Wenn ein Dramatiker die Figur eines Mannes entwirft, neigt er dazu, ihn, wie die Franzosen sagen, zu sehr zum Stück zu machen – zu logisch. Aber obwohl Shakespeare in diesem Fall dem Herzog nur eine kurze Rolle gegeben hat , hat er ihn mit der bezaubernden Leichtigkeit, die der Selbstoffenbarung eigen ist, dazu gebracht, sich selbst zu widersprechen. Der Herzog sagt uns:

> *„Für jemanden wie mich sind alle wahren Liebenden,*
>
> *– Unruhig und scheu in allen anderen Bewegungen,*
>
> *Speichern Sie im ständigen Bild der Kreatur*
>
> *Das ist geliebt."*

Im nächsten Moment wiederholt er Folgendes:

> *„Denn, Junge, wie auch immer wir uns selbst loben,*
>
> *Unsere Fantasien sind schwindelerregender und unsicherer,*
>
> *Mehr Sehnsucht, Schwanken, eher verloren und gewonnen,*
>
> *Als Frauen sind."*

Und im nächsten Moment behauptet er:

> *„Es gibt keine Frauenseite*
>
> *Kann den Schlag einer so starken Leidenschaft ertragen*
>
> *Wie die Liebe mein Herz gibt; kein Frauenherz*
>
> *So groß, um so viel zu fassen; es fehlt ihnen an Retention.*
>
> *Ach! ihre Liebe könnte man Appetit nennen,*
>
> *Keine Bewegung der Leber, aber des Gaumens,*
>
> *Das erträgt Übermut, Übermut und Revolte!"*

Auch Hamlet widerspricht sich selbst: In einem Moment erklärt er, seine Seele sei unsterblich, und im nächsten Moment ist er voller Verzweiflung. Aber Hamlet ist ein so aufwändiges Porträt, das aus so vielen winzigen Details besteht, dass Selbstwidersprüchlichkeit ein Teil und ein notwendiger Teil seiner vielschichtigen Komplexität ist. Doch der Herzog in „Twelfth Night" offenbart sich gleichsam zufällig; wir wissen kaum mehr über ihn, als dass er Musik und Liebe, Bücher und Blumen liebt und dass er Reichtum und Gesellschaft verachtet; Wenn er sich selbst widerspricht, können wir dementsprechend vermuten, dass Shakespeare sich frei äußern lässt, ohne viel Wert auf die Kohärenz der Charakterisierung zu legen. Und das Ergebnis dieser Offenheit ist, dass er in Herzog Orsinos „Zwölfte Nacht" eine intimere, vertraulichere Skizze seiner selbst gegeben hat, als er uns in jedem anderen Stück gegeben hat, außer vielleicht in „Hamlet" und „Macbeth".

Ich muss kaum beweisen, dass Shakespeare in seinen frühesten Stücken wie in seinen neuesten, in seinen Sonetten wie in seiner dunkelsten Tragödie Blumen und Musik liebte. In fast jedem Stück spricht er voller Zuneigung und Freude von Blumen. Man muss sich nur an das Lied in „Ein Sommernachtstraum", „I know a bank" oder an Perditas exquisite Worte erinnern:

> *„Narzissen,*
>
> *Das kommt, bevor die Schwalbe es wagt, und nimm es*
>
> *Die Winde des März mit Schönheit; Veilchen dunkel,*
>
> *Aber süßer als die Lider von Junos Augen*
>
> *Oder Cythereas Atem; blasse Primeln,*
>
> *Die unverheiratet sterben, bevor sie es sehen können*
>
> *Der strahlende Phoebus ist in seiner Stärke eine Krankheit*

Am meisten Vorfall bei Dienstmädchen; Fette Ochsenlippen und

Die kaiserliche Krone; Lilien aller Art,

Die Flower-de-luce ist eins";

oder Arviragus ' Lob von Imogen:

„Es soll dir nicht mangeln

Die Blume, die deinem Gesicht gleicht, blasse Primel, noch

Die azurblaue Glockenblume gleich deinen Adern; nein, noch

Das Blatt von Eglantine, wen man nicht verleumden sollte

Hat deinen Atem nicht versüßt .

Shakespeare lobt die Musik so oft und so enthusiastisch, dass wir diesen Zug als charakteristisch für sein tiefstes Wesen betrachten müssen. Nehmen Sie dieses Stück, mit dem wir uns gerade befassen. Nicht nur der Herzog , sondern auch die beiden Heldinnen Viola und Olivia lieben Musik. Viola kann „in vielen Arten von Musik" singen, und Olivia gibt zu, dass sie lieber hören würde, wie Viola um Liebe bittet, als „Musik aus den Sphären". Romeo verwechselt Musik fast mit Liebe, ebenso wie Herzog Orsino:

„Wie silbern süß die Zungen der Liebhaber bei Nacht klingen,

Wie sanfte Musik für aufmerksame Ohren!"

Und wieder:

„Und lassen Sie die Zunge der reichen Musik erklingen

Entfalten Sie das imaginäre Glück, das beide haben

Erhalten Sie beides durch diese liebevolle Begegnung. "

Es ist eine merkwürdige und charakteristische Tatsache, dass Shakespeare Ferdinand im „Sturm" fast dieselben Worte gibt, die er zehn Jahre zuvor dem Herzog in „Zwölfte Nacht" gegeben hat. In beiden Passagen geht die Musik mit Leidenschaft vor, um ihren Wahnsinn zu lindern:

„Diese Musik kroch an mir vorbei auf dem Wasser,

Ich besänftige sowohl ihre Wut als auch meine Leidenschaft

Mit seiner süßen Luft"

und Herzog Orsino sagt:

„Das alte und antike Lied, das wir letzte Nacht gehört haben,

Ich dachte, es würde meine Leidenschaft sehr entlasten. "

Dieses Geständnis ist so eigenartig; zeigt auch eine so außerordentlich feine Sensibilität, dass ich sie aufgrund ihrer Wiederholung für Shakespeares Werk halten muss. Die großartigste Lyrik über Musik wird Lorenzo im „Kaufmann von Venedig" gegeben, und am Rande sei angemerkt, dass Lorenzo keine Figur, sondern, wie Claudio, nur ein Name und ein Sprachrohr von Shakespeares Gefühlen ist. Es scheint, dass Shakespeare fast genauso zufrieden damit war, den Liebhaber zu spielen wie den Herzog. Ich kann nicht umhin, die magischen Verse zu transkribieren, obwohl sie jedem Liebhaber unserer englischen Sprache bekannt sein müssen:

„Wie süß schläft das Mondlicht auf diesem Ufer!

Hier werden wir sitzen und den Klängen der Musik lauschen

Krieche in unseren Ohren; sanfte Stille und die Nacht

Werden Sie zum Hauch süßer Harmonie.

Setz dich, Jessica: Schau, wie der Boden des Himmels ist

Patinierungen aus hellem Gold eingelegt.

Es gibt nicht die kleinste Kugel, die du siehst

singt wie ein Engel,

Ich freue mich immer noch auf die jungäugigen Cherubim.

Solche Harmonie herrscht in unsterblichen Seelen;

Aber während dieses schlammige Gewand des Verfalls

Schließt es grob zu, wir können es nicht hören. "

Die ersten Zeilen dieses Gedichts sind im Geiste der Gedichte der „Zwölften Nacht" konzipiert, und in den letzten Zeilen nutzt Shakespeare die göttliche Vorstellungskraft, die alle seine besten Verse in die höhere Luft des Lebens hebt und ihre edelste erreicht in Prosperos feierlich-trauriger Lyrik.

Shakespeares Liebe zur Musik ist so sehr ein Teil von ihm selbst, dass er diejenigen verurteilt, die sie nicht teilen; Auch dieses Argument wird Lorenzo angeführt:

„Der Mann, der keine Musik für sich hat,

Auch wird er nicht von der Eintracht süßer Klänge bewegt,

Ist geeignet für Verrat, List und Beute;

Die Bewegungen seines Geistes sind stumpf wie die Nacht,

Und seine Zuneigung ist so dunkel wie Erebus:

Einem solchen Mann soll man nicht trauen."

Dass diese Ansicht nicht nur der Ausdruck einer vorübergehenden Stimmung war, zeigt die Tatsache, dass Shakespeare seinen Schurken keine Musik leiht; Doch Timon begrüßt seine Freunde mit Musik, so wie Hamlet die Spieler mit Musik begrüßt und Portia nach Musik ruft, während ihre Verehrer ihre ereignisreiche Wahl treffen. Titania und Oberon suchen beide die Hilfe der Musik, um in ihrer Liebe und dem vom Krieg und der Zeit gezeichneten Heinrich IV. zu helfen. betet, dass Musik seinem „müden Geist" etwas Ruhe verschafft; In ähnlicher Stimmung sehnt sich Prospero nach Musik, als er seinen Zauberstab zerbricht und seine magischen Kräfte aufgibt.

Auch hier zeigt sich Shakespeare in „Twelfth Night" in voller Männlichkeit als Romeo, verliebt in Blumen, Musik und Leidenschaft. Es stimmt, dieser Orsino beschäftigt sich etwas weniger mit verbalen Witzen und ist auch etwas ehrlicher sinnlich als Romeo; aber andererseits wäre Romeo deutlich sinnlicher gewesen, wenn er zwischen fünfundzwanzig und fünfunddreißig gelebt hätte. Auch als älterer Mann weist Orsino natürlich mehr von Hamlet-Shakespeares eigentümlichen Zügen auf, als Romeo zeigte; Die Verachtung des Reichtums und die Liebe zur Einsamkeit sind Eigenschaften, die bei Romeo kaum zum Ausdruck kommen, während sie bei Orsino wie beim reifen Shakespeare hervorstechende Merkmale sind. Um es zusammenzufassen: Hamlet-Macbeth vermittelt uns Shakespeares Gedanken; aber in Romeo-Orsino hat er uns sein Herz und sein poetisches Temperament so unbefangen, wenn auch vielleicht nicht so vollständig offenbart, wie er es in den Sonetten tut.

KAPITEL VIII.
SHAKESPEARE'S HUMOUR: FALSTAFF

Shakespeares Selbstporträts sind nicht zu verwechseln; Die durch das Alter verursachten Veränderungen in ihm bringen die unzerstörbare Individualität klarer zum Vorschein, und kein Unterschied der Umstände oder der Stellung hat irgendeinen Einfluss auf diesen besonderen Charakter: ob er der Liebhaber ist, Romeo; der Mörder Macbeth; der Höfling Hamlet; oder der Krieger, Posthumus; er ist immer derselbe – ein sanfter und doch impulsiver Charakter, sinnlich und meditativ zugleich; halb Dichter, halb Philosoph, der die Natur und seine eigenen Träume dem Handeln und dem Leben an Höfen vorzieht; ein körperlich anspruchsvoller Mann bis hin zu Ekel, ebenso wie eine zarte Frau, mit Schmutz und Gerüchen und alltäglichen Dingen; ein Idealist mit feinem Gespür für alle Höflichkeiten, Ritterlichkeiten und Auszeichnungen. Das Porträt ist noch nicht vollständig – noch lange nicht; Aber schon jetzt zeigt sich, dass Shakespeares Wesen so komplex war, so zitternd zwischen den weltweiten Polen der Poesie und Philosophie, zwischen dem Individuellen und Konkreten auf der einen und dem Abstrakten und Allgemeinen auf der anderen Seite, schwankte, dass die Aufgabe des Enthüllens bestand er selbst war außerordentlich schwierig. Es ist nicht einmal einfach, ihn so zu beschreiben, wie er sich selbst malte: Vielleicht habe ich, um einen bloßen Katalog unterschiedlicher Eigenschaften zu vermeiden, die sanfte, leidenschaftliche Seite von Shakespeares Natur zu sehr hervorgehoben; obwohl das schwierig wäre und auf jeden Fall kein schlechter Fehler wäre; denn dies ist die Seite, die bisher von den Kritikern vernachlässigt oder vielmehr übersehen wurde.

Meine Sicht auf Shakespeare lässt sich anhand von Beispielen verdeutlichen. Ich begann damit, den Philosophen Hamlet als Shakespeares tiefgreifendste und komplexeste Studie zu betrachten und bewies dann, dass Hamlet das vollständigste Porträt ist, das Shakespeare von sich selbst gegeben hat, während andere Porträts sozusagen Seiten von Hamlet oder weniger gelungene *Nachbildungen* von ihm darstellen; und schließlich versuchte ich, den Hamlet zu vervollständigen, indem ich ihn mit Herzog Orsino vereinte, wobei Orsino, der Dichterliebhaber, sozusagen Shakespeares einfachstes und natürlichstes Porträt darstellte. In Hamlet hat Shakespeare, wenn man das so sagen darf, zu viel von sich selbst entdeckt: Hamlet ist gleichzeitig Philosoph und Dichter, Kritiker und Höfling, Liebhaber und Zyniker – die Extreme, die Shakespeares Intellekt abdecken konnte – und er erfüllt Jeder Teil war so leicht, dass er fast ein buchstäblicher Admirable Crichton sein könnte, eher ein Typ von Perfektion als ein individueller Mann, wäre da nicht seine weibliche Sanftmut und Nachsichtigkeit gegenüber der Natur und insbesondere die grüblerische

Melancholie und Ungläubigkeit, die Shakespeares Einstellung zu diesem Thema verdüsterten Zeit. Aber obwohl der melancholische Skeptizismus ein bleibendes Merkmal von Shakespeare war, das in seinem Richard II. zu finden ist. Wie in seinem Prospero überschattete es nicht sein ganzes Wesen, wie es bei Hamlet der Fall ist. Es gab auch eine Sommerzeit in Shakespeares Leben und in seiner Natur eine Fähigkeit zu sonniger Fröhlichkeit und einer Freude am Leben und an der Liebe, die in den goldenen Komödien „Viel Lärm" und „Wie es euch gefällt" zum Ausdruck kam. und „Zwölfte Nacht". Die Ergänzung zu Hamlet, dem traurigen Philosophen-Skeptiker, ist der sinnliche, glückliche Dichter-Liebhaber Orsino, und wenn wir diese scheinbaren Gegensätze nehmen und sie vereinen , erhalten wir ein gutes Porträt von Shakespeare. Aber diese beiden, Hamlet und Orsino, sind in Wirklichkeit eins; Jede Qualität von Orsino ist in Hamlet zu finden oder zu erahnen, und daher ist der einfachste und sicherste Weg, Shakespeare zu erreichen, Hamlet zu nehmen und die Besonderheiten in ihm zu vertiefen, die wir bei Orsino finden.

Einige Kritiker werden sicherlich sagen, dass ich jetzt eher ein Porträt von Coleridge als ein Porträt von Shakespeare gegeben habe. Das ist nicht ganz die Tatsache, obwohl ich für meinen Teil keine Schande darin sehe, die Ähnlichkeit anzuerkennen. Coleridge hatte einen „Beigeschmack von Hamlet", wie er selbst sah; in der Tat ähnelte er in seiner reichen Begabung als Dichter und Philosoph und in seiner Sanftmut und Lieblichkeit mehr Shakespeare als jeder andere Engländer, der mir einfällt; aber in Coleridge verschwand der Dichter bald, und wenig später verwandelte sich der Philosoph in ihn in den Visionär und Sophisten; Er wurde ein Verfechter der englischen Kirche und fand in der unveränderlichen Verfassung des Universums Gründe für Schürzen und Schaufelhüte. Shakespeare hingegen war zwar ähnlich begabt, aber weitaus reicher ausgestattet: Er hatte stärkere Leidenschaften und eine größere Gefühlstiefe; die Sinnlichkeit von Keats war in ihm; und dieser Reichtum der Natur machte ihn nicht nur zu einem größeren Lyriker als Coleridge und zu einem weitaus vernünftigeren Denker, sondern führte ihn trotz einer angeborenen Abneigung gegen Entschlossenheit und Taten zu seiner erstaunlichen Leistung.

Aber selbst wenn wir Shakespeare auf diese Weise mit Coleridge vergleichen, wenn wir Bäume der gleichen Art vergleichen, zeigt sich, dass, je tiefer die Wurzeln des einen Baums gehen und die Erde fester festhalten, der Kamm genau so in die höhere Luft ragt, immer noch dort fehlt unserem Vergleich. Selbst wenn wir Hamlet-Orsino als das beste Abbild des Meisterdichters vor uns haben, ist unser Eindruck von ihm noch unvollständig.

Von Launce bis Autolycus und von Dame Quickly bis Maria gibt es noch eine Vielzahl von Schöpfungen, was beweist, dass Shakespeare mehr war als der sanfte Liebhaber-Denker-Dichter, den wir gezeigt haben. Es ist Shakespeares Humor , der ihn nicht nur von Coleridge und Keats, sondern auch von den Weltdichtern Goethe, Dante und Homer unterscheidet. Es ist diese einzigartige Begabung, die ihn in eine lebenswichtige Verbindung mit der Realität und dem Alltagsleben bringt und uns davon abhält, seine alles durchdringende Idealität als unverhältnismäßig oder einseitig zu empfinden. Wenn man ihn seines Humors beraubte , hätte man ihn schon vor langer Zeit in seinen wahren Proportionen gesehen. Seine Sympathien sind nicht umfassender und großzügiger als die Balzacs; seine Natur ist zu zart, zu empfindlich, zu sinnlich; aber sein Humor macht uns blind für die Wahrheit. Natürlich sind seine komischen Charaktere, wie auch seine Kapitäne und Tatmänner, ursprünglich seiner Beobachtungsgabe zu verdanken; Aber während seine Beobachtung der kämpfenden Männer immer oberflächlich und manchmal gleichgültig ist, ist seine humorvolle Beobachtung so intensiv interessiert und mitfühlend, dass seine Kreationen an künstlerischem Wert seinen Porträts des Dichters, Philosophen und Liebhabers nur nachstehen.

Der Intellekt in ihm hatte im Fall des Mannes der Tat wenig oder gar nichts zu bieten; er liebte den Kapitän nie und schaute ihm auch nie bei der Arbeit zu; es sind sein Verstand und sein Wissen aus zweiter Hand, die Heinrich V. und Richard III. hervorgebracht haben; und wie dürftig und oberflächlich sind diese Porträts im Vergleich zu dem Porträt eines Parolles oder eines Sir Toby Belch oder der allseits berühmten Krankenschwester, wo derselbe Intellekt den humorvollen Zug ausgenutzt und die Wirkung liebevoller Beobachtung verstärkt hat. Die Kritiker, die seinen Hotspur und Bastard unwissentlich gelobt haben, als wäre er sowohl ein Mann der Taten als auch ein Mann der Worte gewesen, haben nur die Wahrheit verschleiert, dass Shakespeare der Dichter-Philosoph, der Liebhaber *war Même* , erreichte nur durch seinen überbordenden Humor ein gesundes Gleichgewicht der Natur . Er, dessen Intellekt und Sensibilität ihm nichts als Verachtung und Abscheu gegenüber der Masse der Menschheit einflößten, der Aristokrat, der in einem Dutzend Stücke über die fettigen Mützen und den üblen Atem der Menge höhnt, verliebte sich in Dogberry und Bottom, Quickly und Tearsheet , Trottel und Clown, Zuhälter und Prostituierte, für das Lachen, das sie lieferten. Sein Humor ist selten sardonisch; es ist fast von jeglicher Verachtung befreit; ein Produkt nicht des Hasses, sondern der Liebe; voller Mitgefühl; Sommer-Blitz -Humor , harmlos und schön.

Manchmal lässt das Mitgefühl nach und das Lachen wird grimmiger, und diese Fehler sind charakteristisch. Er hasst falsche Freunde und Zeitdiener, den ganzen Stamm der Undankbaren, die Herren aus Timons Bekanntenkreis und seine Künstler; er verabscheut Shylock, dessen Gott die Gier ist und der das Unglück anderer ausnutzt; er lacht über den selbstgerechten Malvolio und nicht mit ihm, und hat Freude daran, den angeblichen Asketen und Puritaner Angelo zu entlarven; aber für die Schwächen des Fleisches ist er immer bereit zu verzeihen. Wie der größte ethische Lehrer kann er den Zöllner und den Sünder in sein Herz schließen, nicht aber den Heuchler, den Pharisäer oder den Geldverleiher.

Es liegt nicht im Rahmen dieses Aufsatzes, eine ausführliche Kritik an Shakespeares komischen Figuren zu versuchen; Für meine Zwecke wird es ausreichen, zu zeigen, dass er sich selbst in seinem Meisterwerk des Humors , dem unvergleichlichen Falstaff, mehr als einmal verrät: Mehr als einmal werden wir Shakespeare, den Dichter, oder Shakespeare, den Denker, durch Falstaffs Mund sprechen sehen. Dennoch ist es schwierig, Falstaff zu kritisieren, und wenn es einfach wäre, wäre es dennoch eine Beleidigung für diejenigen, die zur Dankbarkeit fähig sind. Ich würde Ariels exquisiteste Lyrik oder die makellose Schönheit des „Dove Sono" eher bemängeln, als die reichen Worte des Herrn der Komödie in kleinen Waagen der Vernunft abzuwägen. Aber solche Überlegungen dürfen mich nicht von meinem Vorhaben abbringen; Ich habe es mir vorgenommen, die eigentliche Seele Shakespeares zu entdecken, und muss ihn daher in Falstaff wie in Hamlet aufspüren.

Falstaff kommt herein und fragt den Prinzen nach der Uhrzeit. Der Prinz antwortet, dass er nicht verstehen kann, warum sich Falstaff um etwas so Überflüssiges wie die Zeit kümmern sollte, es sei denn, „Stunden wären Taschen voller Sack usw." Falstaff antwortet: „In der Tat kommst du jetzt in meine Nähe, Hal; denn wir, die wir Geldbörsen nehmen, orientieren uns am Mond und an den sieben Sternen und nicht an Phoebus, diesem ‚wandernden Ritter, der so schön ist'." Hier haben wir eine Art lyrische Note in Falstaff und dann eine Spur von Poesie, die zum Nachdenken anregt ; aber seine nächste Rede ist unverkennbar:

> *„Lasst uns Dianas Förster sein, Herren des Schattens,*
>
> *Diener des Mondes; und lasst die Menschen sagen, wir seien Männer von*
>
> *gute Regierung, die, wie das Meer, von uns regiert wird*
>
> *edle und keusche Herrin, der Mond, unter dessen*
>
> *Gesicht, wir – stehlen."*

Hier spricht Shakespeare, und zwar Shakespeare allein: Die Phrasen singen uns in der unverwechselbaren Musik des Meisterdichters, auch wenn die abschließende Wendung zu „–stehlen" ein Versuch zu sein scheint, in die Figur von Falstaff einzudringen. Es ist natürlich schwierig, die ersten Worte einer Person eindeutig charakteristisch zu machen; ein Schriftsteller neigt dazu, sich nach und nach in eine neue Figur hineinzuarbeiten; Nur das sensible Selbstbewusstsein unserer Zeit verlangt eine absolute Treue in der Charakterisierung vom ersten bis zum letzten Wort. Dennoch ist diese Szene so hervorragend und natürlich, dass mir die Unsicherheit in der Malerei von Falstaff seltsam vorkommt. Aber diese erste Rede ist nicht die einzige Rede Falstaffs, in der Shakespeare sich selbst verrät; Immer wieder bemerken wir den Akzent des Dichters. Es ist nicht Falstaff, sondern Shakespeare, der sagt, dass „die armen Missbräuche der Zeit ein Gesicht wollen"; und später im Stück, als die Figur Falstaffs vollständig entwickelt ist, ist es Shakespeare, der Denker, der Falstaffs zerlumptes Regiment „die Krebsgeschwüre einer ruhigen Welt und eines langen Friedens" nennt. Genauso spricht Hamlet über die Expedition von Fortinbras:

„Dies ist die Lüge von viel Reichtum und Frieden,

Dieses Innere bricht."

Aber obwohl der Glaube, dass Shakespeare manchmal aus der Rolle fällt und Falstaff eigene Sätze in den Mund schiebt, wohlbegründet ist, sollte er dennoch als Ketzerei beiseite gelegt werden, denn der wahre Glaube ist, dass der weißbärtige alte Fußstapfen jubelte auf seine Mitbrüder mit

„Streik... mit Speck gefütterte Schurken! Sie hassen uns Jugend:

Nieder mit ihnen! Vlies sie!"

und wieder:

„Auf, Speck, auf! Was, ihr Schurken! junge Männer

muss leben!"

ist das großartigste Stück humorvoller Porträtmalerei in der Belletristik der Welt.

Wer außer Falstaff hätte in seiner Jugend seine Selbstrechtfertigung gefunden ? – *großartig Mendax* ! und doch trifft die Ausrede auf sein im Sack erhitztes Blut ebenso zu, als er sie gegen Gadshill anwendet , wie auch auf die Tatsachen, als er sie vor vierzig Jahren zum ersten Mal benutzte. Und wer außer Falstaff hätte die Worte der Reue immer auf den Lippen und nie im Herzen gehabt? Ich schreibe diese erhellenden Blitze Falstaff zu und nicht Shakespeare, denn noch keine Einbildungskraft auf der Welt hat ein solches Wunder vollbracht; Als Wunder der Repräsentation ist Falstaff erstaunlich genug, als Wunder der Schöpfung ist er einfach undenkbar. Ich würde fast genauso schnell glauben, dass Falstaff Shakespeare gemacht hat, als dass

Shakespeare Falstaff ohne ein lebendes Vorbild gemacht hat. Alle grüßen dich, unnachahmlicher, unvergleichlicher Jack! Nie zuvor und nie danach war ein Dichter mit einem solchen Lehrer gesegnet, der so reich und lachend , so verlogen und verderblich war wie das Leben selbst.

Ich darf nicht so verstanden werden, dass das lebende Original von Falstaff ebenso humorvoll und unerschöpflich unterhaltsam war wie die dramatische Fälschung, die jetzt Bürger und Hauptfigur in dieser Welt der Literatur ist, die alle flüchtigen Shows des sogenannten Realen überdauert Welt. Es scheint mir, dass es einem guten Leser möglich ist, nicht nur Shakespeares Fehler und Fehler in der Zeichnung dieser Figur zu bemerken, sondern auch eine sehr gute Vermutung über seine gesteigerten Akzente anzustellen und so schließlich zu dem humorvollen alten Lüstern zu gelangen, der lieferte das lebende Vorbild für das unnachahmliche Porträt. Die erste Szene, in der Falstaff im Gespräch mit Prinz Heinrich auftritt, wird Beispiele liefern, um meine Meinung zu veranschaulichen.

Falstaffs allererste Rede, nachdem er Hal nach der Tageszeit gefragt hat, gibt uns den Schlüssel; er beendet es mit:

„Und ich bitte dich , süßer Witzbold, wenn du König bist – als

Gott schütze deine Gnade – Majestät, würde ich sagen, für Gnade

Du wirst keine haben, – "

Hier wird er unterbrochen und bricht ab, aber ein oder zwei Minuten später kommt er wieder auf seine Argumentation zurück und verwendet seltsamerweise genau die gleichen Worte:

„Aber ich bitte dich , süßer Witzbold, soll es Galgen geben?

Stehst du in England, wenn du König bist? und Auflösung

So gespickt wie es ist mit dem rostigen Bordstein des alten Vaters

Antick, das Gesetz?"

Diese Frage und die damit zum Ausdruck gebrachte Hoffnung, dass die Gerechtigkeit in England bei Prinz Heinrichs Thronbesteigung beschämt würde, stammen aus einer Rede des Prinzen im alten Stück „Die berühmten Siege Heinrichs des Fünften". Shakespeare hätte besser daran getan, es wegzulassen, denn Falstaff hat einen viel zu guten Verstand, um sich vorzustellen, dass alle Diebe jemals seine Lizenz und viel zu viel Einbildung haben könnten, um jemals eine so unheilige Vollendung zu wünschen. Und Shakespeare muss das Gefühl gehabt haben, dass die geliehenen Wörter zu oberflächlich und gebräuchlich waren, denn er greift bei der nächsten Phrase sofort auf sein eigenes Gehirn zurück und gibt uns sein Bestes, das er gehortet hat. Der zweite Teil der Frage, „Resolution also fobbed" und so weiter, ist nur eine weitere Aussage des berühmten Couplets in „Richard III.":

> *„Gewissen ist nur ein Wort, das Feiglinge benutzen,*
>
> *Ursprünglich gedacht, um die Starken in Ehrfurcht zu versetzen."*

Diese Fehler zeigen, dass Shakespeare sich seiner Persönlichkeit zunächst nicht sicher ist; er fummelt ein wenig herum; doch die Lebhaftigkeit, das tosende Leben ist sicherlich eine Eigenschaft des ursprünglichen Falstaff, denn sie begleitet ihn ebenso ständig wie sein Schatten; Auch das Wortspiel stammt von ihm, und der Ausdruck „süßer Witzbold" stammt wahrscheinlich aus seinem Mund, denn er wiederholt ihn noch einmal: „süßer Witzbold" und noch einmal „verrückter Witzbold". Auch die Schamlosigkeit und die Lüsternheit zeichnen ihn aus, ebenso die Liebe zu witzigen Wortgefechten und vor allem die vorgetäuschte Reue:

> *„Oh, du hast eine verdammte Iteration und bist in der Tat,*
>
> *in der Lage, einen Heiligen zu korrumpieren. Du hast viel Schaden angerichtet*
>
> *Auf mich, Hal, Gott verzeihe es dir. Bevor ich es wusste*
>
> *Dich, Hal, ich wusste nichts; und jetzt bin ich, wenn ein Mann*
>
> *sollte wahrhaftig sprechen, kaum besser als einer der Bösen.*
>
> *Ich muss dieses Leben aufgeben, und ich werde es aufgeben; bis zum*
>
> *Herr, und das tue ich nicht, ich bin ein Bösewicht; Ich werde verdammt sein*
>
> *niemals ein Königssohn in der Christenheit."*

In dieser ersten Szene zwischen Falstaff und Prinz Heinrich tastet sich Shakespeare sozusagen mit verbundenen Augen an Falstaff heran, tastet nach seiner Erinnerung und stößt auf Poesie, die ihn über das Ziel hinausführt. In dieser ersten Szene legt er, wie wir bemerkt haben, Falstaff feine lyrische Phrasen in den Mund; aber er wiederholt das Experiment nie; Falstaff und hohe Poesie sind Antipoden – was alles nur beweist, dass Shakespeare zunächst nicht in seine Persönlichkeit hineingeschlüpft war. Aber der echte Falstaff hatte wahrscheinlich Verse im Gedächtnis und Liedakzente, denn

Shakespeare wiederholt diesen Charakterzug. Hier kommen wir zum Test: Immer wenn ein Merkmal durch Wiederholung hervorgehoben wird, können wir vermuten, dass es zum lebenden Modell gehört. Im echten Falstaff steckte mit Sicherheit ein starker Schuss Puritanismus, denn wenn Shakespeare dies wiedergibt, vervielfacht er die Pinselstriche mit vollkommener Sicherheit; Falstaff bereut ständig.

Nach der ersten Szene scheint sich Shakespeare dazu entschlossen zu haben, sich eng an sein Vorbild zu halten und sich nur noch steigernde Akzente zu erlauben.

Um dem Original näher zu kommen, greife ich nun eine weitere Passage später im Stück auf, in der Shakespeare Falstaff mit sicherer Hand zeichnet:

> „*Fal. Eine Plage aller Feiglinge, sage ich, und eine Rache*
>
> *zu! Heirate und Amen! – Gib mir eine Tasse Sack, Junge. –*
>
> *Bevor ich dieses Leben lang führe, werde ich Unterhosen nähen und flicken*
>
> *sie, und sie auch zu Fuß. Eine Plage aller Feiglinge!—*
>
> *Gib mir eine Tasse Sack, Schurke. – Gibt es keine Tugend?*
>
> *{Getränke.}*"

Hier ist sicherlich der wahre Falstaff; er wird dieses Leben nicht lange führen ; das ist seine Seele; aber der exquisite steigernde Satz: „Gibt es keine Tugend?" ist reiner Shakespeare, Shakespeare verallgemeinert, wie wir ihn in der Szene, in der im zweiten Teil von „König Heinrich VI." von Cade die Rede ist, auf die gleiche Weise verallgemeinern sahen. Auch die Form ist Shakespeares. Wer erinnert sich nicht an die magische Zeile in „Die zwei edlen Verwandten"?

> *„Sie ist die ganze Schönheit, die es gibt."*

Und die nächste Rede von Falstaff ist ebenso aufschlussreich:

> „*Fal. Du Schurke, hier ist auch Kalk in diesem Sack; Es gibt*
>
> *Nichts als Schurkerei ist in einem Schurken zu finden: und doch ein Feigling*
>
> *ist schlimmer als eine Tasse Sack mit Limette darin – ein Schurke*
>
> *Feigling. – Geh deine Wege, alter Jack; Stirb, wann du willst, wenn du Mann bist,*

Am Anfang die konkrete Tatsache, dann die Verallgemeinerung und dann nur noch eine Wiederholung der in der ersten Szene markierten Züge, ergänzt durch Angeberei. Offensichtlich hat Shakespeare das Vorbild beim Schreiben im Gedächtnis. Ich sage „offensichtlich", denn Falstaff ist die einzige Figur in Shakespeare, die dieselben Worte mit verdammender Wiederholung wiederholt und bei der immer wieder dieselben Merkmale zum Ausdruck kommen. Wenn Shakespeare sich in Richard II. malt. er stellt die Unentschlossenheit immer wieder dar, wie er sie auch in Hamlet darstellt; aber weder Hamlet noch Richard wiederholen dieselben Worte, noch wird irgendein Zug in einem von ihnen so stark betont wie die Hauptzüge von Falstaffs Charakter. Die Merkmale von Falstaff, auf die so viel Wert gelegt wird, sind für mich die Merkmale des Originalmodells. Shakespeare kannte Falstaff nicht ganz so gut wie er sich selbst; Deshalb muss er sich auf bestimmte Eigenschaften beschränken, die er beobachtet hat, und sich außerdem an bestimmte Redewendungen halten, die dem lebenden Menschen wahrscheinlich am besten gefielen .

Auch in einem anderen wichtigen Punkt unterscheidet sich Falstaff von allen anderen Comicfiguren Shakespeares: Er sagt auf magische Weise die Wahrheit über sich selbst. Die Passage, auf die ich anspiele, ist die erste Rede von Falstaff im zweiten Teil von „Heinrich IV."; Es zeigt uns, wie Shakespeare sich nach einer gewissen Zeit wieder in die Figur hineinversetzt:

So wie Shakespeare Falstaff im ersten Akt einführt und ihn dazu bringt, poetisch zu reden, so gibt es hier eine gewisse Überheblichkeit und einen lyrischen Schwung, der den Dichter-Schöpfer verrät. Auch „Foolish-Compounded" zeigt Shakespeares Handschrift, aber die Prahlerei, da bin ich mir sicher, war eine Prahlerei, die das Original oft vorbrachte, und bringt Shakespeare so in eine enge Verbindung mit der Figur; denn nach dieser Einleitung spricht Falstaff von reinem Falstaff, ohne jeglichen Hauch von Poesie.

Wer war das Original von Falstaff? Ist eine Vermutung möglich? Mir scheint, es muss ein Liebhaber der Poesie gewesen sein – vielleicht Chettle , der Chettle , der Jahre zuvor Greenes Angriff auf Shakespeare veröffentlicht hatte und der ihn später wiedergutmachte. In Dekkers Traktat „A Knight's Conjuring" zählt Chettle zu den Dichtern in Elysium: „ Chettle kommt herein , schwitzend und blasend wegen seiner Fette ; Um ihn willkommen zu heißen, standen alle auf, weil er aus alter Bekanntschaft war, und fielen auf die Knie, um allen Bewohnern von Hellicon ein Heil zu spenden . Hier haben wir einen dicken Mann, der von den Dichtern mit Gelächter und gespielter Ehrfurcht begrüßt wird – genau das Vorbild, das Shakespeare brauchte, aber die Vermutung ist bloße Vermutung: Wir wissen nicht genug über Chettle, um überhaupt sicher zu sein. Dennoch war Chettle ein Dichter, und Falstaff verwendet Vers-Tags – dennoch ist, wie gesagt, alles reine Vermutung. Der einzige Grund, warum ich seinen Namen vorschlage, ist, dass einige von Ben Jonson als Falstaffs Original gesprochen haben, nur weil er fett war. Ich kann nicht glauben, dass der sanfte Shakespeare Jonson jemals mit solcher Verachtung behandelt hätte; aber Chettle scheint von Natur aus ein Arschloch gewesen zu sein.

Dass Falstaff von einem Vorbild übernommen wurde, steht für mich fest. Shakespeare erzählt uns sehr selten, wie seine Figuren aussehen; Wenn er uns sozusagen ein Foto von einer Person schenkt, ist es immer aus dem Leben genommen und von außerordentlicher Bedeutung. Wir haben mehrere Porträts von Falstaff: Der Prinz schildert den „alten dicken Mann ... " , diesen Humorkoffer „... diesen alten weißbärtigen Satan"; Der Oberste Richter gibt uns ein weiteres Bild von seinem „feuchten Auge, seinem weißen Bart, seinem wachsenden Bauch und seinem Doppelkinn". Falstaff selbst hat einen anderen: „Ein stattlich beleibter Mann, treu und korpulent; von einem fröhlichen Aussehen, einem angenehmen Auge und einer äußerst edlen Haltung." Allein solche physischen Porträts würden mich davon überzeugen, dass es ein lebendes Vorbild für Falstaff gibt. Aber es gibt offensichtlichere Argumente: Die anderen humorvollen Charaktere Shakespeares sind Falstaff unendlich unterlegen, und die besten von ihnen sind lediglich Seiten von Falstaff oder schlechte Widerspiegelungen von ihm. Autolycus und Parolles haben viele seiner Eigenschaften, aber sie sind nicht alt, und zusammengenommen sind sie nur eine schwache *Nachbildung* des unsterblichen Fußsohlens.

Während ich mit dem Herzen in meinen Ohren zuhöre, erhasche ich eine lebendige Stimme, eine runde, fette Stimme mit den Beinamen „ pr'ythee ", „wag" und „marry", und hinter der unnachahmlichen dramatischen Fälschung sehe ich einen großen Mann mit einem mit weißem Kopf und rundem Bauch, der Wein, Frauen und gemütliche Nächte liebte, ein Triton unter den Minnows von Segenskameraden, dessen schamlose Unverschämtheit von List unterstützt wurde, dessen Witz, obwohl gewöhnlich, durch lange Übung reichlich vorhanden und wirkungsvoll war — eine Art lizenzierter Wirtshauskönig , dessen bloßes Betreten eines Raumes den Tisch in Aufruhr versetzte. Shakespeare fühlte sich von dem vielseitigen, rassigen Raufbold angezogen und erfreute sich vielleicht am meisten an seiner mühelosen Beherrschung des Lebens und der Menschen; Er studierte ihn mit unendlichem Eifer, nahm ihn völlig in sich auf und reproduzierte ihn anschließend mit einem solchen Reichtum an Sympathie, einem solchen Zauber der sich erweiternden Erfindung, dass er sozusagen zum Symbol des Lachens auf der ganzen Welt geworden ist, für Menschen aller Rassen zum wahren Komische Muse.

Auf jeden Fall darf mir noch ein letztes Argument gestattet werden. Der Falstaff von „Die lustigen Weiber von Windsor" ist nicht der Falstaff der beiden Teile von „König Heinrich IV."; es ist nur ein Schatten des großen Ritters, den wir sehen, ein Echo von ihm, das wir in der späteren Komödie hören. Falstaff hätte niemals denselben Brief an Mrs. Ford und Mrs. Page geschrieben; Es war zu viel Fantasie in ihm, zu viel Fruchtbarkeit, zu viel Freude an seinem eigenen Geistes- und Wortreichtum, um sich jemals so schmerzlich dürftig und unfruchtbar zu zeigen. Es ist auch nicht glaubhaft, dass Falstaff jemals dreimal in dieselbe Falle getappt wäre; Falstaff stellte Fallen her; er fiel nicht hinein. Wir wissen auch, dass Falstaff nicht „länger kämpfen würde, als er es für vernünftig hielt"; sein Selbsterhaltungstrieb war weitgehend entwickelt; aber er konnte einem Schwert standhalten; er zog die Pistole und jagte ihn aus dem Zimmer; Er war kein so erbärmlicher Feigling, dass er sich Fords Knüppel ertragen ließ . Schließlich hätte sich der Falstaff, den wir alle kennen, niemals von dem Waliser und seinen Kinderfeen täuschen lassen. Und diesen Einwand empfand Shakespeare selbst, denn er begegnet ihm, indem er Falstaff erklären lässt, wie nahe er der Entdeckung des Betrugs gekommen sei und wie Witz „zum Jack-a-Lent gemacht wird, wenn es um schlechte Beschäftigung geht." Aber die Tatsache, dass eine Erklärung notwendig ist, ist ein Eingeständnis des Fehlers. Falstaff muss tatsächlich sein Gehirn in die Sonne gelegt haben, bevor er sich von solch groben und greifbaren Machenschaften hätte einfangen lassen. Dies ist nicht derselbe Mann, der den Prinzen und Poins sofort an ihrer Verkleidung als Schubladen erkannte. Dennoch gibt es Momente, in denen der Falstaff aus „Die lustigen Weiber" wieder zu seiner alten Natur zurückkehrt. Als er zum

Beispiel von Pistol beschuldigt wird, am Erlös des Diebstahls beteiligt zu sein, antwortet er mit dem ganzen alten schamlosen Witz:

„Vernunft, du Schurke, Vernunft; Glaubst du, ich werde es gefährden?

meine Seele gratis?"

und wieder, wenn er gehänselt und geschlagen wurde, spricht er fast auf die alte Art:

„Ich hatte nie Erfolg, seit ich mir bei Primero den Eid geschworen habe.

Nun, wenn mein Wind nur lang genug wäre, um mein zu sagen

Gebete, ich würde Buße tun."

Aber im Großen und Ganzen ist der Falstaff von „Die lustigen Weiber" nur ein dürftiger Schatten des Falstaffs der beiden Teile von „Heinrich IV."

Wäre „Die lustigen Weiber" unter normalen Bedingungen entstanden, hätte man sich den Kopf zerbrechen müssen, um die Schwäche des Films zu erklären. Der geniale Herr des Humors wird darin nicht nur zum Possenreißer degradiert, sondern das Vergnügen daran liegt hauptsächlich in der Situation; es ist fast ebenso eine Farce wie eine Komödie. Aus diesen und anderen Gründen glaube ich an die Wahrheit der Überlieferung, dass Elizabeth mit der Figur des Falstaff so zufrieden war, dass sie Shakespeare befahl, ein weiteres Stück zu schreiben, das den dicken Ritter in der Liebe zeigt, und dass Shakespeare im Gehorsam zu diesem Befehl „Der Fröhliche" schrieb Ehefrauen" in zwei Wochen. Denn was macht ein Dramatiker, wenn er es eilig hat, das Eisen zu schmieden, solange es heiß ist, und die Lust einer Königin zu erregen, bevor sie sich ändert? Natürlich greift er für seine Figuren auf sein Gedächtnis zurück, auf jene lebendige Erinnerung an die Jugend, die durch die Präzision der Porträtmalerei den Mangel an Tiefe des Verständnisses wettmacht. Und das ist das charakteristische Merkmal von „Die lustigen Weiber", besonders am Anfang. Auch ohne „das Dutzend weißer Leuchten" in seinem Mantel würde man schwören, dass dieser Justice Shallow mit seinem pompösen Geburtsstolz und seiner gestelzten Dummheit ein Porträt aus dem Leben ist, von Sir Thomas Lucy oder so, und Justice Shallow ist es nicht tief eingraviert als sein Cousin, Master Slender – „ ein kleines kleines Gesicht, mit einem kleinen gelben Bart – einem rohrfarbenen Bart ." Solche physischen Porträts sind, wie ich bereits sagte, bei Shakespeare sehr selten und sehr bedeutsam. Auch dieses Foto ist leicht böswillig, da es jemanden zeigt, dessen Böswilligkeit durch den Auftrag der Königin geschützt wird. Diejenigen, die nicht an Traditionen glauben, wenn diese durch die Umstände gestützt werden, würden nicht glauben, selbst wenn jemand von den Toten auferstanden wäre, um sie zu bezeugen. „Die lustigen Weiber" sind für mich das einzige Stück Shakespeares Journalismus, das wir besitzen; Hier sehen wir, wie er Aufgaben erledigt, und zwar mit größter Geschwindigkeit. Wer den Unterschied zwischen der bewussten, überlegten Arbeit des Künstlers und dem eiligen Slap-Dash-Auftritt des Journalisten messen möchte, braucht nur den Falstaff der „Lustigen Weiber" mit dem Falstaff der beiden Teile von „Heinrich IV." zu vergleichen ." Aber wenn wir davon ausgehen, dass „Die lustigen Weiber" in Eile und auf Befehl entstanden sind, lässt sich dann aus der Schwäche von Falstaff und der Unwirklichkeit seines Liebesspiels eine vernünftige Schlussfolgerung ziehen? Ich glaube schon; Mir scheint, wenn Falstaff eine Schöpfung gewesen wäre, hätte Shakespeare ihn wirkungsvoller reproduzieren müssen. Sein Liebesspiel im zweiten Teil von „Heinrich IV." ist real genug. Aber gerade weil Falstaff aus dem Leben genommen und von außen studiert wurde, konnte Shakespeare ihn, nachdem er ihn einmal gemalt hatte, nicht noch einmal malen, er hatte sein Vorbild erschöpft und konnte ihm nur nacheifern.

Der Kern der Sache besteht darin, dass Shakespeares Männer der Tat, wenn er nicht durch Geschichte oder Tradition unterstützt wird, dürftig konzipiert und schlecht gemalt sind, seine komischen Figuren – Falstaff, Sir Toby Belch und Dogberry; Maria, Dame Quickly und die Amme, obwohl sie Geschöpfe der Beobachtung sind , stehen als Kunstwerke den Porträts von ihm selbst, die er uns in Romeo, Hamlet, Macbeth, Orsino und Posthumus gegeben hat, nur nach. Es ist sein Humor , der Shakespeare zum größten Dramatiker und vollkommensten Menschen macht.

BUCH II.

KAPITEL I.
SHAKESPEARES FRÜHE VERSUCHE, SICH UND SEINE FRAU DARSTELLEN: BIRON, ADRIANA, VALENTINE

In den vorangegangenen Kapiteln habe ich die Nachahmungen Shakespeares betrachtet, die die hervorstechenden Merkmale seines Charakters am deutlichsten offenbarten. Ich betrachte diesen Teil meiner Arbeit jetzt als abgeschlossen: Zumindest die Umrisse seiner Natur sind unbestreitbar festgelegt, und es wird mir daher gestattet, meine Schritte fortzusetzen, und beginnend mit den frühesten Werken, die meisten anderen Persönlichkeiten zu begutachten Entdecken Sie ihn, wie schwach oder tiefgründig er auch sein mag. Bisher habe ich Widersprüche eher herausgefordert als versucht, sie zu versöhnen oder zu überzeugen; Es galt, den Leser davon zu überzeugen, dass Shakespeare tatsächlich Hamlet-Orsino war und über einen exquisiten Sinn für Humor verfügte . und da die Beweise hierfür nahezu unerschöpflich waren und die Stabilität des gesamten Bauwerks von der Festigkeit der Fundamente abhing, war ich gerne bereit, Widerstand zu leisten, um den Zweifel ein für alle Mal zu ersticken. Aber jetzt, wo ich die feineren Züge des Porträts einbringen muss, muss ich auf das Wohlwollen zumindest meiner Leser hoffen. Selbst dann ist meine Aufgabe nicht einfach. Die subtileren Charakterzüge eines Mannes entziehen sich oft einer genauen Beschreibung, ganz zu schweigen von einem genauen Beweis; Die Tonunterschiede zwischen den eigenen Lebenserfahrungen eines Dramatikers und seiner Beobachtung der Erfahrungen anderer sind oft so gering, dass sie kaum wahrnehmbar sind. Bei manchen Besonderheiten habe ich nur eine bloße Andeutung, bei anderen eine bloße Vermutung, einen Hinweis, der so flüchtig ist, dass es dem Vernünftigen durchaus vorkommen mag, als wären die Maschen der Sprache zu grob, um einen solchen flüchtigen Hinweis zu erfassen .

Glücklicherweise bin ich in dieser Arbeit nicht aufgefordert, mich auf das zu beschränken, was zweifelsfrei bewiesen werden kann, oder auf den Durchschnittsmenschen. Ich denke, mein Leser wird es mir erlauben oder sogar erwarten, dass ich jetzt alle Zwänge ablege und mein Bild nach Belieben fertigstelle.

In diesem zweiten Buch werde ich dann versuchen, Shakespeares Selbstporträts zu korrigieren, indem ich seine verborgenen Fehler und Laster ans Licht bringe – die Mängel, die die eigene Eitelkeit verleumdet und die man verschweigt. Ich werde vor allem versuchen, alles zu beachten, was Licht auf sein Leben wirft, denn ich muss hier die Geschichte seiner Leidenschaft und des Verfalls seiner Seele erzählen. In der Krise seines Lebens zeigte er sich fast ungekünstelt; vor Schmerzen vergessen Männer das Posieren. Und dieses intimere Verständnis des Mannes wird es uns ermöglichen, zumindest teilweise die Ereignisse seines Lebens zu rekonstruieren und so nicht nur seine Entwicklung, sondern auch die Ereignisse seiner Lebensreise von seiner Schulzeit im Jahr 1575 bis zu seiner Heimkehr nachzuzeichnen Stratford starb fast vierzig Jahre später.

Die wichtigsten akademischen Kritiker, wie Professor Dowden und Dr. Brandes, legen großen Wert darauf, uns mitzuteilen, dass Biron in „Love's Labour's Lost" nichts anderes als eine Nachahmung Shakespeares ist. Dies würde viel Einsicht seitens der Professoren beweisen, wenn nicht Coleridge wie üblich vor ihnen gewesen wäre und dass Coleridges Aussage ihrer eigenen vorzuziehen wäre. Coleridge betonte sorgfältig, dass das ganze Stück viele von Shakespeares charakteristischen Merkmalen offenbarte, und fügte hinzu: „Wie in einem Porträt, das ihn in seiner Kindheit zeigt." Dies ist weitaus wahrer als Dowdens präzisere Aussage, dass „Berowne der Vertreter von Shakespeares eigenem Denken ist." Denn obwohl Biron natürlich vor allem das Sprachrohr des Dichters ist, offenbart sich Shakespeare in der ersten Rede des Königs so deutlich wie in jeder Rede Birons:

> *„Lass Ruhm, dem alle in ihrem Leben nachjagen,*
>
> *Lebe registriert auf unseren ehernen Gräbern,*
>
> *Und dann begnade uns in der Schande des Todes;*
>
> *Wenn trotz des Kormorans, der die Zeit verschlingt,*
>
> *Das Bemühen um diesen gegenwärtigen Atemzug kann sich erkaufen*
>
> *Diese Ehre , die die scharfe Schneide seiner Sense besänftigen wird,*
>
> *Und mach uns zu Erben aller Ewigkeit. "*

Auch die Kritik des Königs an Armado in der ersten Szene ist charakteristischer für Shakespeare als Birons Kritik an Boyet im letzten Akt. In diesem ersten Drama kann Shakespeare kaum eine sympathische Figur skizzieren, ohne etwas von sich selbst hineinzubringen.

Ich betrachte „Verlorene Liebesmühe " als Shakespeares früheste Komödie, nicht nur, weil der größte Teil davon aus gereimten Versen besteht, sondern auch, weil es ihm darin nicht gelang, seine ernsthaften Persönlichkeiten überhaupt zu individualisieren; Die Comicfiguren hingegen sind bereits aufmerksam beobachtet und deutlich differenziert. Biron selbst ist kaum mehr als eine bezaubernde Skizze: Er interessiert sich fast ebenso für die Sprache wie für die Liebe, und er spielt mit Worten, bis sie sich rächen, indem sie seinen Witz verdunkeln; er ist erfüllt von der Hochstimmung der

Jugend; Tatsächlich zeigt er uns die Form und den Druck der Renaissance ebenso deutlich wie die Merkmale Shakespeares. Es ist jedoch Biron-Shakespeare, der versteht, dass die reale Welt auf breiteren natürlichen Grundlagen aufgebaut ist als die frauenlose Akademie des Königs, und der daher das Scheitern des asketischen Experiments vorhersagt. Ein weiterer Charakterzug Birons, der uns Shakespeare nahe bringt, ist seine Verachtung für das Lernen aus Büchern;

> *„Small hat jemals gewonnen*
>
> *Sparen Sie bloße Autorität aus den Büchern anderer.*
>
> *- - - - - - - -*
>
> *Zu viel zu wissen bedeutet, nichts als Ruhm zu wissen;*
>
> *Und jeder Pate kann einen Namen nennen.“*

Immer wieder kommt er auf den Vorwurf zurück:

> *„Jetzt zu lernen ist zu spät,*
>
> *Klettere über das Haus, um das kleine Tor aufzuschließen.“*

Das Resümee ist triumphal:

> *„Weiteres Lernen ist also übertrieben.“*

Kurz gesagt, Biron verspottet das Studium so ausführlich, mit solcher Ernsthaftigkeit und pointierten Formulierungen, dass offensichtlich ist, dass die Diskussion für Shakespeare selbst äußerst interessant war. Aber wir hätten erwarten sollen, dass Shakespeares *Alter Ego* auf der anderen Seite argumentieren würde; Denn immer wieder mussten wir feststellen, dass Shakespeare ein ausgesprochener Liebhaber von Büchern war; er bediente sich stets buchmäßiger Metaphern und Hamlet war von Natur aus ein Student. Diese Haltung seitens Biron bedarf also einer Erklärung, und mir scheint, dass die einzig mögliche Erklärung in Shakespeares eigener Erfahrung zu finden ist. Diejenigen, die England kennen, wie es zur Zeit Elisabeths war oder wie es heute ist, werden kaum wissen müssen, dass Shakespeare, als er zum ersten Mal nach London kam, als ungebildeter Provinzler galt („mit wenig Latein und weniger Griechisch“).) und musste den Spott und die Schmähungen seiner beschulten Kameraden ertragen, die Gelehrsamkeit und Vornehmheit höher schätzten als Genie. In seinem allerersten eigenständigen Stück antwortete er den Spöttern mit Verachtung.

Aber diese Verachtung des Studiums entsprach nicht Shakespeares wirklichem Gefühl; und seine natürliche Loyalität gegenüber der tieferen Wahrheit zwang ihn, Biron dazu zu bringen, sein eigenes Argument auf eine Weise zu widersprechen und zu entschuldigen, die mir überaus charmant erscheint; ist aber sicherlich undramatisch:

„-Obwohl ich mehr für Barbarei geredet habe

Als für dieses Engelswissen kann man sagen."

Undramatisch ist die Erklärung, weil sie im Widerspruch zu der Länge und Ernsthaftigkeit steht, mit der Biron seine Verachtung für die Gelehrsamkeit aufrechterhalten hat; Aber hier finden wir zweifellos den wahren Shakespeare, der als Jugendlicher von „diesem Engel, dem Wissen", spricht, so wie er zwanzig Jahre später in „Cymbeline" die Ehrfurcht „diesen Engel der Welt" nennt.

Wenn wir zu seinem „Leben" kommen, werden wir sehen, dass Shakespeare, der als Jugendlicher in die Enge des Daseins geriet und seinen eigenen Weg in der Welt finden musste, natürlich eine viel höhere Meinung von Büchern und Büchern hatte -gelehrter als Goethe, der als Student erzogen wurde und das Leben nur als Amateur kannte:

„Einen Blick in's Buch hinein und zwei in's Leben

Das muss die rechte Form dem Geist geben."

Shakespeare hätte zweifellos „zwei Blicke" auf Bücher und einen auf das Leben geworfen, wenn er die freie Wahl gehabt hätte; aber vielleicht hatte Goethe doch Recht, als er uns warnte, dass das Leben für den Künstler wertvoller ist als jede Abschrift davon.

Um auf unser Thema zurückzukommen; Biron gehört nicht zu Shakespeares gelungenen Selbstporträts. Wie in einem ersten Aufsatz zu erwarten wäre, ist die Zeichnung mal zu klein, mal zu locker. Wenn Biron vom Studium spricht, offenbart er, wie wir gesehen haben, persönliche Gefühle, die lediglich vergänglich sind; Wenn er andererseits über Boyet spricht, redet er nur, um „die Musik seiner eigenen eitlen Zunge" zu hören. Er ist jedoch stets schlagfertig und impulsiv; „schneller Biron", wie ihn die Prinzessin nennt, ein Gentleman mit charmanten Manieren, einer unvergleichlich fließenden, anmutigen und witzigen Rede, deren Qualitäten später bei Mercutio und Gratiano zur Blüte kamen. Die Fehler in der Porträtmalerei sind offensichtlich auf Unerfahrenheit zurückzuführen: Shakespeare war noch zu jugendlich und schüchtern, um seine Hauptzüge kühn darzustellen, und es bleibt Rosaline überlassen, Biron für uns so darzustellen, wie Shakespeare zweifellos erscheinen wollte:

> *„Ein fröhlicherer Mann,*
>
> *Innerhalb der Grenzen der Heiterkeit,*
>
> *Ich habe nie eine Stunde damit verbracht, zu reden.*
>
> *Sein Auge gibt Anlass zu seinem Witz;*
>
> *Für jeden Gegenstand, den der Eine fängt,*
>
> *Der andere wendet sich einem heiteren Scherz zu,*
>
> *Was seine schöne Zunge, der Erklärer der Einbildung,*
>
> *Liefert so treffende und liebenswürdige Worte*
>
> *Diese alten Ohren schwänzen seine Geschichten,*
>
> *Und jüngere Anhörungen sind ziemlich verschönert ,*
>
> *So süß und wortreich ist sein Diskurs.“*

Jede Berührung dieses selbstgemalten Porträts verdient es, untersucht zu werden: Es ist das erste Foto unseres Dichters, das wir besitzen – ebenfalls ein Foto, das im frühen Mannesalter aufgenommen wurde. Shakespeares Witz kannten wir, auch seine Heiterkeit, und dass seine Gespräche wortreich und süß genug waren, um die Ohren der Jugendlichen zu betören und die Älteren zu fesseln, hätten wir aus Jonsons Bericht erraten können. Aber es ist herrlich, von seinen heiteren Worten zu hören und zu wissen, dass er sich selbst für den besten Redner der Welt hielt. Doch so wie sich das Stück am Ende von Liebesspielen und heiteren Höflichkeiten zu Todesgedanken und „Welt-ohne-Ende"-Versprechen wendet, so ist Birons Fröhlichkeit nur das Aufbrausen der Jugend, und die Liebe bringt in ihm Shakespeares charakteristische Melancholie zum Vorschein:

> *„Beim Himmel, ich liebe, und das hat er mich gelehrt*
>
> *Reim und melancholisch sein.“*

Immer wieder, wie in seiner Entschuldigung an Rosaline und seinem Appell am Ende des Stücks an „ehrliche, klare Worte", zeigt er eine tiefe Ernsthaftigkeit. Die Seele des gesprächigen, fröhlichen Biron besteht darin, dass er die Schönheit von Frauen oder Worten liebt, und obwohl er „Taftphrasen" verurteilt, zeigt er seine Vorliebe für die „präzisen seidenen Begriffe" schon in der Form seiner Verurteilung.

Natürlich wissen alle aufmerksamen Leser, dass die größere Ernsthaftigkeit der letzten beiden Akte von „Love's Labour's Lost" und die häufige Verwendung von Leerversen anstelle von Reimversen darauf zurückzuführen sind, dass Shakespeare das Stück 1597 teilweise überarbeitet hat wahrscheinlich acht oder neun Jahre, nachdem er es zum ersten Mal geschrieben hatte. Jedem dürften die Wiederholungen in Birons langer Rede am Ende des vierten Aktes aufgefallen sein, die das ursprüngliche Gewand und die spätere, feinere Stickerei zeigen. Da ich aus anderen Gründen auf diese Überarbeitung zurückkommen muss, genügt hier die Bemerkung, dass es insbesondere die Reden Birons sind, die Shakespeare in der zweiten Bearbeitung verbessert hat

Dr. Brandes, oder besser gesagt Coleridge, erzählt uns, dass wir in Biron und seiner Rosaline die erste zögernde Skizze des meisterhaften Benedick und Beatrice aus „Viel Lärm um nichts" haben; aber darin geht Coleridge meiner Meinung nach zu weit. So formlos Biron auch ist, er ist Shakespeare in seiner frühen Jugend, während die Ähnlichkeit bei Benedikt keineswegs so deutlich ist. Tatsächlich ist Benedick lediglich eine bewundernswerte Bühnensilhouette und muss mit der Persönlichkeit eines Schauspielers ausgefüllt werden. Beatrice hingegen ist eine Frau ganz besonderer Art, wohingegen Rosaline seitenlange Erklärungen braucht, wovon Coleridge nie zu träumen gewagt hätte. Eine gewisse Ähnlichkeit eher in der Situation als im Charakter scheint Coleridge in diesem Fall in die Irre geführt zu haben. Boyet scherzt mit Maria und Rosaline, genau wie Biron es tut, und genauso wie Benedick mit Beatrice scherzt: Alle diese Szenen zeigen einfach, wie intensiv der junge Shakespeare einen Kampf der Geistesgestörten genoss, gewürzt mit der Suggestivkraft, die sich fast immer zeigt, wenn die Kämpfer unterschiedlichen Geschlechts sind .

Es ist fast sicher, dass „Love's Labour's Lost" vollständig von Shakespeare konzipiert, konstruiert und geschrieben wurde; Bisher wurde kein Theaterstück oder keine Geschichte gefunden, die ihm in diesem Fall als Vorbild hätte dienen können. Zum ersten und wahrscheinlich letzten Mal scheint er das gesamte Drama seiner Fantasie entrissen zu haben, und das Ergebnis ist aus der Sicht eines Dramatikers unglücklich; „Love's Labour's Lost" ist sein kleinstes und schwächstes Stück. Es kommt kaum jemals auf der Bühne vor, ist praktisch nicht darstellbar. Diese Tatsache bestätigt die auf diesen Seiten bereits mehr als einmal vertretene Ansicht, dass Shakespeare kein guter Dramatiker war und sich wenig oder gar nicht für die äußeren Ereignisse seiner Dramen interessierte. Die Handlung und Handlung der Geschichte, die vom gewöhnlichen Dramatiker so sorgfältig ausgearbeitet und von Kritikern und Zuschauern so hochgeschätzt wird, übernimmt er immer, als ob er die Schwäche dieses ersten Versuchs erkannt hätte, und wenn er sich daran macht, ein Stück zu konstruieren , es hat keine Handlung, keine Handlung – es ist in der Tat lediglich eine Abfolge fantastischer Ereignisse, die Anlass zu leichtem Liebesspiel und brillanten Gesprächen geben. Sogar im Hinblick auf die Gruppierung der Charaktere ist der Aufbau seiner frühen Stücke kindisch und mechanisch; in „Love's Labour's Lost" steht der König mit seinen drei Höflingen der Prinzessin und ihren drei Damen gegenüber; in „Die zwei Herren von Verona" steht der treue Valentin dem unbeständigen Proteus gegenüber, und jeder von ihnen hat einen komischen Diener; und als später seine Stücke unter diesem Gesichtspunkt nicht hergestellt wurden, sondern wuchsen und so die schöne unregelmäßige Symmetrie des Lebens annahmen, wurden die Vorfälle immer noch vernachlässigt. Weder der Dichter noch der Philosoph bei Shakespeare spürten das Interesse des Kindes an der Geschichte; Er wählte seine Geschichten nach den Charakteren und der Poesie, und ob sie wirkungsvolle Bühnengeschichten waren oder nicht, machte ihm kaum Sorgen. In „Lear" gibt es kaum mehr Handlung oder Action als in „Love's Labour's Lost".

Es ist wahrscheinlich, dass „The Comedy of Errors" direkt auf „Love's Labour's Lost" folgte. Es gehört praktisch zur gleichen Zeit: Es enthält weniger Prosazeilen als „Love's Labour's Lost"; aber andererseits ist die Intrigen-Spinnerei geschickt, und das ganze Stück zeugt von einer reiferen Kenntnis der theatralischen Verhältnisse. Vielleicht weil die Intrige interessanter ist, ist die Charakterzeichnung sogar noch schwächer als in der früheren Komödie: Tatsächlich gibt es, was die Männer betrifft, kaum etwas, das es wert wäre, überhaupt als Charakterzeichnung bezeichnet zu werden. Shakespeare spricht durch diese oder jene Maske, je nach Anlass. Und wenn die Frauen scharf und grob unterschieden werden, dann deshalb, weil Shakespeare, wie ich später zeigen werde, seine Frau in Adriana für uns skizziert hat und seine Sicht auf ihren Charakter entschieden ist genug, wenn nicht überfreundlich. Dennoch verdient jede einzelne Besonderheit des Charakters Beachtung, denn in diesen frühesten Werken ist Shakespeare gezwungen, seine persönliche Erfahrung zu nutzen, um uns von seinem eigenen Leben und seinen eigenen Gefühlen zu erzählen, ohne auf ein umfassenderes Wissen zurückgreifen zu können. Daher ist jedes Wort in diesen ersten Komödien wichtig für diejenigen, die die Geschichte seiner Jugend erfahren und die Eigenheiten seines Wesens ergründen möchten. Als AEgeon in den Eröffnungsszenen dem Herzog von dem Schiffbruch erzählt, bei dem er von seiner Frau und seinem Kind getrennt wird, erklärt er, dass er selbst „am liebsten den sofortigen Tod angenommen hätte". Für diese außergewöhnliche Lebensverachtung wird kein Grund angegeben. Es seien das „unaufhörliche Weinen " seiner Frau, die „mitleiderregenden Klagen der hübschen Kinder" gewesen, die ihn, sagt er, dazu zwangen, sich anzustrengen. Aber Frauen weinen nicht unaufhörlich in Gefahr, und die „erbärmlichen Klagen der hübschen Kinder" sind auch kein Merkmal von Schiffbruch; Ich finde hier ein kleines Bild von Shakespeares frühem

Eheleben in Stratford – eine Momentaufnahme der Erinnerung. AEgeon schließt seinen Bericht mit der Aussage, dass sein Leben der Reihe nach verlängert wurde

„Um traurige Geschichten über meine eigenen Missgeschicke zu erzählen"

– was an ähnliche Wörter erinnert, die später von Richard II. verwendet wurden. Diese persönliche, melancholische Note ist hier gezwungen und falsch, denn Aegeon lebt sicherlich in der Hoffnung, seine Frau und sein Kind zu finden, und nicht, um von seinem Unglück zu erzählen. Aegeon ist offensichtlich ein Hauch von Shakespeare selbst und nicht mehr als ein Hauch, denn er taucht erst wieder auf, wenn das Stück praktisch zu Ende ist. Tief grübelnde Melancholie war schon in seiner Jugend die übliche Angewohnheit Shakespeares.

So wie wir in „Love's Labour's Lost" Shakespeare zunächst durch den König und dann ausführlicher durch den Helden Biron sprechen sehen, so spricht er hier zunächst durch Aegeon und dann ausführlicher durch den Protagonisten Antipholus von Syrakus. Antipholus wird uns als Neuankömmling in Ephesus vorgestellt , und Shakespeare denkt offensichtlich an seinen ersten Tag in London, als er diese Worte in den Mund nimmt:

„In dieser Stunde ist es Zeit zum Abendessen:

Bis dahin werde ich mir die Sitten der Stadt ansehen,

Schauen Sie sich die Händler an, bestaunen Sie die Gebäude,

meinem Gasthaus schlafen ;

Denn bei langen Reisen bin ich steif und müde."

Obwohl er „steif und müde" ist, ist er zu jung, um sich auszuruhen. er wird alles sehen – sogar „die Händler durchforsten" – wie Shakespeares Büchermetapher immer auf die Lippen kommt! – bevor er essen oder schlafen wird. Die völlig unnötige letzte Zeile mit ihrer eindringlichen Beschreibung – „ steif und müde" – bestätigt meine Annahme, dass Shakespeare uns in dieser Passage erzählt, was er selbst bei seiner ersten Ankunft in London gefühlt und getan hat. In der zweiten Szene des dritten Aktes schickt Antipholus seinen Diener zum Hafen:

„Ich werde heute Nacht nicht in dieser Stadt Zuflucht suchen

Wenn überhaupt Rinde hervorkommt."

Aus der Tatsache, dass Shakespeare Antipholus vorstellte, er wolle Ephesus auf dem Seeweg verlassen, ist es wahrscheinlich, dass er sich vorstellte, wie er mit einem Schiff nach Ephesus kam. Aber als Shakespeare beginnt, uns zu erzählen, was er tat, als er London erreichte, erinnert er sich an seine eigenen Wünsche und dann an seine eigenen Gefühle; er war an diesem ersten Tag „steif und müde", weil er nach London ritt oder, was wahrscheinlicher ist, zu Fuß ging; An Bord eines Schiffes wird man nicht „steif und müde". Dies ist ein weiterer Schnappschuss aus Shakespeares frühem Leben und seiner Ankunft in London, den man sich nicht entgehen lassen sollte. Und sicherlich ist es der Landsmann aus Stratford, der aus Angst vor allen möglichen Tricks der Stadt so spricht:

> *„Sie sagen, diese Stadt sei voller Cozenage;*
>
> *Als flinke Jongleure, die das Auge täuschen,*
>
> *Dunkel wirkende Zauberer, die die Meinung ändern,*
>
> *Seelentötende Hexen, die den Körper deformieren,*
>
> *Verkleidete Betrüger, plappernde Betrüger,*
>
> *Und viele ähnliche Freiheiten der Sünde:*
>
> *- - - - - - - -*
>
> *Ich habe große Angst, dass mein Geld nicht sicher ist."*

Dieser Antipholus ist äußerst aufrichtig und gesprächig; Ohne gefragt zu werden, erzählt er von seinem Diener:

> *„Ein vertrauenswürdiger Bösewicht, Sir; das sehr oft,*
>
> *Wenn ich vor Sorge und Melancholie abgestumpft bin,*
>
> *Erhellt meinen Humor mit seinen lustigen Scherzen."*

Und als ob dies sein eigentümliches, nachdenkliches Temperament nicht ausreichend kennzeichnen würde, erzählt er dem Kaufmann:

> *„Ich werde mich verlieren,*
>
> *Und schlendern Sie auf und ab, um die Stadt zu besichtigen."*

Und als der Kaufmann ihn verlässt und ihn seiner eigenen Zufriedenheit anvertraut, redet er mit sich selbst in folgendem Tonfall:

„Wer mich zu meinen eigenen Inhalten empfiehlt,

Empfehlt mich dem, was ich nicht bekommen kann,

- - - - - - - - - -

Also , um eine Mutter und einen Bruder zu finden,

Auf der Suche nach ihnen, unglücklich, verliere ich mich."

Man muss zugeben, dass es eine äußerst merkwürdige Art ist, nach jemandem zu suchen; aber völlig natürlich für das raffinierte, melancholische, meditative, bücherliebende Temperament, das bereits Shakespeare besaß. In diesem „unglücklich" und „Mutter" glaube ich ein Echo von Shakespeares Trauer über die Trennung von seiner eigenen Mutter zu hören.

Obwohl dieser Antipholus sehr frei und offen ist, verfügt er über eine Reserve an Würde, wie wir in der zweiten Szene des zweiten Akts sehen, als er mit seinem Diener spricht, der, wie er meint, mit ihm gespielt hat:

„Weil ich manchmal vertraut bin

Benutze dich für meinen Narren und plaudere mit dir,

Deine Frechheit wird sich über meine Liebe lustig machen,

Und nutze meine ernsten Stunden gemeinsam.

Wenn die Sonne scheint, sollen die törichten Mücken ihren Spaß haben,

Aber wenn er seine Balken verbirgt, verkriecht er sich in jede Ecke.

Das Selbstwertgefühl scheint hier etwas übertrieben zu sein; aber schließlich ist es nur natürlich; Die ganze Szene ist Shakespeares Erlebnis entnommen: Der Mann, der vertraulich mit seinem Diener plaudert und auch mit ihm scherzt, muss damit rechnen, ihn manchmal ziemlich scharf hochziehen zu müssen. Antipholus beginnt mit seinem Diener ein geistreiches Fechtspiel – ein Spiel, das Shakespeare offenbar Freude bereitet hat. Doch als Antipholus sich in Luciana verliebt, zeigt er uns Shakespeare von seiner natürlichsten Seite als Liebhaber. Luciana hat ihn gerade dafür zur Rede gestellt, dass er ihre Schwester Adriana, die ihrer Meinung nach seine Frau ist, nicht liebt. Antipholus antwortet ihr folgendermaßen:

„Süße Herrin, wie du sonst noch heißt, weiß ich nicht,

Auch nicht durch welches Wunder, das du von mir getroffen hast, –

Weniger in deinem Wissen und deinem Gesicht zeigst du nicht,

Als das Wunder unserer Erde; mehr als die Erde göttlich,

Lehre mich, liebes Geschöpf, zu denken und zu sprechen;

Sei offen für meine erdig-grobe Einbildung,

Erstickt in Fehlern, schwach, oberflächlich, schwach,

Die gefaltete Bedeutung der Täuschung deiner Worte. ..."

Er erklärt tatsächlich, dass er sie liebt und nicht ihre Schwester:

„Singe, Sirene, für dich selbst und ich werde lieben:

Breite deine goldenen Haare über die silbernen Wellen aus,

Und als Bett werde ich sie nehmen und dort liegen;

‒ ‒ ‒ ‒ ‒ ‒ ‒ ‒

Es bist du selbst, der bessere Teil meines Selbst,

Das klare Auge meines Auges, das teurere Herz meines lieben Herzens."

Und als ob das nicht genug wäre, fährt er fort:

„Mein Essen, mein Vermögen und das Ziel meiner süßen Hoffnung,

Der Himmel meiner einzigen Erde und der Anspruch meines Himmels."

Die Wortgedanken waren damals eine Mode; aber trotz der verbalen Affektiertheit zeugt das Werben von der List der Erfahrung und hat darüber hinaus eine Art Echo aufrichtiger Gefühle. Welche Freude Shakespeare daran hat, Liebe zu machen! Es erinnert an die ersten Riffelungen einer Drossel im zeitigen Frühjahr; immer und immer wieder probiert er die Noten mit entzückter Wiederholung aus, bis er ein Meister seiner Musik wird und die Wälder mit seinem Lied zum Schweigen bringt: und so singt Shakespeare immer wieder von der Liebe, bis wir schließlich die flüssigen Noten der Leidenschaft und des. hören Triller der Freude, die in „Romeo und Julia" perfektioniert wurden; aber die Stimme ist die Stimme, die wir zuvor in „Venus und Adonis" und „Die Komödie der Irrungen" gehört haben.

Die anderen Erscheinungen von Antipholus sind nicht wichtig. Er füllt lediglich seine Rolle aus, bis er Luciana in der letzten Szene versichert, dass er seine früheren Liebesbeteuerungen wahr machen wird; aber soweit er überhaupt einen Charakter oder eine ausgeprägte Individualität hat, ist er selbst der junge Shakespeare und seine Erfahrungen sind die von Shakespeare.

Jetzt noch ein paar Worte zu Adriana. Shakespeare macht sie zu einer eifersüchtigen, nörgelnden und gewalttätigen Schimpftiratin, die ihren Mann wegen Schulden verhaften lässt, obwohl sie Geld gibt, um ihn zu befreien. Aber die Komödie des Stücks würde besser zur Geltung kommen, wenn Adriana als liebevoll und beständig dargestellt würde, die ihre unbequeme Zuneigung dem falschen Ehemann wie dem wahren zufügt. Warum wollte Shakespeare diese unangenehme, bitterzüngige Frau malen?

Als Adriana in der ersten Szene des zweiten Akts auftritt, ist ihre Ungeduld und Eifersucht sofort erkennbar. Sie möchte wissen, warum ihr Mann mehr Freiheiten haben sollte als sie, und erklärt, dass nur Ärsche so gezügelt werden. Dann wird sie ihren Diener schlagen. In den ersten fünf Minuten dieses Aktes wird sie zum Leben erweckt, und Shakespeare tut danach nichts anderes, als die gleichen Striche zu wiederholen und zu vertiefen: Es scheint, als wüsste er nichts über sie oder würde nichts von ihr darstellen als ihre Eifersucht und Nörgelei, sie Ungeduld und Gewalt. Wir hatten mehr als einmal Gelegenheit zu bemerken, dass Shakespeare, wenn er Berührungen auf diese Weise wiederholt, aus dem Leben, aus der Erinnerung und nicht aus der Fantasie schöpft. Außerdem zeigt er uns in diesem Fall sofort, dass er von seiner Frau spricht, denn sie wehrt sich gegen den Vorwurf des Alters, den niemand gegen sie erhebt, obwohl jeder weiß , dass Shakespeares Frau acht Jahre älter war als er.

> *„Seine Firma muss seinen Schergen Gnade erweisen,*
>
> *Während ich zu Hause nach einem fröhlichen Blick hungere.*
>
> *Hat das heimelige Alter die verführerische Schönheit angenommen?*
>
> *Von meiner armen Wange? dann hat er es verschwendet ...*
>
> *... Meine verfallene Messe*
>
> *Ein sonniger Blick von ihm würde bald reparieren:*
>
> *Aber, armer, widerspenstiger Hirsch, er bricht die blasse,*
>
> *Und ernährt sich von zu Hause aus; Ich bin arm, aber er ist abgestanden. "*

Der Appell ist erbärmlich; aber Luciana wird es nicht sehen. Sie weint:

> *„Selbstverletzende Eifersucht! Pfui, hau ab!*

In der zweiten Szene dieses zweiten Akts nörgelt Adriana fast genauso weiter.

In der zweiten Szene des dritten Aktes gibt es einen Satz des Helden Antipholus von Syrakus über Adriana, den ich bedeutsam finde:

> *„Sie, die mich Ehemann nennt, sogar meine Seele*
>
> *Ist eine Frau verabscheuungswürdig!"*

Für so starke Worte gibt es in der Komödie keinen Grund. Die meisten Männer würden sich über eine Frau amüsieren oder freuen, die sich bei ihnen entschädigt, so wie Adriana es bei Antipholus tut. Ich höre Shakespeare in diesem unangebrachten, überbetonten Satz: „Sogar meine Seele verabscheut eine Frau."

Im fünften Akt wird Adriana der Äbtissin vorgeführt und erweist sich als eifersüchtige Schelterin. Shakespeare wird nicht zufrieden sein, bis eine unparteiische große Person Adrianas ihres eigenen Geschlechts sie verurteilt hat. Adriana gibt zu, dass sie ihren Mann sowohl öffentlich als auch privat ausgeschimpft hat; die Äbtissin antwortet:

> *„Und dadurch kam es, dass der Mann wahnsinnig wurde."*

Und sie fügt hinzu:

> *„Das Giftgeschrei einer eifersüchtigen Frau*
>
> *Gifte, die tödlicher sind als der Zahn eines verrückten Hundes."*

Wieder eine unnötig nachdrückliche Verurteilung. Doch Adriana lässt sich den Vorwurf nicht gefallen: Sie will ihren Mann um jeden Preis haben. Die ganze Szene entdeckt persönliches Gefühl. Adriana ist das Porträt, das Shakespeare uns von seiner Frau geben wollte.

Die gelehrten Kommentatoren haben sich scheinbar verschworen, so wenig wie möglich über „Die zwei Herren von Verona" zu sagen. Keiner von ihnen identifiziert den Protagonisten Valentine mit Shakespeare, obwohl sie alle Biron mit Shakespeare identifizierten, und doch ist Valentine, wie wir sehen werden, ein weitaus besseres Porträt des Meisters als Biron. Diese vorzeitige Blindheit der Kritiker ist offensichtlich darauf zurückzuführen, dass Coleridge „Die zwei Herren von Verona" kaum erwähnt hat und sie daher nicht in der Lage waren, seine Meinungen nachzuplappern.

„Die zwei Herren von Verona" ist offensichtlich ein späteres Werk als „Love's Labour's Lost"; Es enthält mehr leere Verse und weniger Reime und eine erhebliche Verbesserung bei der Charakterzeichnung. Julia zum Beispiel ist individualisiert und lebt für uns in ihrer Zuneigung und Eifersucht; ihre Gespräche mit ihrer Magd Lucetta sind dem Leben entnommen; Sie sind in der Tat die erste Skizze der entzückenden Gespräche zwischen Portia und Nerissa und stellen einen gewaltigen Fortschritt gegenüber der wortreichen *Schimpftirade* der Prinzessin und ihrer Damen in „Love's Labour's Lost" dar, wo es keinen Versuch einer Charakterdifferenzierung gab. Es scheint mir unzweifelhaft, dass „Die zwei Herren von Verona" auch später als „Die Komödie der Irrtümer" ist, und es steht ebenso außer Zweifel, dass es früher als „Ein Sommernachtstraum" ist, trotz Dr. Furnivals „Prozess". Tisch."

Die ersten drei Komödien „Verlorene Liebesmüh" , „Die Komödie der Irrungen" und „Die zwei Herren von Verona" sind allesamt bemerkenswert für das Licht, das sie auf Shakespeares frühes Leben werfen.

In „Die zwei Herren von Verona" macht Shakespeare ähnliche jugendliche Fehler in der Porträtmalerei wie wir in „Verlorene Liebesmüh" bemerkt haben ; Fehler, die zeigen, dass er an sich selbst und seine eigenen Umstände denkt. Zu Beginn des Stücks besteht der einzige Unterschied zwischen Proteus und Valentine darin, dass der eine verliebt ist und der andere herzlos sein Zuhause verlässt, um nach Mailand zu gehen. In dieser ersten Szene spricht Shakespeare offen durch Proteus und Valentin, so wie er in der ersten Szene von „ Verlorene Liebesmüh " sowohl durch den König als auch durch Biron und in „Die Komödie der Irrtümer" sowohl durch AEgeon als auch durch Antipholus von Syrakus spricht. Aber während die Umstände in der frühesten Komödie eingebildet und fantastisch sind, sind die Umstände in „Die zwei Herren von Verona" meiner Meinung nach offensichtlich der eigenen Erfahrung des Dichters entnommen. Im Dialog zwischen Valentine und Proteus höre ich, wie Shakespeare sich einredet, Stratford zu verlassen. Einige Leser mögen diese Annahme für weit hergeholt halten, aber sie wird meiner Meinung nach umso plausibler erscheinen, je mehr man sich mit dem Dialog befasst. Valentine beginnt den Streit:

„Hauswirtschaftsjugendliche haben immer einen heimeligen Verstand" –

er wird „die Wunder der Welt im Ausland sehen", anstatt „langweilig träge zu Hause" zu leben und „die Jugend mit formlosem Müßiggang" zu zermürben. Aber alle diese Gründe sind zugleich überflüssig und eigenartig. Das Publikum muss nicht überzeugt werden, um zu glauben, dass ein junger Mann unbedingt reisen und vor Gericht gehen möchte. Shakespeares schnell aufsteigender Geist ist in den Zeilen zu erkennen, und die Unnötigkeit des Arguments zeigt, dass es sich hier um ein persönliches Bekenntnis handelt. Valentine macht sich dann über die Liebe lustig, weil es die Liebe war, die

Shakespeare so lange in Stratford festhielt, und als Proteus sie verteidigt, antwortet er:

„Trotzdem liebe ich den jungen und zarten Witz

Ist zur Torheit geworden; sprengt im Keim,

Schon in der Blütezeit sein Grün verlierend,

Und all die schönen Auswirkungen zukünftiger Hoffnungen.“

Hier ist Shakespeares Eingeständnis, dass seine Ehe gescheitert war, nicht nur wegen der wahnsinnigen Eifersucht und des heftigen Temperaments seiner Frau, was wir in „Die Komödie der Irrtümer" erkennen mussten, sondern auch, weil die Liebe und ihre Haushaltsführung bedroht waren den eifrigen Künstlergeist abzustumpfen und einzusperren. In der letzten bezaubernden Zeile finde ich nicht nur die Musik von Shakespeares Stimme, sondern auch einen der Gründe – vielleicht sogar den wichtigsten, weil höchsten Grund –, der ihn von Stratford nach London zog. Und was die „Zukunftshoffnung" sei, erzählte er uns gleich in der ersten Zeile von „Love's Labour's Lost". Der König beginnt das Stück mit „

„Lasst Ruhm, dem alle in ihrem Leben nachjagen.“

Jetzt jagen nicht alle Männer nach Ruhm; Es war Shakespeare, der das Gefühl hatte, dass der Ruhm die Spanne des Lebens abschnitt und uns zu „Erben aller Ewigkeit" machte; Es war der junge Shakespeare, der sich so leidenschaftlich nach Ruhm sehnte, dass er glaubte, alle anderen Menschen müssten seine unsterbliche Sehnsucht teilen, wobei das Verlangen in ihm, wie es normalerweise der Fall ist, eine Prognose seiner Leistungsfähigkeit darstellt. Wenn jemand glauben möchte, dass ich hier Vermutungen missbrauche, sollte er sich daran erinnern, dass Proteus uns auch erzählt, dass Valentin nach Ehre strebt .

Wenn Proteus die Liebe verteidigt, hören wir Shakespeare genauso deutlich wie wenn Valentin dagegen schimpft:

„Dennoch sagen Schriftsteller, wie in der süßesten Knospe

Der Fresskrebs wohnt, also die Fressliebe

Besitzt den besten Verstand von allen.“

Shakespeare konnte dieser Leidenschaft des Verlangens in ihm nicht untreu sein, von der er instinktiv spürte, dass sie auf die eine oder andere

Weise die notwendige Ergänzung seiner großartigen Intelligenz darstellte. Wir müssen die Zusammenfassung von Proteus, als Valentine ihn verlässt, als die andere Hälfte von Shakespeares persönlichem Bekenntnis betrachten:

> *„Er jagt nach Ehre , ich nach Liebe:*
>
> *Er verlässt seine Freunde, um sie mehr zu würdigen;*
>
> *Ich verlasse mich selbst, meine Freunde und alles für die Liebe.*
>
> *Du, Julia, du hast mich verwandelt, –*
>
> *Hat mich dazu gebracht, mein Studium zu vernachlässigen, meine Zeit zu verlieren,*
>
> *Kriege mit gutem Rat, mache die Welt zunichte;*
>
> *Witzig gemacht durch Grübeln, schwach, herzkrank vor Gedanken. "*

Der junge Shakespeare jagte sowohl der Liebe als auch der Ehre nach, und diese Verse zeigen, dass er völlig verstanden hat, welch eine Belastung für ihn seine törichte Ehe gewesen ist. Dass dies alles auf Shakespeare zutrifft, geht aus der Tatsache hervor, dass es auf die Figur des Proteus nicht zutrifft. So soll Proteus im ersten Anflug von Leidenschaft reden, bevor er Julia für sich gewonnen hat, bevor er überhaupt weiß, dass sie ihn liebt. Ist das natürlich? Oder ist es nicht vielmehr Shakespeares Eingeständnis dessen, was zwei vergeudete Ehejahre in Stratford für ihn getan hatten? Es war Ehrgeiz – der Wunsch nach Ruhm und neuer Liebe – der den müden und unzufriedenen Shakespeare aus Anne Hathaways Armen nach London trieb.

Als sein Vater Proteus sagt, dass er morgen vor Gericht erscheinen muss, verallgemeinert er, anstatt Empörung oder den hartnäckigen Entschluss zu zeigen, die Tyrannei zu überlisten, auf Shakespeares Art, genau wie Romeo und Orsino es in poetischen Zahlen verallgemeinern:

> *„Oh, wie ähnelt dieser Frühling der Liebe*
>
> *Der ungewisse Ruhm eines Apriltages. "*

Ein weiterer Grund für die Annahme, dass es in diesem Stück um Shakespeares eigene Erfahrungen geht, liegt in der merkwürdigen Veränderung, die sich in Valentine vollzieht. Im ersten Akt verachtet Valentin die Liebe: Er zieht es vor, zu reisen und Ehre zu erlangen ; Doch sobald er Mailand erreicht und Silvia sieht, verliebt er sich noch verzweifelter als Proteus. Was war denn der Zweck, ihn im ersten Akt so ernsthaft gegen die Liebe sprechen zu lassen? Man könnte argumentieren, dass Shakespeare lediglich die Absicht hatte, die beiden Charaktere im ersten Akt gegenüberzustellen; aber er stellt sie im ersten Akt in dieser Frage der Liebe gegenüber, nur um im zweiten Akt die von ihm selbst geschaffene Unterscheidung aufzuheben. Darüber hinaus, und das ist entscheidend, wettert Valentine im ersten Akt gegen die Liebe als jemand, der die größte Wut der Liebe erlebt hat:

> *"Zu sein*
>
> *In der Liebe: wenn Verachtung mit Stöhnen erkauft wird; schüchternes Aussehen,*
>
> *Mit herzzerreißenden Seufzern; Die Heiterkeit eines verblassenden Augenblicks,*
>
> *Mit zwanzig wachsamen, ermüdenden, langweiligen Nächten. "*

Der Mann, der so spricht, ist nicht der Mann, der die Liebe verachtet und Ehre bevorzugt , sondern einer, der sich bereits mit völliger Hingabe der Leidenschaft hingegeben hat. Solche Ungereimtheiten und Verarbeitungsmängel sind an sich trivial, aber aus meiner Sicht bedeutsam; Denn wann immer Shakespeare in seiner zeichnerischen Rolle abrutscht, geschieht dies in neun von zehn Fällen durch das Einbeziehen seiner eigenen Persönlichkeit oder seiner persönlichen Erfahrung und nicht durch Nachlässigkeit, geschweige denn durch Inkompetenz; seine Fehler werfen daher fast immer Licht auf sein Wesen oder seine Lebensgeschichte. Auch Valentine ist von Anfang an wie Shakespeare ein geborener Liebhaber.

Sobald er jedoch in die Hauptstadt gegangen ist und sich dort verliebt hat, wird er zu Shakespeares erklärtem Liebling . Er findet Silvias Handschuh und schreit:

> *„Süßer Schmuck, der etwas Göttliches schmückt – "*

Der Ausruf erinnert uns daran, wie Romeo über Julias Handschuh spricht. Wie andere Menschen lernte Shakespeare das Leben nach und nach kennen, und in seiner Jugend zwingt ihn der Mangel an Erfahrung, seine Wirkungen zu wiederholen.

Auch wenn Valentin seinen Freund Proteus vor dem Herzog lobt, finden wir einen charakteristischen Hauch von Shakespeare. Valentin sagt:

> *„Seine Jahre sind noch jung; aber seine Erfahrung ist alt;*
>
> *Sein Kopf war ungemildert ; aber sein Urteil ist reif. "*

In „Der Kaufmann von Venedig" lobt Bellario , der gelehrte Arzt von Padua, Portia in ähnlicher Weise:

„Ich habe noch nie einen so jungen Körper mit einem so alten Kopf gekannt ."

Aber wenn Valentin seine Liebe gesteht, spricht Shakespeare am deutlichsten durch ihn:

> *„Ja, Proteus, aber dieses Leben hat sich jetzt verändert,*
>
> *Ich habe Buße dafür getan, dass ich die Liebe verachtet habe;*
>
> *- - - - - - - -*
>
> *Denn aus Rache für meine Verachtung der Liebe*
>
> *Die Liebe hat den Schlaf aus meinen entzückten Augen verjagt*
>
> *Und machte sie zu Beobachtern des Kummers meines eigenen Herzens.*
>
> *O sanfter Proteus, die Liebe ist ein mächtiger Herr."*

und so weiter.

Jedes Wort in diesem Geständnis ist charakteristisch für den Dichter und insbesondere die Tatsache, dass seine Schlaflosigkeit auf die Liebe zurückzuführen ist. Anschließend lobt Valentine Silvia leidenschaftlich und endet mit „She is alone", das an „She is all the beauty extant" aus „The Two Noble Kinsmen" erinnert. Valentin, der Liebhaber, erinnert uns an Romeo, da die Skizze dem fertigen Bild ähnelt; Als er verbannt wird, schreit er:

„Und warum nicht der Tod statt der lebendigen Qual? Sterben bedeutet, von mir selbst verbannt zu werden; Und Silvia bin ich selbst: von ihr verbannt, ist ich selbst von mir selbst; eine tödliche Verbannung. Welches Licht ist Licht, wenn Silvia nicht zu sehen ist? Welche Freude wäre Freude, wenn Silvia nicht dabei wäre? Es sei denn, man denkt, dass sie im Schatten der Perfektion lebt und sich von ihm nährt. Außer, dass ich in der Nacht bei Silvia bin. In der Nachtigall gibt es keine Musik.

und so weiter. Ich könnte dies mit dem vergleichen, was Romeo über seine Verbannung sagt, und vielleicht aus dieser zweifachen Behandlung des Themas schließen, dass Shakespeare in Stratford eine dunkle Schönheit hinterlassen hat, die Anne Hathaway möglicherweise Anlass zur eifersüchtigen Wut gegeben hat. An dieser Stelle darf nicht vergessen werden, dass Dryasdust uns erzählt, dass er mit einem anderen Mädchen verlobt war, als Anne Hathaways Verwandte ihn zwangen, ihre Verwandte zu heiraten.

Einen Moment später verwendet dieser Liebhaber Valentine genau die Worte, die wir im Mund des Liebhabers Orsino in „Twelfth Night" so charakteristisch fanden:

„ Oh, ich habe mich bereits von diesem Leid ernährt,

Und jetzt wird mich ein Übermaß davon übersättigen. "

Valentine zeigt uns tatsächlich Merkmale fast aller späteren Liebhaber Shakespeares, und das scheint mir interessant, weil natürlich alle Eigenschaften in der Jugend vorhanden waren, die später in verschiedene Charaktere unterschieden wurden. Sein Rat an den Herzog , der vorgibt, verliebt zu sein, ist viel zu ausgereift, zu geringschätzig und wahr, um dem Charakter eines solch zärtlichen Verehrers wie Valentin zu entsprechen; Es ist voller Erfahrung und weltmännischer Weisheit, und der letzte Vers lässt deutlich auf Benedick schließen:

„Schmeicheln und loben, loben, preisen ihre Gnaden;

Obwohl sie noch nie so schwarz waren, sagen wir, sie hätten Engelsgesichter.

Der Mann, der eine Zunge hat, sage ich, ist kein Mann

Wenn er mit seiner Zunge keine Frau gewinnen kann. "

Dies ist jedoch nur eine unfreiwillige *Aperçu* von Valentine, da Benedikt tatsächlich nur eine intellektuelle Stimmung von Shakespeare ist. Und hier wird Valentine Proteus gegenübergestellt, der Thurio einen etwas anderen Rat gibt , der jedoch immer noch charakteristischer für Shakespeare ist als der Rat von Valentine-Benedick. Proteus sagt:

„Sie müssen Kalk legen, um ihre Wünsche zu verwirren

Durch klagende Sonette, deren komponierte Reime

Sollte voller brauchbarer Gelübde sein. "

Auf diese Weise versuchte der junge Dichter, unterschiedlichen Lebensauffassungen Ausdruck zu verleihen und so die Komplexität seines eigenen Wesens zu erkennen.

Die anderen Charakterzüge von Valentine, die nicht unbedingt zu ihm als Liebhaber gehören, sind allesamt charakteristische Merkmale Shakespeares.

Als er fernab seiner Liebe den vertriebenen Räuberhäuptling spielt, tröstet
sich Valentine folgendermaßen:

Diese idyllische Liebe zur Natur, diese ausgeprägte Vorliebe für das Land
gegenüber der Stadt, so eigenartig sie auch bei einem Straßenräuber sein mag,
sind Merkmale von Shakespeare von der Jugend bis ins hohe Alter. Nicht
nur seine Komödien führen uns ständig von den Orten der Menschen in den
Wald und zum Bach, sondern auch seine Tragödien. Er wendet sich in der
Tat in allen Zeiten des Stresses und der Not an die Natur wegen ihrer
heilenden Unbewusstheit, ihrer sanften Veränderungen, die man
vorhersehen und mit denen man rechnen kann und die dennoch neue
Interessen und bezaubernde Überraschungen mit sich bringen; und in Zeiten
der Gesundheit und des Glücks stellt er sich die angenehme Erde und ihre
göttlichen Schönheiten mit leidenschaftlicher Intensität vor. Immer wieder
werden wir die Liebe seines Dichters zu „unbewohnten Wäldern“ und die
Sehnsucht seines Denkers nach „dem entfernten Leben“ bemerken müssen.

Am Ende des Dramas zeigt Valentine die sanfte Vergebung des Gemüts,
die wir bereits mit Recht als eine der markantesten Eigenschaften
Shakespeares betrachten konnten. Sobald der „falsche, flüchtige Proteus“
seine Sünde gesteht, verzeiht ihm Valentin mit Worten, die in Shakespeares
späteren Dramen immer wieder widerhallen:

Er geht sogar noch weiter und verwirrt unser Wissen über die menschliche
Natur, indem er hinzufügt:

Und damit die Bedeutung klarer zum Ausdruck kommt, als Worte es können, lässt er Julia ohnmächtig werden, als sie den Vorschlag hört. Man muss sich an die Passage in „Der Kaufmann von Venedig" erinnern, in der Bassanio und Gratiano beide erklären, dass sie ihre Frauen opfern würden, um Antonio zu befreien, und an ein bekanntes Sonett, das zu beweisen scheint, dass Shakespeare mehr an die Freundschaft eines Mannes dachte als an die Freundschaft eines Mannes von der Liebe eines Mannes zu einer Frau. Aber da ich diesen Punkt ausführlich besprechen muss, wenn ich mich mit den Sonetten befasse, habe ich vielleicht für den Moment genug gesagt. Ich muss hier auch nicht die Tatsache berücksichtigen, dass die gesamte letzte Szene des letzten Akts offensichtlich *um* 1598 von Shakespeare überarbeitet oder umgeschrieben wurde – Jahre nach dem Rest des Stücks.

Ich denke, jeder wird jetzt zugeben, dass Shakespeare sich in „Die zwei Herren von Verona" und insbesondere in Valentine viel umfassender offenbart hat als in Biron und in „ Verlorene Liebesmüh ". Die drei frühesten Komödien beweisen das von Anfang an Shakespeares Hauptziel war es, sich selbst zu offenbaren und zu verwirklichen.

KAPITEL II.
SHAKESPEARE ALS ANTONIO, DER HÄNDLER

Soweit ich weiß, hat noch niemand versucht, Antonio, den Kaufmann von Venedig, mit Shakespeare gleichzusetzen, und doch ist Antonio Shakespeare selbst, und Shakespeare in der für uns Kinder einer industriellen Zivilisation höchst interessanten Haltung . Hier in Antonio entdecken wir Shakespeare zum ersten Mal in direkter Beziehung zum wirklichen Leben, wie das wirkliche Leben im 20. Jahrhundert verstanden wird. Von Antonio erfahren wir, was Shakespeare über Geschäftsleute und Geschäftsmethoden dachte – über unsere moderne Lebensweise. Natürlich müssen wir uns davor hüten, aus diesem einsamen Beispiel allgemeine Schlussfolgerungen zu ziehen, es sei denn, wir finden aus anderen Stücken heraus, dass Antonios Einstellung zu praktischen Angelegenheiten tatsächlich die von Shakespeare war. Aber wenn dies der Fall ist, wenn Shakespeare sich in Antonio charakteristisch dargestellt hat, wie interessant wird es dann sein, seine Meinung über unsere geldverdienende Zivilisation zu hören. Es wird sein, als ob er von den Toten auferstanden wäre, um uns zu sagen, was er von unserem Tun hält. Er wurde von diesem Kritiker und von diesem als Meister der Geschäfte, als kluger, sparsamer Mensch dargestellt; Jetzt werden wir sehen, ob diese monströse Mischung aus Kaufmann und Dichter jemals tatsächlich eine Grundlage hatte.

Der erste Punkt, der geklärt werden muss, ist: Hat Shakespeare sich in Antonio sehr großzügig und vollständig offenbart, oder war der „königliche Kaufmann" nur eine Pose von ihm, eine Stimmung oder eine Konvention? Nehmen wir Antonios erste Worte, auch die Worte, mit denen das Stück beginnt:

> *„Tatsächlich weiß ich nicht, warum ich so traurig bin:*
>
> *Es ermüdet mich; Du sagst, es ermüdet dich;*
>
> *Aber wie ich es gefangen, gefunden oder daran gekommen bin,*
>
> *Aus welchem Stoff es gemacht ist, woraus es geboren ist,*
>
> *Ich soll lernen;*
>
> *Und solch eine dämliche Traurigkeit macht aus mir,*
>
> *Dass ich viel Mühe habe, mich selbst kennenzulernen. "*

Es ist genau diese Traurigkeit, die es uns leicht macht, Shakespeare kennenzulernen, selbst wenn er sich als venezianischer Kaufmann verkleidet.

Etwas später wird Jaques die Krankheit als „humorvolle Melancholie" beschreiben und definieren; aber hier ist es bereits eine feste Gewohnheit des Geistes.

Antonio erklärt dann, dass seine Traurigkeit keinen Grund hat, und führt seinen Reichtum übrigens auf sein Vermögen und nicht auf seinen eigenen Verstand oder seine eigenen Bemühungen zurück . Die moderne Idee des Industriekapitäns, der sowohl andere als auch sich selbst bereichert, war Shakespeare offenbar nie in den Sinn gekommen. Salarino sagt, Antonio sei „traurig, an seine Ware zu denken"; aber Antonio antwortet:

> *„Glauben Sie mir, nein: Ich danke meinem Vermögen dafür.*
>
> *Meine Unternehmungen sind nicht einseitig vertrauenswürdig,*
>
> *Auch nicht an einen Ort, noch an meinen ganzen Besitz*
>
> *Zum Schicksal dieses Jahres:*
>
> *Deshalb macht mich meine Ware nicht traurig. "*

Dieser Ton bescheidener, sanfter Aufrichtigkeit ist Shakespeares üblicher Ton von etwa seinem dreißigsten Lebensjahr bis zu seinem Lebensende: Er hat den Akzent unberührter Natur. Beim Abschied von Salarino zeigt uns Antonio die exquisite Höflichkeit, die Shakespeare im Leben an den Tag legte. Als Salarino Bassanio kommen sieht, sagt er:

> *„Ich wäre geblieben, bis ich dich fröhlich gemacht hätte,*
>
> *Hätten mich nicht würdigere Freunde daran gehindert.*

Antonio antwortet:

> *„Ihr Wert liegt mir sehr am Herzen.*
>
> *Ich nehme es an, Ihr eigenes Geschäft fordert Sie,*
>
> *Und Sie nutzen die Gelegenheit zum Abschied. "*

Noch charakteristischer ist der Dialog zwischen Gratiano und Antonio in derselben Szene. Gratiano, sicherlich der Zwillingsbruder von Mercutio, sagt Antonio, dass er zu viel von den Dingen dieser Welt halte, und warnt ihn:

> *„Wer es mit großer Sorgfalt kauft, verliert es. "*

Antonio antwortet:

„Ich halte die Welt, aber als die Welt, Gratiano;

Eine Bühne, auf der jeder seine Rolle spielen muss,

Und meiner ist traurig."

Jeder , der mir bisher gefolgt ist, wird zugeben, dass dies Shakespeares üblichste und unbefangenste Lebenseinstellung ist; „Ich schätze weltliche Besitztümer nicht", sagt er; „Das Leben selbst ist zu vergänglich, zu unwirklich, als dass man es wertschätzen könnte." Auch Gratianos Reflexion ist die von Shakespeare und bringt die Wahrheit auf den Punkt:

„Wer es mit großer Sorgfalt kauft, verliert es."

Wir kommen nun zur hervorstechendsten Besonderheit dieses Stückes. Als Bassanio, sein Schuldner, ihn um mehr Geld bittet, antwortet Antonio:

„Mein Geldbeutel, meine Person, meine Extreme! bedeutet,

Seien Sie ganz auf Ihre Gelegenheiten eingestellt."

Und obwohl Bassanio ihm sagt, dass er sein Geld für ein romantisches und wildes Abenteuer riskieren soll, erklärt Antonio, dass Bassanios Zweifel ihm mehr schaden würden, als wenn sein Freund bereits alles verschwendet hätte, was er hat, und die Tat endet damit, dass Antonio Bassanio dazu drängt, sein Geld einzusetzen Kredit „bis zum Äußersten". Nun war diese Verachtung des Geldes zweifellos eine Pose, wenn nicht sogar eine Gewohnheit der aristokratischen Gesellschaft der damaligen Zeit, und Shakespeare hat möglicherweise den Ton seiner Vorgesetzten nachgeahmt, als er äußerst großzügige Großzügigkeit zur Schau stellte. Aber selbst wenn seine gesellschaftlichen Vorgesetzten ihn zu einer verschwenderischen Extravaganz ermutigten, muss man zugeben, dass Shakespeare ihre Lehren übertrifft. Der Herr war zweifellos außerordentlich verschwenderisch, weil er Geld hatte oder es ohne große Mühe bekommen konnte; Aber in Antonios Lage würde er seinem Freund nicht den letzten Penny aufdrängen, geschweige denn seinen Kredit für ihn „bis zum Äußersten" strapazieren, wie Antonio es für Bassanio tut. Hier haben wir die persönliche Anmerkung von Shakespeare: „Deine Zuneigung", sagt der ältere Mann zum jüngeren, „liegt mir allein, und Geld ist weniger als nichts auf der Waage." Lassen Sie uns kein Wort darüber verschwenden; Ein Zweifel an mir wäre eine Verletzung!" Aber Männer werden das aus Zuneigung tun, was sie niemals in kühlem Blut tun würden, und deshalb kommt man nicht umhin, sich zu fragen, ob Shakespeare diese extreme Verachtung des Reichtums wirklich empfand und praktizierte ? Wenn wir seine Handlungen außer Acht lassen, kann es meines Erachtens vorerst keinen Zweifel an seinen Gefühlen geben. Seine Abneigung gegen Geld lässt ihn die Realität entstellen. Kein Kaufmann, weder im 16. noch im 20. Jahrhundert, hat je nach Antonios Grundsätzen ein Vermögen angehäuft oder gehalten. In unserer Zeit der weltweiten Spekulation und des immensen Reichtums ist es für einen Mann einfach möglich, Millionär und großzügig zu sein; Aber im 16. Jahrhundert, als Reichtum durch sparsames Sparen und langsames tägliches Hinzufügen von Münzen zu Münzen geschaffen wurde, waren Kaufleute wie dieser Antonio unbekannt und unmöglich.

Darüber hinaus betrachten alle liebenswürdigen Charaktere in diesem Stück Geld mit unverhohlener Verachtung; Kaum hört Portia von Shylocks Klage, schreit sie:

„Zahlen Sie ihm sechstausend und verunstalten Sie die Anleihe;

Sechstausend verdoppeln und dann verdreifachen,

Vor einem Freund dieser Beschreibung

Wird durch Bassanios Schuld ein Haar verlieren. "

Und wenn wir diesen Ausbruch auf ihre Liebe zurückführen , dürfen wir nicht vergessen, dass sie ihn, als es zur Verhandlung vor Gericht kommt und sie den Juden in ihrer Hand hält und vielleicht ihr Gold retten könnte, noch einmal daran erinnert:

„Shylock, dir wird das Dreifache deines Geldes angeboten. "

Eine grenzenlose Großzügigkeit ist das Merkmal von Portia, und Bassanio, der mittellose Glücksjäger, ist ebenso extravagant; er wird die Kaution des Juden doppelt bezahlen, und

„Wenn das nicht reicht,

Ich werde es zehnmal bezahlen müssen,

Auf Verlust meiner Hände, meines Kopfes, meines Herzens. "

Man kann natürlich behaupten, dass diese Christen alle verschwenderisch seien, um Shylocks Geiz und Gemeinheit in ein besseres Licht zu rücken; aber dass diese Geringschätzung des Geldes nicht aus Gründen irgendeiner künstlerischen Wirkung angenommen wird, wird aus anderen Stücken hervorgehen. Auch auf die Gefahr hin, mir Supersubtilität vorgeworfen zu bekommen, muss ich gestehen, dass ich bei Shylock selbst Spuren von Shakespeares Verachtung des Geldes finde; Jessica sagt über ihn:

> *„Ich habe ihn fluchen hören*
>
> *An Tubal und an Chus, seine Landsleute,*
>
> *Dass er lieber Antonios Fleisch hätte*
>
> *Als der zwanzigfache Wert der Summe*
>
> *Dass er ihm etwas schuldete.“*

Es scheint, dass sogar Shylock Antonio mehr gehasst hat, als er Geld schätzte, und dieser Hass, auch wenn er seine Wurzeln in der Liebe zum Geld haben mag, erlöst ihn in unseren Augen halb. Shakespeare konnte sich keinen Mann vorstellen, der Geld mehr liebte als alles andere; sein verhasster und verhasster Wucherer ist eher ein Mann der Leidenschaft als ein Jude.

Die gleiche Verschwendung und Verachtung des Geldes findet sich in fast allen Shakespeare-Dramen, und seltsamerweise sind die Personen, die diese Verachtung am deutlichsten zum Ausdruck bringen, meist die Masken Shakespeares selbst. Ein philosophischer Monolog ist für Shakespeare kaum charakteristischer als eine Verspottung des Geldes. Es sollte auch beachtet werden, dass diese Besonderheit nicht hauptsächlich ein Merkmal seiner Jugend ist, wie es bei den meisten freihändigen Männern der Fall ist. Vielmehr scheint es sich wie bei Antonio um eine begründete Lebenseinstellung zu handeln, die mit zunehmendem Alter Shakespeares zweifellos immer ausgeprägter wird. Die Verachtung des Reichtums ist bei Brutus stärker als bei Antonio; stärker bei Lear als bei Brutus und stärker bei Timon als bei Lear.

Aber können wir überhaupt sicher sein, dass Antonios Lebensauffassung in dieser Hinsicht die Shakespeares war? Es kann sein, dass Shakespeare diese Großzügigkeit vortäuschte, um den Geldbeutel seiner herrschaftlichen Gönner zu lockern. Selbst wenn sein Beweggrund, in dieser Richtung zu schreiben, ein würdiger Beweggrund wäre, wer kann uns dann versichern, dass er die Großzügigkeit praktiziert hat , die er predigte? Wenn ich mir sein Leben anschaue, denke ich, dass ich beweisen kann, dass Shakespeare übermäßig sorglos mit Geld umgegangen ist; in der Tat extravagant und überaus großzügig. Shakespeare erlangte keine herausragende Stellung als Dramatiker, ohne den Neid und die Eifersucht vieler seiner Kollegen und Zeitgenossen zu erregen, und wenn diese scharfäugigen Kritiker ihn in einem Drama nach dem anderen gefunden hätten, in dem er verschwenderische

Freizügigkeit befürwortete und gleichzeitig Gemeinheit oder sogar gewöhnliche Klugheit an den Tag legte Auf eigene Kosten hätten wir wahrscheinlich davon erfahren sollen, als wir von Greene hörten, wie er Stücke von anderen Dramatikern übernahm. Aber das Schweigen seiner Zeitgenossen bestätigt das positive Zeugnis von Ben Jonson, dass er „von offener und freier Natur" war – immer offenherzig und, da können wir sicher sein, bis zu einem gewissen Grad liberal. In jedem Fall liegt die Beweislast bei denen, die uns weismachen wollen, dass Shakespeare „ein vorsichtiger und umsichtiger Geschäftsmann" war, denn in einem Dutzend Stücken überschütten die Persönlichkeiten, die seine Helden und Inkarnationen sind, Verachtung über diejenigen, die ihn verurteilen würden. „Schurkenkonter" von ihren Freunden, und in Ermangelung eines Gegenbeweises müssen wir annehmen, dass er die Großzügigkeit an den Tag legte , die er so ernsthaft und eifrig lobte. Zumindest wäre es für den Moment ratsam anzunehmen, dass er sich ohne Schwierigkeiten oder bewusste Selbsttäuschung als großzügiger Antonio vorstellte.

Aber dieser Antonio besitzt nicht nur die Melancholie, Höflichkeit und grenzenlose Großzügigkeit Shakespeares; er hat andere Eigenschaften des Meisters, die hervorgehoben werden müssen.

Erstens zeigt Antonio jene Unterwerfung unter das Unglück, diese Resignation angesichts von Niederlagen und Leiden, die wir bereits als Merkmale von Richard II. gesehen haben. Den Rücktritt könnte man fast als heilig bezeichnen, wenn er nicht eher der natürlichen Melancholie und Traurigkeit von Shakespeares Gesinnung zu entspringen scheint; „Die Welt ist eine harte, alles hassende Welt", scheint er zu sagen, „und Elend ist das natürliche Los des Menschen; Die Niederlage kommt für alle; warum sollte ich auf ein besseres Schicksal hoffen?" Gleich zu Beginn des Prozesses erkennt er, dass er mit Sicherheit verlieren wird; Bassanio und Gratiano bitten den Herzog für ihn; aber er spricht nie zu seiner eigenen Verteidigung ; über seinen Gegner sagt er zu Beginn:

> *„Ich bin dagegen*
>
> *Ich habe Geduld mit seiner Wut und bin bewaffnet*
>
> *Mit einem ruhigen Geist leiden,*
>
> *Die Tyrannei und der Zorn von ihm. "*

und wieder wird er nicht streiten, sondern fleht das Gericht an,

> *„..... mit aller kurzen und einfachen Bequemlichkeit*
>
> *Lass mich urteilen und der Jude seinen Willen. "*

Auch als Bassanio versucht, ihn aufzuheitern,

> *„Was, Mann, schon Mut!*
>
> *Der Jude soll mein Fleisch, mein Blut, meine Knochen und alles haben,*
>
> *Bevor du für mich einen Tropfen Blut verlierst."*

Antonio antwortet:

> *„Ich bin ein beflecktes Weib von der Herde,*
>
> *Für den Tod am besten geeignet: die schwächste Fruchtsorte*
>
> *Fällt am frühesten zu Boden: Und so lass mich:*
>
> *Besser kann man dich nicht beschäftigen, Bassanio,*
>
> *Als still zu leben und mein Epitaph zu schreiben."*

Er wird nicht gerettet: Er gibt sich sofort diesem „süßen Weg der Verzweiflung" hin, den wir als den zweiten Weg Richards und Shakespeares herausgefunden haben.

Genauso wie wir bemerkten, als wir in „Cymbeline" über Posthumus sprachen, dass Shakespeares Held und *Alter Ego* von den anderen Figuren des Dramas immer gelobt wird, so wird dieser Antonio von den Hauptfiguren des Stücks absurd gelobt, und zwar im Sinne von Wenn man ihn lobt, kann man sehen, wie gern Shakespeare schon in jungen Jahren in Betracht gezogen wurde. Er hatte nicht den Ehrgeiz, wie die meisten jungen Männer seiner Rasse als standhaft, mutig oder entschlossen zu gelten, geschweige denn als „guter Hasser", wie Dr. Johnson selbst gestand: Er wollte, dass seine sanften Qualitäten und seine intellektuellen Begabungen anerkannt werden; Hamlet wollte als Höfling, Gelehrter und Gentleman gelten; und hier sagt Salarino über Antonio:

> *„Ein freundlicherer Herr betritt nicht die Erde"*

und er erzählt weiter, wie Antonio, als er sich von Bassanio trennte, „tränengroße Augen" hatte:

> *„Er drehte sein Gesicht und legte seine Hand hinter sich,*
>
> *Und mit wundersamer, vernünftiger Zuneigung*

Dieser Antonio ist so zartherzig und liebevoll wie der junge Arthur. Und Lorenzo spricht zu Portia von Antonio, so wie Salarino von ihm sprach:

„Herr. Aber wenn Sie wüssten, wem Sie diese Ehre erweisen .

Was für ein wahrer Gentleman senden Sie Erleichterung,

Was für ein lieber Liebhaber meines Herrn, Ihres Mannes,

Ich weiß, dass Sie stolzer auf die Arbeit wären

Dann kann dich die übliche Prämie durchsetzen. "

und schließlich fasst Bassanio Antonio in begeisterten Superlativen zusammen:

„Der liebste Freund für mich, der netteste Mann,

Der bestkonditionierte und unermüdliche Geist

In Höflichkeiten, und einer in wem

Die antike römische Ehre erscheint mehr

Als alles, was in Italien den Atem anhält. "

Als Prinz der Freunde und äußerst höflicher Herr spielt Antonio seine Rolle vom Anfang bis zum Ende des Stücks, mit einer bemerkenswerten Ausnahme, auf die ich gleich zurückkommen werde. Es ist erstaunlich, diese Traurigkeit, diese Höflichkeit, diese verschwenderische Großzügigkeit und Geldverachtung, diese Liebe zur Liebe, Freundschaft und Zuneigung bei irgendeinem Mann im frühen Mannesalter zu finden; aber diese Eigenschaften besaß Shakespeare von der Jugend bis ins hohe Alter.

Ich sage, dass Antonio mit einer bemerkenswerten Ausnahme allen gegenüber äußerst höflich war, und diese Ausnahme war Shylock.

Auf der englischen Bühne ist es zur Sitte geworden, dass der Schauspieler versucht, Shylock in einen Helden zu verwandeln; aber das war sicherlich nicht Shakespeares Absicht. Es stimmt, Shylock appelliert an die gemeinsame Menschlichkeit von Juden und Christen.

„Ich bin Jude. Hat ein Jude nicht Augen? hat kein Jude

Hände, Organe, Dimensionen, Sinne, Zuneigungen, Leidenschaften?

mit der gleichen Nahrung gefüttert, mit den gleichen Waffen verletzt,

den gleichen Krankheiten unterworfen, mit den gleichen Mitteln geheilt,

erwärmt und gekühlt durch den gleichen Winter und Sommer, wie

ein Christ ist? Wenn du uns stichst, bluten wir dann nicht? wenn du

Kitzeln Sie uns, lachen wir nicht? Wenn du uns vergiftest, tun wir es nicht

sterben? Und wenn du uns Unrecht tust, sollen wir uns dann nicht

rächen?"

Aber wenn Shakespeare in dieser intellektuellen Wertschätzung der Brüderlichkeit der Menschen seiner Zeit weit voraus war; doch als Künstler, Denker und Dichter ist er besonders verächtlich gegenüber dem Wucherer und Händler mit den Bedürfnissen anderer Menschen, und deshalb kann er, als Antonio Shylock trifft, obwohl er einen Gefallen von ihm möchte, nicht einmal anständig höflich zu ihm sein. Er beginnt mit den Worten in der dritten Szene des ersten Akts:

„Obwohl ich weder leihe noch leihe

Durch Nehmen oder Geben im Übermaß,

Doch um die reifen Wünsche meines Freundes zu erfüllen,

Ich werde einen Brauch brechen."

Der erste Satz hier erinnert mich an Polonius: „Weder ein Kreditnehmer noch ein Kreditgeber sein." Als Shylock versucht, sich zu verteidigen, indem er die Art und Weise anführt, wie Jakob Laban betrogen hat, antwortet Antonio verächtlich: „Der Teufel kann sich für seine Zwecke auf die Heilige Schrift berufen." Shylock fährt dann fort:

„Signor Antonio, oft und oft,

Im Rialto hast du mich bewertet

Über mein Geld und meine Verwendung:

Dennoch habe ich es mit geduldigem Schulterzucken ertragen,

Denn Leiden ist das Zeichen unseres ganzen Stammes.

Du nennst mich einen Ungläubigen, einen Halsabschneider,

Und spucke auf meinen jüdischen Gaberdine,

Und alles zur Nutzung dessen, was mir gehört.

Antonio antwortet darauf mit Worten, die man aufgrund ihrer brutalen Unhöflichkeit kaum mit denen Shakespeares verwechseln könnte, wenn Shakespeare, wie wir später sehen werden, den jüdischen Wucherer nicht mehr verabscheute als jede andere Figur in all seinen Stücken. Hier sind die Worte:

Dann schließt Shylock Frieden und schlägt seine bescheidene Strafe vor. Bassanio sagt:

Antonio ist völlig nachlässig und zufrieden: Er sagt:

Antonios rücksichtsloses Vertrauen gegenüber anderen Männern und seine Ungeduld sind Eigenschaften, die dem Kaufmann am fremdartigsten sind; werden aber immer wieder durch Shakespeares Imitationen gezeigt.

Vielleicht ist es hier angebracht, ein für alle Mal zu beweisen, dass Shakespeare den Juden wirklich gehasst hat. Erstens weckt er auf der Grundlage allgemeiner Menschlichkeit immer wieder unsere Sympathie für ihn; aber sobald es zu einem bestimmten Anlass kommt, stellt er ihn als hasserfüllt dar, auch wenn ihn ein kleiner Gedanke daran hätte erkennen lassen, dass der Jude in Höchstform sein muss. Es ist eine Besonderheit der Menschheit, die Shakespeare nicht hätte übersehen dürfen, dass alle Parias und Ausgestoßenen eine starke familiäre Zuneigung zeigen; Diejenigen, die die Welt verachtet und hasst, sind im Allgemeinen in ihren eigenen Häusern am edelsten. Der Druck von außen, würde Herbert Spencer sagen, sorgt tendenziell für den Zusammenhalt unter den Mitgliedern der verachteten Kaste. Die familiäre Zuneigung des Juden und seine Freundlichkeit gegenüber seinen Verwandten sind sprichwörtlich geworden. Aber Shakespeare lässt Shylock keine solche Freundlichkeit zu: Wenn seine Tochter Shylock verlässt, könnte man meinen, dass Shakespeare die Trostlosigkeit und das Elend des Vaters schildern würde, seinen Kummer über den Verlust seines einzigen Kindes; aber hier gibt es keinen Anflug von Sympathie im sanften Shakespeare:

Aber es gibt noch einen besseren Beweis als diesen: Als Shylock in seinem Fall unterlegen ist und das Gericht mittellos und gebrochen verlässt, lässt Shakespeare zu, dass er von einem Gentleman beleidigt wird. Shylock wird über seine Niederlage erbärmlich, denn Shakespeare sympathisierte immer mit dem Scheitern, noch bevor er selbst scheiterte:

Das trägt mein Haus; Du nimmst mir das Leben

Wenn du die Mittel nimmst, mit denen ich lebe."

"Por. Welche Gnade kannst du ihm erweisen, Antonio?

Gra. Ein Halfter gratis; nichts anderes, um Himmels willen."

Und dann bietet Antonio an, „die Geldstrafe für die Hälfte seiner Waren zu erlassen". Völlig gebrochen sagt Shylock:

„Ich bitte dich, gib mir die Erlaubnis, von hier fortzugehen;

Mir geht es nicht gut: Schicken Sie mir die Urkunde nach,-

Und ich werde es unterschreiben.

Herzog. Geh weg, aber tu es.

Gra. Bei der Taufe sollst du zwei Taufpaten haben:

Wäre ich Richter gewesen, hättest du zehn weitere haben sollen,

Um dich zum Galgen zu bringen, nicht zum Taufbecken."

Eine brutale Beleidigung des gebrochenen Juden durch einen tapferen Herrn: Es ist das einzige Mal in Shakespeares Werken, dass ein geschlagener und ruinierter Mann derart beleidigt wird.

Man muss zugeben, dass Antonio eine sehr charmante Skizze von Shakespeare ist, als er etwa dreißig Jahre alt war, und es ist amüsant darüber nachzudenken, dass er sich gerade den reichen Kaufmann aussucht, der sein ganzes Vermögen aufs Spiel setzt, um sein ganzes Können zu verkörpern Verachtung des Reichtums. Der „königliche Kaufmann", wie er ihn nennt, der von Jugend auf zum Tauschhandel ausgebildet wurde, ist der allerletzte Mann auf der Welt, der ein solches Unternehmen wie das von Bassanio unterstützt – geschweige denn würde ein solcher Mann Geld mit Verachtung behandeln. Aber Shakespeare versetzte sich von Beginn des Stücks an ganz naiv in die Lage Antonios, und so kam die erstaunliche Antinomie zum Ausdruck.

KAPITEL III.
DIE SONETTE: TEIL I.

Seit Wordsworth schrieb, dass die Sonette der Schlüssel zu Shakespeares Herzen seien, wurde es als selbstverständlich angesehen (außer von denen, die selbst die Sonette als bloße poetische Übungen betrachten), dass Shakespeares wahre Natur in den Sonetten leichter und sicherer entdeckt werden kann als in die Spiele. Den Lesern, die mir bisher bei der Auseinandersetzung mit seinen Stücken gefolgt sind, muss wohl kaum gesagt werden, dass ich dieser Annahme nicht zustimme. Der Autor, dessen Persönlichkeit reich und komplex genug ist, um ein Dutzend Charaktere zu erschaffen und zu beleben, offenbart sich in seinen Kreationen umfassender als in seiner eigenen Person. Es war ganz natürlich, dass Wordsworth, ein großer Lyriker, Shakespeares Akzent in seinen Sonetten besser auffing als in seinen Dramen; aber das liegt an den Einschränkungen von Wordsworth. Und wenn die Mehrheit der späteren englischen Kritiker Wordsworth zustimmte, zeigt das nur, dass Engländer im Allgemeinen Lyrik besser beurteilen als dramatische Werke. Wir haben die großartigsten Texte der Welt; aber unsere Dramen, mit Ausnahme von Shakespeares, sind nicht bemerkenswert. Und in dieser modernen Erweiterung des Dramas, dem Roman, sind wir den Franzosen und Russen deutlich unterlegen. Diese Minderwertigkeit muss der neumodischen Prüderie der Sprache und des Denkens zugeschrieben werden, die alle unsere späteren Romane entmannt; aber da diese Prüderie in unserem lyrischen Vers nicht zu finden ist, ist es offensichtlich, dass allein hier die Inspiration voll und reich genug ist, um die Grenzen epizäner Konventionen zu sprengen.

Ob der Leser mir in diesem Punkt zustimmt oder nicht, es kann angenommen werden, dass Shakespeare sich in seinen Stücken weitaus vollständiger offenbarte als als Lyriker. So wie er seine dramatischen Themen mit einiger Glückseligkeit wählte, um seine Vielseitigkeit zu offenbaren, so nutzte er die Sonette mit gleicher Kunstfertigkeit, um den Teil seiner selbst zu entdecken, der kaum objektiv wiedergegeben werden konnte. Was auch immer männlich an einem Mann ist, kann auf der Bühne hervorragend dargestellt werden, aber seine weiblichen Qualitäten – leidenschaftliche Selbstaufgabe, leichtfertige Vergebung, Selbstmitleid – kommen im dramatischen Kampf nicht gut zur Geltung. Was wäre das für ein Drama, in dem der Held gestehen müsste, dass er sich im Laufe der Jahre verzweifelt in ein Mädchen verliebt hatte und dass er dumm genug gewesen war, einen Freund, einen jungen Adligen, dorthin zu schicken? sich für seine Sache einsetzen , mit dem Ergebnis, dass das Mädchen den Freund gewann und sich ihm hingab? Der Protagonist würde sich spöttisches Gelächter und kein Mitgefühl verdienen, und das hatte Shakespeare zweifellos vorhergesehen.

Außerdem war diese Geschichte, die kurz gesagt die Geschichte der Sonette ist, für Shakespeare schrecklich real und intim, und er hatte instinktiv das Gefühl, dass er sie nicht objektiv behandeln konnte; dafür war es zu nah an ihm, zu überaus schmerzhaft.

Irgendwann überwältigt das Leben den Stärksten von uns, und diese Niederlage verarbeiten wir alle lyrisch; Wenn die tiefste Tiefe in uns erregt ist, können wir uns nicht leidenschaftslos von außen verstellen oder darstellen; wir können nur unsere Leidenschaft, unseren Schmerz und unsere Verzweiflung weinen; Wenn wir keine Kunst verwenden, ist die einfache Wahrheit alles, was wir erreichen wollen. Die Krise in Shakespeares Leben, die Stunde der Qual und des blutigen Schweißes, in der seine Schwäche ihn erkannte und sich die Behinderung des Lebens selbst für seine Stärke als zu schwer erwies – das ist das Thema der Sonette.

Was war nun Shakespeares Schwäche? seine bedrängende Versuchung? „Liebe ist meine Sünde", sagt er; „Die Liebe zur Liebe und ihre sanften Stunden" war seine Schwäche: Leidenschaft die Schlinge, die seine Seele umschlang. Kein Wunder, dass Antony schreit:

„Wohin hast du mich geführt, Ägypten?"

denn seine Zigeunerin führte Shakespeare von Schande zu Schande, bis an den Rand des Wahnsinns. Die Sonette erzählen uns die Geschichte, die ganze schreckliche, sündige, magische Geschichte von Shakespeares Leidenschaft.

Wie zu erwarten war, haben Engländer wie Wordsworth mit einem ausgeprägten Verständnis für Lyrik gute Arbeit bei der Kritik der Sonette geleistet, und ein Engländer hat sie mit außergewöhnlichem Verständnis gelesen. Mr. Tylers Arbeit an den Sonetten hat einen höheren Rang als die von Coleridge an den Theaterstücken. Ich will damit nicht sagen, dass es sich auf derselben intellektuellen Ebene mit dem Werk von Coleridge befindet, obwohl es eine breite Lektüre, eine erstaunliche Schärfe und viel Geschick bei der Argumentation an den Tag legt. Aber Herr Tyler hatte das Glück, der Erste zu sein, der den Figuren der Sonette einen örtlichen Wohnort und einen Namen gab, und diese einzigartige Leistung verschafft ihm einen Platz weit über der Masse der Kommentatoren. Bevor sein Buch 1890 erschien, lagen die Sonette im trüben Licht der Vermutungen. Es ist wahr, dass Hallam die Hypothese von Boaden und Bright übernommen und William Herbert, Earl of Pembroke, mit dem hochgeborenen, gutaussehenden Jugendlichen identifiziert hatte, für den Shakespeare in den Sonetten eine so leidenschaftliche Zuneigung zum Ausdruck brachte; Dennoch gab es Leute, die dachten, dass der Earl of Southampton die Anforderungen noch besser erfüllte als William Herbert, und wie gesagt, das ganze Thema lag im Zwielicht der Vermutungen und Vermutungen.

Herr Tyler identifizierte Shakespeares hochgeborene Mätresse, die „dunkle Dame" der Sonette, anhand einer Andeutung von Rev. WA Harrison mit Mätresse Mary Fitton, einer Trauzeugin von Königin Elizabeth.

Dies sind also die Figuren des Dramas, und die Geschichte ist sehr einfach: Shakespeare liebte Mistress Fitton und schickte unter irgendeinem Vorwand seinen Freund, den jungen Lord Herbert, zu ihr, aber mit der Absicht, Shakespeare der Dame zu empfehlen . Mistress Fitton verliebte sich in William Herbert, umwarb und gewann ihn, und Shakespeare musste den Verlust sowohl seines Freundes als auch seiner Geliebten betrauern.

Es wäre naheliegend, diese Identifizierung von Herrn Tyler als die beste bisher aufgestellte Arbeitshypothese zu bezeichnen; aber es wäre ihm gegenüber unfair; es ist mehr als das. Bis zum Erscheinen seines Buches stand nicht einmal das Datum der Sonette fest; viele Kritiker betrachteten sie als Frühwerk, und zwar bereits aus dem Jahr 1591 oder 1592; Er war der Erste, der bewies, dass die Zeit, die sie abdecken, ungefähr von 1598 bis 1601 reicht. Mr. Tyler hat uns dann nicht nur die Namen der Schauspieler genannt, sondern er hat der Tragödie auch den richtigen Platz in Shakespeares Leben eingeräumt, und er gebührt allen Dank für seine aufschlussreiche Arbeit.

Ich bringe dieser Theorie neue Bestätigung aus den Stücken. Seltsamerweise hat Mr. Tyler die Stücke kaum benutzt, doch was die in den Sonetten erzählte Geschichte betrifft, kann aus den Stücken der Beweis gezogen werden, dass es sich um eine reale und nicht um eine erfundene Geschichte handelt. Möglicherweise muss ich im Übrigen darauf hinweisen, was ich als Fehler und Versäumnisse in der Arbeit von Herrn Tyler betrachte; aber im Großen und Ganzen steht es im Mittelpunkt, drängt sich der Vernunft auf und befriedigt gleichzeitig Instinkt und Mitgefühl.

Sehen wir uns zunächst an, inwieweit die in den Sonetten erzählte Geschichte durch die Stücke bestätigt wird. Denn auch heute noch lehnen viele Kritiker die Geschichte gänzlich ab und glauben, die Sonette seien nichts anderes als poetische Übungen.

Die Sonette gliedern sich natürlicherweise in zwei Teile: Von 1 bis 126 erzählen sie, wie Shakespeare einen jungen Mann von hohem Rang und großer persönlicher Schönheit liebte; Sonett 127 ist ein *Gesandter* ; Von 128 bis 152 erzählen sie von Shakespeares Liebe zu einer „dunklen Dame". Was die beiden Serien miteinander verbindet, ist die in beiden Serien erzählte oder zumindest in der einen erzählte und in der anderen bestätigte Geschichte, dass Shakespeare zunächst seinen Freund zu der Dame schickte, höchstwahrscheinlich um seine Sache zu vertreten , und dass sie seinen

Freund umwarb und gab sich ihm gegenüber. Nun, das ist keine gewöhnliche oder leicht erfundene Geschichte. Niemand würde vermuten, dass Shakespeare so dumm sein könnte, seinen Freund zu schicken, um ihm seine Liebe zu beteuern. Das ist ein Fehler, den wahrscheinlich kein Mann begehen würde, der Frauen kennt: Aber die Unwahrscheinlichkeit der Geschichte ist Teil des Beweises für ihre Wahrheit – *credo quia Incredibile* hat etwas Überzeugungskraft.

Noch ist niemandem aufgefallen, dass die Geschichte der Sonette in Shakespeares Stücken dreimal behandelt wird. Als die Geschichte zum ersten Mal erscheint, wird sie so leichtfertig behandelt, dass es für mich so aussieht, als hätte er die Ereignisse, die er erzählt, damals noch nicht erlebt. In den „Zwei Herren von Verona" wird Proteus vom Herzog gebeten, sich bei Silvia für Thurios Sache einzusetzen , und er verspricht, dies zu tun; aber stattdessen erhebt er seine eigene Klage und wird abgelehnt. Der Vorfall wird so nachlässig gehandhabt (Proteus ist nicht Thurios Freund), dass er meiner Meinung nach keine Bedeutung hat, es sei denn, es handelt sich um einen reinen Zufall. Als die Szene zwischen Proteus und Silvia geschrieben wurde, war Shakespeare noch nicht von seinem Freund getäuscht worden. Dennoch gibt es in „Die zwei Herren von Verona" eine Rede, die durchaus persönliche Leidenschaft verrät. Es ist die letzte Szene des fünften Akts, als Valentine Proteus überrascht, indem er Silvia Gewalt antut.

„ Val.(kommt nach vorne) Ruffian, lass diesen unhöflichen Unhöflichen los

berühren,-

Du Freund einer schlechten Mode!

Profi. Valentin!

Val. Du gemeinsamer Freund, das ist ohne Glauben und Liebe, –

Denn das ist jetzt ein Freund; – verräterischer Mann!

Du hast meine Hoffnungen getäuscht: nichts als mein Auge

Hätte mich überzeugen können. Jetzt wage ich es nicht zu sagen

Ich habe einen lebenden Freund: Du würdest mich widerlegen.

Wem sollte man trauen, wenn man der eigenen rechten Hand gehört?

Ist bis zum Busen Meineid geleistet? Proteus,

Es tut mir leid, dass ich dir nie mehr vertrauen darf,

Die ersten Zeilen, die ich kursiv geschrieben habe , sind zu deutlich, als dass sie missverstanden werden könnten. als sie geschrieben wurden, war Shakespeare gerade von seinem Freund betrogen worden; Sie sind sein leidenschaftlicher Kommentar zu dem Vorfall – „ Denn das ist jetzt ein Freund" –, der kaum anders zu erklären ist. Auch das letzte Verspaar, das ich ebenfalls kursiv gesetzt habe, ist offensichtlich eine Reflexion über seinen Verrat: Es ist eine doppelte Wiedergabe des Gefühls, das im Sonett 40 zum Ausdruck kommt:

Es stellt „Feind und Freund" gegenüber, so wie das Sonett „Liebe und Hass" gegenüberstellt.

Herr Israel Gollancz erklärt, dass „mehrere Kritiker dazu neigen, diese letzte Szene einer anderen Hand zuzuschreiben", und seiner Meinung nach „weist sie offensichtliche Anzeichen einer übereilten Komposition auf." Keine Vermutung könnte weiter von der Wahrheit entfernt sein. Die Szene ist ganz offensichtlich rein Shakespeare – ich halte den Monolog von Valentine, mit dem die Szene beginnt, für eine der charakteristischsten Äußerungen Shakespeares –, aber die ganze Szene ist sicherlich später als der Rest des Stücks. Die Wahrheit ist wahrscheinlich, dass „Die zwei Herren von Verona" erneut gespielt wurde, nachdem sein Freund ihn getäuscht hatte, und dass Shakespeare diese letzte Szene unter dem Einfluss persönlicher Gefühle umgeschrieben hat. Die 170 Zeilen sind voller Phrasen, die direkt den Sonetten entnommen sein könnten. Hier ist so ein Couplet:

Die ganze Szene erzählt die Geschichte etwas offener, als wir sie in den Sonetten finden, wie man es erwarten könnte, da Shakespeares Rivale ein großer Adliger war und nicht frei kritisiert werden konnte . Diese Tatsache erklärt mir Valentins unmotivierten Verzicht auf Silvia; erklärt auch, warum er sich mit so unziemlicher Eile mit seinem Freund versöhnt. Die letzten Worte von Valentin in dieser Szene sind aufschlussreich:

„ Es wäre schade, dass zwei solcher Freunde lange Feinde sein sollten. "

Die Art und Weise, wie diese Szene in „Die zwei Herren von Verona" erzählt wird, wirft mehr Licht auf Shakespeares Gefühle im Moment seines Verrats als die Sonette selbst. Unter dem Deckmantel fiktiver Namen wagte Shakespeare es, den Ekel und die Verachtung, die er für Lord Herberts Verrat empfand, deutlicher zum Ausdruck zu bringen, als er es in seiner eigenen Person zu tun wagte oder vielleicht wagte.

Es gibt ein anderes Stück, in dem derselbe Vorfall so behandelt wird, dass die Wahrheit der Sonettgeschichte über jeden Zweifel erhaben ist.

In „Viel Lärm um Nichts" wird der Vorfall an den Ohren verschleppt, und die gesamte Behandlung ist höchst bemerkenswert. Jeder wird sich erinnern, wie Claudio dem Prinzen sagt , dass er Hero liebt, und seinen Freund um Hilfe bittet: „Eure Hoheit möge mir jetzt gut tun." Es gibt keinen Grund für Claudios Schüchternheit: keinen Grund, warum er den Prinzen um Hilfe bitten sollte, in einem Fall, in dem die meisten Männer lieber ihre eigene Zunge benutzen; aber Claudio ist jung, und so gleiten wir über die inhärente Unwahrscheinlichkeit des Vorfalls hinweg. Der Prinz verspricht sofort, bei Hero und bei ihrem Vater für Claudio zu flehen:

„Und du sollst sie haben. War nicht zu diesem Zweck

Dass du angefangen hast, eine so schöne Geschichte zu verdrehen?"

Jetzt kommt der eigenartige Umgang mit dem Vorfall. Claudio weiß, dass der Prinz für ihn um Hero wirbt. Wenn Don John ihm also sagt, dass der Prinz „ in Hero verliebt ist ", sollte er sofort daraus schließen, dass Don John sich irrt, weil er diese Tatsache nicht kennt; aber stattdessen wird er misstrauisch und fragt:

„Woher weißt du, dass er sie liebt?

D. John. Ich hörte ihn seine Zuneigung schwören.

Bor. Das tat ich auch, und er schwor, dass er sie heiraten würde

heute Abend."

Selbst diese Bestätigung durch Borachio kann Claudios Vertrauen in den Prinzen absolut nicht erschüttern : Weder Don John noch Borachio wissen, was er weiß, dass der Prinz um ihn (Claudio) und auf seine Bitte wirbt. Er sollte daher über den vergeblichen Versuch, seine Eifersucht zu erregen, lächeln. Aber sofort ist er vom Schlimmsten überzeugt, wie es sich für einen Menschen verhalten würde, der bereits solche Untreue erlebt hat: Er schreit:

„Das ist sicher; der Prinz wirbt um sich selbst. “

Und dann sollten wir damit rechnen, dass er den Prinzen als einen verräterischen Freund verflucht und im Gegensatz dazu über seine eigenen treuen Dienste nachdenkt und dabei immer wieder den Dolch in die Wunde bohrt mit dem Gedanken, dass niemand außer ihm jemals so belohnt wurde solche Ehrlichkeit der Liebe. Aber nein! Claudio hat keine Bitterkeit in sich, keine Vorwürfe ; er spricht von der ganzen Sache, als ob sie Monate und Monate zuvor geschehen wäre, was tatsächlich der Fall war; denn „Viel Lärm um Nichts“ wurde um 1599 geschrieben. Das Nachdenken hatte Shakespeare bereits die Unvernunft der Revolte gezeigt, und er legt Claudio seinen eigenen Gedanken in den Mund:

„Das ist sicher; der Prinz wirbt um sich selbst.

Freundschaft ist in allen anderen Dingen beständig

Sparen Sie im Büro und in Liebesaffären:

Deshalb benutzen alle liebenden Herzen ihre eigene Zunge;

Lass jedes Auge für sich selbst verhandeln,

Und vertraue keinem Agenten; denn Schönheit ist eine Hexe,

Gegen dessen Reize zergeht der Glaube in Blut.

Dies ist ein Unfall von stündlichem Beweis,

Dem ich nicht misstraute. Also lebe wohl, Held. “

Der Claudio, der im ersten Wahnsinn von verlorener Liebe und betrogener Freundschaft so sprach, wäre ein Monster. Hier spricht Shakespeare in aller Ruhe über etwas, das ihm vor geraumer Zeit widerfahren ist. Die Zeilen, die ich kursiv geschrieben habe, lassen keine andere Interpretation zu: Sie zeigen Shakespeares philosophische Akzeptanz der Dinge, wie sie sind; Was ihm widerfahren ist, darf nicht als einzigartig angesehen werden, sondern ist das allgemeine Los der Menschen – „ ein

Zufall von stündlicher Beweisführung" –, den er sich selbst vorwirft, weil er es nicht vorhergesehen hat. Tatsächlich ist Claudios Temperament hier ebenso distanziert und unparteiisch wie das von Benedick. Benedick erklärt, dass Claudio ausgepeitscht werden sollte:

> *"D. Pedro. Ausgepeitscht werden! Was ist seine Schuld?*
>
> *Benedikt. Die flache Übertretung eines Schuljungen, der*
>
> *Er ist überglücklich, ein Vogelnest gefunden zu haben, und zeigt, dass es ihm gehört*
>
> *Begleiter und er stiehlt es. "*

Das ist die Ansicht des Realisten, der das Leben und die Menschen kennt und das Spiel nach den anerkannten Regeln spielt. Shakespeare verstand diese Seite des Lebens so gut wie die meisten Menschen. Aber Don Pedro ist ein Prinz – ein Shakespeare-Prinz noch dazu – voller Loyalität und idealer Gefühle; Er antwortet Benedick aus Shakespeares eigenem Herzen:

> *„Willst du ein Vertrauen zu einer Übertretung machen?*
>
> *Die Übertretung liegt beim Dieb. "*

Es ist merkwürdig, dass Shakespeare nicht erkennt, dass Claudio diese Wahrheit tausendmal stärker empfinden muss als der Prinz . Wie ich bereits sagte, ist Claudios ruhige Akzeptanz dieser Tatsache eine Offenbarung von Shakespeares eigener Haltung, einer Haltung, die nur durch die moralische Verwerfung, die dem Prinzen in den Mund gelegt wurde, modifiziert wurde . Der Vortrag selbst zeigt, dass es sich bei dem Vorfall um eine persönliche Erfahrung Shakespeares handelte, und wie man in diesem Fall erwarten kann, beschleunigt er die Handlung des Dramas nicht, sondern verzögert sie; Es ist in der Tat dem Drama völlig fremd, eine Auswüchse darin und keine Verbesserung, sondern ein Makel. Darüber hinaus ist der nachdenkliche, desillusionierte, leicht pessimistische Ton der Erzählung fremd und fremd für die optimistische Stimmung des Stücks; Schließlich passt dieses Gewand geduldiger Traurigkeit nicht zu Claudio, der ganz Liebe und Eifer sein sollte, und verringert unsere Sympathie für seine späteren Handlungen, anstatt sie zu steigern. Wer diese Tatsachen berücksichtigt, wird zugeben, dass Shakespeare uns hier erzählt, was mit ihm selbst passiert ist und was er wirklich über den Verrat seines Freundes dachte.

> *„Die Übertretung liegt beim Dieb. "*

Das ist Shakespeares reifes Urteil über Lord Herberts Verrat.

Die dritte Erwähnung dieser Sonettgeschichte in einem Theaterstück erfolgt noch später: in „Twelfth Night". Wie wir gesehen haben, ist der Herzog eine Inkarnation von Shakespeare selbst und in der Tat die beste Inkarnation seines Temperaments, die wir haben. In der vierten Szene des ersten Akts schickt er Viola, um sich bei Olivia für ihn einzusetzen, zweifellos auf die gleiche Weise, wie Shakespeare Pembroke zu Miss Fitton schickte. Die ganze Szene verdient eine sorgfältige Lektüre.

> *„Cesario,*
>
> *Du weißt nicht weniger als alles; Ich habe den Verschluss gelöst*
>
> *Dir das Buch meiner geheimen Seele:*
>
> *Darum, guter Jüngling, richte deinen Gang auf sie*
>
> *Lass dir den Zugang nicht verwehren, steh vor ihren Türen,*
>
> *Und sag ihnen, dort wird dein fester Fuß wachsen*
>
> *Bis du Publikum hast.*
>
> *Vio . Sicher, mein edler Herr,*
>
> *Wenn sie so ihrem Kummer überlassen wäre*
>
> *Wie es heißt, wird sie mich niemals zulassen.*
>
> *Herzog. Seien Sie lautstark und überspringen Sie alle zivilen Grenzen*
>
> *Anstatt eine unrentable Rendite zu erzielen.*
>
> *Vio . Angenommen, ich spreche mit ihr, mein Herr, was dann?*
>
> *Herzog. O, dann entfalte die Leidenschaft meiner Liebe,*
>
> *Überrasche sie mit einer Ansprache über meinen lieben Glauben:*
>
> *Es wird dir gut tun, meine Leiden zu lindern;*
>
> *Sie wird es in deiner Jugend besser betreuen*
>
> *Als in einem Nuntius von ernsterem Aussehen.*

Vio . Das glaube ich nicht, Mylord.

Herzog. Lieber Junge, glaub es;

Denn sie werden deine glücklichen Jahre noch verleugnen,

Das heißt, du bist ein Mann: Dianas Lippe

Ist nicht glatter und rubinroter ; Deine kleine Pfeife

Ist wie die Orgel der Jungfrau, schrill und klingend;

Und alles scheint die Rolle einer Frau zu sein.

Ich weiß, dass deine Konstellation genau richtig ist

Für diese Angelegenheit. Etwa vier oder fünf begleiten ihn;

Alles, wenn Sie so wollen; denn ich selbst bin der Beste

Am wenigsten in Gesellschaft. "

Ich möchte hier nicht mehr finden, als im Text steht: Die Passage zeigt einfach, dass die Idee, jemanden zu schicken , um seine Liebe zu flehen, Shakespeare in diesen Jahren ständig im Kopf hatte. Das Merkwürdige an der Sache ist, dass er einen Jugendlichen als Botschafter auswählen sollte, und zwar einen Jugendlichen, der lediglich sein Page ist. Er kann keinen Grund finden, einen solchen Jungen wie Viola zu wählen, und behauptet daher einfach, dass man sich besser um die Jugend kümmern werde, was sicherlich nicht der Fall ist. Er dachte an Lord Herberts Jugend, aber er konnte nicht die Wahrheit in das Stück bringen, dass er seinen Botschafter wegen seiner hohen Stellung, seiner persönlichen Schönheit und seines Charmes auswählte und nicht wegen seiner Jugend. Der ganze Vorfall wird leichtfertig als etwas von geringer Bedeutung behandelt; Die Bitterkeit in „Much Ado" ist verflogen: „Twelfth Night" wurde um 1601 geschrieben, etwa ein Jahr später als „Much Ado".

die Schlussfolgerung, zu der ich gelangt bin, nicht weiter bearbeiten ; aber ich muss zugeben, dass ich in den Stücken und insbesondere in „Die zwei Herren von Verona" und „Viel Lärm" dieselbe Geschichte gefunden habe, die in den Sonetten erzählt wird; eine in die Stücke hineingeschleppte Geschichte, deren Einleitung in der Tat einen schwerwiegenden Fehler in der Kunst darstellt und deren Behandlung zu eigenartig ist, als dass sie etwas anderes als persönlich sein könnte. Hier in den Stücken haben wir sozusagen drei Ansichten der Sonettgeschichte; das erste in „Die zwei Herren von

Verona", wenn der Verrat noch frisch in Shakespeares Erinnerung ist und seine Worte von wütenden Gefühlen erbittert sind:

„Du gemeinsamer Freund, der weder Glauben noch Liebe hat."

Die zweite Sichtweise wird in „Viel Lärm um nichts" eingenommen, als der Schmerz des Verrats mit der Zeit ein wenig gelindert wurde. Shakespeare moralisiert nun den Vorfall. Er zeigt uns, wie es von einem Philosophen (denn das ist der Liebhaber Claudio in Bezug auf seinen Verrat) und von einem Soldaten und Mann von Welt, Benedikt, und von einem Prinzen gesehen würden. Shakespeare wählt den Prinzen, um der Ansicht Geltung zu verschaffen, dass die Schuld beim Übertreter liegt und nicht bei dem Mann, der vertraut. Die vielseitige Behandlung der Geschichte zeigt alle Phasen, durch die sich Shakespeares Geist bewegte, und das Ergebnis ist für mich ein umfassenderes Bekenntnis, als es in den Sonetten zu finden ist. Schließlich wird die Geschichte in „Zwölfte Nacht" angesprochen, als der Verrat in Vergessenheit geraten ist, der Dichter jedoch die Tatsache preisgibt, dass sein Botschafter ein Jugendlicher war, und der Grund, den er dafür angibt, ist eindeutig unzureichend. Wenn jemand nach diesen drei Vorträgen immer noch glauben kann, dass die Sonettgeschichte erfunden ist, ist er mit Argumenten nicht mehr zu überzeugen.

KAPITEL IV.
DIE SONETTE: TEIL II.

Nachdem wir nun die Geschichte der Sonette dreimal in den Stücken wiederholt gefunden haben, könnte es sich für uns lohnen zu sehen, ob wir in den Stücken etwas entdecken können, das Licht auf die Umstände oder Personen dieses seltsamen Dreiecksdramas wirft. Zunächst muss ich zugeben, dass ich außer in diesen drei Stücken keinerlei Erwähnung von Shakespeares Verräter Lord Herbert finden kann. Er war „ein falscher Freund", heißt es in den Stücken, ein „gemeiner Freund ohne Glauben oder Liebe", „ein Freund von schlechter Sitte"; Auch jung, aber dennoch vertrauenswürdig; Aber jenseits dieser zusammenfassenden, oberflächlichen Charakterisierung herrscht Stille. *Meines Erachtens* hinterließ Lord Herbert keinen tiefen oder besonderen Eindruck auf Shakespeare; eine Meinung, die dazu gedacht ist, den Skandalmachern Einhalt zu gebieten. Denn es besteht kein Zweifel daran, dass Shakespeares Liebe, Mistress Fitton, die „dunkle Dame" der Sonettreihe von 128 bis 152, immer wieder in einem Stück nach dem anderen zu finden ist und die Sicht des Dichters auf Leben und Kunst tiefgreifend verändert. Bevor ich diese Identifizierung von Miss Fitton und ihrem Einfluss auf Shakespeare in die Hand nehme, möchte ich den Leser bitten, sich die Tatsache vor Augen zu halten, dass Shakespeare von Natur aus ein Sensualist war, ein Liebhaber, was ebenso selten ist wie vollendetes Genie. Die Geschichte seiner götzendienerischen Leidenschaft für Mary Fitton ist die Geschichte seines Lebens. Das ist es, was Kommentatoren und Kritiker bisher nicht erkannt haben. Kommen wir nun zu den Fakten und sehen wir, welches Licht die Dramen auf die Hauptfigur der Geschichte, Mistress Fitton, werfen. Die Studie wird uns wahrscheinlich zeigen, dass Shakespeare der leidenschaftlichste Liebhaber und Liebesdichter der gesamten Literatur war.

Die Geschichte erzählt uns, dass Mary Fitton 1595 im Alter von siebzehn Jahren die Trauzeugin von Königin Elizabeth wurde . Aus einem Brief ihres Vaters an Sir Robert Cecil vom 29. Januar 1599 geht ziemlich sicher hervor, dass sie bereits im Alter von sechzehn Jahren verheiratet war; Die Verbindung war wahrscheinlich nicht ganz gültig, aber die bloße Tatsache lässt auf eine gewisse Rücksichtslosigkeit des Charakters oder eine überwältigende Sinnlichkeit oder beides schließen und zeigt, dass Mistress Fitton selbst als Mädchen kein schüchternes, schüchternes, bescheidenes Mädchen war. In einen Reitermantel gehüllt verließ sie nachts den Palast, um ihren Geliebten, Lord William Herbert, zu treffen. Obwohl sie zweimal verheiratet war, bekam sie ein uneheliches Kind von Herbert und zwei später von Sir Richard Leveson.

Diese außergewöhnliche Frau ist zweifellos die Art von Frau, die Shakespeare als die „dunkle Dame" der Sonette darstellte. Fast jedes der sechsundzwanzig Sonette, die seiner Geliebten gewidmet sind, enthält eine Anschuldigung gegen sie; und alle diese Vorwürfe richten sich offensichtlich gegen ein und dieselbe Frau. Zunächst wird sie im Sonett 131 als „tyrannisch" beschrieben; dann im Sonett 133 als „treulos"; im Sonett 137 als „die Bucht, in der alle Menschen reiten ... die weite Welt ist alltäglich"; im Sonett 138 als „falsch"; in 139 ist sie „kokett"; 140, „stolz"; „falsch gegenüber den Banden der Liebe"; „schwarz wie die Hölle ... dunkel wie die Nacht" – sowohl im Aussehen als auch im Charakter; „voller übler Fehler"; "grausam"; „unwürdig", aber von „mächtiger" Persönlichkeit; „unfreundlich – unbeständig ... untreu ... abgeschworen."

Die erste Frage lautet nun: Können wir diese „dunkle Dame" der Sonette in den Stücken finden? In den Sonetten erfahren wir, dass sie einen blassen Teint mit schwarzen Augen und Haaren hatte; Erfüllen die Stücke diese Beschreibung? Und wenn sie es bestätigen, werfen sie dann ein neues Licht auf Miss Fittons Charakter? Kam Miss Fitton auf Shakespeare stolz und unbeständig, tyrannisch und mutwillig vor, als er sie zum ersten Mal traf und bevor sie Lord Herbert kannte?

Die früheste Erwähnung der Geliebten des Dichters in den Stücken findet sich, glaube ich, in „Romeo und Julia". „Romeo und Julia" wird von Mr. Furnival auf 1591-1593 datiert; es wurde erstmals 1595 von Meres erwähnt; Erstmals veröffentlicht im Jahr 1597. Ich denke, in seiner jetzigen Form muss es aus dem Jahr 1597 stammen. Romeo, der, wie wir bereits gesehen haben, eine Inkarnation Shakespeares ist, wird uns gleich in der ersten Szene als in eine gewisse Rosaline verliebt dargestellt . Das allein sagt mir nichts; aber der Beweis dafür, dass Shakespeare in enger Beziehung zu dem Mädchen namens Rosaline steht, kommt später, und so haben die ersten einleitenden Worte für mich eine gewisse Bedeutung. Romeo selbst sagt uns, dass „sie Dians Witz hat", einer von Shakespeares Lieblingsvergleichen für seine Liebe, und spricht von ihrer Keuschheit, oder besser gesagt von ihrer Unnahbarkeit; er fährt fort:

> *„Oh, sie ist reich an Schönheit, nur arm*
>
> *Wenn sie stirbt, stirbt mit der Schönheit auch ihr Schatz. "*

was uns merkwürdig an die ersten Sonette erinnert. In der zweiten Szene lädt Benvolio Romeo zum Capulet-Fest ein, wo seine Geliebte, „die schöne Rosaline", zu Abend isst, und fügt hinzu:

> *„Vergleiche ihr Gesicht mit einigen, die ich zeigen werde,*

Und ich werde dich denken lassen, dein Schwan sei eine Krähe.

Romeo antwortet, dass es nichts Schöneres gibt als seine Liebe, und Benvolio erwidert:

„Tut! Du hast sie schön gesehen, niemand sonst war da. "

Dieses Geplänkel ist am deutlichsten, wenn wir davon ausgehen, dass Rosaline eher dunkel als hell war.

Im zweiten Akt betritt Mercutio die Szene und ruft, indem er sich über Romeos Melancholie und Leidenschaft lustig macht:

„Ich beschwöre dich, bei Rosalines leuchtenden Augen,

An ihrer hohen Stirn und ihrer scharlachroten Lippe ... "

Diese Beschreibung überrascht mich. Shakespeare verwendet selten solch physische Porträts seiner Persönlichkeiten, und Mercutio ist eine Seite von Shakespeare selbst; ein Charakter voller Witz und Redseligkeit, ein Charakter, der vollständig vom Dichter erfunden wurde.

Wenig später bestätigt sich mein Verdacht. In der vierten Szene des zweiten Akts spricht Mercutio mit Benvolio über Romeo; beide fragen sich, wo er ist, und Mercutio sagt:

„Ah, das gleiche blasse Mädchen, diese Rosaline,

Quält ihn so sehr, dass er mit Sicherheit verrückt wird. "

Und wieder, einen Moment später, lacht Mercutio über Romeo, als sei er bereits tot, „vom blauen Auge einer weißen Dirne erstochen". Hier ist nun die Bestätigung meines Verdachts. Für Shakespeare ist es höchst ungewöhnlich, die physischen Besonderheiten einer seiner Figuren anzugeben; Niemand weiß, wie Romeo aussah, oder Julia oder auch nur Hamlet oder Ophelia; und hier wiederholt er die Beschreibung.

Das einzige andere Beispiel, das wir bisher bei Shakespeare für eine solche physische Porträtmalerei gefunden haben, ist die Skizze von Falstaff in „Heinrich IV." und der Schnappschuss von Master Slender in „Die lustigen Weiber von Windsor", als „kleines kleines Gesicht, mit einem kleinen gelben Bart – einem rohrfarbenen Bart". Beide Fotografien waren, wie wir damals bemerkten, sehr bedeutsam, und das von Slender war aufgrund seines auffälligen und eigentümlichen Realismus außerordentlich bedeutsam. Obwohl Slender eine unbedeutende Figur ist, wird er für uns von Shakespeares Verachtung und Hass fotografiert, so wie diese Rosaline von seiner leidenschaftlichen Liebe fotografiert wird, immer wieder fotografiert.

Shakespeares übliche Art, die körperliche Erscheinung eines Mannes oder einer Frau zu beschreiben, wenn er es sich überhaupt erlaubte, was selten vorkam, könnte man als ideale oder konventionelle Art bezeichnen. Ein gutes Beispiel findet sich in Hamlets Beschreibung seines Vaters; er spricht mit seiner Mutter:

> *„Hyperions Locken, die Vorderseite von Jove selbst,*
>
> *Ein Auge wie der Mars, um zu drohen und zu befehlen,*
>
> *Eine Station wie der Herold Merkur*
>
> *Neu erleuchtet auf einem himmlischen Hügel. "*

In dem besonderen Fall, den ich betrachte, ist Rosaline weniger ausgeglichen als eine Nebenfigur; Sie ist überhaupt keine Figur im Stück. Sie wird von Benvolio und dann von Mercutio nur beiläufig erwähnt, und selbst Mercutio ist nicht die Protagonistin; Dennoch ist seine Erwähnung von ihr trotz der beiläufigen Kürze auffallend detailliert und erstaunlich realistisch. Von diesem Mädchen haben wir sozusagen einen fotografischen Schnappschuss: Sie „quält" Romeo; sie ist „hartherzig"; eine „weiße Dirne" mit „schwarzen Augen"; zweimal in vier Zeilen wird sie mal „blass", mal „weiß" genannt – offensichtlich hatte ihr Teint kein Rot und stand in verblüffendem Kontrast zu ihren schwarzen Augen und Haaren. Offensichtlich ist dieses Bild dem Leben entnommen, und es ist ebenso offensichtlich das Porträt der „dunklen Dame" der Sonette.

Um die Gewissheit doppelt zu gewährleisten, gibt es eine weitere Beschreibung derselben Rosaline in einem anderen Stück, die so detailliert und eindrucksvoll ist und aus kontrastierenden und verblüffenden Besonderheiten besteht, dass ich mich nur wundern kann, dass ihre volle Bedeutung nicht schon vor langer Zeit erkannt wurde. Seine Bedeutung verfehlt zu haben, beweist nur, dass Männer Shakespeare nicht mit dem feinen Witz der Liebe lesen.

Die Wiederholung des Porträts ist noch aus einem anderen Grund erfreulich: Sie erzählt uns, wann die Liebesgeschichte stattgefunden hat. Die Anspielung auf die „dunkle Dame" in „Romeo und Julia" lässt sich nur schwer genau datieren; Die nächste Erwähnung von ihr in einem Theaterstück kann zeitlich einigermaßen genau festgelegt werden. „Love's Labour's Lost" wurde von Shakespeare für die Aufführung am Hof während der Weihnachtsfeierlichkeiten 1597 überarbeitet. Als das Quarto 1598 veröffentlicht wurde, stand auf der Titelseite: „Eine angenehme, eingebildete Komödie mit dem Titel ‚Love's Labour's Lost'." So wie es letztes Weihnachten Ihren Hoheiten präsentiert wurde. Neu korrigiert und erweitert von W. Shakespeare." Im überarbeiteten Teil stellt Shakespeare seine dunkle Liebe erneut vor, diesmal seltsamerweise auch unter dem Namen Rosaline. Offensichtlich genoss er die bloße Musik des Wortes. Wie wir bereits gesehen haben, ist Biron eine Inkarnation von Shakespeare selbst, und die Begegnung von Biron und seiner Geliebten Rosaline in dem Stück ist für uns äußerst interessant, da sich Shakespeare in dieser überarbeiteten Inszenierung, wie man meinen könnte, am liebsten anbiedern würde seine Liebe, insbesondere weil sie wahrscheinlich anwesend sein würde, als das Stück aufgeführt wurde. Rosaline muss Biron, bevor er erscheint, als einen fröhlichen Mann und einen hervorragenden Redner loben; Doch als sie sich treffen, liefern sie sich einfach ein geistreiches Turnier, bei dem Rosaline sich mehr als behaupten kann und in der Tat eine erstaunliche Selbstsicherheit an den Tag legt, gewürzt mit ein wenig Verachtung gegenüber Biron. „hartherzig" nannte Mercutio es. Jedes Wort verdient es, abgewogen zu werden:

> „Biron. Habe ich nicht einmal mit dir in Brabant getanzt?

> Ros. Habe ich nicht einmal mit dir in Brabant getanzt?

> Biron. Ich weiß du hast es getan.

> Ros. Wie unnötig war es also, diese Frage zu stellen!

> Biron. Du darfst nicht so schnell sein.

> Ros. Es liegt an Ihnen, dass Sie mich mit solchen Fragen anspornen.

> Biron. Dein Witz ist zu heiß, er rast zu schnell, er wird müde.

> Ros. Nicht, bis es den Fahrer im Sumpf zurücklässt.

> Biron. Um wie viel Uhr?

> *Ros. Die Stunde, nach der Narren fragen sollten.*
>
> *Biron. Jetzt ist deine Maske schön!*
>
> *Ros. Fair fall das Gesicht, das es bedeckt!*
>
> *Biron. Und sende dir viele Liebhaber!*
>
> *Ros. Amen, also sei keiner.*
>
> *Biron. Nein, dann werde ich weg sein."*

Offenbar besitzt auch diese Rosaline Dians Witz und ist nicht in Biron verliebt, ebenso wenig wie die Rosaline aus „Romeo und Julia" in Romeo verliebt war.

Die nächste Anspielung ist noch charakteristischer. Biron und Longaville und Boyet reden; Longaville zeigt seine Bewunderung für eine der Frauen der Prinzessin, „die in Weiß", wie er erklärt, sei eine äußerst süße Dame ..."

> *Biron. Wie lautet ihr Name auf der Kappe?*
>
> *Boyet. Rosaline, zum Glück.*
>
> *Biron. Ist sie verheiratet oder nicht?*
>
> *Boyet. Nach ihrem Willen, Sir, oder so.*
>
> *Biron. Gern geschehen, Sir. Adieu."*

Dieses „Nach ihrem Willen, Herr, oder so" ist genau im Sinne der Sonette: Jeder wird sich an die ersten beiden Zeilen von Sonett 135 erinnern:

„Wer auch immer ihren Wunsch hat, der hat deinen *Willen* , und *den Willen*
obendrein, und *den Willen* im Übermaß."

Das „Nach ihrem Willen, Sir oder so" finde ich erstaunlich bedeutsam,
denn es hat nicht nur nichts mit dem Stück zu tun und ist daher unerwartet,
sondern auch die Charakterzeichnung ist unerwartet; Dienstmädchen sind
normalerweise nicht im doppelten Sinne an ihren Willen gebunden, und es
wird überhaupt keine andere dieser Ehrendamen beschrieben .

Wenig später spricht Biron noch einmal auf eine Art und Weise von
Rosaline, die alle Erwartungen erschüttert. Erstens ärgert er sich über sich
selbst, weil er überhaupt verliebt ist. „Und ich, wahrlich verliebt! Ich, das war
die Peitsche der Liebe!" Hier halte ich erneut inne, es scheint mir, dass
Shakespeare uns gegenüber ein Geständnis ablegt, genau wie damals, als er
ohne Grund zugab, dass Jacques unzüchtig war. Wie dem auch sei, er fährt
sicherlich mit verblüffenden Worten fort, die so völlig unvorhergesehen und
daher umso charakteristischer sind:

> *„Nein, einen Meineid zu leisten, was das Schlimmste von allem ist;*
>
> *Und unter dreien: das Schlimmste von allen zu lieben;"*

Die erste Zeile dieses Verses, in der es heißt, dass er einen Meineid
schwört, Rosaline zu lieben, kann auf die Umstände des Stücks bezogen
werden; Aber auch Shakespeare spricht im Sonett 152 von sich selbst als
„Meineidiger", denn er schwört nur, um seine Liebe zu missbrauchen, oder
mit einem Seitenblick auf die Tatsache, dass er verheiratet und daher Meineid
ist, wenn er einer Person, die nicht seine Frau ist, Liebe schwört. Es ist gut,
diesen „Meineid" im Gedächtnis zu behalten.

Aber es ist die zweite Zeile, die umso erstaunlicher ist; Dort erzählt uns
Biron, dass er von den drei Frauen der Prinzessin „die Schlimmste von allen"
liebt. Von Rosaline und den anderen Damen hat man uns bisher nur
freundliche Dinge erzählt; Wir hatten keine Ahnung, dass einer von ihnen
schlecht war, geschweige denn, dass Rosaline „die Schlimmste von allen"
war. Uns drängt sich der Verdacht auf, der sich unmittelbar danach bestätigt,
dass Shakespeare von sich selbst und von einer bestimmten Frau spricht;
Sonst müssten wir zugeben, dass seine Darstellung der Figur Rosalines
künstlerisch schlecht war, und zwar schlecht ohne Entschuldigung, denn
warum sollte er all diesen Reichtum an unangenehmen Details einer bloßen
Nebenfigur überlassen? Er fährt jedoch fort, den Fehler noch schlimmer zu
machen; Als nächstes spricht er von seiner Liebe Rosaline als –

> *„Ein weißlicher, mutwilliger Mensch mit samtener Stirn,*
>
> *Mit zwei Pitchbällen im Gesicht als Augen;*

Es ist natürlich ein Schandfleck für Biron, wenn er erklärt, dass seine Liebe eine Lüge des Schlimmsten ist. Es ist nicht nur unerwartet und unangebracht; es schmälert unsere Sympathie für Biron und seine Liebe und auch für das Stück. Aber wir haben bereits die Regel als vertrauenswürdig befunden, dass Shakespeare einen Fehler in der Kunst immer aus einem starken persönlichen Gefühl und nicht aus Mangel an Witz macht, und diese Regel gilt hier offensichtlich. Shakespeare-Biron stellt sich die Frau vor, die er selbst liebt; denn er beschreibt sie nicht nur als mutwillig zum Nachteil des Stücks; aber er stellt sie genau dar, und diese Rosaline ist die einzige Person im Stück, von der wir überhaupt eine physische Beschreibung haben. Darüber hinaus hat er keine andere Figur in einem seiner Stücke so präzise und wiederholt fotografiert:

Dies ist sicherlich dieselbe Rosaline, die wir in „Romeo und Julia" abgebildet fanden; Aber die Porträts hier sind sowohl körperlich als auch moralisch detaillierter und eigenartiger als im früheren Stück. Shakespeare kennt seine Rosaline jetzt bestens. Allein die Tatsache, dass auch hier ihr äußeres Erscheinungsbild so detailliert dargestellt wird und dass die „Hartherzigkeit", die Mercutio an ihr bemerkte, nun zu „Mutlosigkeit" geworden ist, ist von entscheidender Bedeutung, insbesondere wenn wir uns daran erinnern, dass Miss Fitton wahrscheinlich zugehört hat zum Stück. Selbst zu Weihnachten 1597 erreichte Shakespeares Leidenschaft den Höhepunkt eines Sexduells. Miss Fitton hat ihn so gefoltert, dass es ihm Vergnügen bereitet, in der Öffentlichkeit ihre Namen ins Gesicht zu rufen, obwohl das Stück dazu geführt hätte, dass man einschmeichelnde oder schmeichelhafte Höflichkeiten erwartet hätte. Es schwächt dieses Argument nicht, wenn man zugibt, dass das allgemeine Publikum die Anspielungen vielleicht nicht verstanden hätte.

Es ist eine fast unglaubliche Tatsache, dass keinem seiner Hunderten von Kommentatoren überhaupt eine Besonderheit in diesem physischen Porträt von Rosaline aufgefallen ist; Shakespeare verwendet diesen Realismus so selten, dass man hätte meinen können, dass jeder Kritiker davon verblüfft wäre; aber nein, sie alle gehen wortlos darüber hinweg, Coleridge, Mr. Tyler, sie alle.

Der vierte Akt von „Love's Labour's Lost" beginnt mit einem höchst charakteristischen Monolog von Biron:

> *„Biron. Der König jagt den Hirsch; Ich kursiere*
>
> *ich selbst: Sie haben sich Mühe gegeben; Ich arbeite in einem*
>
> *Pech – Pech, das verunreinigt: verunreinigen! ein Schimpfwort."*

Hier spielt Biron offensichtlich mit den „Pitchbällen", die seine Liebe zu den Augen hat, und auch mit den „üblen Fehlern", von denen Shakespeare in den Sonetten und in Othello spricht. Biron fährt fort:

> *„O, aber ihr Auge – bei diesem Licht, wenn nicht ihr Auge, ich*
>
> *würde sie nicht lieben; ja, für ihre beiden Augen. Nun ja, das tue ich*
>
> *Nichts auf der Welt als Lüge und Lüge in meiner Kehle. Von*
>
> *Himmel, ich liebe, und er hat mich gelehrt, zu reimen, und*
>
> *melancholisch sein; und hier ist ein Teil meines Reims, und*
>
> *hier meine Melancholie. Nun, sie hat eines meiner Sonette*
>
> *schon: Der Clown trug es, der Narr schickte es und die Dame*
>
> *hat es: süßer Clown, süßerer Narr, süßeste Dame!"*

Dies beweist für mich, dass einige von Shakespeares Sonetten im Jahr 1597 geschrieben wurden. Tatsächlich würde Herr Tyler versuchen, alle Sonette innerhalb der drei Jahre von 1598 bis 1601 einzuordnen, den drei Jahren, über die Shakespeare in Sonett 104 spricht:

> *„Drei Winter kalt*
>
> *Habe aus den Wäldern den Stolz dreier Sommer erschüttert,*
>
> *Drei wunderschöne Frühlinge verwandelten sich in den gelben Herbst*
>
> *Im Laufe der Jahreszeiten habe ich gesehen.*
>
> *Drei Aprilparfums in drei heißen Junimonaten verbrannt ,*
>
> *Seit ich dich zum ersten Mal frisch gesehen habe, die noch grün sind."*

Lord Herbert kam zum ersten Mal im Frühjahr 1598 an den Hof, und so könnte das Sonett 104 für Herbert genau diese Tatsache dargestellt haben; aber ich bin nicht geneigt, den Dichter so wörtlich zu nehmen. Anstatt im Frühjahr 1598 zu beginnen, wurden einige der Sonette an die Dame wahrscheinlich im Herbst 1597 oder sogar früher geschrieben, und dennoch hätte Shakespeare durchaus Recht, von drei Jahren zu sprechen, wenn der Zeitraum im Jahr 1601 endete. A Der Dichter ist nicht an die Genauigkeit eines Almanachs gebunden.

im vierten Akt von „Love's Labour's Lost" seine Liebe zur „himmlischen Rosaline" gesteht, scherzt ihn der König im Zeitgeist:

"König. Beim Himmel, deine Liebe ist schwarz wie Ebenholz.

Biron. Ist Ebony wie sie? O göttliches Holz!

Eine Frau aus solchem Holz wäre Glückseligkeit.

O, wer kann einen Eid leisten? Wo ist ein Buch?

Dass ich schwören kann, dass es an Schönheit mangelt,

Wenn sie lernt, nicht auf ihr Auge zu schauen:

Kein Gesicht ist schön, das nicht so voll und schwarz ist. "

Hier beschreibt Shakespeare erneut seine Geliebte für uns, obwohl er es früher im Stück besser gemacht hat; er harrt hier auf ihrer dunklen Schönheit herum , um sie zu loben, so wie er sie im Sonett 127 lobte; Es ist die Kunst der Leidenschaft, abwechselnd die Extreme von Tadel und Lob zum Ausdruck zu bringen.

Zur Zeit Elisabeths war es für Dichter und Höflinge üblich, rotes Haar und einen hellen Teint als „Fähnchen der Schönheit" zu loben und so der Königin ein Kompliment zu machen. Das Lakaientum, das ein Merkmal aller germanischen Rassen ist, war in England seit frühester Zeit besonders ausgeprägt und veranlasste die Menschen schon in jenen „großzügigen Tagen", nicht nur blondes Haar zu loben, sondern auch dunkles Haar und dunkle Augen herunterzustreichen so hässlich. Der König antwortet:

„O Paradoxon! Schwarz ist das Abzeichen der Hölle,

Der Farbton der Kerker und die Schule der Nacht;

Und der Gipfel der Schönheit wird zum Brunnen des Himmels. "

Biron antwortet:

> *„Teufel versuchen am schnellsten, sie ähneln Geistern des Lichts.*
>
> *O , wenn die Stirn meiner Dame in Schwarz geschmückt wäre*
>
> *Es trauert um das Malen und Usurpieren der Haare*
>
> *Sollte Schwärmer mit einem falschen Aspekt hinreißen;*
>
> *Und deshalb ist sie geboren, um Schwarz fair zu machen.*
>
> *Ihre Gunst verändert die Mode der Tage,*
>
> *Für einheimisches Blut wird jetzt die Malerei gezählt;*
>
> *Und deshalb Rot, das der Kritik entgehen würde,*
>
> *Malt sich schwarz, um ihre Stirn nachzuahmen. “*

Unser schüchterner Dichter ist mutig genug, unter einem Künstlernamen die Haarfarbe seiner Geliebten gegenüber der der Königin aufrechtzuerhalten; Die bloße Tatsache spricht Bände für diejenigen, die ihren Shakespeare kennen.

Sonett 127 läuft in fast den gleichen Worten; obwohl jetzt der Dichter, der in seiner eigenen Person spricht, weniger kühn ist:

> *„Im Alter galt Schwarz nicht als gerecht,*
>
> *Oder wenn es so wäre, trug es nicht den Namen der Schönheit;*
>
> *Aber jetzt ist die schwarze Schönheit der Nachfolger,*
>
> *Und die Schönheit wurde mit einer Bastardscham verleumdet:*
>
> *Denn da jede Hand die Macht der Natur in Anspruch genommen hat,*
>
> *Die Seele mit dem falschen geliehenen Gesicht der Kunst verkleiden,*
>
> *Süße Schönheit hat keinen Namen, keine heilige Laube,*
>
> *Aber er wird entweiht, wenn er nicht in Ungnade lebt.*
>
> *Deshalb sind die Augen meiner Herrin rabenschwarz,*
>
> *Ihre Augen passen so gut, und sie wirken wie Trauernde*
>
> *Bei denen, die nicht schön geboren sind und denen es an Schönheit nicht mangelt,*
>
> *Die Schöpfung mit falscher Wertschätzung verleumden:*
>
> *Doch so trauern sie und werden über ihr Leid hinweg*

Es besteht kein Zweifel daran, dass Shakespeare in dieser Rosaline aus „Romeo und Julia" und „ Verlorene Liebesmühe " die „dunkle Dame" der zweiten Sonettreihe beschreibt und sie, entgegen seiner Sitte beim Schreiben von Theaterstücken, so beschreibt: noch genauer, als er sie im Liedtext beschrieben hat.

Am Ende dieses Aktes gibt es eine Zeile, die im Vergleich zu dem, was vorhergegangen ist, sehr charakteristisch ist; Es ist eindeutig ein Bekenntnis Shakespeares selbst und ein perfektes Beispiel für das, was man das Gewissen nennen könnte, das sein gesamtes reifes Werk durchdringt:

> *„Leichte Dirnen können sich für abgeschworene Männer als eine Plage erweisen. "*

Es scheint, dass wir recht hatten, als wir diesen „Meinidigen" betonten, als wir ihn zum ersten Mal trafen.

In der zweiten Szene des fünften Akts, die mit einem Gespräch zwischen der Prinzessin und ihren Damen beginnt, bestätigt sich unser Bild von Rosaline. Katherine nennt Rosaline Licht und scherzt auf anzügliche Weise darüber; erklärt auch, dass sie „ein fröhlicher, flinker, mitreißender Geist" sei, und sagt ihr sogar, dass sie es ist

> *„Ein heller Zustand in einem wunderschönen Dunkel. "*

All diese unnötigen Wiederholungen beweisen für mich, dass Shakespeare seine Geliebte so beschreibt, wie sie lebte und sich bewegte. Diejenigen, die meiner Meinung sind, sollten ein anderes Beispiel nennen, in dem er dieselbe präzise Porträtmalerei verwendet oder missbraucht hat. Aber in dieser leichten Schimpferei der Mädchen steckt mehr als nur eine Beschreibung von Rosaline. Als Rosaline sagt, dass sie Biron bevor sie geht, foltern und ihn zu ihrem Vasallen machen wird, fügt die Prinzessin hinzu:

> *„Niemand wird so sicher gefangen, wenn er gefangen wird*
>
> *Als der Witz zum Narren wurde. "*

Rosaline antwortet:

> *„Das Blut der Jugend brennt nicht mit solch einem Übermaß*

Diese Bemerkung hat in Rosalines Mund weder Relevanz noch Bedeutung. Biron soll in dem Stück jung sein, und er wurde nie wegen seiner Ernsthaftigkeit, sondern wegen seines Witzes und Humors ausgezeichnet : Die Prinzessin nennt ihn „den schnellen Biron". Die beiden Zeilen sind eindeutig Shakespeares Selbstkritik. Als er die Sonette schrieb , hielt er sich für alt, und sicherlich standen seine Jahre (vierunddreißig) in starkem Kontrast zu denen von Mary Fitton, die zu diesem Zeitpunkt nicht älter als neunzehn war.

Spät im Jahr 1597, bevor William Herbert überhaupt die Bühne betrat, wusste Shakespeare, dass seine Geliebte eine Zügellose war:

> *„Ja, und beim Himmel, einer, der die Tat tun wird;*
>
> *Obwohl Argus ihr Eunuch und ihr Wächter war."*

Shakespeare hat in diesen Stücken seine Liebe zu uns als eine höchst außergewöhnliche Frau dargestellt: In Wirklichkeit ist sie groß, mit blassem Teint und schwarzen Augen und schwarzen Brauen, „eine Zigeunerin", nennt er sie; von Natur aus herrisch, gesetzlos, witzig, leidenschaftlich – ein „Mutwilliger"; außerdem eine Person von Geburt und Stellung. Dass ein Mädchen dieser Zeit entdeckt wurde, das all diese Eigenschaften in sich vereinte, würde fast jeden Menschen überzeugen; Aber der Glaube geht in Gewissheit über, wenn wir bedenken, dass dieses Porträt seiner Geliebten in den Dramen mit größter Genauigkeit wiedergegeben wird, wo es in Wirklichkeit fehl am Platz und ein Fehler in der Kunst ist. Wenn wir die späteren Stücke studieren, werden wir diesen Zigeuner immer wieder finden; sie machte den tiefsten Eindruck auf Shakespeare; war in der Tat die einzige Liebe seines Lebens. Es war ihre Falschheit, die ihn zur Selbsterkenntnis und zum Wissen über das Leben brachte und ihn von einem unbeschwerten Komödien- und Historienautor zum Autor der größten Tragödien machte, die je erdacht wurden. Shakespeare verdankt den größten Teil seines Ruhms Mary Fitton.

KAPITEL V.
DIE SONette: TEIL III.

Die interessanteste Frage in den Sonetten, die Frage, deren lebenswichtige Bedeutung alle anderen in den Schatten stellt, wurde noch nie angemessen angegangen und entschieden. Als englische Kritiker vor etwa hundert Jahren bemerkten, dass die Sonette in zwei Serien aufgeteilt waren und dass die erste und längere Serie an einen jungen Mann gerichtet war, riefen sie: „Schockierend!" schockierend!" und urteilte mit selbstgefälliger Eile über Beweise, die keine Katze hängen ließen. Hallam, „der Vernünftige", vertrat die Auffassung, dass „es für Shakespeares Ruf besser gewesen wäre, wenn die Sonette nie geschrieben worden wären", und selbst Heine akzeptierte, vom Konsens der Meinungen geleitet, die Verurteilung und bedauerte „die erbärmliche Erniedrigung von." Menschlichkeit" findet sich in den Sonetten. Aber bevor wir uns dem neuartigen Vergnügen der moralischen Überlegenheit gegenüber Shakespeare hingeben, lohnt es sich vielleicht zu fragen: Ist die Tatsache bewiesen? ist seine Schuld erwiesen?

Ich denke, niemandem, der mir bisher gefolgt ist, muss gesagt werden, dass ich kein Interesse daran habe, Shakespeare reinzuwaschen: Ich bin fest entschlossen, ihn so darzustellen, wie er gelebt und geliebt hat, und wenn ich ihn so bösartig finden würde wie Villon, oder so grausam wie ein Hermelin, ich würde alles so getreu niederschreiben, wie ich seine Großzügigkeit oder Sanftmut beweisen würde.

Bevor der Leser ein angemessenes Urteil über Shakespeares Unschuld oder Schuld fällen kann, muss er sich zwei hervorstechende Besonderheiten des Mannes vor Augen halten, die ich bereits erwähnt habe; die aber nun in den gebührenden Vordergrund gerückt werden müssen, damit man ihnen in jedem Augenblick instinktiv Rechnung trägt, seiner Sinnlichkeit und seinem Snobismus.

Seine Sinnlichkeit ist, wie wir gesehen haben, die Qualität, die die Geschöpfe seines Temperaments mit denen seines Intellekts, seine Dichter mit seinen Denkern verbindet und beweist, dass Romeo und Jacques, der Herzog von „Zwölfte Nacht" und Hamlet, eins sind die selbe Person. Bei näherer Betrachtung wird man feststellen, dass diese alles durchdringende Sinnlichkeit die Quelle oder zumindest eine natürliche Begleiterscheinung seiner sanften Freundlichkeit und seines unvergleichlichen Mitgefühls ist.

Shakespeare malte kein Porträt des Helden oder des Abenteurers; fand kein neues Wort für die männlichen Tugenden oder männlichen Laster, aber er gab dem Verlangen und seinen Nachkommen, der Liebe, Eifersucht und Verzweiflung, jeder Form von Pathos, Flehen und Mitleid, allen sanfteren und weiblicheren Eigenschaften einen unsterblichen Ausdruck. Vor allem das Verlangen hat ihn zu Sätzen inspiriert, die noch magischer ausdrucksvoller sind als die, die die keuchende Sappho ausstieß, als die Lust ihren Körper zu einer Lyra unsterblicher Musik gemacht hatte. Ihre Lyrik an die Geliebte ist nicht so eindringlich wie die von Othello:

> *„Oh, du Unkraut*
>
> *Wer ist so schön, schön und riecht so süß?*
>
> *Dass der Sinn bei dir schmerzt“;*

oder wie Cleopatra erstaunlich ist:

> *„Es gibt Gold und hier*
>
> *Meine blauesten Adern zum Küssen“;*

– die Offenbarung eines Lebens, das der Eitelkeit und Sinnlichkeit gewidmet war, einer Sinnlichkeit, die wie ein Gott verwöhnt und mit östlicher Hingabe verehrt wurde.

Ich glaube nicht, dass ich diesen Punkt weiter bearbeiten muss; Wie ich bereits bemerkt habe, fasst Orsino, der Herzog von „Zwölfte Nacht“, Shakespeares Liebesphilosophie mit den Worten zusammen:

> *„Gib mir ein Übermaß davon, das Übermaß,*
>
> *Der Appetit kann sich verschlechtern und so sterben. “ –*

Shakespeare sagte uns die Wahrheit über sich selbst, als er in Sonett 142 schrieb: „Liebe ist meine Sünde.“ Wir können von ihm neue Worte oder eine neue Methode in der Malerei leidenschaftlicher Begierden erwarten.

Die zweite Besonderheit Shakespeares, die wir uns vor dem Versuch, die Sonette zu interpretieren, fest vergegenwärtigen müssen, ist sein außergewöhnlicher Snobismus.

Der englische Snobismus ist wie ein Londoner Nebel, intensiver als in jedem anderen Land; es ist in der Tat so extravagant, dass es in seiner Art anders zu sein scheint. Ein Beispiel hierfür: Als Herr Gladstone einmal in einem Fall vernommen wurde, wurde er vom Anwalt gefragt: War er ein Freund eines bestimmten Lords? Anstatt einfach zu antworten, dass dies der Fall sei, antwortete er, dass er es nicht für richtig halte, zu sagen, er sei ein Freund eines so großen Adligen: „Er hatte die Ehre , mit ihm bekannt zu sein.“ Nur in England würde der Mann, der Adlige nach Belieben gewinnen konnte, sich mit dieser Demut der Seele vor ihnen verbeugen.

Zu Shakespeares Zeiten war der englische Snobismus stärker als heute; es wurde dann gesetzlich gestützt und durch Strafen durchgesetzt. Von einem

Lord ohne seinen Titel zu sprechen galt als Verleumdung und wurde von der Sternenkammer mehr als einmal als solche bestraft. Auch Shakespeares Position erklärt, wie sich dieser angeborene Snobismus in ihm zum Lakaientum steigerte. Wie wir gesehen haben, war er ein geborener Aristokrat und fühlte sich den Höflichkeiten, Ritterlichkeiten und Großzügigkeiten des aristokratischen Lebens verbunden. Diese Tendenz wurde durch seine Berufung noch verstärkt. Die bereits vom Puritanismus durchdrungene Mittelschicht betrachtete das Theater als kaum besser als das Bordell und zeigte ihre Verachtung gegenüber den Schauspielern auf tausend Arten. Die Erdlinge und das einfache Volk mit ihren „fettigen Mützen" und ihrem „stinkenden Atem" waren für Shakespeare ebenso abscheulich wie die kurzhaarigen, gewinnsüchtigen Bürger, die ihn und seinesgleichen erbarmungslos verurteilten. Er war daher auf die jungen Adligen zurückgeworfen, die die Klassiker gelesen hatten und die Künste liebten. Seine Werke zeigen, wie sehr er sie bewundert. Er könnte dich Bassanio, Benedick oder Mercutio zum Leben erwecken. Jeder hat bemerkt, mit welcher Vorliebe er solchen Figuren seinen eigenen poetischen Geist und Charme verleiht. Seine niederen Klassen sind allesamt Nahrung für Komödien oder Farce: Er wird sie nicht ernst nehmen.

Sein Snobismus bringt ihn zu erstaunlichen Ausmaßen. Ein Beispiel: Jeder fähige Kritiker war erstaunt über die außergewöhnliche Treue zu den Tatsachen, die er in seinen historischen Stücken an den Tag legt; Er übernimmt oft ganze Seiten eines früheren Stücks oder von Plutarch und verwendet sie in seinem Drama lediglich durch Variation der Sprache. Er legt großen Wert darauf, die Tatsache, was auch immer sie sein mag, aufzuschreiben und zu erklären, selbst wenn sie den Fluss seiner Geschichte stört; Doch sobald die Tatsache mit seinem Respekt vor Würdenträgern in Konflikt gerät, verliert er sein gutes Gewissen. Er erzählt uns von Agincourt, ohne jemals zu erwähnen, dass die englischen Bogenschützen die Schlacht gewonnen haben; er hatte die Wahrheit vor sich; der Chronist, von dem er die Geschichte übernommen hatte, bürgte für diese Tatsache; aber Shakespeare zog es vor, den Sieg Heinrich und seinen Herren zuzuschreiben. Shakespeare liebte einen Lord mit leidenschaftlicher Bewunderung, und wenn er sich selbst malt , dann meist als Herzog oder Prinz.

Wenn wir uns diese Wahrheiten, Shakespeares intensive Sensibilität und Sinnlichkeit und seinen fast unvorstellbaren Snobismus vor Augen halten, können wir uns nun mit den Sonetten befassen.

Das erste, was einem an den Sonetten auffällt, ist die Tatsache, dass, obwohl 125 von ihnen einem jungen Mann und Shakespeares Zuneigung zu ihm gewidmet sind und nur 26 der Frau gewidmet sind, jedes einzelne von ihnen Die Frau zeichnet sich durch eine schreckliche Wahrhaftigkeit der Leidenschaft aus, während die an die Jugend gerichteten Texte eher konventionell als überzeugend sind. Er stellt die Frau dem Leben vor; stark, stolz, mit dunklen Augen und Haaren, blasser Gesichtsfarbe – ein Frevler mit der seltenen Kraft, selbst die Schande eines Frevlers zu ertragen. Er findet eine in der Literatur neue Methode, sie zu beschreiben. Er wird keine poetische Übertreibung haben; Schnee ist weißer als ihre Brüste; Veilchen süßer als ihr Atem:

„Und doch, beim Himmel, halte ich meine Liebe für selten

Wie alle anderen hat sie mit falschen Vergleichen Lügen gestraft."

Seine Leidenschaft ist so intensiv, dass er nicht den Wunsch verspürt, ihre Verführung größer darzustellen, als sie war. Sie ist sozusagen in sein Blut gelangt, und jeder Tropfen davon würde unter dem Mikroskop ihr Bild zeigen. Nimm irgendein Sonett aufs Geratewohl, und du wirst die Wut seines Verlangens hören.

Aber wie ist der Jüngling ? – „die Herrin" seiner Leidenschaft, um ihm den Titel zu geben, der die Dummköpfe offenbar von Shakespeares Schuld überzeugt hat. Nirgendwo findet sich ein beschreibendes Wort; kein Malerei-Epitheton – nichts. Wo ist der Schrei dieser schrecklichen, schamlosen, ungeheuerlichen Leidenschaft, die Shakespeares Gewissen beherrscht und seinen Willen versklavt hat? Es gibt kaum einen Ausdruck, der über Zuneigung hinausgeht – eine Zuneigung, die Shakespeare mit vierunddreißig durchaus für einen begabten, gutaussehenden Aristokraten wie Lord Herbert empfinden könnte, der durch Jugend, Schönheit, Reichtum und Witz zu empfehlen war. Herbert war auch ein Dichter: ein Mäzen ohne Beispiel ! „Wenn Southampton mir tausend Pfund gegeben hätte", könnte Shakespeare argumentiert haben, „wird Lord Herbert mich vielleicht zum Master of the Revels machen oder mir sogar einen höheren Posten geben." Eine aristokratische Gesellschaft neigt dazu, selbst die Starken zu Parasiten zu machen, wie Dr. Johnsons berühmter Brief an Lord Chesterfield beweist. Aber verlassen wir die Vermutungen und kommen wir zu den Sonetten selbst, die sich an die Jugend richten. Das erste Sonett beginnt:

„Von den schönsten Geschöpfen wünschen wir uns Wachstum,

Damit die Rose der Schönheit niemals stirbt."

Dies ist in der Tat ein sehr gutes Argument, wenn es an eine Frau gerichtet ist; aber wenn es von einem Mann an einen Mann gerichtet wird, klingt es angespannt und falsch. Dennoch ist es das Thema der ersten siebzehn Sonette. Es ist genau das gleiche Argument, das Shakespeare in „Venus und Adonis" immer wieder vorgebracht hat:

„Samen entstehen aus Samen und Schönheit bringt Schönheit hervor;

Du wurdest gezeugt; es zu bekommen ist deine Pflicht."

„Und so überlebst du trotz des Todes,

Darin ist dein Ebenbild noch lebendig ..."

(173-4.)

„Übles Krebsgeschwür rostet die verborgenen Schatzbünden,

Aber Gold, das mehr Gold verwendet, erzeugt."

(767-8.)

Am Ende des dritten Sonetts finden wir dasselbe Argument:

„Aber wenn du lebst, denk daran, nicht zu sein,

Stirb allein, und dein Bild stirbt mit dir."

Auch im vierten, sechsten und siebten Sonett wird derselbe Appell vorgebracht. Im zehnten Sonett ruft der Dichter:

„Mache dich zu einem anderen Ich, aus Liebe zu mir,

Diese Schönheit kann immer noch in dir oder dir leben."

Und noch einmal am Ende des dreizehnten Sonetts:

„Du hattest einen Vater; Lass es deinen Sohn sagen."

Jedes dieser Sonette enthält lediglich das Argument, das in „Venus und Adonis" mit gleicher Kraft und weitaus größerer Relevanz dargelegt wird.

Das heißt, Shakespeare nutzt die Leidenschaft, die er für eine Frau empfunden hat, um den Ausdruck seiner Zuneigung für die Jugend Wirklichkeit werden zu lassen. Man kann sich keinen besseren Beweis dafür vorstellen, dass er die Jugend nie mit Leidenschaft geliebt hat.

Im Sonett 18 beginnt Shakespeare, seinen Ton zu ändern. Dann sagt er dem Jugendlichen, dass er Unsterblichkeit erlangen wird, nicht durch seine Kinder, sondern durch Shakespeares Verse. Sonett 19 wird mit dem gleichen Gedanken abgerundet:

„Tut doch dein Schlimmstes, alte Zeit: Trotz deines Unrechts,

Meine Liebe wird in meinem Vers immer jung leben."

Sonett 20 wird oft als Hinweis auf Intimität bezeichnet:

„Das Gesicht einer Frau mit der Hand der Natur bemalt,

Hast du, die Meisterin meiner Leidenschaft?

Das sanfte Herz einer Frau, aber nicht vertraut

Mit wechselndem Wandel, wie es bei der falschen Frauenmode der Fall ist;

Ein Auge , das heller ist als ihres, weniger falsch im Rollen

Den Gegenstand vergolden, worauf er blickt ;

Ein Mann in Farbe, alle „Farbtöne" in seiner Kontrolle,

Was den Männern die Augen stiehlt und die Seelen der Frauen zum Staunen bringt .

Und für eine Frau wurdest du zuerst geschaffen;

Bis die Natur, als sie dich schuf, in Verzückung fiel,

Und dadurch wurde ich von dir besiegt,

Indem ich meinem Ziel eine Sache hinzufüge, nichts.

Aber da sie dich zum Vergnügen der Frauen gestochen hat

Deine Liebe sei mein, und deine Liebe nutze ihren Schatz."

Das Sextett dieses Sonetts widerlegt absolut die schuldige Intimität und soll sie, glaube ich, auch widerlegen; Shakespeare hatte die Skandallust seiner Freunde bereits ergründet und wollte die edle Uneigennützigkeit seiner Zuneigung zum Ausdruck bringen.

Sonett 22 ist aufrichtiger, wenn auch nicht so leidenschaftlich; es stärkt das Argument weder, noch widerlegt es es. Sonett 23 ist das Sonett, auf das sich vor allem alle verlassen, die Shakespeare verurteilen wollen. Hier ist es:

„Als unvollkommener Schauspieler auf der Bühne,

Der mit seiner Furcht seinen Teil vernachlässigt,

Oder irgendetwas Wildes voller zu viel Wut,

Dessen Überfluss an Stärke schwächt sein eigenes Herz;

Deshalb vergesse ich aus Angst vor Vertrauen, es zu sagen

Die perfekte Zeremonie des Liebesrituals,

Und in meiner eigenen Liebe scheint die Stärke zu verfallen,

Überladen mit der Last der Macht meiner eigenen Liebe.

O, lass mein Aussehen die Beredsamkeit sein

Und stumme Vorboten meiner sprechenden Brust;

Die um Liebe flehen und nach Vergeltung streben,

Mehr als diese Zunge hat mehr zum Ausdruck gebracht.

O, lerne zu lesen, was die stille Liebe geschrieben hat:

Mit den Augen zu hören gehört zum feinen Verstand der Liebe."

Wir können die Ausdrücke „die perfekte Zeremonie des Liebesrituals" und „Suche nach Vergeltung" so interpretieren, wie wir wollen; Aber es muss zugegeben werden, dass sie selbst bei maximaler Nutzung eine erstaunlich kleine Basis bilden, auf der ein so riesiger und abscheulicher Überbau errichtet werden kann.

Aber man wird uns sagen, dass die Verurteilung Shakespeares nicht auf einem Sonett oder einer Zeile beruht; aber auf die Art und Weise, wie Shakespeare spricht, sobald er entdeckt, dass seine Geliebte ihn zugunsten seines Freundes verraten hat. Man ist geneigt zu erwarten, dass er die Schuld auf den Freund schiebt und, nachdem er ihn verstoßen hat, versucht, die Zuneigung seiner Geliebten wiederzugewinnen. Neun von zehn Männern würden so handeln. Aber die Sonette erzählen uns immer wieder und mit höchst eigenartiger Betonung, dass Shakespeare den Freund nicht verurteilt. Sobald er von dem Verräter hört, schreit er (Sonett 33):

„Ich habe schon so manchen herrlichen Morgen gesehen

Schmeichle die Berggipfel mit souveränem Blick,

Mit goldenem Gesicht die grünen Wiesen küssen,

Blasse Bäche mit himmlischer Alchymie vergolden ;

Lassen Sie bald die niedrigsten Wolken reiten

Mit hässlicher Haltung auf seinem himmlischen Gesicht,

Und vor der verlassenen Welt verbirgt sich sein Gesicht ,

Mit dieser Schande ungesehen nach Westen stehlen:

Trotzdem schien meine Sonne eines frühen Morgens

Mit aller triumphierenden Pracht auf meiner Stirn;

Aber raus! ein Mangel! Er gehörte nur eine Stunde mir,

Die Regionswolke hat ihn jetzt vor mir verborgen .

Doch verachtet ihn meine Liebe nicht im Geringsten ;

Die Sonnen der Welt können beflecken, wenn die Sonne des Himmels beflecckt .

Es ist der Verlust seines Freundes, den er bedauert, und nicht der Verlust seiner Geliebten; Sie wird nur im Vergleich zu „niedrigsten Wolken" erwähnt. Doch selbst wenn Gradgrind und seine Kollegen die dreizehnte Zeile dieses Sonetts lesen, ist sie völlig unvereinbar mit Leidenschaft.

Im nächsten Sonett bereut der Freund die „schwere Beleidigung" und weint, und Shakespeare akzeptiert die Trauer als Salbe, die „die Wunde heilt"; Die Tränen seines Freundes sind Perlen, die „alle schlechten Taten erlösen". Das nächste Sonett beginnt mit der Zeile:

„Sei nicht mehr betrübt über das, was du getan hast";

Shakespeare wird ein „Mithelfer" beim „Diebstahl" seines Freundes sein, obwohl er zugibt, dass der Raub immer noch sauer ist. Dann folgen vier Sonette, in denen er sich damit begnügt, alles Unrecht zu vergessen, das ihm widerfahren ist, und sich einfach nur mit dem Lob seines Freundes erschöpft. Sonett 40 beginnt:

„Nimm alle meine Lieben, meine Liebe, ja, nimm sie alle;

Was hast du denn mehr als vorher?

Keine Liebe, meine Liebe, damit du wahre Liebe rufst ; Alles meins war

dein, bevor du dies mehr hattest. "

Dies ist sicherlich die wahre Seele zärtlicher Zuneigung; aber es ist bezeichnend, dass auch hier das Wort „wahr" betont wird und nicht „Liebe"; er fährt fort:

„Ich vergebe deinen Raub, sanfter Dieb,

Obwohl du dir all meine Armut stiehlst;

Und doch weiß die Liebe, dass es ein größerer Kummer ist

Das Unrecht der Liebe zu ertragen, als die bekannte Verletzung des Hasses. "

Noch nie war ein Mann so sanftmütig; Vielleicht lauschen wir der Klage einer Frau mit gebrochenem Herzen, die unter Tränen lächelt, um ihren Geliebten zu beruhigen; Dennoch gibt es keinen Versuch, die Tatsache zu verschleiern, dass Herbert „falsch" getan hat. Das nächste Sonett bringt das Gefühl des Dichters so stark wie möglich zum Ausdruck.

> *„Diese hübschen Fehler, die die Freiheit begeht,*
>
> *Wenn ich irgendwann von deinem Herzen abwesend bin,*
>
> *Deine Schönheit und deine Jahre gebührt voll und ganz,*
>
> *Denn immer noch folgt die Versuchung, wo du bist.*
>
> *Sanft bist du und deshalb zu gewinnen,*
>
> *Du bist schön und daher angreifbar;*
>
> *Und wenn eine Frau umwirbt, um welchen Sohn geht es dann?*
>
> *Ich werde sie sauer verlassen, bis sie es getan hat durchgesetzt?*
>
> *Ay ich! aber dennoch könntest du meinen Sitz ertragen,*
>
> *Und tadele deine Schönheit und deine verirrte Jugend,*
>
> *Die dich selbst dort in ihrem Aufruhr anführen*
>
> *Wo du gezwungen bist, eine zweifache Wahrheit zu brechen;*
>
> *Ihre Schönheit lockt sie zu dir,*
>
> *Dein durch deine Schönheit, die mir gegenüber falsch ist."*

Die ersten Zeilen zeigen, dass Shakespeare nur etwas vortäuscht; Er versucht, das Vergehen nicht nur herunterzuspielen, sondern es auch charmant zu finden. Eine Mutter, die ihren kleinen Sohn dabei erwischte, wie er ein Mädchen küsste, würde ihm auf diese Weise Vorwürfe machen; Für sie wären seine Fehler das „schöne Unrecht, das die Freiheit begeht". Aber so spricht Leidenschaft nicht, und auch hier verurteilt das Sextett Herbert aufs Schärfste. Abschließend haben wir die Zusammenfassung:

> *„Dass du sie hast, ist nicht mein ganzer Kummer,*
>
> *Und doch kann man sagen, dass ich sie sehr liebte;*
>
> *Dass sie dich hat, ist von meinem klagenden Häuptling,*
>
> *Ein Liebesverlust, der mich noch mehr berührt.*

Liebe Übeltäter, also entschuldige ich euch:

Du liebst sie, weil du weißt, dass ich sie liebe;

Und um meinetwillen beschimpft sie mich,

Ich dulde meinetwegen, dass meine Freundin sie gutheißt.

Wenn ich dich verliere, ist mein Verlust der Gewinn meiner Liebe,

Und als ich sie verlor, fand mein Freund diesen Verlust;

Beide finden einander und ich verliere beide,

Und beide legten mir um meinetwillen dieses Kreuz auf:

Aber hier ist die Freude; mein Freund und ich sind eins;

Süße Schmeichelei! dann liebt sie mich allein."

Dieses Sonett mit seinem gekünstelten Wortspiel und dem tröstenden Ton lässt einen fassungslos zurück: Shakespeares verbale Affektiertheiten waren ihm ins Blut gegangen. Meiner Meinung nach ist das ganze Sonett zu extravagant, um aufrichtig zu sein; es ist nur dadurch zu erklären, dass Shakespeares Vorliebe für Herbert durch Snobismus und die Hoffnung auf Mäzenatentum verstärkt wurde. Nichts davon klingt wahr, außer dem ersten Vers. Doch seltsamerweise wird dieses Argument in den Sonetten wiederholt, die an die „dunkle Dame" gerichtet sind, die Shakespeare liebte. Sonett 144 ist klar genug:

„Zwei Lieben, die ich habe: Trost und Verzweiflung,

Was mir wie zwei Geister noch einfällt:

Der bessere Engel ist ein Mann, richtig schön,

Je schlimmer der Geist einer Frau ist, desto schlechter wird sie.

Um mich bald in die Hölle zu bringen, mein weibliches Übel

  Versucht meinen besseren Engel von meiner Seite,

Und würde meinen Heiligen verderben, um ein Teufel zu sein,

Sie umwirbt seine Reinheit mit ihrem üblen Stolz.

Und ob das mein Engel zum Teufel wird

Ich vermute, dass ich es kann, kann es aber nicht direkt sagen;

Aber beides von mir, beides für jeden Freund,

Ich schätze, ein Engel in der Hölle eines anderen:

Sobald seine Geliebte die Bühne betritt, kann Shakespeares leidenschaftliche Aufrichtigkeit nicht mehr in Frage gestellt werden. Die Wahrheit ist, dass die Intensität seiner Leidenschaft ihn dazu bringt, die Frau zu verurteilen und zu ärgern, während das Fehlen von Leidenschaft es ihm erlaubt, Zuneigung für die Freundin vorzutäuschen. Entscheidend ist das an die Frau geschriebene Sonett 133:

Der letzte Vers ist für mich „zwangsläufig" schlüssig. Aber gehen wir davon aus, dass diese Sonette die Behauptung der Kritiker beweisen, dass Shakespeare die Freundschaft der Liebe vorzog und dass sein Freund wichtiger war als seine Geliebte, und sehen wir, ob die Stücke die Sonette in diesem Punkt bestätigen. Möglicherweise werden wir feststellen, dass die Stücke nur den Zweifel verstärken, den die Sonette in uns einpflanzen.

„Der Kaufmann von Venedig" schien mir schon immer eine wichtige Rolle bei der Datierung der Sonette zu spielen. Antonio ist, wie ich gezeigt habe, eine Verkörperung Shakespeares selbst. Es scheint mir, dass

Shakespeare es unmöglich gefunden hätte, über Antonios aufopferungsvolle Liebe zu Bassanio zu schreiben, nachdem er selbst von seinem Freund betrogen worden war. Dieses Stück muss also kurz vor seinem Verrat geschrieben worden sein und sollte uns Shakespeares gewöhnliche Haltung vermitteln. Viele Ausdrücke im Stück erinnern uns an die Sonette, eine besonders an Sonett 41. In der sechsten Szene des zweiten Akts sagt Jessica mit Shakespeares Stimme, als sie aus dem Haus ihres Vaters flieht:

„Aber die Liebe ist blind und Liebende können nicht sehen

Die hübschen Torheiten, die sie selbst begehen.“

Hier haben wir „die hübschen Torheiten“, die in Sonett 41 erneut als „ziemlich Unrecht“ verwendet werden. Unmittelbar danach lobt Lorenzo, eine weitere Maske Shakespeares, Jessica als „weise, gerecht und wahr“, genau wie Shakespeare in Sonett 105 seine Frau lobt Freund als „gütig, gerecht und wahr“ und benutzte dabei wiederum Worte, die ihm seine Leidenschaft für eine Frau beigebracht hat.

Im vierten Akt wird das gleiche Argument dargelegt, das wir in den Sonetten finden. Als es so aussieht, als müsste Antonio sein Leben dem Juden opfern, ruft Bassanio aus:

„Antonio, ich bin mit einer Frau verheiratet

Was mir so teuer ist wie das Leben selbst;

Aber das Leben selbst, meine Frau und die ganze Welt

Sei bei mir nicht höher als dein Leben.

Ich würde alle verlieren, ja, sie alle opfern

Hier zu diesem Teufel, um dich zu befreien.“

Man könnte sagen, das ist die Sprache der leidenschaftlichen Übertreibung. Antonio leidet an Bassanios Stelle und zahlt sozusagen die Strafe für Bassanios Glück. Kein Wunder, dass Bassanio seine Trauer und das Opfer, zu dem er bereit wäre, übertreibt. Aber Gratiano hat keine solche Entschuldigung für extravagante Reden, und dennoch geht Gratiano in die gleiche Richtung:

„Ich habe eine Frau, die ich, wie ich beteuere, liebe:

Ich wünschte, sie wäre im Himmel, damit sie es könnte

Bitten Sie um etwas Macht, um diesen korrupten Juden zu ändern.“

Die Besonderheit dieser Haltung wird dadurch verstärkt, dass die beiden Ehefrauen Portia und Nerissa beide die gewöhnliche Ansicht vertreten. Portia sagt:

> *„Ihre Frau würde Ihnen dafür wenig danken*
>
> *Wenn sie dabei wäre, Ihr Angebot zu hören. "*

Und Nerissa geht noch einen Schritt weiter:

> *„ Es ist gut, dass du es hinter ihrem Rücken anbietest,*
>
> *Der Wunsch würde sonst für ein unruhiges Haus sorgen. "*

Der Fehler ist ungeheuerlich; Der Freund ist nicht nur bereit, alles, was er besitzt, einschließlich seiner Frau, zu opfern, um seinen Wohltäter zu retten, sondern der Freund des Freundes ist auch bereit, für denselben Zweck auch seine Frau zu opfern. Shakespeare war damals in jungen Jahren daran gewöhnt, die Freundschaft über die Liebe zu stellen; Wir müssen eine Erklärung für die uns so unnatürliche Haltung finden.

In der letzten Szene von „Die zwei Herren von Verona", die eine spätere Überarbeitung erfordert, wird der Sonettfall betont. Und zu dieser Zeit hat Shakespeare Herberts Verrat erlitten. Sobald der falsche Freund Proteus sich entschuldigt und um Vergebung bittet, antwortet Valentine, eine weitere Verkörperung Shakespeares:

> *„Dann werde ich bezahlt;*
>
> *Und wieder einmal empfange ich dich ehrlich:*
>
> *Wer mit Reue nicht zufrieden ist,*
>
> *Ist weder vom Himmel noch von der Erde, denn diese werden erfreut ;*
>
> *Durch Buße wird der Zorn des Ewigen besänftigt;*
>
> *Und damit meine Liebe klar und frei erscheint,*
>
> *Alles, was Silvia mir gehörte, gebe ich dir. "*

Diese Inkarnation Shakespeares spricht in Shakespeares charakteristischster Weise von Reue und übergibt dann kühl und gelassen die Frau, die er liebt, seinem Freund, ohne einen Moment zu zögern und ohne auch nur darüber nachzudenken, ob die Frau mit der Übertragung zufrieden sein würde. Die Worte lassen keine Fehldeutung zu; Sie stehen im Mittelpunkt und lassen sich durch keinen Einfallsreichtum der Vernunft erschüttern, und Shakespeare liefert uns weitere Bestätigungen für sie.

„Coriolanus" wurde ganze zehn Jahre nach „Der Kaufmann von Venedig" und lange nach der Überarbeitung von „Die zwei Herren von Verona" geschrieben. Und doch ist Shakespeares Haltung in dieser Angelegenheit mit dreiundvierzig Jahren genau die gleiche wie mit dreiunddreißig. Als Aufidius Coriolanus in seinem Haus findet und erfährt, dass er aus Rom verbannt wurde und nun bereit ist, seine Armee gegen seine Landsleute aufzuhetzen, begrüßt er ihn als „eher ein Freund denn je ein Feind", und das ist der Weg er braucht, um seine Freude zu zeigen:

> *„Erkenne zuerst,*
>
> *Ich liebte die Magd, die ich geheiratet habe: niemals einen Mann*
>
> *Seufzte wahrer Atem; aber dass ich dich hier sehe,*
>
> *Du edles Ding! mehr Tänze mein verzücktes Herz*
>
> *Als ich zum ersten Mal meine angetraute Geliebte sah*
>
> *Überschreite meine Schwelle. "*

Hier ist die gleiche Einstellung; die gleiche Extravaganz; das gleiche Beharren auf der Tatsache, dass der Mann die Magd liebt und dennoch mehr Freude an der Freundin hat. Was bedeutet das? Wenn wir es zum ersten Mal in „Der Kaufmann von Venedig" finden, muss es den Leser zum Nachdenken bringen; in „Die zwei Herren von Verona" überrascht es uns; in den Sonetten, begleitet von jedem schmeichelhaften Ausdruck zärtlicher Zuneigung für den Freund, bringt es uns in Frage; aber seine Wiederholung in „Coriolanus" muss uns versichern, dass es sich lediglich um eine Pose handelt. Aufidius war nicht so ein Freund von Coriolan, dass wir seinen Protest ernst nehmen könnten. Das Argument ist offensichtlich ein Standardargument für Shakespeare: ein Teil der gewöhnlichen Ausstattung seines Geistes: Es ist wie ein modisches Kleid dieser Zeit – der Träger bemerkt seine Besonderheit nicht.

Die Wahrheit ist, dass Shakespeare in der Literatur seiner Zeit und in den Köpfen seiner Zeitgenossen eine phantastisch hohe Wertschätzung der Freundschaft fand, gepaart mit einer entsprechenden Verachtung für die Liebe, wie wir sie heute verstehen. In „Wit's Commonwealth", veröffentlicht im Jahr 1598, finden wir: „Die Liebe von Männern zu Frauen ist eine alltägliche und selbstverständliche Sache, aber die Freundschaft von Mann zu Mann ist unendlich und unsterblich." Leidenschaftliche Hingabe an die

Freundschaft ist eine Art Zeichen der Renaissance, und die Wörter „Liebe"
und „Liebhaber" wurden im elisabethanischen Englisch häufig für „Freund"
und „Freundschaft" verwendet. Darüber hinaus darf man nicht vergessen,
dass Lyly, deren euphuistische Rede Shakespeare jahrelang beeinflusste,
denselben Vorfall in seinem „Campaspe" behandelt hatte, in dem Alexander
seine Liebe zu seinem Rivalen Apelles aufgibt. Shakespeare, der an Loyalität
nicht zu übertreffen ist, bringt in seinen Sonetten und Theaterstücken die
gleiche phantastische Hingabe zum Ausdruck. Er tut dies, teils weil ihn der
Zeitgeist angesteckt hat, teils aus aufrichtiger Bewunderung für Herbert, aber
noch häufiger, so stelle ich mir vor, aus Eigennutz. Es sind Pose , Lakaientum
und die Hoffnung auf künftige Vorteile und nicht Leidenschaft, die die erste
Serie von Sonetten inspiriert haben.

Wer die Szene in „Viel Lärm um nichts" aufmerksam liest, kommt nicht
umhin zu sehen, dass Shakespeare in seiner besten Form das Vergehen seines
Freundes nicht nur nicht kleinredet, sondern es kategorisch verurteilt:

„Die Übertretung liegt beim Dieb. "

Und auch in den Sonetten dringt wider seinen Willen das gleiche wahre
Gefühl durch die snobistischen und affektierten Ausreden.

"Ay ich! aber dennoch könnte mein Sitz sie ertragen,

Und tadele deine Schönheit und deine verirrte Jugend,

Die dich selbst dort in ihrem Aufruhr anführen

Wo du gezwungen bist, eine zweifache Wahrheit zu brechen,

Ihre Schönheit lockt sie zu dir,

Dein, weil deine Schönheit für mich falsch ist. "

Shakespeare war ein Speichellecker, ein Lakai, wenn man so will, aber
nichts Schlimmeres.

Weitere Argumente liegen nahe. Shakespeare lebte sozusagen in einem
Glashaus mit einer Menge neugieriger Augen, die alles beobachteten, was er
tat, und mit ebenso vielen gespitzten Ohren für jedes Wort, das er sagte; Aber
dieser üble Vorwurf wurde von keinem seiner Rivalen überhaupt erhoben.
Vor allem Ben Jonson hat sich immer mit Shakespeare beschäftigt, mal
satirisch, mal gut gelaunt . Ist es nicht offensichtlich, dass Ben Jonson, wenn
ihm jemals eine solche Sünde zugeschrieben worden wäre, diesen Verdacht
geäußert hätte? Es gibt eine Passage in seinem „Bartholomew Fair", die
meiner Meinung nach als Sketch über die Beziehungen gedacht ist, die wir in

den Sonetten finden. In Akt V, Szene III, gibt es ein Puppenspiel, das „die
alte moderne Geschichte von Hero und Leander, auch Prüfstein der wahren
Liebe genannt, darlegt, mit einer ebenso wahren Prüfung der Freundschaft
zwischen Damon und Pythias, zwei treuen Freunden von die Bankside."
Hero ist eine „Frau vom Ufer", und Leander schwimmt über die Themse zu
ihr. Damon und Pythias treffen sich in ihrer Unterkunft und beschimpfen
sich heftig, um am Ende perfekte Freunde zu werden.

„Damon. Hurenmeister in deinem Gesicht;

Du hast selbst bei ihr gelegen, ich werde es an diesem Ort beweisen.

Lederkopf. Sie sind beide Hurenmeister, Sir

ein einfacher Fall.

Pythias. Du lügst wie ein Schurke.

Lederkopf. Lüge ich wie ein Schurke?

Pythias. Ein Zuhälter und ein Streikbrecher.

Lederkopf. Ein Zuhälter und ein Streber!

Ich sage, zwischen euch habt ihr beides, nur eins: eintönig.

Pythias und Damon. Komm, jetzt gehen wir zusammen

Frühstück für Hero.

Lederkopf. Also, meine Herren, ihr nimmt wahr, ohne dass es

irgendetwas gibt

Verweigerung

„Mit Damon und Pythias wird die Freundschaft hier auf die Probe

gestellt. "

Der seltene Ben Jonson hätte den abscheulichen Vorwurf mit Vergnügen vorgebracht, wenn er jemals geflüstert worden wäre.

Andererseits scheint es mir sicher zu sein, dass Shakespeare sich in seinen Stücken selbst verraten hätte, wenn er der Typ Mensch gewesen wäre, für den seine Ankläger ihn halten. Denken Sie nur an die Tatsache, dass damals auf der Bühne junge Jungen die Rollen der Mädchen spielten. Wenn Shakespeare in diese Richtung geneigt gewesen wäre, hätten wir sicherlich immer wieder zweideutige oder anzügliche Ausdrücke gefunden, die einigen dieser Jungen bei der Nachahmung von Mädchen gegeben wurden; aber nicht einer. Die Versuchung war da; Die Provokation war da, unaufhörlich und über fünfundzwanzig Jahre lang, und dennoch hat Shakespeare meines Wissens nie ein Wort verwendet, das die Bosheit falsch interpretieren könnte. Dennoch liebte er anzügliche und anzügliche Reden.

Glücklicherweise gibt es jedoch einen stärkeren Beweis für Shakespeares Unschuld als selbst seine Verurteilung seines falschen Freundes, ein so starker Beweis, dass, wenn alle Argumente für seine Schuld zehnmal stärker wären, als sie sind, dieser Beweis sie alle überwiegen und sie zunichte machen würde . Da ich nur die wichtigsten Pro- und Contra-Argumente genannt habe, sollte man auch nicht annehmen, dass ich nicht alle kenne, die auf beiden Seiten vorgebracht werden können. Ich habe mich auf die wichtigsten beschränkt, weil jeder, der Shakespeare lesen kann, seine impulsive Sensibilität und die Leichtigkeit, mit der ihm liebevolle Ausdrücke über die Lippen kamen, ihre völlige Schwäche eingestehen muss, wenn ich sie nur darlege. Darüber hinaus darf nicht vergessen werden, dass er, während die Sonette geschrieben wurden, mit Chapman um die Gunst dieses Gönners konkurrierte , und diese Rivalität allein würde einen Großteil des Eifers erklären , oder, sollte ich sagen, des affektierten Eifers, den er an den Tag legte in die erste Reihe von Sonetten; Aber nun zum entscheidenden und überzeugenden Argument für Shakespeares Unschuld.

Fragen wir uns zunächst, wie es dazu kommt, dass echte Leidenschaft sich selbst verrät und ihre Kraft unter Beweis stellt. Sicherlich liegt es an seinem Fortbestehen; durch seine Wirkung auf das spätere Leben. Ich habe angenommen oder gefolgert, wie meine Leser entscheiden mögen, dass Shakespeares Vorliebe für Herbert überwiegend snobistischer Natur war und durch die selbstsüchtige Hoffnung verstärkt wurde, dass er in ihm einen Gönner finden würde, der noch mächtiger und großzügiger gesinnt war als Lord Southampton. Er hatte wahrscheinlich das Gefühl, dass der junge Herbert ihm für seine Kameradschaft und seine poetischen Ratschläge viel schuldete; denn Herbert war selbst ein Dichter. Wenn meine Ansicht richtig ist, sollten wir damit rechnen, dass Shakespeare, nachdem er Lord Herberts Zuneigung verloren hat, von der Vergesslichkeit und Undankbarkeit des Menschen sprechen wird, und genau das hat Lord Herbert in ihm hinterlassen: Bitterkeit und Verachtung. In all seinen Werken gibt es kein einziges Wort, das darauf hindeutet, dass der Verlust der Zuneigung dieses Jugendlichen ihn mehr berührt hätte. Wie wir gesehen haben, kann er den Vorfall nicht aus seinen Stücken heraushalten. Immer wieder zieht er es hinein; aber in keinem dieser Dramen ist eine anhaltende Freundlichkeit gegenüber dem Verräter zu spüren. Und sobald der Vorfall vorbei war, sobald die drei oder vier Jahre der Zusammenarbeit mit Lord Herbert zu Ende waren, hören wir kein einziges Wort mehr, das unsere Zuneigung zum Ausdruck brachte. Immer wieder schimpft Shakespeare über die Undankbarkeit des Menschen, mehr aber nicht. Denk daran. Pembroke gelangte unter James zu großer Macht; wurde tatsächlich zum Lord Chamberlain ernannt und über alle Schauspieler gestellt, so dass er Shakespeare mit einem Wort nach Belieben hätte voranbringen können: mit einem Wort hätte er ihn zum Meister der Revels machen oder ihm einen höheren Posten geben können. Er hat ihm in keiner Weise geholfen. Er schenkte Ben Jonson jedes Jahr zu Weihnachten Bücher, aber wir hören von keinem Geschenk an Shakespeare, obwohl er, wie aus der Widmung des ersten Blattes an ihn hervorgeht, eine sorglose Bekanntschaft mit Shakespeare pflegte. Undankbarkeit ist das, was Shakespeare in Lord Pembroke fand; Undankbarkeit ist das, worüber er sich bei ihm beklagt. Was für eine andere Wirkung hatte der Verlust von Mary Fitton auf Shakespeare. Denken Sie nur darüber nach, was uns die Stücke lehren, wenn die Sonettgeschichte zu Ende ist. Die Jugend verschwindet ; Kein Leser kann eine Spur von ihm oder auch nur eine Anspielung auf ihn finden. Aber die Frau wird, wie wir sehen werden, zum Mittelpunkt einer Tragödie nach der anderen. Sie brennt durch Shakespeares Leben, ein feuriges Symbol, bis sie schließlich sein vielleicht größtes Drama, „Antonius und Kleopatra", inspiriert und es mit der Schande dessen füllt, der „ein Trompetennarr" ist, der Schande dessen, der „der" geworden ist Blasebalg und Ventilator, um die Lust einer Hure zu kühlen."

Die Leidenschaft für Mary Fitton war die Leidenschaft von Shakespeares ganzem Leben. Die Verehrung für sie und das wahnsinnige Verlangen nach ihr sind in jedem Stück zu sehen, das er zwischen 1597 und 1608 schrieb. Nachdem er sie verloren hatte, kehrte er zu ihr zurück; aber die Wunde ihrer Gebrechlichkeit brannte und nahm in ihm stolzes Fleisch an und quälte ihn bis zum Nervenzusammenbruch und zum Wahnsinn. Als er sich nach zehn Jahren endlich für den Frieden durchsetzte, war es der Frieden der Erschöpfung. Seine Liebe zu seinem „Zigeuner" brannte ihn aus, wie man auf dem Scheiterhaufen zu Asche verbrannt wird, und seine Leidenschaft endete erst mit seinem Leben.

In meinem Kopf gibt es keinen Raum für Zweifel, nicht den geringsten Verdacht. Hallam und Heine und alle anderen Kritiker irren sich in dieser

Angelegenheit. Shakespeare bewunderte Lord Herberts Jugend, seine Kühnheit und Schönheit und erhoffte sich Großes von seiner Gunst und Schirmherrschaft; aber nach dem Verrat verurteilte er ihn unerbittlich als einen gemeinen Verräter, „einen Dieb", der „ein zweifaches Vertrauen" verraten hatte; und später verfluchte er ihn für seine Undankbarkeit und hegte wilde Gedanken an blutige Rache, wie wir bald in „Hamlet" und „Othello" sehen werden, und ließ ihn dann ohne einen Stich in die Vergessenheit fallen.

Es ist schlimm genug zu wissen, dass Shakespeare, der süßeste Geist und feinste Geist in der gesamten Literatur, sich selbst dazu erniedrigt hat, eine solche Zuneigung für den verschwenderischen Herbert vorzutäuschen, die Anlass zu Fehlkonstruktionen gegeben hat. Es ist schon schlimm genug, sage ich, zu wissen, dass Shakespeare in diesem Ausmaß einen Lakaien spielen könnte; Aber das ist schließlich das Schlimmste, was man ihm vorwerfen kann, und es ist viel besser, als die Menschen glauben gemacht haben, dass das Wissen eine gewisse Erleichterung bringen könnte.

KAPITEL VI.
DIE ERSTE FRUCHT DES BAUMES DES WISSENS: BRUTUS

Das Stück „Julius Cäsar" wurde um 1600 oder 1601 geschrieben. So wie „Zwölfte Nacht" die letzte der goldenen Komödien war, so ist „Julius Cäsar" die erste der großen Tragödien und legt uns ein melancholisches Zeugnis davon ab, dass der Dichter jung war Das Vertrauen in das Leben und die Freude am Leben sterben, wenn nicht sogar tot. „Julius Caesar" ist das erste Ergebnis der Desillusionierung. Bevor es geschrieben wurde, war Shakespeare von seiner Geliebten getäuscht und von seinem Freund verraten worden; ihm waren die Augen für den Betrug und die Unwahrheit des Lebens geöffnet worden; Aber wie jemand, der gerade wegen einer Kataraktoperation operiert wurde, sieht er die Realität immer noch wie durch einen Nebel, verschwommen. Er begegnet dem Schock des verräterischen Verrats so, wie wir es von Valentine, Antonio oder Orsino erwartet hätten – mit mitleidiger Vergebung. Anstatt sein Herz zu stählen und sein Mitgefühl auszutrocknen, wie es bei den meisten Menschen der Fall ist, machte das Leiden ihn weicher und veranlasste ihn, sich ganz diesem „Engel, dem Mitleid", hinzugeben. Er wird nicht glauben, dass seine bittere Erfahrung universell ist; Trotz Herberts Verrat hat er immer noch den Mut, seinen Glauben an die Existenz des Ideals zu bekunden. Ganz zum Schluss schreit sein besiegter Brutus:

„Mein Herz freut sich darüber noch mein ganzes Leben lang

Ich habe keinen Mann gefunden, aber er war mir treu."

Das Pathos dieses Versuchs, dennoch an den Menschen und seine Wahrheit zu glauben, zieht sich durch das ganze Stück. Aber der Glaube sollte verschwinden. Kein Mensch auf der Welt kann sich seiner Loyalität rühmen wie Brutus; sogar Jesus hatte einen Judas unter den Zwölf. Aber als Shakespeare „Julius Caesar" schrieb, versuchte er noch zu glauben, und das gibt dem Stück einen wichtigen Platz in seiner Lebensgeschichte.

Brutus nachzudenken, möchte ich die Aufmerksamkeit auf drei Passagen lenken, die Brutus zwischen dem melancholischen Jaques in „Wie es euch gefällt", dessen Melancholie lediglich temperamentvoll ist, und dem fast verzweifelten Hamlet positionieren. Jaques sagt:

„Investiere mich in mein buntes; gib mir Urlaub

Ich sage meine Meinung, und das werde ich durch und durch tun

Reinige den verdorbenen Körper der infizierten Welt,

Wenn sie meine Medizin geduldig erhalten."

Dies ist die Sichtweise der frühen Menschheit, die nicht an ihrer Fähigkeit zweifelt, alle Übel zu heilen, die die Sterblichkeit befallen. Dann kommt die spätere, hoffnungslosere Ansicht, die Brutus zum Ausdruck bringt:

„Bis dahin, mein edler Freund, denken Sie darüber nach;

Brutus wäre lieber ein Dorfbewohner gewesen

Als sich selbst als Sohn Roms zu bezeichnen

Unter diesen harten Bedingungen wie dieses Mal

Ist wie auf uns zu legen."

Und noch später und noch bitterer Hamlets:

„Die Zeit ist aus den Fugen geraten; O verfluchter Trotz,

Dass ich jemals dazu geboren wurde, es wieder in Ordnung zu bringen!"

Aber Shakespeare ist selbst in Hamlet ein Meliorist und glaubt, dass alle Leiden des Menschen behoben werden können.

Die Ähnlichkeiten zwischen Brutus und Hamlet sind so deutlich, dass sie sogar den Kommentatoren aufgefallen sind. Professor Dowden übertreibt die Ähnlichkeiten. „Beide (Dramen)", schreibt er, „sind Tragödien des Denkens und nicht der Leidenschaft; beide stellen in ihren Hauptfiguren das Schauspiel edler Naturen dar, die eher aufgrund einer Schwäche oder eines Mangels als aufgrund eines Verbrechens scheitern; Auf Brutus wie auf Hamlet wird eine Last gelegt, die er nicht tragen kann; Weder Brutus noch Hamlet sind zum Handeln geeignet, doch beide sind dazu berufen, in gefährlichen und schwierigen Angelegenheiten zu handeln." Vieles davon ist die Ansicht von Professor Dowden und nicht die von Shakespeare. Als Shakespeare „Julius Caesar" schrieb, hatte er noch nicht das Stadium des Selbstverständnisses erreicht, in dem ihm bewusst wurde, dass er eher ein Mann des Denkens als des Handelns war und dass die beiden Ideale dazu neigen, einander auszuschließen. Im Wettbewerb bei Philippi gewinnen Brutus und sein Flügel den Tag; es ist die Niederlage von Cassius, die den Untergang herbeiführt; Shakespeare wollte Brutus offenbar auch als „handlungsfähig" darstellen.

Einige Kritiker finden es beunruhigend, dass Shakespeare sich mit Brutus identifizierte, der scheiterte, und nicht mit Caesar, der Erfolg hatte. Doch schon bevor er selbst an seiner Liebe und seinem Vertrauen scheiterte, hatte Shakespeare die Misserfolge stets mit eigentümlicher Anteilnahme behandelt. Er zog Arthur dem Bastard vor, und König Heinrich VI. an Richard III. und Richard II. zum stolzen Bolingbroke. Und nach seiner Qual der Desillusionierung sind alle seine Helden jahrelang gescheitert: Brutus, Hamlet, Macbeth, Lear, Troilus, Antonius und Timon – sie alle scheitern, wie er selbst gescheitert war.

Es ist überraschend, dass Brutus ein ideales Porträt Shakespeares ist. Desillusionierung bringt in der Regel eine gewisse bittere Aufrichtigkeit, ein gewisses Maß an Realismus in die künstlerische Arbeit; aber seine erste Wirkung auf Shakespeare bestand darin, die ganze Freundlichkeit in ihm hervorzurufen; Brutus ist Shakespeare in seiner süßesten und besten Form. Doch das seelische Leiden des Mannes hat seine Kunst sicherlich verbessert: Brutus ist ein besseres Porträt von ihm als Biron, Valentine, Romeo oder Antonio, ein ernsteres und kühneres Stück Selbstoffenbarung sogar als Orsino. Shakespeare scheut sich jetzt nicht davor, die tiefe Güte seines Wesens und seine grundsätzliche Herzensgüte darzustellen. Etwas früher war er hauptsächlich mit seinem eigenen komplexen Wachstum beschäftigt und konnte nur Seiten von sich malen; Wenig später verschlang das persönliche Interesse alle anderen, so dass seine Dramen zu Texten der Angst und Verzweiflung wurden. Brutus gehört künstlerisch gesehen zur besten Zeit, zu der Zeit, in der Leidenschaft und Schmerz die Figur auf die Probe gestellt hatten, ohne den Willen zu betäuben oder den Geist abzulenken: Es ist ein Meisterwerk der Porträtmalerei und steht in noch engerer Beziehung zu Hamlet als Romeo zu Orsino . So wie uns Shakespeare im Brutus mit siebenunddreißig erscheint, so war er auch, als man ihn mit zweiundfünfzig zu Grabe trug – das Herz verändert sich nicht wesentlich.

Niemand soll sagen oder denken, dass ich bei all dem auf meine Fantasie zurückgreife; Was ich gesagt habe, wird durch alles gerechtfertigt, was Brutus von einem Ende des Stücks bis zum anderen sagt und tut. Gemäß seiner Sitte hat Shakespeare alles sehr deutlich von sich selbst gesagt und sein Geständnis gleich bei seinem allerersten Erscheinen in den Mund von Brutus gelegt (Akt 1 , sc. 2):

> *„Cassius*
>
> *Lass dich nicht täuschen: Wenn ich meinen Blick verschleiert habe*
>
> *Ich verdrehe den Kummer auf meinem Gesicht*
>
> *Nur auf mich selbst. Verärgert bin ich*
>
> *In letzter Zeit mit etwas unterschiedlichen Leidenschaften,*

Vorstellungen, die nur mir selbst eigen sind,

Das gibt meinem Verhalten vielleicht etwas Boden ,

Aber lasst deshalb meine guten Freunde nicht betrübt sein, —

Unter dieser Zahl, Cassius, sei einer, —

Noch weiter in Vernachlässigung interpretieren,

   Als dieser arme Brutus, mit sich selbst im Krieg,

Vergisst die Liebesbekundungen gegenüber anderen Männern. "

Was waren diese „verschiedenen Leidenschaften", auch komplexe persönliche Leidenschaften, die Brutus verärgert und sein Benehmen sogar gegenüber seinen Freunden verändert hatten? Bei Plutarch gibt es keinen Hinweis auf sie, im Stück gibt es kein Wort darüber. Es war nicht „der arme Brutus", sondern der arme Shakespeare, geplagt von Liebe und Eifersucht, gequält von Verrat, der sich nun „im Krieg mit sich selbst" befand.

Ich gehe von der Identität von Brutus mit Shakespeare aus, bevor ich sie vollständig bewiesen habe, weil sie die Lösung für die Schwierigkeiten des Stücks liefert. Wie üblich hat Coleridge seine Einsicht dadurch unter Beweis gestellt, dass er die Hauptschwierigkeit erkannte und darlegte, ohne sie jedoch erklären zu können, und wie üblich folgten ihm auch die späteren Kritiker, soweit sie konnten, und in diesem Fall Ich habe mich entschieden, die Schwierigkeit schweigend zu übergehen. Coleridge zitiert einige der Worte von Brutus, als er zum ersten Mal daran denkt, Caesar zu töten, und nennt die Passage eine Rede von Brutus, aber in Wirklichkeit handelt es sich um ein Monolog von Brutus und muss in seiner Gesamtheit betrachtet werden. Brutus sagt:

„Es muss durch seinen Tod geschehen: und für meinen Teil,

Ich kenne keinen persönlichen Grund, ihn zu verachten

Aber für den General. Er würde gekrönt werden: —

Wie das seine Natur verändern könnte, stellt sich die Frage?

Es ist der helle Tag, der die Natter hervorbringt,

Und das verlangt nach vorsichtigem Gehen. Ihn krönen ? — das;

Und dann, das gebe ich zu, haben wir ihm einen Stich versetzt

Dass er nach seinem Willen Gefahr treiben kann.

Der Missbrauch von Größe liegt darin, dass sie auseinanderfällt

Reue vor der Macht: und um die Wahrheit über Cäsar zu sagen,

Ich habe erlebt, dass seine Zuneigung schwankte

Mehr als sein Grund. Aber es ist ein allgemeiner Beweis,

Diese Demut ist die Leiter des jungen Ehrgeizes,

Wohin der Aufsteiger sein Gesicht wendet;

Aber wenn er einmal die oberste Runde erreicht,

Dann dreht er der Leiter den Rücken zu,

Schaut in die Wolken und verachtet die Basisgrade

Dadurch ist er aufgestiegen. So kann Caesar:

Dann, damit er es nicht kann, verhindern. Und seit dem Streit

Farbe für das ertragen , was er ist,

Gestalte es so: Das, was er ist, vergrößert,

Würde zu diesen und diesen Extremitäten laufen:

Und deshalb halte ihn für ein Schlangenei,

Der, wenn er geschlüpft ist, wie seine Art schelmisch werden würde;

Und töte ihn in der Muschel. "

Coleridges Kommentar dazu verdient Beachtung. Er schrieb: „Diese Rede ist einzigartig; Zumindest verstehe ich derzeit nicht Shakespeares Motiv, seine *Begründung* oder aus welcher Sicht er Brutus' Charakter darstellen wollte. Denn sicherlich ... nichts kann unseren historischen Vorurteilen über Brutus widersprechen oder den Intellekt des stoisch-platonischen Tyrannenmörders erniedrigender erscheinen als die Lehren, die ihm hier zugeschrieben werden – ihm, dem strengen römischen Republikaner; nämlich, dass er keine Einwände gegen einen König oder gegen Cäsar, einen Monarchen in Rom, hätte, wäre Cäsar nur ein so guter Monarch, wie er jetzt zu sein scheint! Wie konnte Brutus auch sagen, dass er keinen persönlichen Grund fand – keinen in Caesars früherem Verhalten als Mann? Hatte er nicht den Rubikon überschritten? War er nicht als Eroberer in Rom eingezogen? Hatte er seine Gallier nicht im Senat untergebracht ? Man könnte sagen, dass Shakespeare diese Dinge nicht vorangebracht hat. Stimmt; – und das ist nur der Grund meiner Ratlosigkeit. Welchen Charakter meinte Shakespeare mit seinem Brutus?"

All dies ist berechtigte Kritik und kann nur mit der Wahrheit beantwortet werden, dass Shakespeare sich von Beginn des Stücks an mit Brutus identifizierte und dem historischen Brutus, den er in Plutarch kennengelernt hatte, kaum Beachtung schenkte. Lassen Sie uns die Kritik noch ein wenig weiter vorantreiben, und wir werden sehen, dass dies die einzige Möglichkeit ist, das Rätsel zu lösen. Wir alle wissen, warum Plutarchs Brutus Caesar tötete; aber warum tötet Shakespeares Brutus den Mann, den er so schätzt? Weil Cäsar als König seine Natur ändern könnte; weil er wie das Ei der Schlange „schelmisch werden" kann? Aber wenn er „die Wahrheit" über Cäsar sagt, muss er Cäsars Güte zugeben. Der „Schlangenei"-Grund ist dann nicht anwendbar. Außerdem widerspricht Shakespeares Brutus dieser falschen Argumentation ausdrücklich, wenn er in den Ebenen von Philippi von sich selbst spricht:

> *„Ich weiß nicht wie*
>
> *Aber ich finde es feige und abscheulich,*
>
> *Aus Angst vor dem, was fallen könnte, also um es zu verhindern*
>
> *Der Begriff des Lebens."*

Es scheint daher, dass Brutus Cäsar nicht getötet hat, wie man das Ei einer Schlange zerdrückt, um böse Folgen zu verhindern. Es ist ebenso offensichtlich, dass er es nicht für „den General" tat, denn wenn sich „der General" jemals als verabscheuungswürdig und wertlos erwiesen hat, dann in genau diesem Stück, in dem die Bürger Cinna, den Dichter, ermorden, weil er denselben Namen trägt als Cinna, die Verschwörerin, und die unteren Klassen werden als „Pöbel", „die gemeine Herde" mit „rissigen Händen", „verschwitzten Nachtmützen" und „stinkendem Atem" verachtet.

Es ist die Idee von Dr. Brandes und nicht die von Shakespeare, dass Brutus ein „Mann mit kompromisslosem Charakter und Prinzipien" ist. Das ist der Brutus von Plutarch, der in seiner strengen republikanischen Liebe zum Gemeinwohl ein ethisches Motiv für die Tötung des ehrgeizigen Cäsar findet. Aber Shakespeare hatte kein Verständnis für das republikanische Ideal und keine Sympathie für das Publikum; Dementsprechend hat sein Brutus keinen hinreichenden Grund, Caesars Tod herbeizuführen. Shakespeare folgte Plutarch darin, Brutus vom Verdacht persönlicher oder interessenbezogener Motive zu befreien, aber er erkannte nicht, dass er dadurch seinen Brutus zu einem Verschwörer ohne Grund, zu einem Mörder ohne Motiv machte. Die Wahrheit ist, dass unser sanfter Dichter niemals einen überzeugenden Grund für einen kaltblütigen Mord finden konnte. Wir werden uns daran erinnern, dass Macbeth nur aus Angst mordet, wie die Hirsche, und die Tatsache, dass sein Brutus keinerlei Rechtfertigung für die

Tötung Caesars finden kann, bestätigt unsere Sicht auf Shakespeares sanfte Güte. Der „kompromisslose Charakter und die Prinzipien" des strengen Republikaners, den wir bei Plutarch finden, stehen im Widerspruch zu Shakespeares Brutus; Es ist offensichtlich, dass der Dichter keine Vorstellung davon hatte, was wir einen Fanatiker nennen. Seine Schwierigkeiten ergeben sich aus dieser Einschränkung der Einsicht. Er beginnt, das Stück zu schreiben, indem er Brutus zu einem idealisierten Porträt seiner selbst macht; Er verweilt daher bei Brutus' vollkommenem Adel, Aufrichtigkeit und Selbstlosigkeit, erkennt aber nicht, dass Brutus' Motiv für die Ermordung Caesars umso klarer und überzeugender sein muss, je perfekter er Brutus macht.

An dieser Verwirrung ist Shakespeares normalerweise feiner Instinkt schuld, und er stolpert von Fehler zu Fehler. Seine idealisierende Tendenz lässt ihn Brutus als vollkommen darstellen, gleichzeitig nutzt er den historischen Vorfall der anonymen Briefe, der Brutus als eingebildet und eitel zeigt. Wenn diese Briefe Brutus beeinflussten – und man muss davon ausgehen, dass sie dies getan haben, oder warum wurden sie sonst eingeführt? – dann haben wir es mit einem edlen und selbstlosen Mann zu tun, der aus dürftiger Eitelkeit mordet. Bei Plutarch, wo Brutus als strenger Republikaner dargestellt wird, wirft der Vorfall mit den Briefen nur einen natürlichen Anflug von Zweifel an den strengen Prinzipien auf, von denen er allein geleitet werden soll. Wir alle haben das Gefühl, dass starre Prinzipien auf Stolz beruhen und am besten durch Stolz in die Irre geführt werden können. Aber Shakespeares Brutus ist pure menschliche Süße, und die Briefe sind mehr als fehl am Platz, wenn sie an ihn gerichtet sind. Shakespeare hätte diesen Vorfall niemals nutzen dürfen; es ist ein Schandfleck in seiner Vorstellung.

In den ersten Akten des Stücks ist Brutus unglaublich, denn er befindet sich in einer unmöglichen Lage. Shakespeare konnte einfach keinen triftigen Grund finden, warum sein *Alter Ego* Brutus Caesar töten sollte. Doch von der Tat bis zum Ende des Stücks ist Brutus-Shakespeare mit sich im Reinen. Und sobald der Dramatiker sich gehen lässt und Brutus in völliger Freiheit und Offenheit malt, erreicht er den Höhepunkt des tragischen Pathos, und wir alle können das Original des Porträts erkennen. Brutus ist zunächst nur ein Ideal; seine vollkommene Ahnungslosigkeit – er vertraut sogar Antonius; seine durchsichtige Ehrlichkeit – er wird unter den Verschwörern keinen anderen Eid leisten

„Als Ehrlichkeit zur Ehrlichkeit verpflichtet";

sein Hass auf Blutvergießen – er widersetzt sich Cassius, der vorschlägt, Antonius zu ermorden; all diesen edlen Qualitäten stehen die subtileren Mängel gegenüber, die Hamlet zu einer so lebenswichtigen Schöpfung machen. Hamlet ist sogar Ophelia gegenüber misstrauisch; Hamlet ist nur „gleichgültig ehrlich"; Hamlet lässt seine Freunde schwören, das Erscheinen des Geistes geheim zu halten; Hamlet lebt von Anfang an, während Brutus zunächst ein bloßes Bündel von Vollkommenheiten ist, die nur durch das bereits zitierte persönliche, intime Bekenntnis individualisiert werden, das jedoch nichts mit dem Stück zu tun hat. Aber später im Drama beginnt Shakespeare, Brutus seine eigenen Schwächen zu verleihen, und Brutus lebt sofort. Seine Schlaflosigkeit ist reiner Shakespeare:

> *„Seit Cassius mich zum ersten Mal gegen Cäsar aufgehetzt hat,*
>
> *Ich habe nicht geschlafen."*

Der Charakter des Brutus wird in dieser wundervollen Szene mit Cassius im vierten Akt hervorragend dargestellt. Mit der ganzen Überlegenheit bewussten Genies behandelt er seinen Verbündeten wie ein Kind oder einen Verrückten, so wie Hamlet Rosenkrantz und Güldenstern behandelt:

> *„Muss ich Angst haben, wenn ein Verrückter mich anstarrt?"*

Cassius ist ebenfalls gemein, während Brutus bis zu einem gewissen Grad freundlich und großzügig ist:

> *„Denn ich kann mit schändlichen Mitteln kein Geld aufbringen:*
> *Beim Himmel, ich hätte lieber mein Herz geprägt,*
> *Und lass mein Blut für Drachmen fallen, als um zu ringen*
> *Aus den harten Händen der Bauern ihr abscheulicher Müll*
> *Auf jeden Fall....*
> *- - - - - - - - -*
> *Wenn Marcus Brutus so begehrlich wird,*
> *Solche Schurkenzähler vor seinen Freunden zu sperren,*
> *Sei bereit, Götter, mit all deinen Blitzen,*
> *Zerschmettere ihn. "*

Und vor allem: Sobald Cassius an seine Zuneigung appelliert, ist Brutus entwaffnet:

> *„O Cassius, du bist mit einem Lamm verbunden*
> *Das bringt Zorn mit sich, wie der Feuerstein Feuer trägt ;*
> *Wer, sehr erzwungen, einen hastigen Funken zeigt,*
> *Und gerade ist es wieder kalt. "*

Dies ist der beste Ausdruck von Shakespeares Temperament; Der „eilige Funke" ist, wie wir gesehen haben, Hamlets Temperament, das von Macbeth und Romeo.

Und nun ist alles, was Brutus tut oder sagt, Shakespeares Bestes. In einer Schüssel Wein begräbt er „alle Unfreundlichkeit". Seine Zuneigung zu

Cassius ist für niemanden eine besondere Tugend. Die Szene im vierten Akt, in der er seinen Sohn Lucius um Verzeihung bittet, sollte jeder auswendig lernen, der unseren liebenswerten und liebenswerten Shakespeare verstehen möchte. Es sei darauf hingewiesen, dass diese Szene nicht bei Plutarch vorkommt, sondern Shakespeares eigene Erfindung ist. Seine Sorge um das Wohlbefinden des Jungen zu einer Zeit, in der sein eigenes Leben die höchste Stunde schlägt, ist äußerst erbärmlich. Dann kommt sein Abschied von Cassius und seine Klage über Cassius' Leichnam; dann der zweite Kampf und die edlen, großzügigen Worte, die wie Blumen ihren Duft die ganze Süße der Natur Shakespeares in sich tragen:

„Mein Herz freut sich, das noch in meinem ganzen Leben
Ich habe keinen Mann gefunden, aber er war mir treu.“

Und dann liegt die Nacht über den müden, schlaflosen Augen, und wir sind alle bereit, Antonys wunderbare Abschiedsrede zu wiederholen:

„Dies war der edelste Römer von allen;
– – – – – – – – – – – –
Sein Leben war sanft; und die Elemente
So in ihn hineingemischt, dass die Natur aufstehen konnte
Und sagt der ganzen Welt: ‚Das war ein Mann!‘“

Aber dieser Brutus war kein Mörder, kein Verschwörer, kein engstirniger republikanischer Fanatiker, sondern einfach der sanfte Shakespeare, der uns sein eigenes trauriges Herz und die Süße entdeckte, die das Leiden in ihm hervorgerufen hatte.

Kapitel VII.
DRAMAS VON RACHE UND Eifersucht:
HAMLET.

„Eine schöne, reine und höchst moralische Natur, ohne die Nervenstärke, die den Helden ausmacht, versinkt unter einer Last, die sie weder ertragen noch abwerfen kann; Jede Pflicht ist ihm heilig, das ist zu schwer. Von ihm wird das Unmögliche verlangt , nicht das Unmögliche an sich, sondern das Unmögliche für ihn. Wie er sich windet, wendet, sich quält, vorrückt und zurückweicht, immer wieder daran erinnert, immer wieder an sich selbst erinnert, und am Ende beinahe den Zweck seiner Gedanken verliert, ohne jemals wieder seinen Seelenfrieden zu finden ...“ – „ Hamlet "von *Goethe* .

Goethes Kritik an Hamlet ist so viel feiner als jede englische Kritik, dass ich sie gerne zitiere. Ich denke, es wird als Maßstab dienen, um die beste Kritik der Vergangenheit von dem zu unterscheiden, was ich im Verlauf dieser Analyse darlegen werde. In diesem Kapitel werde ich versuchen zu zeigen, welches neue Licht unser Wissen über Shakespeare auf das Stück wirft und welches umgekehrt das Stück auf seinen Schöpfer wirft.

Der erste Moment der Desillusionierung brachte, wie wir bei Brutus gesehen haben, die ganze Freundlichkeit in Shakespeares Natur zum Vorschein. Er wird trotz seiner Erfahrung an die Menschen glauben; aber die idealistische Pose konnte nicht aufrechterhalten werden: Früher oder später musste sich Shakespeare der Tatsache stellen, dass er von Freunden und Geliebten getäuscht und verachtet worden war – wie konnte er dem begegnen? Hamlet ist die Antwort: Shakespeare träumte von Rache und Mord. Desillusionierung hatte tiefere Konsequenzen; Er war gezwungen, andere Männer so zu sehen, wie sie waren, und versuchte einen Moment lang, sich selbst so zu sehen, wie er war. Das Ergebnis dieser objektiven Vision war Hamlet – ein Meisterwerk der Selbstoffenbarung.

Doch als er „Hamlet" schrieb, war ihm nichts klar; die Bedeutung der Katastrophe war ihm erst bewusst geworden; Er ahnte nicht, wie vollkommen sein Seelenbruch war, und noch weniger träumte er davon, sich in all seinem unterwürfigen Lakaientum und seiner unbändigen Sinnlichkeit realistisch darzustellen. Er betrachtete sich selbst als weniger idealistisch als zuvor, und da er versuchte, sich selbst fair und ehrlich zu sehen, konnte er nicht umhin, sich selbst zumindest Unentschlossenheit vorzuwerfen; Er hatte an Herbert festgehalten, wie uns die Sonette erzählen, in der Hoffnung, das durch den Verrat zerstörte Selbstvertrauen wieder aufzubauen, in der Hoffnung, dass er zum Schaden seiner eigenen Selbstachtung nicht wusste, was es mit Gewinn oder Rang auf sich hatte. während er die ganze Zeit über völlig unmögliche Rachepläne grübelte, unmöglich, denn die Tat war „durch den blassen Glanz des Gedankens krank gemacht worden". Hamlet konnte seinen Mut nicht bis zum Knackpunkt bringen und wurde so für immer zum Typus des Philosophen oder Literaten, der durch Denken die Fähigkeit zum Handeln verloren hat.

Wenn wir uns für den Moment in Shakespeares Lage versetzen, verstehen wir sofort, warum er diese Geschichte zu diesem Zeitpunkt für die Behandlung ausgewählt hat. Er wusste nicht besser, dass kein junger Aristokrat das Unrecht, das er von Lord Herbert erlitten hatte, geduldig ertragen hätte; Er schuf Laertes, um zu zeigen, wie schnell und entschlossen ein solcher Mann mörderische Rache nehmen würde; Aber er hatte immer noch das Gefühl, dass das, was andere als Fehler ansehen würden, seine Unentschlossenheit und sein Zurückschrecken vor Blutvergießen, an sich edler waren, und so brachte er, halb entschuldigend, halb sich selbst bewusst, ein Meisterwerk hervor. Dieses Grübeln über Rache, das den Kern und die Erklärung seines großen Stücks bildet, zeigt uns, wie wenig Shakespeare sich für Herbert interessierte, wie völlig er ihn verurteilt hatte. Der Monolog zu diesem Punkt in „Hamlet" ist das Charakteristischste im Drama:

> *„Das ist sehr mutig,*
>
> *Dass ich, der Sohn eines lieben Vaters, ermordet wurde*
>
> *Von Himmel und Hölle zu meiner Rache aufgefordert,*
>
> *Muss, wie eine Hure, mein Herz mit Worten auspacken,*
>
> *Und fluchend wie ein sehr langweiliger Kerl.*

Shakespeare denkt an Herberts Verrat; „Hier bin ich", sagt er, „durch Vernunft und Gewohnheit zur Rache gedrängt, doch anstatt zu handeln, falle ich in Fluchen wie ein Idiot." Aber hinter seiner Unentschlossenheit verbirgt sich sein Hass auf Blutvergießen: Er könnte sein Schwert zücken und Polonius plötzlich töten, weil er ihn für den König (Herbert) hält, aber er konnte sich kaltblütig nicht dazu entschließen, zu töten und weiterzumachen Ausführung. Wie sein eigener Hubert musste Shakespeare gestehen:

> *„In diesen Busen, den ich noch nie betreten habe*
>
> *Die schreckliche Bewegung eines mörderischen Gedankens. "*

Er hatte nichts von der direkten, leidenschaftlichen und gewissenlosen Entschlossenheit von Laertes. Er bringt sich selbst zum Zorn gegen den König, indem er an Herbert an der Stelle des Königs denkt; aber lakaienartig muss zugeben, dass die bloße Rücksicht auf Position und Macht ihn innehalten lässt: Lord Herbert war zu weit über ihm:

„Es gibt eine solche Göttlichkeit, die einen König abschirmen kann,

Dieser Verrat lässt sich nur erahnen."

Shakespeares persönliches Gefühl dominiert und inspiriert das ganze Stück. Ein entscheidendes Beispiel wird dies beweisen. Warum hasste Hamlet die Lüsternheit seiner Mutter? Die meisten Menschen hätten es kaum verurteilt und hätten es sicherlich nicht zugelassen, dass ihre Gedanken über den Augenblick hinaus darüber hinausgingen; Aber für Hamlet war die Treulosigkeit seiner Mutter schrecklich, beschämend und erniedrigend, einfach weil Hamlet-Shakespeare sie mit Miss Fitton identifiziert hatte, und es war Miss Fittons Treulosigkeit, es war ihre Täuschung, die er mit den bittersten Worten verurteilte, die er finden konnte. So gerät er in eine etwas unwirkliche Tragödie, eine leidenschaftliche Intensität, die sonst völlig unerklärlich ist. So spricht er mit seiner Mutter:

„Hast du Augen?
Könntest du auf diesen schönen Berg gehen, um dich zu ernähren?
Und auf diesem Moor latschen? Ha! Hast du Augen...
... ... Was für ein Teufel war das nicht
Sie also zum Hoodman -Blind gemacht ?
Augen ohne Gefühl, Gefühl ohne Sehen,
Ohren ohne Hände oder Augen, die ohne alles riechen,
Oder nur ein kränklicher Teil eines wahren Sinnes
Konnte nicht so Trübsal blasen.
Oh, schade! Wo ist deine Röte?"

Wenn sich irgendjemand vorstellen kann, dass ein Sohn so über den Ausrutscher einer Mutter denkt, kann ich ihn nicht überzeugen. Bei alledem denkt Shakespeare an sich selbst im Vergleich zu Herbert; und sein Rat an seine Mutter ist fast ebenso aufschlussreich und zeigt, was er Miss Fitton sagen möchte:

„Bereue, was vergangen ist; vermeide, was kommt;
Und verteilen Sie den Kompost nicht auf dem Unkraut
Um sie ranker zu machen...
Nimm eine Tugend an, wenn du sie nicht hast ... "

In seiner Beschreibung des Königs und der Königin bekommen wir Shakespeares Sicht auf Lord Herbert und Miss Fitton wieder: Der König (Herbert) ist „ schimmelig " und abscheulich im Vergleich zu seinem bescheidenen Dichterrivalen – „ Ein Satyr für Hyperion".

Hamlets Sicht auf seine Mutter (Miss Fitton) ist zwar noch bitterer, aber doch die Bitterkeit enttäuschter Liebe: Er wird dafür sorgen, dass sie Buße tut, vom Ehebruch Abstand nimmt und wieder rein und gut ist. Wenn die Königin fragt:

"Was soll ich tun?"

Hamlet antwortet:

„Das ist auf keinen Fall das, was ich von dir verlange:

Lassen Sie sich vom König noch einmal ins Bett locken;

Kneife mutwillig in deine Wange; nenne dich seine Maus;

Und lass ihn, für ein paar schnulzige Küsse,

Oder er paddelt dir mit seinen verdammten Fingern in den Nacken …"

Wahnsinnig vor Eifersucht sieht er die Tat und geißelt sich selbst mit seinen eigenen unzüchtigen Vorstellungen, wie Posthumus sich selbst geißelt. Niemand hat jemals eine so intensive eifersüchtige Wut auf eine Mutter oder eine Schwester gespürt. Die bloße Idee ist absurd; Es ist die eigene Leidenschaftsfolter, die in solchen Worten spricht, wie ich sie hier zitiert habe.

Auch Hamlets Umgang mit Ophelia und seine Ratschläge an sie sind das Ergebnis von Shakespeares eigener Enttäuschung:

„Geh in ein Nonnenkloster: Warum solltest du ein sein?

Sünderzüchter?"

Wir alle erwarten von Hamlet einen Ausbruch göttlicher Zärtlichkeit gegenüber Ophelia; Aber die Szenen mit dem reinen und hingebungsvollen Mädchen, das er lieben soll, sind nicht zur Hälfte realisiert, sind bei weitem nicht so intensiv wie die Szenen mit der schuldigen Mutter. Es ist die Eifersucht, die zu dieser Zeit in Shakespeare lodert, und nicht die Liebe; Wenn Hamlet zur Königin spricht , hören wir, wie Shakespeare zu seiner eigenen treulosen, schuldigen Liebe spricht. Außerdem ist Ophelia noch nicht einmal bewusst; Sie ist unterwürfige Zuneigung, eine Abstraktion und kein Charakter. Shakespeare interessierte sich nicht genug für sie, um ihr Fleisch und Blut zu geben.

Shakespeares Eifersucht und übertriebene Sinnlichkeit kommen in der Szene zwischen Hamlet und Ophelia voll zum Vorschein, als sie dem König das Stück vorführen wollen: Er beharrt darauf, Unsinn mit ihr zu reden, was sie vorgibt, nicht zu verstehen. Wir alle haben das Gefühl, dass die Unanständigkeit in „Hamlet" fehl am Platz ist, und zwar schrecklich fehl am Platz, wenn Hamlet mit Ophelia spricht, aber Shakespeares Sinnlichkeit ist durch Miss Fittons Zerbrechlichkeit in Ekstase geraten, und er kann nicht anders, als ihr Ausdruck zu verleihen. Sobald Ophelia den Verstand verliert, wird auch sie grob – was alles nur ein Zeugnis für Shakespeares gequälte Tierhaftigkeit ist. Dennoch kann Goethe von Hamlets „reiner und höchst moralischer Natur" sprechen. Eine Ziege ist kaum weniger rein, obwohl Hamlet im hohen Sinne des Wortes moralisch genug war.

Es gibt noch ein oder zwei kleinere Fragen, die noch zu berücksichtigen sind, und die wichtigste davon ist, inwieweit sich unser Shakespeare selbst in diesem Moment der Ernüchterung so sah, wie er war? Hamlet sagt:

„Ich bin sehr stolz, rachsüchtig, ehrgeizig; mit mehr

Straftaten stehen mir zur Verfügung, als ich daran denken kann, sie zu verüben,

Vorstellungskraft, um ihnen Form zu geben, oder Zeit, sie in die Tat umzusetzen. Was sollten solche Kerle wie ich tun, wenn sie zwischen Himmel und Erde kriechen ? Wir sind allesamt arrogante Schurken; Glaube keinem von uns."

Das alles ist bloße Rhetorik und voller kluger Selbstentschuldigungen. Hamlet ist weder sehr rachsüchtig noch sehr ehrgeizig; er ist schwach-unentschlossen und übermäßig sinnlich, mit allen Fehlern, die diese Schwächen begleiten. Selbst in diesem Moment, in dem er wissen muss, dass er nicht sehr rachsüchtig ist, dass ihm Vergebung leichter fällt , stellt sich Shakespeare vor und nennt sich rachsüchtig: Er ist ein solcher Idealist, dass er sich absolut weigert, sich selbst so zu sehen, wie er ist. In späteren Dramen werden wir feststellen, dass er zu tieferer Selbsterkenntnis gelangt. Hamlet ist nur der halbe Weg zum vollständigen Verständnis.

Glücklicherweise hat jeder von uns einen unfehlbaren Prüfstein, anhand dessen wir unsere Liebe zur Wahrheit beurteilen können. Jedem von uns, ob Mann oder Frau, wird lieber ein geistiger als ein körperlicher Mangel vorgeworfen. Sehen wir unsere körperlichen Unvollkommenheiten so, wie sie sind? Können wir uns selbst als gnadenlos mit Stupsnase, grobem Schnabel, krummen Beinen oder dünnen Unterschenkeln bezeichnen? Dicker Bauch oder schäbiger Bart? Shakespeare kann es in Hamlet kaum ertragen, seine körperlichen Unvollkommenheiten auch nur anzudeuten.

Hamlet gibt aus Versehen zu, dass er dick war, aber er wird es nicht offen sagen. Seine Mutter sagt zu Hamlet:

„Du bist fett und atemlos."

Viele Menschen, insbesondere Schauspieler, waren so entschlossen, Hamlet als kleinlich und studentisch zu betrachten, dass sie versuchten, diesen Satz zu kritisieren, und einer von ihnen, Mr. Beerbohm Tree, ging sogar in unserer Zeit so weit, ihn zu erniedrigen der Text zu „ohnmächtig und kaum atembar". Aber die Fettigkeit ist da und kommt in einem anderen Satz von Hamlet noch einmal zum Vorschein:

„O, dass auch dieses zu feste Fleisch schmelzen würde,

Taut auf und löst sich in Tau auf."

Kein dünner Mann hat jemals auf diese Weise über sein Fleisch gesprochen. Shakespeare war wahrscheinlich auch klein. Wir wissen, dass er Adam in „Wie es euch gefällt" spielte, und in dem Stück muss Orlando Adam hochnehmen und von der Bühne tragen, was kein Schauspieler versuchen würde, wenn Adam ein großer Mann gewesen wäre. Shakespeare war wahrscheinlich mittelgroß oder kleiner und pummelig. Ich stelle mir ihn immer so vor, als wäre er Swinburne sehr ähnlich. Doch selbst in „ Hamlet" würde er sich selbst als Teufelskerl darstellen: „tapferer Hamlet", ein Schwertkämpfer vom Feinsten, ein hervorragender Duellant , der Laertes immer wieder berühren kann, obwohl es ihm an Übung mangelt. Im letzten Moment des Schicksals wird Shakespeare sich selbst täuschen und betrügen.

Es ist merkwürdig charakteristisch für Shakespeare, dass Hamlet, wenn er über Vergeltung nachdenkt, nicht wie ein tapferer Mann grübelt, der sich darüber freut, seinen Feind zu einem fairen Kampf herauszufordern und ihn durch bloße Gewalt oder Entschlossenheit zu töten; seine Leidenschaft, seine Rache ist fast die eines italienischen Bravo. Nicht ein einziges Mal denkt Hamlet daran, den König (Herbert) zu einem Duell zu zwingen; er verfolgt Ideen des Attentats und nicht des Kampfes.

„Jetzt könnte ich es mal machen"

er weint, als er den König beten sieht; und er tut es nicht, weil er so die Seele des Königs in den Himmel schicken würde – schrille, wortreiche Heftigkeit, um den Mangel an Mut zu entschuldigen. Wann immer wir unter die Haut gehen, ist es Shakespeares Weiblichkeit, die uns in Erstaunen versetzt.

Man kann dieses großartige Bild von Hamlet-Shakespeare nicht verlassen, ohne eine merkwürdige Tatsache zu bemerken, die eine Flut von Licht auf die Beziehungen der literarischen Kunst zum Leben wirft. Shakespeare brodelt, wie wir gesehen haben, vor eifersüchtiger Leidenschaft, brütet ständig über mörderische Rache und wird sich so seiner eigenen Unentschlossenheit bewusst. Er verweilt hierauf und macht diese Unentschlossenheit zum Hauptmerkmal von Hamlets Charakter, und doch gelingt es ihm, weil er über sich selbst schreibt, so viele andere Eigenschaften anzudeuten, und zwar so liebenswürdige und edle, dass wir alle in Hamlet verliebt sind trotz seiner Unentschlossenheit, erotischen Manie und blutigen Gedanken.

In späteren Dramen beschäftigte sich Shakespeare mit den tieferen und elementareren Dingen seiner Natur, mit Eifersucht in „Othello" und leidenschaftlichem Verlangen in „Antonius und Kleopatra"; Aber vielleicht hat er nie viel bessere Arbeit geleistet als in diesem Drama, in dem er beschließt, eine sekundäre und untergeordnete Schwäche zum Hauptfehler seines gesamten Wesens zu machen. Das Pathos des Dramas liegt darin, dass Shakespeare erkennt, dass er nicht in der Lage ist, sich persönlich an Herbert zu rächen. „Hamlet" ist ein Drama der erbärmlichen Schwäche, verstärkt durch ein Drama der Rache und Eifersucht. In dieser letzten Hinsicht handelt es sich um eine Vorstudie zu „Othello".

In „Hamlet" ließ Shakespeare einiges von der üblen Angelegenheit zum Ausdruck kommen, die Herberts gemeiner Verrat in ihm hervorgerufen hatte. Aber auch in „Hamlet" bilden seine Leidenschaft für Mary Fitton und seine Eifersucht auf sie das eigentliche Thema. Wir werden bald sehen, wie diese Leidenschaft sein ganzes Leben und seine Kunst prägte und schließlich seinen Untergang herbeiführte.

KAPITEL VIII.
DRAMAS VON RACHE UND Eifersucht: TEIL II
„OTHELLO"

Es gibt vielleicht kein einziges Drama, das Shakespeare und seine Arbeitsweise so beleuchtet wie „Othello": Es ist ein langer Konflikt zwischen dem Künstler in ihm und dem Mann und im Kampf sowohl seinen künstlerischen Idealen als auch seiner leidenschaftlichen Seele Kommen Sie zur klarsten Sicht. Daraus sehen wir, dass Shakespeares Natur sich nach und nach der Eifersucht und Rache hingab. Das Feuer seiner Leidenschaft brannte jahrelang immer heftiger; war im Jahr 1604, als „Othello" geschrieben wurde, unendlich heißer als damals, als „Julius Caesar" im Jahr 1600 geschrieben wurde. Das beweist für mich, dass Shakespeares Verbindung mit Mary Fitton nicht endete, als er zum ersten Mal ihre Untreue entdeckte. Die Intimität dauerte ein Dutzend Jahre. Im Sonett 136 bittet er sie, ihm zu erlauben, einer ihrer Liebhaber zu sein. Dass sie großzügig genug war, um zuzustimmen, geht deutlich aus der zunehmenden Leidenschaft in seinen Stücken hervor. Es ist auch sicher, dass sie ihn weiterhin mit anderen Liebhabern betrog, sonst wäre seine Eifersucht nachgelassen und in Erfüllung des Verlangens abgeebbt. Aber seine Leidenschaft nimmt von 1597 bis 1604 zu und wird zweifellos durch ständige Täuschung und wilde Eifersucht bis zur Ekstase getrieben. Sowohl Lust als auch Eifersucht schlagen in „Othello" in den Wahnsinn um. Aber Shakespeare war ein so großer Künstler, dass er, als er die Geschichte von Cinthio übernahm , versuchte, sie zu verwirklichen, ohne seine eigene Persönlichkeit einzubringen: daher ein Konflikt zwischen seiner Kunst und seiner Leidenschaft .

„Othello" erinnert auf den ersten Blick an ein Bild von Tizian oder Veronese; es ist eine romantische Vorstellung; die Persönlichkeiten sind alle in Galakleidung; der Kampf zwischen Jago und dem Mauren ist melodramatisch; Das ganze Bild erstrahlt in einem herrlichen Farbreichtum . Es ist Shakespeares bestes Stück, seine größte Leistung als Dramatiker. Es ist unmöglich, „Othello" zu lesen, ohne seine Kunst zu bewundern. Der Anfang ist so einfach: Die Einführung der Hauptfiguren ist so maßvoll und beeindruckend, dass sich die Handlung, wenn sie wirklich beginnt, wie durch ihr eigenes Gewicht entwickelt und bis zum unvermeidlichen Ende an Geschwindigkeit zunimmt; unvermeidlich – denn das Ende ist in diesem Fall lediglich die Folge des Schocks dieser verschiedenen Persönlichkeiten. Aber wenn die Handlung selbst hervorragend geordnet ist, lässt die Darstellung der Charaktere, wie wir sehen werden, zu wünschen übrig. Es gibt einen bemerkenswerten Unterschied zwischen „Othello" und den Dramen

„Hamlet", „Macbeth" und „Cymbeline", in denen Shakespeare sich selbst als Protagonisten dargestellt hat. In den sich selbst offenbarenden Dramen gibt Shakespeare seinem Helden nicht nur die Freiheit , zu jeder Jahreszeit zu reden, und behindert so die Entwicklung der Geschichte, sondern er erlaubt ihm auch, die gesamte Bühne ohne Konkurrenten zu besetzen. Die Erklärung liegt auf der Hand. Der dramatischen Kunst ist zu gratulieren, dass Shakespeare hin und wieder eine kleine Auszeit vom Stück genommen hat, denn dann verbessert sich nicht nur der Aufbau des Stücks, sondern das Stück gewinnt durch die Begegnung ebenbürtiger Antagonisten auch an Interesse . Das erste, was uns in „Othello" auffällt, ist, dass Jago eine mindestens ebenso wichtige Figur ist wie der Held selbst. „Hamlet" hingegen ist fast eine Lyrik; es gibt kein Gegengewicht zum Studentenfürsten.

Kommen wir nun zum Stück selbst. Othellos erster Auftritt im Gespräch mit Jago in der zweiten Szene des ersten Aktes scheint mir das Lob, das ihm zuteil wird, nicht zu verdienen. Obwohl Othello weiß, dass „Prahlerei (keine) Ehre ist " , rühmt er sich dennoch seines königlichen Blutes. Wir haben bereits Shakespeares Liebe zu gutem Blut und seinen Glauben an dessen wundersame Wirksamkeit bemerkt; es ist eines seiner bleibenden und charakteristischsten Merkmale. Die Passage über die königliche Abstammung könnte mit Vorteil weggelassen werden; Wenn diese drei Zeilen weggelassen werden, ist Othellos Stolz auf seine eigene Natur – seine „Teile und seine vollkommene Seele" – viel stärker zu spüren. Aber solche trivialen Mängel werden vergessen, als Brabantio hereinkommt und die Schwerter gezogen werden.

> *„Behaltet eure glänzenden Schwerter, denn der Tau wird sie rosten lassen."*

zeichnet sich durch seine verächtliche Ironie aus. Wenig später findet Othello jedoch einen Ausdruck, der für einen großen Mann der Tat äußerst charakteristisch ist:

> *"Halte deine Hände,*
>
> *Sowohl Sie meiner Neigung als auch die übrigen;*
>
> *Wäre es mein Stichwort zum Kampf gewesen, hätte ich es wissen müssen*
>
> *Ohne Souffleur. "*

Diese letzten anderthalb Zeilen richten sich besonders an Jago, der darauf aus ist, einen Kampf zu provozieren, und sind meiner Meinung nach die beste Charakterdarstellung in „Othello". Der geborene General kennt instinktiv den Moment zum Angriff, genau wie die Hand des trainierten Boxers zuschlägt, bevor er bewusst die Öffnung sieht. Auch wenn Othello vor dem Herzog spricht , offenbart er sich mit bewundernswerter Klarheit und Naturtreue. Sein Stolz ist so tief verwurzelt, seine Selbstachtung so groß, dass er alle anderen Würdenträger respektiert: Die Senatoren sind seine „sehr edlen und anerkannten guten Herren". Jedes Wort war wohlüberlegt und wirkungsvoll. Bewundernswert ist auch der Ausdruck „eine runde, ungeschminkte Geschichte".

Aber Stolz und Respekt vor der Größe anderer sind keine Eigenschaften, die dem Mann der Tat eigen sind; Sie gehören allen fähigen Männern. Sobald Othello zu erzählen beginnt, wie er Desdemona gewonnen hat, verliert er seine Rolle. Shakespeare ist sich sicher, dass er uns seinen Helden in klaren Umrissen präsentiert hat, und lässt sich gehen, und sofort ertappen wir ihn beim Sprechen und nicht Othello. In „Antres riesig und Wüsten untätig" höre ich den Dichter, und wenn der Vers wechselt zu –

„....Männer, deren Köpfe

Wachsen Sie unter ihren Schultern. "

Es ist offensichtlich, dass Othello, der Herr und Liebhaber der Realitäten, den festen Boden der Tatsachen verlassen hat. Doch Shakespeare reißt sich zusammen, noch bevor er dem Charme seiner eigenen Worte nachgegeben hat, und wieder spricht Othello:

„Das ist zu hören

Würde Desdemona ernsthaft geneigt sein,

Aber die Hausangelegenheiten würden sie dennoch von dort wegziehen,

und so weiter.

Die Versuchung war jedoch überwältigend, und erneut gibt Shakespeare ihr nach:

„Und hat sie oft zu Tränen gerührt

Als ich von einem schmerzhaften Schlaganfall sprach

Dass meine Jugend gelitten hat. "

Es ist ein Charakteristikum des Tatmenschen, dass er leichtfertig an Rückschläge denkt; Er liebt harte Buffets wie ein Schwimmer bei hohen Wellen , und wenn er seine Lebensgeschichte erzählt, spricht er nicht von seiner „Not". Dieser „belastende Schlaganfall, den meine Jugend erlitten hat" ist offensichtlich reiner Shakespeare – der sanftherzige Shakespeare, der sich selbst und die schmerzhaften Schlaganfälle, die er in seiner Jugend erlitten hatte, zutiefst bemitleidete. Die Charakterisierung von Othello im Rest dieser Szene ist alles andere als glücklich. Er redet zu viel; Mir fehlen die kurzen, scharfen Worte, die den Mann zeigen würden, der es gewohnt ist, zu befehlen, und er redet nicht nur zu viel, sondern er redet in Bildern wie ein Dichter und übertreibt:

> *„Der tyrannische Brauch, die ernstesten Senatoren,*
>
> *Hat die Feuerstein- und Stahlcouch des Krieges geschaffen*
>
> *Mein dreimal getriebenes Daunenbett. "*

Sogar die Sache hier ist unaufrichtig; Dies ist die Erklärung des Dichters für die Vorliebe des Kapitäns für ein hartes Bett und ein hartes Leben: „Er ist daran gewöhnt", sagt Shakespeare, ohne zu verstehen, dass es geborene Jäger- und Soldatennaturen gibt, die Mühsal unbedingt dem weiblichen Luxus vorziehen. Othellos nächste Rede ist genauso schlecht; er redet zu viel über besondere und private Dinge, und je weiter er geht, desto schlimmer wird es, bis wir den Dichter wieder sprechen oder vielmehr sagen hören:

> *„Nein, wenn es um Spielzeug mit leichten Flügeln geht*
>
> *Von gefiedertem Amorsee mit mutwilliger Stumpfheit*
>
> *Meine spekulativen und offiziellen Instrumente,*
>
> *Dass meine Aktivitäten mein Geschäft verderben und verderben,*
>
> *Mögen Hausfrauen aus meinem Helm eine Pfanne machen,*
>
> *Und alle entwürdigenden und niederträchtigen Widrigkeiten*
>
> *Widerstehen Sie meiner Einschätzung. "*

Noch einmal , wenn er sagt:

> *„Komm, Desdemona: Ich habe nur eine Stunde*
>
> *Von Liebe, von weltlichen Angelegenheiten und Richtung*
>
> *Mit dir verbringen; wir müssen der Zeit gehorchen ",*

Ich kann keine scharfe Ungeduld erkennen, die Hotspur verspürte, um sich an die Arbeit zu machen, sondern ein gewisses Widerstreben, seine Liebe zu verlassen – eine natürliche Reaktion, die darauf hindeutet, dass der Dichter an sich selbst dachte und nicht an seine Marionette.

Die erste Szene des zweiten Aktes zeigt uns, wie der Dramatiker Shakespeare arbeitete. Cassio ist eindeutig Shakespeare, der Dichter; Jede seiner willkürlich gehaltenen Reden beweist es. Als er hört, dass Jago angekommen ist , bricht er aus:

„Er hatte eine äußerst günstige und glückliche Geschwindigkeit;

Stürme selbst, hohe See und heulende Winde,

Die ausgefransten Steine und der angehäufte Sand –

Verräter sind eingedrungen, um den schuldlosen Kiel zu verstopfen –

Wenn Sie einen Sinn für Schönheit haben, lassen Sie es weg

Ihre sterbliche Natur lässt sicher vorbei

Die göttliche Desdemona. "

Und als Desdemona landet, genügt Cassios erster Ausruf, um die Tatsache zu beweisen, dass er lediglich die Maske des Dichters ist:

„O, siehe,

Der Reichtum des Schiffes ist an Land gekommen!"

Und ebenso eindeutig wie Cassio Shakespeare, der Lyriker, ist, so ist auch Jago zunächst die Verkörperung von Shakespeares Intelligenz. Jago wurde als unmoralisch beschrieben; Er scheint mir nicht unmoralisch, sondern amoralisch, wie es der Intellekt immer ist. Er sagt zu den Frauen:

"Komm schon, komm schon; Du bist Bilder im Freien,

Glocken in Ihren Salons , Wildkatzen in Ihren Küchen,

Heilige in deinen Verletzungen, Teufel, die beleidigt sind,

Spieler in Ihrem Hausfrauentum und Hausfrauen in Ihrem

Betten. "

Jago sieht die Dinge so, wie sie sind, fair und nicht böswillig; er ist „nichts als kritisch", aber seine Kritik hat einen Hauch von Shakespeares erotischem Wahn. Denken Sie an die „Hausfrauen in Ihren Betten"! Er wird sich jedoch nicht selbst täuschen; Trotz Cassios Bewunderung für Desdemona glaubt

Jago nicht, dass Cassio in sie verliebt ist; „Gut geküsst", sagt er, „eine ausgezeichnete Höflichkeit" und findet sofort die wahre Erklärung. {Fußnote: Am Ende dieser Szene sagt Jago:

„Dass Cassio sie liebt, das glaube ich wirklich."

aber das ist nur eine der vielen Inkonsistenzen in Shakespeares Darstellung von Jago. Da sind andere; einmal spricht er von Cassio als bloßem Büchersoldaten, ein anderes Mal stellt er ihn mit Cäsar gleich. Hätte Coleridge diese Widersprüche bemerkt, hätte er sie für eine höhere Vollkommenheit als die logische Einheit erklärt, und das Argument hat einiges zu sagen, obwohl ich denke, dass die Widersprüche in diesen Fällen eher auf Shakespeares Nachlässigkeit als auf seine tiefere Einsicht zurückzuführen sind. }

Aber nachdem Shakespeare diese intellektuelle Haltung eingenommen hat, um Jago zu erschaffen, versucht er als nächstes, seine Marionette konkret und individuell zu machen, indem er ihm Rache für eine Seele gibt, aber das gelingt ihm nicht, denn der Intellekt ist nicht bösartig. Manchmal lebt Jago für uns; „Ertrinken Sie Katzen und blinde Welpen ... stecken Sie Geld in Ihre Handtasche" – sein Gehirn erfreut uns; Aber als er Desdemona bis zu ihrem Ende verfolgt, rebellieren wir; Eine solche Bösartigkeit ist unmenschlich. Shakespeare hatte so wenig Neigung zum Bösen, wusste so wenig von Hass und Rache, dass sein Bösewicht in seiner Grausamkeit unwirklich ist. Immer wieder fragt sich der Leser, warum Jago so giftig ist. Er hasst Othello, weil Othello ihn übergangen und Cassio den Vorzug gegeben hat; weil er glaubt, Grund gehabt zu haben, auf Othello eifersüchtig zu sein, weil — — aber jeder meint, dass dies von Shakespeare gelieferte Gründe sind, um das Unerklärliche zu erklären; Alles in allem sind sie unzureichend, und wir neigen dazu, sie mit Coleridge als „Motivjagd der motivlosen Bösartigkeit" beiseite zu schieben. Aber so etwas wie „motivlose Bösartigkeit" liegt nicht in der Natur, Jagos Schurkerei ist zu grausam, zu standhaft, um menschlich zu sein; Vollkommene unbarmherzige Bösartigkeit ist für den Menschen ebenso unmöglich wie vollkommene angeborene Güte.

Obwohl Jago und Othello neun Zehntel des Stückes lang auf der Bühne stehen, realisiert Shakespeare sie nicht so vollständig wie Cassio, eine völlig untergeordnete Figur. Die Trink-Episode von Cassio wurde von Shakespeare in Cinthio nicht gefunden und ist meiner Meinung nach eindeutig das Geständnis von Shakespeare selbst, denn obwohl sie treffend erfunden wurde, um Cassios Entlassung zu erklären, ist sie unangemessen lang und stellt somit vielleicht den wichtigsten Fehler in der Konstruktion dar des Stückes. Bedenken Sie auch, wie Jago die Moral insbesondere auf England anwendet, mit dem weder Jago noch die Geschichte überhaupt etwas zu tun haben.

Othellos Auftritt, der den Aufruhr beruhigte, seine Worte an Jago und seine Entlassung von Cassio sind gleichermaßen ehrliche Arbeit. Das anschließende Gespräch zwischen Cassio und Jago über „Ruf" ist kaum mehr als eine Wiederholung dessen, was Falstaff über „ Ehre " sagte.

Coleridge hat großen Wert darauf gelegt, dass Othello berechtigt war, sich selbst als „nicht leicht eifersüchtig" zu bezeichnen; Aber der perverse Einfallsreichtum des armen Coleridge führte ihn nie weiter in die Irre. Das genaue Gegenteil muss meiner Meinung nach zugegeben werden; Othello war sicherlich sehr schnell dabei, Desdemona zu verdächtigen; er erinnert sich an Jagos ersten verdächtigen Satz, denkt darüber nach und fragt nach seiner Bedeutung; Er ist so schnell wie Posthumus, der das Schlimmste von Imogen glaubte, so schnell wie Richard II. seine Freunde Bagot und Green des Verräters zu verdächtigen , und diese Neigung zum Misstrauen ist die Seele der Eifersucht. Und Othello ist nicht nur schnell zu verdächtigen, sondern auch leicht zu überzeugen – impulsiv und leichtgläubig zugleich. Seine schnelle Auffassungsgabe kommt zu dem Schluss, dass Jago „diese ehrliche Kreatur!" ist. zweifellos

„Sieht und weiß mehr, viel mehr, als er entfaltet."

Aufgrund einer angedeuteten Unterstellung ist er bereits halb davon überzeugt, und zwar wie nur ein Sensualist, dass es die Lust ist, die Desdemona in die Irre geführt hat:

„O Fluch der Ehe!

Dass wir diese zarten Geschöpfe unsere nennen dürfen,

Und nicht ihr Appetit."

Er ist in der Tat so geneigt, sich die üble Infektion anzustecken, dass Jago schreit:

„Kleinigkeiten, leicht wie Luft

Sind zu den eifersüchtigen Bestätigungen stark

Als Beweise der Heiligen Schrift."

Und das kann er auch, denn bevor er das Taschentuch oder irgendein Beweismittel benutzt, ist Othello bereits von Zweifeln geplagt, von

Eifersucht verstört, von Leidenschaft wahnsinnig geworden; „sein Beruf ist weg"; er wütet gegen Jago und verlangt Beweise, Jago antwortet:

„Ich mag das Büro nicht;

Aber ich bin bisher in dieser Sache engagiert

- - - - - - - - - - - -

Ich werde weitermachen."

Dies ist derselbe dürftige Grund, warum Richard III. und Macbeth trug vor, die Zahl ihrer Verbrechen zu erhöhen, wobei die Wahrheit darin bestehe, dass Shakespeare in seiner Natur keinen Grund für wirksamen Hass finden könne.

Othello glaubt sofort an Jagos Traum und hält ihn für „einen klugen Zweifel"; Er ist ein „leichtgläubiger Narr", wie Jago ihn nennt, und nur unser Gespür für Jagos teuflische Klugheit erlaubt es uns, Othellos Torheit zu entschuldigen. Das erdbeerfleckige Taschentuch wird nicht benötigt: Die Magie in seinem Netz ist so stark, dass die bloße Erwähnung davon seine Liebe zunichte macht und sowohl Cassio als auch Desdemona zum Tode verurteilt. Wenn dieser Othello nicht leicht eifersüchtig ist, dann neigt auch kein Mensch dazu, zu zweifeln und sich schnell von Liebe in Abscheu zu verwandeln.

Die Wahrheit ist, dass Othello zu Beginn des Stücks eine ziemlich wohlgeformte und überaus malerische Marionette ist; aber sobald Eifersucht berührt wird, wird die Maske beiseite geworfen; Othello, der in sich geschlossene Kapitän, verschwindet, der Dichter nimmt seinen Platz ein und erweist sich sofort als der geeignetste Gegenstand für das grüne Fieber. Die Emotionen, die Othello dann in den Mund gelegt werden, werden intensiv verwirklicht; Seine Eifersucht ist in der Tat Shakespeares eigenes Bekenntnis, und es wäre unmöglich, in der gesamten Literatur Seiten einer aufrichtigeren und schrecklicheren Selbstoffenbarung zu finden. Shakespeare ist nicht besser darin, uns die Leidenschaft von Romeo und Julia oder die Unentschlossenheit von Richard II. zu zeigen. oder die Skepsis von Hamlet als bei der Darstellung des Wachstums und der Anfälle der Eifersucht; Seine überwältigende Sinnlichkeit, die Sinnlichkeit von Romeo und Orsino, hat jede Note der tödlichen Krankheit der Liebe zum Ausdruck gebracht:

„Andere. Ich wäre froh gewesen, wenn das allgemeine Lager,

Pioniere und alle hatten ihren süßen Körper geschmeckt,

Ich hatte also nichts gewusst.

- - - - - - - -

Verdammt, du unzüchtiges Luder! Oh, verdammt!"

Wir haben hier den Beweis, dass die Eifersucht auf Othello von Shakespeare stammte

Eifersucht; es ist alles voller Sinnlichkeit. Aber, und das ist das

Der unmittelbare Punkt meiner Argumentation, der Kapitän Othello, wird nicht dargelegt

Für uns als Sensualisten wäre ein solcher Verdacht natürlich das

nächster Gedanke. Im Gegenteil, Othello wird als nüchtern dargestellt

{Fußnote: Shakespeare lässt Lodovico von Othellos „solide" sprechen

Tugend" – „ die Natur, die die Leidenschaft nicht erschüttern konnte." Sogar Jago findet

Othellos Zorn ist aufgrund seiner Seltenheit bedrohlich:

„Es ist in der Tat wichtig , wenn er wütend ist."}

und solide, langsam zum Zorn und Herr seiner selbst und seiner Wünsche; Er

teilt den Herren von Venedig ausdrücklich mit, dass er Desdemona dies nicht wünsche

begleite ihn:

„Um den Gaumen meines Appetits zu erfreuen

Auch nicht der Hitze zu gehorchen – die jungen Affekte,

In mir tot – und gebührende Befriedigung."

Shakespeare gibt sich alle Mühe, Othello diese unnötige Erklärung in den Mund zu legen; Er will nicht, dass wir ihn für einen Narren der Leidenschaft halten, sondern für einen Meister der Leidenschaft. Othello sollte nicht einmal misstrauisch sein; er sagt Jago:

„Das soll mich nicht eifersüchtig machen

Zu sagen: Meine Frau ist schön, ernährt sich gut, liebt Gesellschaft,

Das alles war es zweifellos, was Coleridge in die Irre führte. Er wusste nicht, dass dieser Othello plötzlich seine Natur veränderte; Der nüchterne Herr seiner selbst wird in einem Augenblick sehr schnell misstrauisch, und Eifersucht ist nichts anderes als sinnlich; er kann sich keinen anderen Grund für Desdemonas Sturz vorstellen als ihren Appetit; die Vorstellung des sinnlichen Aktes versetzt ihn in einen Anfall; Es ist dieses Bild, das seinem Hass Leben einhaucht. Die Schlussfolgerung ist nicht zu vermeiden; Sobald Othello eifersüchtig wird , verwandelt er sich in Shakespeares eigene Leidenschaft. Denn dies ist die Art und Weise, wie Shakespeare Eifersucht auffasste, und zwar die einzige Möglichkeit. Die Eifersucht des Leontes im „Wintermärchen" ist genau dieselbe; Hermine gibt Polixenes ihre Hand , und Leontes hat sofort Verdacht und Hass, und seine Wut besteht darin, „mit den Handflächen zu paddeln {1} und Finger zu kneifen". Auch die Eifersucht von Posthumus ist von der gleichen Art:

{Fußnote 1: Jagos Gesichtsausdruck auch; vgl. „Othello", II. 1 und „Hamlet", III. 4.}

Es ist die Vorstellung des sinnlichen Aktes, die ihn wie Othello in die Inkohärenz und an den Rand des Wahnsinns treibt. In all diesen Figuren erinnert Shakespeare nur an die Phasen der Leidenschaft, die sein Leben verwüstete.

Die Rolle, die die Fantasie normalerweise dabei spielt, den eifersüchtigen Mann mit obszönen Bildern zu quälen, wird jetzt von Jago gespielt; Die erste Szene des vierten Aktes ist diese erotische Selbstquälerei, die Jago in den Mund gelegt wird. Während sich Othellos Leidenschaft zum Wahnsinn steigert, während die Selbstanalyse immer intimer und persönlicher wird, haben wir Shakespeares wiedererlebte Qual, die sich in seine Lieblingsausdrücke kleidet :

Die Zinsen steigen noch weiter; Die Szene, in der Jago Cassios Einbildung und Lachen nutzt, um den bereits verrückten Othello noch mehr zu verärgern, ist einer der bemerkenswerten Triumphe der dramatischen Kunst. Aber so wie uns das schnelle Anwachsen seiner Eifersucht und ihre schreckliche Sinnlichkeit gezeigt haben, dass Othello nicht der in sich geschlossene Herr seiner Leidenschaften ist, für den er sich ausgibt, und dass Shakespeare uns glauben machen möchte, so ist auch diese Szene, in der die Wenn man zuhört, wie Othello in seiner Wildheit tobt, offenbart sich uns die intensive Weiblichkeit der Natur. Denn im Allgemeinen konzentriert der Mann seinen Hass auf die Frau, die ihn betrügt, und verachtet seinen Rivalen nur, während die Frau aus verschiedenen Gründen dem Hass auf ihren Rivalen nachgibt und nur wütende Verachtung für den Verräter ihres Liebhabers empfindet . Aber Othello – oder sollten wir nicht Shakespeare sagen? – entdeckt in der aufrichtigsten Ekstase dieser Leidenschaft ebenso viel von der Natur der Frau wie von der des Mannes. Als er sein Taschentuch in Biancas Händen sieht, fragt er:

„Wie soll ich ihn ermorden, Jago?"

Offensichtlich denkt Shakespeare an Herbert und seinen niederträchtigen Verrat. Othello würde Cassio den Hunden vorwerfen lassen, ihn „neun Jahre lang töten" lassen; und obwohl er hinzufügt, dass Desdemona „heute Nacht verrotten und zugrunde gehen und verdammt sein wird", sehen wir unmittelbar danach, welch unendliche Zuneigung zu ihr seinem Zorn zugrunde liegt:

„Oh, die Welt hat kein süßeres Geschöpf: Sie könnte es tun

an der Seite eines Kaisers liegen und ihm Aufgaben befehlen."

Und dann benutzt Shakespeare sozusagen objektiv seinen Verstand, um seine hartnäckige Zärtlichkeit zu entschuldigen, und sofort offenbart er sich und beweist uns, dass er an Mary Fitton denkt und nicht an die arme Desdemona:

„Häng sie auf! Ich sage nur, was sie ist . – So zart mit ihrer Nadel! – Eine bewundernswerte Musikerin! O, sie wird die Wildheit eines Bären singen . – Von so hohem und reichlichem Witz und Einfallsreichtum."

Shakespeare selbst spricht in dieser Passage. Denn wann hat Desdemona großen und reichlichen Witz oder Einfallsreichtum bewiesen? Sie ist kaum mehr als ein Symbol der Beständigkeit. Es ist Mary Fitton, die „Witz und Einfallsreichtum" besitzt und „eine bewundernswerte Musikerin" ist.

Die weibliche Zärtlichkeit Shakespeares kommt in den nächsten Zeilen perfekt zum Ausdruck; Keine Frau hat eine dauerhaftere Zuneigung:

„ *Jago* . Sie ist die Schlimmste für all das.

Andere . Ö! tausend, tausend Mal. Und dann von einem so sanften Zustand!

Jago . Ja, zu sanft.

Andere . Nein, das ist sicher: – aber wie schade es ist, Jago! – O Jago, wie schade es ist, Jago!"

Die Zärtlichkeit schrillt zu solch erlesener Schärfe, dass sie zu einem universellen Schrei wird, zur Klage der Seele über Verrätertum : „Wie schade das ist, Jago! O Jago, wie schade das ist!" Othellos eifersüchtige Leidenschaft erreicht ihren Höhepunkt in der Szene mit Desdemona, als er seinen Anschuldigungen präzise Worte verleiht und Emilia als schuldige Mitwisserin Geld zuwirft. Und doch erreicht seine Zärtlichkeit selbst hier, wo er Freude daran hat, seine Liebe zu vertiefen, ihren leidenschaftlichsten Ausdruck:

> *„O du Unkraut,*
>
> *Wer ist so schön, schön und riecht so süß,*
>
> *Dass der Sinn dich schmerzt – hättest du nie gehabt*
>
> *geboren worden!"*

Sobald die Eifersucht ihr Ende erreicht und in Rache übergeht, versucht Shakespeare, wieder in den Kapitän Othello einzudringen. Othellos erste Rede im Schlafgemach ist nach bestem Wissen und Gewissen klar genug, wurde aber von unintelligenten Schauspielern wie Salvini so entstellt, dass sie nach Erklärung schreit. Jeder wird sich erinnern, wie Salvini und andere, die diese Rolle spielten, sich wie Mörder in den Raum schlichen und dann brüllten, sie hätten die Toten geweckt. Und als die törichten Mummer dafür kritisiert wurden , dass sie die Figur auf diese Weise falsch interpretierten, antworteten sie dreist, dass Othello ein Maure sei, dass seine Leidenschaft dem Süden galt und ich weiß nicht, was außerdem. Es ist klar, dass Shakespeares Othello den Raum still und heimlich betritt, als ein Richter mit der Pflicht, etwas zu tun: Er hält seine Entschlossenheit auf den Punkt, indem er über die Straftat nachdenkt; er sagt feierlich:

„Es ist die Ursache, es ist die Ursache, meine Seele –"

und findet wie ein Engländer einen moralischen Grund für sein beabsichtigtes Handeln:

„Dennoch muss sie sterben, sonst wird sie noch mehr Männer verraten."

Doch der Grund verblasst und die Entschlossenheit schwankt in der Leidenschaft für ihren „Körper und ihre Schönheit", und die Zärtlichkeit des Liebhabers kommt wieder zum Vorschein:

„{Küsst sie."} O milder Atem, das kann fast überzeugen

Gerechtigkeit, ihr Schwert zu brechen ! – noch eins, noch eins. –

Sei so, wenn du tot bist, und ich werde dich töten,

Und liebe dich danach. – Noch eins, und das ist das Letzte.

So süß war noch nie so tödlich. Ich muss weinen,

Aber es sind grausame Tränen; dieser Kummer ist himmlisch;

Es schlägt dort zu, wo es liebt . – Sie wacht auf."

Einen so sanften Mörder hat man außer Macbeth noch nie gesehen, und der „himmlische Kummer", der dort zuschlägt, wo er liebt, ist eines der besten Beispiele in der Literatur für die Fähigkeit des Engländers zur heuchlerischen Selbsttäuschung. Der anschließende Dialog zeigt uns im Othello die kurzen, einfachen Sätze von unnachahmlicher Entschlossenheit; In dieser Szene kommt Shakespeare der Erkenntnis der Stärke näher als irgendwo sonst in seinem gesamten Werk. Aber auch hier zeigt sich sein Wesen; Othello muss durch Desdemonas Weinen in die Irre geführt werden, das er als Trauer über Cassios Tod ansieht, bevor er zur Tat übergehen kann, und sobald der Mord vollendet ist, bereut er:

„Oh, unerträglich! O schwere Stunde!"

Sein offenes Bekenntnis ist jedoch hervorragend charakteristisch für den Soldaten Othello:

„Ich war es , der sie getötet hat."

Einen Moment später gibt es einen perfekten poetischen Ausdruck seiner Liebe:

„Nein, wenn sie wahr gewesen wäre

Wenn der Himmel mich zu einer anderen Welt machen würde

Aus einem ganzen und perfekten Chrysolith,

Ich hätte sie dafür nicht verkauft."

Dann kommt eine Offenbarung von Sinnlichkeit und körperlicher Sorgfalt, die so eigenartig ist, dass sie an sich schon vieles von dem beweist, was ich über Shakespeare gesagt habe:

„Andere. ... Ja, er war es, der es mir zuerst erzählt hat;

Er ist ein ehrlicher Mann und hasst den Schleim

Das hängt von schmutzigen Taten ab."

Eine Atempause lang, bevor er von seinem fatalen Irrtum überzeugt ist, spricht Othello als Soldat, aber trotz der Tatsache, dass er seine Rache erfüllt hat und aufrichtig sein sollte, haben wir kein Wort, das eine tiefgreifende Selbstoffenbarung beinhaltet . Doch sobald er seinen Fehler erkennt, wird sein Bedauern so leidenschaftlich wie das einer Frau und magisch im Ausdruck:

„Kalt, kalt, mein Mädchen!

So wie deine Keuschheit."

Ein weiterer Beweis dafür, dass Shakespeare den Kapitän Othello verwirft, um seiner eigenen Eifersucht und Liebe Ausdruck zu verleihen, ist in der Ähnlichkeit zwischen dieser Rede von Othello und der entsprechenden Rede von Posthumus in „Cymbeline" zu finden. Sobald Posthumus von seinem Fehler überzeugt ist, nennt er Iachimo „italienischen Teufel" und sich selbst „gläubigsten Narren", „ungeheuerlichen Mörder" und so weiter. Er bittet um „irgendeinen aufrechten Richter ", der ihn so bestraft, wie er es verdient, mit „Seil, Messer oder Gift", ja, er wird „geniale Folterer" haben. Dann lobt er Imogen als „Tempel der Tugend", brüllt erneut Flüche über sich selbst und ruft schließlich seine Liebe an:

„O Imogen!

Meine Königin, mein Leben, meine Frau! O Imogen,

Imogen, Imogen!"

Othello verhält sich genauso; er nennt Jago diesen „Halbteufel" und sich selbst „einen ehrenhaften Mörder"; und Jago nennt ihn einen „leichtgläubigen Narren". Auch Othello schreit nach Strafe; Anstelle von „genialen Folterern" wird er „Teufel" haben, die ihn „auspeitschen" und „in Schwefel rösten ". Er lobt Desdemona als keusches, „unglückliches Mädchen", „mein Mädchen" und so weiter; dann verflucht er sich heftig und beendet seine Klage mit den Worten:

„O Desdämon ! tot, Desdemon ! tot! Ö!"

Die gleichen Stimmungsschwankungen, sogar die gleichen Worte – die Ähnlichkeit ist so groß, dass sie nur so erklärt werden kann, wie ich sie erklärt habe; Vom Anfang bis zum Ende von „Cymbeline" ist Posthumus Shakespeare, und sobald Othello von Eifersucht, Mitleid, Reue oder einer zärtlichen Emotion erfasst wird, wird er auch zu Shakespeare und spricht mit Shakespeares Stimme.

Von hier an ist alles gute, wenn nicht sogar großartige Arbeit bis hin zu Othellos letzter Rede, die besondere Beachtung verdient. Er beginnt als Kapitän, wird aber bald zum Dichter; und redet dann gegen Ende noch einmal schnell als Mann der Tat. Ich zitiere die gesamte Rede: {Fußnote: Diese Rede ähnelt seltsamerweise der langen Rede von Richard II. was mir schon aufgefallen ist; Am Anfang spricht Shakespeare ein paar Zeilen lang als König, dann natürlich als Dichter, und am Ende rafft er sich auf und versucht, die Figur wieder aufzunehmen.} Die Sätze, in denen der Dichter sich selbst verrät, werden kursiv geschrieben:

„Andere. Weich du; ein oder zwei Worte, bevor du gehst.

Ich habe dem Staat einige Dienste erwiesen, und sie wissen es;

Nicht mehr davon . – Ich bitte Sie in Ihren Briefen,

Wenn Sie diese unglücklichen Taten erzählen werden,

Sprich von mir, wie ich bin; nichts mildert ,

Auch nichts in Bosheit niederschreiben; dann musst du sprechen

Von jemandem, der nicht weise, sondern zu gut liebte;

Von jemandem, der nicht leicht eifersüchtig, aber gereizt ist

Im Extremfall ratlos; von jemandem, dessen Hand,

Wie der Basis-Indianer eine Perle weggeworfen hat

Reicher als sein ganzer Stamm; von jemandem, dessen gedämpfte Augen,

Obwohl ungewohnt an die schmelzende Stimmung,

Vergieße Tränen so schnell wie die arabischen Bäume

Ihr medizinischer Kaugummi. Setz dich hier nieder;

Und sagen Sie außerdem, dass in Aleppo einmal:

Als bösartiger Türke mit Turban

Schlage einen Venezianer und verleumde den Staat,

Ich packte den beschnittenen Hund am Hals

Und schlug ihn — so. "

Alle denkwürdigen Worte hier sind die Worte des sanften Dichters, der auf unbefangene Weise seine eigene Natur offenbart. Die Erleichterung, die Tränen vermitteln, kommt wunderbar zum Ausdruck, aber die Erleichterung selbst ist eine weibliche Erfahrung; Männer stellen normalerweise fest, dass Tränen sie demütigen und flüchten vor ihrer glühenden Scham in Wut. Um zu erkennen, wie unmöglich es für Shakespeare war, einen Mann der Taten darzustellen, müssen die unsterblichen Sätze der Trauer des Dichters mit den prahlerischen Reden des Kapitäns am Ende verglichen werden.

In den ersten beiden Akten hat Shakespeare versucht, Othello der dramatischen Fiktion eine gewisse Aufrichtigkeit und Wahrheit zu verleihen. Aber sobald Eifersucht Othello berührt, wird er zum durchsichtigen Gefäß von Shakespeares eigener Emotion und wird davon wie mit seinem Herzensblut erfüllt. Alle magischen Phrasen im Stück sind Phrasen von Eifersucht, Leidenschaft und Mitleid. Der Charakter des Kapitäns in Othello wird nie wirklich erkannt. Es ist eine mutige Skizze, aber im Vergleich zu Hamlet oder Macbeth nur eine dürftige Skizze. Wir wissen, was sie über Leben und Tod und über alle Dinge in der Welt und darüber dachten; aber was wissen wir über Othellos Gedanken zu den tiefsten Angelegenheiten, die den Menschen betreffen? Glaubte er überhaupt an seine Geschichten an Desdemona? – an die Männer, deren Köpfe unter ihren Schultern wachsen? in seinem magischen Taschentuch? in dem, was Jago seine „fantastischen Lügen" nennt? Ich behaupte, dass dies ein weiterer wichtiger Hinweis darauf ist, dass Shakespeare Othello, den Kapitän, von außen gezeichnet hat; sein eifersüchtiges, zartes Herz ist Shakespeares, aber wenn man das wegnimmt, wissen wir kaum mehr über ihn als die Farbe seiner Haut. Was uns an Othello interessiert, ist nicht seine Stärke, sondern seine Schwäche, Shakespeares

Schwäche – seine Leidenschaft und sein Mitleid, seine Folter, Wut, Eifersucht und Reue, die aufeinanderfolgenden Etappen des Kalvarienbergs seiner Seele!

KAPITEL IX.
DRAMAS DER LUST: TEIL I. *Troilus und Cressida*

Mit „Hamlet" und seinen Träumen von einer unmöglichen Rache beseitigte Shakespeare einige der gefährlichen Dinge, die der Verrätertum seines Freundes in ihm hervorgerufen hatte. In „Othello" gab er dem Wahnsinn seiner eifersüchtigen Wut einen unsterblichen Ausdruck und reinigte so seine Seele gewissermaßen von dieser giftigen Infektion. Aber die Leidenschaft überlebte bei Shakespeare den Hass auf den Verräter und die Eifersucht auf ihn; er war schnell mit Herbert fertig; aber Mary Fitton lebte immer noch für ihn und versuchte ihn ständig – die Lust des Fleisches, die Sehnsucht des Auges, unersättlich, grausam wie das Grab. Er wird uns nun seine Herrin auf dramatische Weise porträtieren – ihre Seele enthüllen, die Zigeunerin zeigen, wie sie ist. Er, der schon immer im Glanzlicht gemalt hat, malt jetzt französische Mode in den schwärzesten Schatten, denn mit den Jahren sind seine Leidenschaft und seine Bitterkeit immer intensiver geworden. Mary Fitton ist jetzt „falsche Cressid ". Pandarus sagt in der ersten Szene des ersten Akts über sie:

„ Und ihre Haare waren nicht etwas dunkler als die von Helen – nun ja,

Gehe zu – es gab keinen Vergleich mehr zwischen

die Frauen."

Wir wissen, dass Mary Fittons Haar rabenschwarz war, aber die Beweise, die Shakespeares Geliebte mit dem „falschen Cressid " in Verbindung bringen, sind, wie wir sehen werden, stärker als jede einzelne Zeile oder jeder Ausdruck.

„Troilus und Cressida" ist ein elendes, wirbelloses Stück ohne auch nur eine Hauptinteressensrichtung. Natürlich gibt es darin schöne Phrasen, wie in den meisten Inszenierungen aus der Reifezeit Shakespeares; Aber die Charakterisierung ist schlimmer als nachlässig, und zunächst fragt man sich, warum Shakespeare das langweilige, törichte Zeug geschrieben hat, außer um seine eigene Bitterkeit in der Beschimpfung von Thersites und in der

Darstellung von Cressidas schamloser Übermut loszuwerden. Es besteht kein Zweifel daran, dass der „falsche Cressid " für Mary Fitton bestimmt war. In dem Moment, in dem sie erscheint, beginnt das Stück zu leben; persönliche Bitterkeit verwandelt ihr Porträt in eine Karikatur; jeder Fehler wird übertrieben und mit Wut gegeißelt; Es ist weniger ein Drama als vielmehr eine Szene, in der Shakespeare seine Geliebte beleidigt.

Betrachten wir diese Phase seiner Leidenschaft aus der Perspektive. Fast sobald er Miss Fitton kennengelernt hatte, etwa zu Weihnachten 1597, beschrieb Shakespeare sie als eine Zügellose; Doch solange sie sich ihm hingab , schien er in der Lage gewesen zu sein, in seiner Zärtlichkeit Zuflucht zu suchen und ihre Irrwege zu ertragen . Aber die Leidenschaft in ihm wuchs mit dem, was sie nährte, und nachdem sie Lord Herbert kritisiert hatte, finden wir ihn in einem Sonett, in dem er ihr drohte, dass sein „Mitleid erregender Schmerz" ihn dazu veranlassen könnte, über sie zu schreiben, wie sie war. Zweifellos empörten sich ihr Stolz und ihre verächtliche Stärke unter dieser Behandlung und sie zog sich von ihm zurück. Von Verlangen gequält, lobte er sie dann mit einigen erstaunlichen Sätzen; Nennen Sie sie „das Herzblut der Schönheit, die unsichtbare Seele der Liebe", und nach einigem Zögern gab sie wieder nach. Kaum war die „zerstörte Liebe" wieder aufgebaut, würde sie erneut beleidigen, und erneut würde er fluchen und drohen, und so stürmte das elende, halb elende, halb ekstatische Leben der Leidenschaft dahin, einen Moment im Himmel, den nächsten in der Hölle .

Die ganze Zeit über sehnte sich Shakespeare nach Wahrheit und Beständigkeit, oder zumindest glaubte er sich danach zu sehnen, und schließlich gab er seinem Wunsch nach gesiebter Reinheit der Liebe und vollkommener Beständigkeit Form und Namen, und dieses tröstliche, aber ungreifbare Ideal nannte er Ophelia, Desdemona, Cordelia . Aber Miss Fitton eroberte ihn immer wieder zurück und schließlich zwang ihn seine angestaute Verbitterung, seine Geliebte realistisch darzustellen. Cressida ist sein erster Versuch, das erste dramatische Porträt der Geliebten, die Shakespeare ins Blut gelangte und den Strom seines Wesens infizierte, und das Porträt wird durch den Hass und die Verachtung des Dichters verdorben, so wie das ganze Drama durch eine Leidenschaft der Bitterkeit verdorben ist ist sicherlich das Zeichen intensiven persönlichen Leidens. Cressida wird als abscheuliche, mutwillige, von Natur aus eintönige dargestellt; aber es ist nicht einmal Teil dieser Vorstellung, sie seelenlos und teuflisch zu machen. Im Gegenteil, ein Künstler mit Shakespeares fantasievoller Sympathie liebt es, die Körnchen des Guten im Bösen und den Hauch des Bösen im Guten, die der Menschheit ihre seltsame Komplexität verleihen, deutlich hervorzuheben. Shakespeare befolgte diese Regel der dramatischen Darstellung konsequenter als jeder seiner Vorgänger oder Zeitgenossen — konsequenter und feiner als Homer oder Sophokles, deren Helden nur solche

Fehler hatten, die ihre Schöpfer für Tugenden hielten; Warum vergaß er dann die Natur so sehr, dass er sich die „falsche Cressida" ohne eine erlösende Qualität vorstellte? Er zeigt sie zunächst beim Kokettieren mit Troilus, und ihre Koketterie ist sogar unattraktiv, oberflächlich und offensichtlich; dann gibt sie sich aus leidenschaftlichem Verlangen Troilus hin; aber Shakespeare versäumt uns zu sagen, warum sie sich gleich danach mit Diomedes beschäftigt. Wir müssen lediglich verstehen, dass sie das ist, was Odysseus eine „schlampige Gelegenheitsbeute" und „Tochter des Spiels" nennt. Aber da leidenschaftliches Verlangen nicht notwendigerweise treulos ist , sind wir über ihre seelenlose Wollust beunruhigt und verwirrt. Und als sie Diomedes dann den Schal überreicht, den Troilus ihr gegeben hat, empören wir uns; Die Frau ist zu voller Blut, um so völlig herzlos zu sein. Hier ist die Szene, die darüber verbittert ist, dass Troilus Zeuge von Cressidas Verrat wird:

> *„Diomedes. Ich hatte schon einmal dein Herz, das folgt darauf.*
>
>
> *Troilus. {Beiseite.} Ich habe Geduld geschworen.*
>
>
> *Cressida. Du wirst es nicht haben, Diomed, den Glauben wirst du nicht haben;*
>
> *Ich gebe dir etwas anderes.*
>
>
> *Diomedes. Ich werde das haben: Wem gehörte es?*
>
>
> *Cressida. Es ist egal.*
>
>
> *Diomedes. Komm, sag mir, wem es gehörte?*
>
>
> *Cressida. Es war einer, der mich mehr liebte als du,*
>
> *Aber jetzt, wo du es hast, nimm es. "*

Die Szene ist eine großartige dramatische Szene, ein aus dem Leben gerissenes Stück, so realistisch, dass sie überzeugt, und doch rebellieren wir; wir haben das Gefühl, dass wir dem Geheimnis nicht auf den Grund gegangen sind. In Cressida steckt so viel Böses, dass wir den Funken des Guten in ihr sehen wollen, so flüchtig und wirkungslos der Funke auch sein mag. Doch Shakespeare macht aus seinem Rechtfertigungsversuch ein Eingeständnis absoluter Untreue:

„Troilus, lebe wohl! Ein Auge blickt dich noch an,

Aber mit meinem Herzen sieht das andere Auge.

Ah! Arm, unser Sex! Diesen Fehler in uns finde ich,

Der Fehler unseres Auges lenkt unseren Geist."

Dies ist eindeutig Shakespeares Reflexion und nicht Cressidas Entschuldigung, und wenn wir diese Rede mit dem oben gegebenen Dialog vergleichen, wird meiner Meinung nach klar, dass die schreckliche Szene mit Diomedes aus dem Leben stammt oder zumindest Shakespeares Vision vom Weg Marias ist Fitton benahm sich. In diesen teuflischen Worten von Cressida liegt eine Magie, die die Vorstellungskraft übertrifft:

„ Es war einer, der mich mehr liebte als du,

Aber jetzt, wo du es hast, nimm es."

Und dann:

„Süßer, süßer Grieche, verführe mich nicht mehr zur Torheit:"

Die Kraft der Charakterisierung macht die Verräterin hasserfüllt. Wenn Mary Fitton Lord Herbert jemals Shakespeare schenkte, hätte die Dramatikerin wissen müssen, dass sie ihn nicht mehr liebte, ihn in Wirklichkeit in ihrer neuen Leidenschaft bereits vergessen hatte; Aber eine Frau so darzustellen, als würde sie sich an einen Liebhaber erinnern, ihn tatsächlich immer noch lieben und dennoch sein Geschenk einem anderen geben, ist in der Kunst ein Vergehen, auch wenn es der Natur entspricht. Es ist ein Fehler der Kunst, weil es unmöglich ist, es in ein paar Zeilen zu begründen. Die Tatsache des Geschenks ist schon schlimm genug; Ohne Erklärung ist es schrecklich. Aus diesem und anderen Gründen schließe ich, dass Shakespeare diese Tatsache aus seiner eigenen Erfahrung übernommen hat: Er hatte, wie mir scheint, unter einem solchen Verrätertum seitens seiner Geliebten gelitten, oder er schrieb Mary Fitton einen eigenen Verrätertum zu.

Im Sonett 122 findet er eine gewichtige Entschuldigung dafür, dass er das Tischbuch, das ihm sein Freund geschenkt hatte, weggegeben hat. Seine eigenen eingestandenen Unzulänglichkeiten hätten ihn vielleicht gelehrt, seiner zerbrechlichen Liebe gegenüber ein milderes Urteil zu fällen.

Doch als Shakespeare „Troilus und Cressida" schrieb, erfasste ihn eine bittere Leidenschaft; er verunglimpfte nicht nur Cressida, sondern die ganze Welt, Agamemnon, Nestor, Achilles, Ajax; Tatsächlich scheint ihm die Beschimpfung von Thersites mehr Freude bereitet zu haben als an jedem anderen Teil des Werkes, mit Ausnahme der Geißelung von Cressida. Er schockiert uns mit dem Bild von Achilles und seinen Myrmidonen, die Hektor ermorden, als sie ihn unbewaffnet überfallen.

Ein oder zwei zufällige Schwierigkeiten müssen geklärt werden, bevor wir zu einem größeren Spiel übergehen.

„Troilus und Cressida" galt schon immer als eine Art Rätsel. Professor Dowden fragt: „Mit welcher Absicht und in welchem Geist schrieb Shakespeare diese seltsame Komödie? Alle griechischen Helden, die gegen Troja kämpften, sind gnadenlos der Lächerlichkeit ausgesetzt?" Und aus dieser Tatsache und der Bitterkeit von „Timon" haben einige deutsche Kritiker den Schluss gezogen, dass Shakespeare nicht in der Lage war, das griechische Leben zu verstehen, und dass er seine Römer tatsächlich nur deshalb so perfekt verstand, weil der Römer dem Briten in seiner Beherrschung des Praktischen sehr ähnlich war Angelegenheiten, Einzelheiten der Verwaltung und der Regierung. Das ist ein hervorragendes Beispiel deutscher Vorurteile. Niemand hätte besser befähigt sein können als Shakespeare, die griechische Zivilisation und die griechische Kunst mit ihrer überragenden Liebe zur plastischen Schönheit zu verstehen, aber sein Meister Plutarch gab ihm weitaus bessere Bilder vom römischen Leben als vom griechischen Leben, teilweise weil Plutarch in der römischen Zeit lebte Herrschaft und zum Teil, weil er mit den Meistern der praktischen Angelegenheiten viel enger sympathisierte als mit Künstlern in Stein wie Phidias oder Künstlern in Gedanken wie Platon. Die wahre Erklärung für Shakespeares Karikaturen des griechischen Lebens, sei es homerisch oder athenisch, liegt in der Tatsache, dass er davon nicht nur völlig unwissend war, sondern auch Vorurteile dagegen hegte. Und dieses Vorurteil hatte in ihm offensichtlich eine Wurzel. Chapman hatte gerade die ersten Bücher seiner Ilias übersetzt und veröffentlicht, und Chapman war der Dichter, den Shakespeare in den Sonetten 78–86 als seinen Rivalen bezeichnet. Er kann sich ein Lächeln über den „angespannten Touch" von Chapmans Rhetorik und seine umfangreiche Gelehrsamkeit nicht verkneifen. Wer sich an die erste Szene von „Love's Labour's Lost" erinnert, wird sich daran erinnern, wie Shakespeare sich in diesem frühen Werk über das Lernen lustig machte und das Lernen verspottete. Als er London zum ersten Mal erreichte , wurde er zweifellos wegen seiner Unkenntnis der griechischen und lateinischen Sprache verachtet; Er hatte den Spott und die Schmähungen der vielen ertragen müssen, die Gelehrsamkeit, Universitätsausbildung und Vornehmheit höher schätzten als Genialität. Er nutzte die erste Gelegenheit, seinen Kritikern zu antworten:

Aber die Verspottungen ärgerten ihn, und als die bitteren Tage der Enttäuschung und Ernüchterung kamen, nahm er das griechische Leben auf, das sein Rivale versucht hatte, in seinen schönsten Farben darzustellen , und zeigte, was er für die dunkle Seite davon hielt. Hätte er jedoch etwas über das griechische Leben und die griechische Kunst gewusst, wäre es ihm ein Vergnügen gewesen, seinen Rivalen zu übertrumpfen, indem er gleichzeitig eine wahrheitsgetreuere und fairere Darstellung Griechenlands gegeben hätte, als Chapman es sich vorstellen konnte. Es ist die Rivalität Chapmans, die Shakespeare dazu verärgert, in „Troilus und Cressida" das griechische Leben mit Verachtung zu überschütten. Wie Chapman für die Griechen war, ergriff Shakespeare Partei für die Trojaner.

Aber warum gehe ich davon aus, dass „Troilus und Cressida" früher ist als „Antonius und Kleopatra"? Einige Kritiker, darunter auch Dr. Brandes, ordnen es später ein, und sie haben einen bestimmten Grund für ihre Annahme. Die Bitterkeit in „Troilus und Cressida", sagen sie zu Recht, sei intensiver; und da Shakespeares Enttäuschung über Menschen und Dinge offenbar von „Hamlet" zu „Timon" oder von 1602 bis 1607–1608 zugenommen hatte, spielten sie das bitterere Stück später. So überzeugend diese Argumentation auch ist, ich kann nicht glauben, dass Shakespeare Cressida hätte malen können, nachdem er Kleopatra gemalt hatte. Für beide Frauen hat offenbar das gleiche Modell gedient; Aber während Kleopatra vielleicht das großartigste Porträt einer Kurtisane in der gesamten Literatur ist, ist Cressida eine grobe und harte Skizze, wie sie sich vielleicht ein Dumas oder ein Pinero ausgedacht hätte.

Ich halte es für mehr als wahrscheinlich, dass „Troilus und Cressida" um 1603 geplant und die Liebesgeschichte zumindest geschrieben wurde, als Shakespeares Erinnerung an einen Verrat seiner Geliebten noch lebhaft und deutlich war. Das Stück wurde vier oder fünf Jahre später wieder aufgenommen und der Charakter des Odysseus vertiefte und stärkte sich. In dieser späteren Überarbeitung ist der Ausblick so durchdringend-traurig, die Phrasen einer solchen Schwangerschaft, dass das Werk zu Shakespeares reifer Reife gehören muss. Darüber hinaus ist er wie in allen seinen späteren Werken vergleichsweise nachlässig geworden, was die Charakterisierung angeht; Er gibt Achilleus seine weisen Sprüche fast ebenso freizügig weiter wie Odysseus.

„Troilus und Cressida" ist interessant, weil es die Meinung bestätigt, dass Chapman tatsächlich der rivalisierende Dichter war, auf den sich Shakespeare in den Sonetten bezog, und vor allem, weil es uns zeigt, wie die Geliebte des Dichters in einem Zorn erotischer Leidenschaft dargestellt wird, der so heftig ist, dass sie sich selbst besiegt. und das Porträt wird zu einer unglaublichen Karikatur – darin liegt der Wahnsinn. „Troilus und Cressida" weist auf „Lear" und „Timon" hin.

KAPITEL X.
DRAMAS DER LUST: TEIL II. *Antonius und Kleopatra*

Wir kommen nun zum schönsten Werk Shakespeares, dem Drama, in dem seine Leidenschaft für Mary Fitton ihren höchsten Ausdruck findet.

„Antonius und Kleopatra" ist eine erstaunliche Inszenierung, die selbst in England noch nicht gebührend gewürdigt wird und wahrscheinlich auch in den nächsten Jahren nirgendwo in vollem Umfang gewürdigt werden wird. Aber wenn wir Engländer endlich das dunkle Gefängnis des Puritanismus verlassen haben und einige Zeit im Sonnenlicht gelebt haben, wo die Wegkreuze unter Kletterrosen versteckt sind, werden wir in unserer Liebe zu Shakespeare wahrscheinlich „Antonius und Kleopatra" mit „Hamlet" verbinden höchste Werke. Es war passend, dass derselbe Mann, der „Romeo und Julia", die unvergleichliche Symphonie der ersten Liebe, schrieb, auch „Antonius und Kleopatra" schrieb, die weitaus wunderbarere und schrecklichere Tragödie reifer Leidenschaft.

Beginnen wir mit dem am wenigsten interessanten Teil des Stücks, und wir werden sehen, dass sich alle darin enthaltenen Schwierigkeiten von selbst lösen, sobald wir es als Shakespeares eigenes Bekenntnis betrachten. Wo auch immer er Plutarch verlässt, um seine eigene Geschichte zu erzählen.

Einige Kritiker haben Shakespeare die Sinnlichkeit von „Romeo und Julia" vorgeworfen; Soweit ich mich erinnern kann, hat niemand die sapphische Intensität von „Antonius und Kleopatra" beschuldigt, wo die Lust des Fleisches und das Verlangen des Auges triumphierend herrschen. Professor Dowden sagt tatsächlich: „Der Geist des Stücks ist, auch wenn es oberflächlich betrachtet üppig erscheint , im Wesentlichen streng." Das heißt, Shakespeare bleibt dieser Tatsache treu." Antonius und Kleopatra töten sich tatsächlich selbst, und so wird konventionelle Tugend durch Selbstmord gerechtfertigt. Ein so oberflächliches und falsches Urteil ist ein malerisches Beispiel für den mittelviktorianischen Geschmack: Es erinnert mich an das Rosshaarsofa und den Antimacassar. Hätte Professor Dowden Shakespeare die historischen Fakten ändern lassen, sodass Antonius Caesar besiegte und Kleopatra über den Tod triumphierte? Hätte dies ausgereicht, um dem Professor zu beweisen, dass Shakespeares Moral nicht seine ist und dass das Stück sicherlich das üppigste in der modernen Literatur ist? Nun, genau das hat Shakespeare getan. Im gesamten Stück ist Cäsar eine untergeordnete Figur, während Antonius der Protagonist ist und all unsere Sympathien weckt; Wann immer sie Antony treffen, zeigt er sich als die größere, reichere und großzügigere Natur. In jeder Tat besiegt er Cäsar; Er hinterlässt in uns den wunderschönen, unauslöschlichen Eindruck einer großartigen Persönlichkeit, deren hervorragendes Temperament jeden zur Bewunderung und Liebe anregt. Caesar hingegen wirkt wie eine Rechenmaschine.

Aber Shakespeares Treue zu dieser Tatsache ist so außergewöhnlich, dass er Caesar eine Rede hält, die seine moralische Überlegenheit gegenüber Antonius zeigt. Als seine Schwester weint, als sie erfährt, dass Antonius zu Kleopatra zurückgekehrt ist, fordert Caesar sie auf, ihre Tränen zu trocknen.

...

Aber lassen Sie die Dinge vom Schicksal bestimmt werden

Halten Sie sich unbekümmert auf den Weg ... "

Diese Zeile allein reicht aus, um zu zeigen, warum Antonius besiegt wurde; die Macht des kaiserlichen Roms liegt in der großen Phrase; Aber Shakespeare wird die Unterlegenheit seines Favoriten nicht zugeben , und um Antonys Niederlage zu erklären, stellt Shakespeare das Glück als gegen ihn gerichtet dar, Glück oder Schicksal, und dies ist nicht der einzige oder sogar der Hauptbeweis für die Parteilichkeit des Dichters. Pompeius, der Cäsar kaum bemerkt, als Antonius bei ihm ist, sagt über Antonius:

„ Sein Soldatentum

Ist doppelt so groß wie die anderen beiden. "

Und tatsächlich scheint Antonius in dem Stück in der Lage zu sein, Cäsar zu schlagen, wann immer er möchte oder wann immer er nicht verraten wird.

Alle Persönlichkeiten des Stücks preisen Antonius, und als er stirbt, spricht Agrippa, Caesars Freund, die großartigste Lobrede auf ihn:

„Niemals einen selteneren Geist

Lenkte die Menschheit; aber ihr, Götter, werdet uns geben

Einige Fehler machen uns zu Männern. "

Antonius darf sich zuletzt sogar trösten; Er erklärt jubelnd, dass in der anderen Welt die Geister kommen werden, um ihn und Kleopatra anzustarren, und:

„Dido und ihr Aeneas werden Truppen brauchen. "

Shakespeare bringt den siegreichen Cäsar dazu, die Wahrheit dieser Prahlerei einzugestehen:

„Kein Grab auf der Erde wird darin versinken

Ein so berühmtes Paar. "

Im Leben allgemeine Bewunderung und Liebe und im Tod unvergängliches Ansehen zu gewinnen, bedeutet, trotz Misserfolg und Selbstmord erfolgreich zu sein, und das ist die Lektion, die Shakespeare in Plutarchs Geschichte hineininterpretiert hat. Sogar Enobarbus wird zuletzt von Antonys edler Großmut erobert. Aber warum zeigt Shakespeare diese außergewöhnliche, diese extravagante Vorliebe für ihn, der „der Blasebalg und der Fächer war, um die Lust eines Zigeuners zu kühlen", für diesen Marc Antony, der der Herr der Welt hätte sein können, und der das Imperium, das Leben, und die Ehre , „ein Trompetennarr" zu sein? Es gibt nur eine mögliche Erklärung: Shakespeare empfand die intensivste und innigste Sympathie für Antonius, weil auch er der Sklave der Leidenschaft war und selbst mit seiner dunklen Geliebten Mary Fitton die ultimative Erniedrigung der Lust erlebt hatte. Aus diesem Grund übernahm er Plutarchs Porträt des Antonius und veränderte es durch die Betonung der königlichen Züge. In dem Stück nimmt Antony, wie Dr. Brandes sieht, so etwas wie eine „Künstlernatur" an. Es ist die Größe und Schwäche des Antonius; das Schauspiel eines hohen Intellekts, der mit einer überwältigenden Sinnlichkeit kämpft; von edler Natur im Widerspruch zu leidenschaftlicher menschlicher Schwäche, die ihn bei Shakespeare beliebt machte. Auch der Prunk des Antonius und seine königliche Persönlichkeit gefielen unserem Dichter. Sobald Shakespeare erwachsen geworden war, begann er, sich selbst als Monarchen darzustellen; Von der „Zwölften Nacht" an nahm er in seinen Stücken den königlichen Status ein, und sicherlich muss er in dieser Figur des Antonius für einen Moment seine Sehnsucht nach königlicher Pracht und Herrschaft befriedigt haben. Von der ersten bis zur letzten Szene ist Antonius von Natur aus ein König der Menschen.

Es ist jedoch klar, dass Antonius' Stolz, seine überragende Beherrschung des Lebens und der Hauch herrischer Brutalität, die ihm innewohnen, allesamt Züge von Plutarch sind und in der Tat völlig unvereinbar mit Shakespeares eigenem Charakter sind. Hätte Shakespeare diese Eigenschaften besessen, wären seine Porträts von Männern der Tat unendlich besser gewesen, als sie sind, während seine Porträts des sanften Denkers und Liebhabers der Künste, seiner Hamlets und seiner Herzöge, zu suchen gewesen wären.

Die persönliche Note jeder seiner großen Tragödien ist, dass Shakespeare das Gefühl hat, im Leben gescheitert zu sein, kläglich gescheitert zu sein. Sein Brutus scheiterte unseres Erachtens zwangsläufig an seiner Zurückhaltung gegenüber dem praktischen Leben; Auch sein Coriolanus musste scheitern und vermisst durch seine Fehler fast das Mitgefühl; aber dieser Antonius hätte nicht scheitern dürfen: Wir können nicht verstehen, warum der Mann die Seeschlacht verlässt, um der Flucht Kleopatras zu folgen, die erst ein oder zwei Akte zuvor, mit geringerer Vernunft, seine Gefahr erkannte und sich von seiner Zauberin lösen konnte. Doch die Leidenschaft des Verlangens, die Antonius beherrscht, wird so großartig dargestellt; ist auch in uns allen so vorherrschend, dass wir es sofort als Erklärung für das Unerklärliche akzeptieren.

So wie Shakespeare Antonius adelte, erlaubte ihm die historische Tatsache der endgültigen Niederlage und des Scheiterns, Kleopatra zu degradieren. Und das tat er bereitwillig , denn von dem Moment an, als er das Thema aufgriff, identifizierte er die Königin von Ägypten mit seiner eigenen treulosen Geliebten, Mary Fitton, die er bereits als „falsche Cresside " darzustellen versucht hatte. Diese Identifikation seiner selbst und seiner eigenen Leidenschaftserfahrung mit den Personen und Leidenschaften der Geschichte erklärt einige der Fehler des Dramas; und zugleich die Quelle seiner einzigartigen Pracht .

In diesem Stück haben wir das schönste Beispiel für den Konflikt zwischen Shakespeares nachgiebigem poetischem Temperament und der Strenge seines Intellekts. Wie wir gesehen haben, lobt er Antonius von allen Seiten; Er liebte den Mann als eine Art großartiges *Alter Ego* , und doch ist seine intellektuelle Fairness so außergewöhnlich, dass es ihn dazu zwang, einen Charakter zu erschaffen, der die Wahrheit auch gegen den Liebling seines Herzens hochhalten sollte . Dr. Brandes spricht von Enobarbus als einer „Art Chor"; er ist weit mehr als das; Er ist das intellektuelle Gewissen des Stücks, sozusagen ein Gewicht, um das Gleichgewicht wiederherzustellen, das Shakespeare einmal und nie wieder verwendet hat. Was für ein Eingeständnis persönlicher Parteilichkeit! Ein einziges Beispiel wird ausreichen, um meinen Standpunkt zu beweisen: Shakespeare lässt Antonius Kleopatra für die Flucht nach Actium verantwortlich machen und schafft es fast, die unmännliche Schwäche der Klage durch seine unendlich pathetische Formulierung zu verbergen:

„Wohin haben sie mich geführt, Ägypten?

Wenig später fragt Kleopatra:

„Ist Antony oder wir daran schuld?"

und sofort bringt Enobarbus die genaue Wahrheit zum Ausdruck:

> *„Nur Antony, das wäre sein Testament*
>
> *Herr seiner Vernunft. Was wäre, wenn du geflohen wärst?*
>
> *. . . . . .*
>
> *. . . warum sollte er folgen?"*

Immer wieder macht Antonius Kleopatra Vorwürfe, und immer wieder wird Enobarbus dazu benutzt, uns die Wahrheit vor Augen zu halten. Einige dieser Vorwürfe scheinen mir so übertrieben und unbegründet zu sein, dass sie die persönliche Leidenschaft des Dichters offenbaren. Antonius beleidigt beispielsweise Kleopatra:

> *„Du warst schon immer ein Trottel."*

Und der Beweis dafür ist:

> *„Ich fand dich wie einen kleinen, kalten Bissen*
>
> *Der Grabenbagger des toten Caesars."*

Aber Kleopatras wichtigster Ruhmestitel war die Tatsache, dass sie Cäsars Geliebte gewesen war. Shakespeare beschimpft hier wahrscheinlich Mary Fitton, weil sie von einem frühen Liebhaber verlassen wurde. Merkwürdigerweise erhöht diese Schwäche des Antonius die Komplexität seines Charakters, während die naturalistische Leidenschaft seiner Worte die Wirkung des Stücks enorm steigert. Immer wieder dient Shakespeares persönliche Rachsucht in diesem Drama einem künstlerischen Zweck. Die Geschichte von „Troilus und Cressida" ist an sich niedrig und abscheulich, und wenn sie mit Shakespeares Bitterkeit aufgeladen ist, übersteigt sie die Wahrscheinlichkeit; Aber die Liebe von Antonius und Kleopatra ist so überwältigend, dass sie in den Ruin, in den Selbstmord und darüber hinaus mündet und, wenn sie durch Shakespeares persönliche Gefühle verstärkt wird, zu einem Meisterwerk der Welt wird.

Wir haben bereits gesehen, dass die feminine Beschimpfung, die Shakespeare dem Antonius in den Mund legt, die realistische Wirkung verstärkt, und ebenso verwandeln die niedrige Gerissenheit, das Temperament und die gemeine Gier, die er Kleopatra zuschreibt, sie von einer etwas unverständlichen historischen Marionette in eine das prächtigste Exemplar der Kurtisane in der Weltliteratur. Heine bezeichnet sie verächtlich als eine „behütete Frau", aber der Beiname zeigt nur, wie Heine in Unwissenheit auf seine rassistische Gabe der Verunglimpfung der Frau zurückgriff. Noch bevor sie eintritt, sehen wir, dass Shakespeare seiner dunklen, verächtlichen Geliebten nicht vergeben hat; Kleopatra ist das schönste Bild, das er je von Mary Fitton gemalt hat; Aber Antonys Freunde sagen uns gleich zu Beginn, sie sei eine „lüsterne Zigeunerin", eine „Stramplerin", und zunächst spielt sie lediglich mit Antonys Männlichkeit; sie schickt nach ihm, und als er kommt, geht sie weg. Wenig später sendet sie erneut und teilt ihrem Boten mit:

> *„Ich habe dich nicht geschickt: Wenn du ihn traurig findest,*
>
> *Sag, ich tanze; Wenn Sie fröhlich sind, melden Sie sich*
>
> *Dass ich plötzlich krank werde: schnell und zurück. "*

Und als Charmian, ihre Frau, erklärt, dass der beste Weg, einen Mann zu behalten, darin besteht, „ihm in Nichts zu übergehen", antwortet sie verächtlich:

> *„Du lehrst wie ein Narr, wie man ihn verliert. "*

Sie nutzt ein Dutzend Sticheleien, um ihren Geliebten davon abzuhalten, sie zu verlassen; Doch als sie sieht, dass er entschlossen ist, wünscht sie ihm Sieg und Erfolg. Und so entdecken wir durch unzählige Stimmungsschwankungen und listige List die Liebe zu Antony, die der Anker ihrer labilen Natur ist.

Die Szene mit dem Eunuchen Mardian ist ein kleines Juwel. Sie fragt:

> *„Hast du Zuneigung?*
>
> *Mar. Ja, gnädige Frau.*
>
> *Cleo. In der Tat?*
>
> *Mar. Nicht in der Tat, meine Dame; denn ich kann nichts tun.*
>
> *Aber was ist eigentlich ehrlich zu tun?*
>
> *Dennoch habe ich heftige Zuneigungen und denke nach*
>
> *Was Venus mit Mars gemacht hat.*
>
> *Cleo. Oh, Charmian!*
>
> *Wo denkst du, ist er jetzt? Steht er oder sitzt er? "*

Sie ist wieder bei ihrem Geliebten, erinnert sich an seinen Ausspruch „meine Schlange vom alten Nil" und ernährt sich von dem „köstlichen Gift" der Liebe.

Kaum gewinnt sie durch ihre Leidenschaft für Antonius unsere Sympathie, dämpft Shakespeare unsere Bewunderung, indem er sie als Kurtisane zeigt:

> *„Cleo. Habe ich, Charmian,*
>
> *Haben Sie Caesar jemals so geliebt?*
>
> *Verkohlen. O, dieser tapfere Cäsar!*
>
> *Cleo. Lassen Sie sich von solch einer anderen Betonung ersticken!*
> *Sag mal, der tapfere Antonius.*
>
> *Verkohlen. Der tapfere Cäsar!*
>
> *Cleo. Bei Isis, ich werde dir blutige Zähne geben*
> *Wenn du wieder mit Caesar vorbildlich bist*
> *Mein Mann der Männer.*
>
> *Verkohlen. Mit Ihrer gnädigsten Verzeihung,*
> *Ich singe aber nach dir.*
>
> *Cleo. Meine Salattage,*
> *Als mein Urteil grün war: kalt im Blut,*
> *Um es so zu sagen, wie ich es damals gesagt habe!"*

Wir sehen und kennen sie bereits, ihre List, ihre Leidenschaft, ihr hitziges Temperament, ihre chamäleonartigen Veränderungen, ihren subtilen Charme in Person und Wort, und doch sind wir noch nicht am Ende des ersten Akts angelangt. Neben Falstaff und Hamlet ist Kleopatra das erstaunlichste Porträtwerk von Shakespeare. Enobarbus gibt ihr die Seele:

"Ameise. Sie ist gerissen, jenseits aller menschlichen Gedanken.

Eno. Alack, Sir, nein; Ihre Leidenschaften bestehen aus nichts

aber der schönste Teil der reinen Liebe ...

Ameise. Hätte ich sie nie gesehen!

Eno. O mein Herr, Sie hatten damals etwas Wunderbares ungesehen

hinterlassen

Arbeit; womit ich nicht gesegnet worden wäre

haben Ihre Reise diskreditiert."

Hier äußert Shakespeare seine wahre Meinung über Mary Fitton: Dann kommt der wundersame Ausdruck:

„Das Alter kann sie nicht verwelken, noch kann die Sitte abgestanden

sein

Ihre unendliche Vielfalt. Andere Frauen sind übermütig

Der Appetit, den sie stillen; aber sie macht hungrig

Wo sie am meisten befriedigt."

Akt für Akt macht Shakespeare das Porträt komplexer und perfekter. Im zweiten Akt fordert sie Musik wie die dunkle Dame der Sonette:

„Musik – launisches Essen von uns, die wir mit Liebe handeln"

und dann wird sie keine Musik haben, sondern Billard spielen, und auch kein Billard, sondern angeln und denken, jeder Fisch habe einen Antony gefangen. Und wieder fliegt sie in die Erinnerung:

„Dieses Mal – O Zeiten! –

Ich lachte ihn aus Geduld aus; und in dieser Nacht

Ich brachte ihn durch Lachen zur Geduld; und am nächsten Morgen,

Noch vor der neunten Stunde trank ich ihn zu Bett;

Der Charme des Ganzen, der unsterbliche Charme und die erstaunliche Wahrhaftigkeit! Der Bote kommt herein und sie verspricht ihm als gute Nachricht „Gold und ihre blauesten Adern zum Küssen". Als sie hört, dass es Antony gut geht , schüttet sie noch mehr Gold auf ihn aus, aber als er in seinem Vortrag innehält, hat sie Lust, ihn zu schlagen. Als er erzählt , dass Cäsar und Antonius Freunde sind, ist es ein Vermögen, das sie geben wird; Doch als sie erfährt, dass Antony mit Octavia verlobt ist, wendet sie sich mit „Ich bin blass, Charmian" an ihre Frauen, und als sie hört, dass Antony verheiratet ist, gerät sie in Wut, schlägt den Boten nieder und jagt ihn im Zimmer auf und ab an seinen Haaren. Als er vor ihrem Messer davonläuft, lässt sie ihn rufen:

Sie übt die Faszination großen Stolzes und der Magie der Manieren aus. Als der Bote zurückkommt, ist sie wieder eine Königin, und zwar äußerst höflich:

Sie möchte die Gesichtszüge von Octavia wissen, ihr Alter, ihre Neigungen, ihre Haarfarbe , ihre Größe – alles.

Ein äußerst wahrheitsgetreues Porträt in voller Länge mit dem winzigen Abschluss einer Miniatur; es zeigt, wie Shakespeare jede Falte und Schwäche von Mary Fittons Seele studiert hatte. Im dritten Akt greift Kleopatra erneut das Thema von Octavias Auftritt auf, nur um ihre Rivalin zu überwältigen und so ihre verletzte Eitelkeit zu beruhigen und ihr Herz zur Hoffnung zu betrügen. Auch der Bote, der sich ihrem Humor hingibt , wird nun zum richtigen Mann. Shakespeare nutzt jede Gelegenheit, um dem wunderbaren Bild eine weitere Note zu verleihen.

Als nächstes erscheint Kleopatra im Lager des Antonius in Actium und spricht mit Enobarbus:

„Cleo. Ich werde mit dir gleich sein, zweifle nicht daran.

Eno. Aber warum, warum, warum?

Cleo. Du hast mein Leben in diesen Kriegen verleugnet ,

Und sagen Sie, es passt nicht.“

Jeder Satz des Dialogs offenbart ihre Seele, eine dunkle Falte nach der anderen.

Sie ist die einzige Person, die Antonius in seinem weltfremden Entschluss bestärkt, zur See zu kämpfen.

„Cleo. Ich habe sechzig Segel, Caesar kein besseres.“

Und dann der beschämende Flug.

Ich habe diese kahle Analyse bisher nicht nur zum Vergnügen durchgeführt, sondern um das Wunder dieser Porträtmalerei zu zeigen, deren Merkmale einer Prüfung nach der anderen gewachsen sind. Bisher ist Kleopatra, wie Enobarbus sie nennt, „ein wunderbares Werk“, eine Frau unter den Frauen, unergründlich, gerissen, betrügerisch, verschwenderisch, mit einem guten Gedächtnis für Verletzungen, aber ebenso schnell zur Vergebung wie zur Wut, eine Dienerin von der Mond, flüchtig wie Wasser und doch liebevoll-wahrhaftig, eine üppige Blase, deren ewige Launen nichts anderes als vollkommener Gehorsam gegenüber jedem Atemzug der Leidenschaft sind. Doch nun macht Shakespeare sie ohne Grund treulos gegenüber Antonius und der Liebe. In der zweiten Szene des dritten Akts kommt Thyreus mit Caesars Botschaft zu ihr:

„Thyr. Er weiß, dass du Antonius nicht umarmst

So wie du ihn geliebt, aber auch gefürchtet hast.

Cleo. Ö!

Thyr. Die Narben auf deiner Ehre also er

Tut Mitleid als eingeschränkte Schönheitsfehler,

Nicht so verdient.

Cleo. Er ist ein Gott und weiß es

Was ist am richtigsten? Meine Ehre wurde nicht aufgegeben,

Aber einfach erobert.

Eno. {Beiseite.} Um dessen sicher zu sein

Ich werde Antony fragen. – Sir, Sir, Sie sind so undicht

Dass wir dich deinem Untergang überlassen müssen, denn

Dein Liebster hat dich verlassen. "

Und als Thyreus sie bittet, Antonius zu verlassen und sich unter Caesars Schutz zu stellen, der „geben will", sagt sie ihm:

„Ich bin pünktlich

Um ihm meine Krone zu Füßen zu legen und dort zu knien. "

Thyreus bittet dann um Gnade, seine Pflicht in ihre Hand zu legen. Sie gibt es ihm mit den Worten:

„Der Vater deines Cäsars oft,

Als er darüber nachdachte, Königreiche zu erobern,

Schenkte dieser unwürdigen Stelle seine Lippen

Als es Küsse regnete.

Es ist, als wäre Antony vergessen und aus ihrem Gedächtnis gelöscht worden. Die ganze Szene ist eine Verleumdung von Kleopatra und der Weiblichkeit. Wenn Frauen betrogen werden, sind sie aus Wut, Groll und Rachegelüsten treulos; Sie sind treulos aus Angst, aus Ehrgeiz, aus Fantasie – aus fünfzig Gründen, aber nicht ohne Grund. Es wäre leicht gewesen, diese Szene zu rechtfertigen. Der Dramatiker musste uns lediglich zeigen, dass Kleopatra, eine stolze Frau und verachtete Königin, Antonius' Treulosigkeit, als er sie verließ, um Octavia zu heiraten, nicht vergessen konnte; aber sie erwähnt Octavia nie, scheint sich nie an sie zu erinnern, nachdem sie Antony zurückbekommen hat. Auch dieses Versäumnis impliziert eine Beleidigung ihr gegenüber. Sie küsst auch nicht aus Angst Caesars „erobernde Hand". Thyreus hat ihr gesagt, dass es Caesar gefallen würde, wenn sie sein Vermögen zu einem Stützpfeiler machen würde; Sie hat keine Angst, und ihre Ambitionen sind um Antonius gewickelt: Caesar hat nichts zu bieten, was sie in Versuchung führen könnte, wie wir später sehen werden. Die Szene ist eine Verleumdung ihrer Person. Je mehr man es studiert, desto klarer wird, dass Shakespeare es aus verletzten persönlichen Gefühlen heraus geschrieben hat. Kleopatras Prototyp, Mary Fitton, hatte ihn immer wieder verraten, und die Treulosigkeit schmerzte. Kleopatra soll daher als treulos dargestellt werden, ohne Grund, wie Cressid , aufgrund eines unheilbaren Lasters der Natur. Shakespeare versuchte auf diese Weise, seine Bitterkeit loszuwerden, und wenn seine Kunst darunter litt, umso schlimmer für seine Kunst. Merkwürdigerweise wird in diesem Fall die künstlerische Wirkung aus Gründen, die später erläutert werden, vertieft.

Der Abschluss dieser Szene, in der Thyreus ausgepeitscht wird und Kleopatra von Antonius mit Beleidigungen überschüttet wird, trägt nicht viel zu unserem Wissen über Kleopatras Charakter bei: Man kann jedoch bemerken, dass es der Vorwurf der Kaltherzigkeit ist, den sie einholt, um zu antworten . Es folgt die Szene, in der sie Antonius als Knappe spielt und ihm beim Anschnallen seiner Rüstung hilft . Aber diese (von Shakespeare erfundene) Szene, die die Schwäche einer süßen Frau in ihr zum Vorschein bringen und uns so wieder mit ihr versöhnen könnte, wird vom Dichter erbarmungslos gegen sie verwendet. Als Antonius aufwacht und nach seiner Rüstung schreit , bittet sie ihn, „ein wenig zu schlafen"; Die Berührung ist ganz natürlich, aber nach ihrer Untreue gegenüber ihrem Geliebten und ihrer Akzeptanz von Cäsar zeigt sie mehr als nur menschliche Schwäche. Es ist klar, dass Shakespeare in der Absicht, Antonius zu veredeln, bereit ist, Kleopatra über die Natur hinaus zu degradieren. Dann kommt Antonys Sieg, und seine Leidenschaft findet endlich den perfekten lyrischen Ausdruck:

> *„O du Tag der Welt,*
>
> *Kettenmine bewaffneter Hals; Spring du, mit Kleidung und allem,*
>
> *Durch den Beweis der Bindung an mein Herz und dort*
>
> *Reite triumphierend auf der Hose. "*

Kleopatra entfacht sofort Feuer mit dieser reaktionsfreudigen Flamme der Weiblichkeit, die sicherlich ihr größter Reiz war:

> *"Herr der Herren!*

O unendliche Tugend! Kommst du lächelnd aus

Die große Schlinge der Welt ist nicht gefangen?"

Was für eine Magie liegt in der Äußerung, was für eine Offenbarung des Charakters Kleopatras und Shakespeares! Für Kleopatras weibliche Schwäche scheint die Welt eine einzige Falle zu sein, der nur List entkommen kann.

Ein weiterer Tag und eine endgültige, unwiederbringliche Niederlage treiben sie voller Angst zum Denkmal und zu dem vorgetäuschten Selbstmord, der die unmittelbare Ursache für Antonys Verzweiflung ist:

„Entwaffne, Eros: Die Aufgabe des langen Tages ist erledigt,

Und wir müssen schlafen."

Als Antonius die Bühne verlässt, wendet sich Shakespeares idealisierende Vision Kleopatra zu. Auch in diesem Punkt fesselt die historische Tatsache Shakespeare und zwingt ihn, die andere Seite von Kleopatra zu erkennen. Nach dem Tod des Antonius hat sich Kleopatra tatsächlich umgebracht. Man kann diesen Selbstmord nur durch Selbstaufopferung aus Liebe begründen und erklären. Es ist natürlich, dass Shakespeare zunächst annehmen wird, Kleopatras edle Natur sei lediglich eine Widerspiegelung, ein von Antonius entlehntes Licht. Sie wird das Denkmal nicht öffnen, um den Sterbenden hineinzulassen, aber ihre Aufrichtigkeit und Liebe ermöglichen es uns, dies zu vergeben:

„Ich wage es nicht, Liebes, —

Sehr geehrter Herr, verzeihen Sie, ich wage es nicht,

Damit ich nicht entführt werde ... "

Hier liegt ein Geschmacksfehler vor, den ich unerklärlich finde. Während Kleopatra und ihre Frauen Antonius hochziehen, weint er;

„O schnell, oder ich bin weg."

Und Kleopatra antwortet:

wirklich Sport ! — Wie schwer wiegt mein Herr!

Unsere ganze Kraft ist in die Schwere übergegangen,

Das „Hier ist tatsächlich Sport"! scheint mir ein schrecklicher Fehler zu sein, ein unentschuldbarer Geschmacksverlust. Ich würde es gerne für einen Druckfehler oder eine Fehlinterpretation halten, aber leider ähnelt es Shakespeare in einer bestimmten Stimmung, die ihm zumindest hier wie anderswo möglich ist.

Kleopatras Klage über Antonius' Leiche ist ein Stück Shakespeares Selbstoffenbarung, das durch die Schönheit von Wort und Bild lyrisch wird. Die Anspielung auf seinen Rivalen Pembroke ist unverkennbar; denn die Frauen verachten die Jugend nicht:

„Junge Jungen und Mädchen

Sind jetzt auf Augenhöhe mit Männern; Die Chancen sind weg,

Und es bleibt nichts Bemerkenswertes übrig

Unter dem besuchenden Mond. "

Als Kleopatra nach einer Ohnmacht zu sich kommt, ist ihr Zorn charakteristisch, weil völlig unerwartet; Es ist ein weiteres Zeichen dafür, dass Shakespeare ein lebendes Vorbild im Kopf hatte:

„Es war für mich

Um mein Zepter auf die schädlichen Götter zu werfen;

Um ihnen zu sagen, dass diese Welt der ihren gleicht

Bis sie unser Juwel gestohlen hatten. Alles ist nichts. "

Ihr Entschluss, sich umzubringen, ist entlehnt:

„Wir werden ihn begraben; und dann, was ist mutig, was ist edel,

Machen wir es nach hochrömischer Art,

Und mache den Tod stolz, uns zu nehmen. "

Aber in der Resolution heißt es:

"Es ist großartig

Um das zu tun, was alle anderen Taten beendet,

Es ist diese Seelengröße Kleopatras, die Shakespeare nun darstellen muss. Caesars Bote Proculeius , dem Antonius ihr Vertrauen aufgetragen hat, verspricht ihr alles als Gegenleistung für ihre „süße Abhängigkeit“. Als sie überrascht wird, versucht sie, sich umzubringen, und als sie entwaffnet wird, zeigt sie erneut ihren charakteristischen gereizten Zorn:

„Herr, ich werde kein Fleisch essen, ich werde nicht trinken, Herr;

. . . . . Dieses sterbliche Haus werde ich ruinieren,

Tue Caesar, was er kann.“

Und ihre Gründe sind allesamt Stolz und Hass auf die Schande. Sie werde weder „mit dem nüchternen Blick der langweiligen Octavia gezüchtigt“ noch „der schreienden Knechtschaft des tadelnden Roms“ gezeigt. Jetzt ist ihre Fantasie am Werk, diese schnelle Vorhersage des Geistes, die ihren verzweifelten Entschluss bestärkt:

„Eher auf Nilus‘ Schlamm

Leg mich ganz nackt hin und lass das Wasser fliegen

Bring mich zum Abscheu.

Die heroische Stimmung vergeht. Sie versucht Caesar über ihren Reichtum zu täuschen und wird von ihrem Schatzmeister Seleukus beschämt. Die Szene ist entsetzlich; die arme menschliche Natur bis auf die Haut entblößt – alle Unvollkommenheiten bloßgelegt; Kleopatra betrügt, lügt, tobt wie ein Eintöniger; Ihre Worte an Seleukus sind gnadenlos und offenbaren sich selbst:

„O Sklave, du hast kein Vertrauen mehr

Als Liebe, die angeheuert wird.“

unbegründete Treue gegenüber Antonius hinterlässt . Es ist jedoch wunderbar charakteristisch und meiner Meinung nach notwendig; aber es macht das frühere Eingeständnis der Treulosigkeit gegenüber Antonius völlig überflüssig, den einzigen Fehler in einem nahezu perfekten Porträt. Denn wie ich bereits gesagt habe, entspringen Shakespeares Charakterisierungsfehler fast immer seinem Wunsch nach Idealisierung; aber hier kommt seine persönliche Rachsucht seiner Kunst zugute. Die historische Tatsache zwingt ihn nun, seiner Hure Kleopatra heroische Eigenschaften zu verleihen; Trotz Caesars Drohungen, ihre Söhne streng zu behandeln, wenn sie es wagt, sich das Leben zu nehmen und damit seinem Triumph seinen Ruhm zu nehmen, überlistet sie ihn und stirbt als Königin, eine würdige Nachfahrin, wie Charmian sagt, „vieler königlicher Könige". Nichts als persönliche Bitterkeit hätte Shakespeare davon abhalten können, eine solche Frau aus Menschennähe zu idealisieren. Aber in diesem einsamen und einzigartigen Fall zwang ihn sein persönliches Leiden zum Realismus, obwohl die Geschichte eine Idealisierung rechtfertigte. Die hohen Lichter wurden einmal durch die Tiefen des Schattens ausgeglichen, und das Ergebnis war ein Meisterwerk.

Shakespeare lässt Caesars Drohungen, Kleopatras Söhne zu töten, außer Acht; Hätte er diese Drohungen eingesetzt, hätte er Caesar meiner Meinung nach natürlicher gemacht und dem berechnenden Intellekt einen Hauch charakteristischer Brutalität verliehen; aber er ließ sie wahrscheinlich weg, weil er der Meinung war, dass Kleopatras Sockel ohne diesen Zusatz hoch genug war.

Das Ende ist sehr charakteristisch für Shakespeares Temperament. Caesar wird edel großzügig; er befürwortet Kleopatras Weisheit, Unwahrheiten über ihren Schatz zu beschwören; er wird mit ihr nicht wie „ein Kaufmann" rechnen, und Kleopatra selbst legt die königlichen Gewänder an, und sie, die so lange vor uns mutwillig gespielt hat, wird eine Königin der Königinnen. Und doch bleibt ihr Charakter wunderbar erhalten; Keine List kann diese Herrin der Doppelzüngigkeit betrügen:

> *„Er sagt mir, Mädchen, er sagt mir, dass ich es nicht tun sollte*
>
> *Sei edel zu mir selbst."*

Sie hält an ihrer heroischen Entschlossenheit fest; Sie wird niemals vor der niedrigen römischen Öffentlichkeit erniedrigt werden; sie wird es nicht sehen

> *„Ein paar quietschende Kleopatra-Jungen, meine Größe."*

An dieser Stelle ist es vielleicht erwähnenswert, dass Shakespeare Kleopatra, wie er später Coriolanus verlieh, seine eigenen feinen Sinne und seinen neuropathischen Abscheu gegenüber mechanischen Sklaven mit „fettigen Schürzen" und „dicken Atemzügen, die einer groben Kost gleichkommen" verleiht; Auch Shakespeare und nicht Kleopatra spricht davon, dass der Tod „Freiheit" bringe. In „Cymbeline" beschäftigt sich Shakespeares Maske Posthumus mit derselben Idee. Aber diese Fehler sind

nur vorübergehend; Die folgende großartige Erklärung ist der Königin
würdig:

> *„Mein Entschluss ist gefasst, und ich habe nichts*
>
> *Von der Frau in mir: jetzt von Kopf bis Fuß*
>
> *Ich bin marmorbeständig; jetzt der flüchtige Mond*
>
> *Kein Planet gehört mir. "*

Die Szene mit dem Clown, der den „hübschen Wurm" bringt, ist der feste
Boden der Realität, auf dem Kleopatra eine Atempause einlegt, bevor sie ins
Blaue aufsteigt:

> *„Cleo. Gib mir mein Gewand, setze meine Krone auf; Ich habe*
>
> *Unsterbliche Sehnsüchte in mir. Jetzt nicht mehr*
>
> *Der Saft der ägyptischen Traube wird diese Lippe befeuchten. —*
>
> *Ja, ja, gute Iras! schnell. — Ich glaube, ich höre*
>
> *Antony-Anruf; Ich sehe, wie er aufwacht*
>
> *Um meine edle Tat zu loben; Ich höre ihn spotten*
>
> *Das Glück Caesars, das die Götter den Menschen schenken*
>
> *Um ihren Nachzorn zu entschuldigen. Ehemann, ich komme,*
>
> *Nun, diesem Namen beweist mein Mut meinen Titel!*
>
> *Ich bin Feuer und Luft; meine anderen Elemente*
>
> *Ich gebe dem niederen Leben. "*

Die ganze Rede ist wundersam in der Geschwindigkeit, mit der die
Emotionen ansteigen, und als Iras zuerst stirbt, findet diese Kleopatra wieder
das perfekte Wort, in dem sich Wahrheit und Schönheit treffen:

> *„Das beweist mir die Basis:*
>
> *Wenn sie den lockigen Antony zum ersten Mal trifft*
>
> *Er wird etwas von ihr verlangen und diesen Kuss geben*
>
> *Welches ist mein Himmel. Komm, du sterblicher Unglücklicher,*
>
> *{Zur Natter, die sie an ihre Brust legt.}*
>
> *Mit deinen scharfen Zähnen verwirkliche diesen Knoten*

Vom Leben sofort losbinden: armer giftiger Narr,

Sei wütend und schicke los . O, könntest du sprechen,

Damit ich höre, wie du den großen Cäsar Esel nennst

Unpolitisch !"

Die charakteristische Hochstimmung von Mary Fitton, die wieder ausbricht – „ arsch unpoliziert " – und dann das Ende:

"Frieden Frieden!

Siehst du nicht mein Baby an meiner Brust?

Das schläft die Krankenschwester ein?"

Der letzte Schliff ist sanftes Vergnügen:

„So süß wie ein Balsam , so weich wie Luft, so sanft, –

Antony! – Nein, ich werde dich auch nehmen.

{Tragt eine weitere Natter auf ihren Arm auf.}

Was soll ich bleiben –"

Für immer glücklich in ihrem selbstverschuldeten Tod befreit sich Kleopatra dadurch von der Schmach einiger ihrer Taten: Sie ist Frau und Königin zugleich, und wenn sie sich tiefer als andere Frauen erniedrigt, erhebt sie sich auch auf höhere Ebenen als andere Frauen wissen. Die historische Tatsache ihres selbstverschuldeten Todes zwang den Dichter, die falsche Cressid zu Kleopatra zu machen – und seine mutwillige Zigeunerin wurde schließlich von einer Leidenschaft heroischer Entschlossenheit erlöst. Die Mehrheit der Kritiker streitet immer noch darüber, ob Kleopatra tatsächlich die „dunkle Dame" der Sonette ist oder nicht. Professor Dowden stellt die Theorie als eine gewagte Vermutung dar; aber die Identität der beiden kann nicht angezweifelt werden. Es ist unmöglich, nicht zu bemerken, dass Shakespeare Kleopatra, die eine schöne Griechin war, wie seine Sonettheldin zur Zigeunerin macht. Er sagt auch über die „dunkle Dame" der Sonette:

„Woher kommt dieses Übel,

Das im Abfall deiner Taten

Es gibt so viel Stärke und Gewähr für Geschicklichkeit,

Dass in meinen Augen dein Schlimmstes alles Beste übertrifft?"

Enobarbus lobt Kleopatra mit genau den gleichen Worten:

"Die abscheulichsten Dinge,

Werde sie selbst in ihr."

Auch Antonius verwendet denselben Ausdruck:

"Pfui, Streitkönigin!

Zu wem alles wird – zu tadeln, zu lachen,

Weinen; dessen jede Leidenschaft voll und ganz danach strebt

Um sich in dir schön und bewundert zu machen."

Diese Professoren haben kein klares Bild von der „dunklen Dame" oder Kleopatra, sonst würden sie im Hinblick auf diese einfache Identifizierung niemals von „gewagten Vermutungen" sprechen. Die Ähnlichkeitspunkte sind zahllos. Neunundneunzig von hundert Dichtern und Dramatikern wären Plutarch gefolgt und hätten Kleopatras Liebe zu Antonius zur Triebfeder ihres Wesens gemacht, zur *causa causans* ihres Selbstmordes. Shakespeare tut dies nicht; Er lässt zu, dass die Liebe des Antonius zählt, aber es sind herrischer Stolz und Hass auf Erniedrigung, die seine Kleopatra dazu zwingen, die Erzangst anzunehmen. Und genau diese Eigenschaft des Stolzes wird der „dunklen Dame" zugeschrieben. Sonett 131 beginnt:

"Du bist so tyrannisch, wie du bist,

Als diejenigen, deren Schönheit sie stolz grausam macht."

Beide sind Frauen von unendlicher Gerissenheit und wenig Rücksicht auf den Glauben oder die Wahrheit; Herzen, die von wahnsinnigem Stolz gestählt sind, und gewalttätige Gemüter, die von schimpfenden, verleumderischen Zungen gespickt sind. Eine längere Analyse ist nicht erforderlich. Ein scheinbarer Unterschied zwischen ihnen begründet ihre Identität. Kleopatra ist wunderschön, „ein Mädchen ohnegleichen", wie Charmian sie nennt, und dementsprechend können wir glauben, dass alle Emotionen ihr zufielen und dass sie gleichermaßen betörend wirkte, wenn sie auf der Straße hüpfte oder vorgab zu sterben; Schönheit hat diesen Zauber. Aber wie kann alles zu einer Frau werden, die nicht schön ist, deren

Gesicht manche sagen „hat nicht die Kraft, die Liebe zum Stöhnen zu bringen", die nicht einmal ihre Sinne vor Verlangen blenden kann? Und doch verfügt die so beschriebene „dunkle Dame" der Sonette über die „mächtige Macht" der Persönlichkeit in ebenso vollem Maße wie die Königin Ägyptens. Der Sinn der scheinbaren Unähnlichkeit ist so überzeugend, wie jede Ähnlichkeit nur sein kann; Die Eigenheiten beider Frauen sind gleich und entspringen derselben dominanten Eigenschaft. Kleopatra ist listig, listig, treulos, leidenschaftlich hemmungslos in der Sprache und stolz wie Luzifer, und das gilt auch für die Heldin des Sonetts. Wir können sicher sein, dass die Treulosigkeit, das Schimpfen und die verrückte Eitelkeit seiner Geliebten in Shakespeares Augen wie in unseren Augen Mängel waren; Dies waren in der Tat „die schlechten Dinge", die ihr dennoch zukamen. Was Shakespeare an ihr liebte, war das, was ihm selbst fehlte oder in geringerem Maße besaß – diese dämonische Persönlichkeitskraft , die er Enobarbus in Kleopatra loben lässt und die er direkt in der Sonettheldin lobt. Enobarbus sagt über Kleopatra:

„Ich habe sie einmal gesehen

Hüpfen Sie vierzig Schritte durch die öffentliche Straße,

Und als sie den Atem verlor, sprach und keuchte sie:

Dass sie Mängel zur Perfektion gemacht hat,

Und atemlos atmet die Kraft aus."

Man könnte wetten, dass Shakespeare sich hier an eine Aufführung seiner Geliebten erinnert; Für meinen Zweck reicht es aber jetzt aus, die Aufmerksamkeit auf die Unerwartetheit des Attributs „Macht" zu lenken. Das Sonett basiert auf demselben Wort:

„O, aus welcher Kraft hast du diese mächtige Macht?

Mit Unzulänglichkeit meines Herzens, zu schwanken?"

Im selben Sonett geht er erneut auf ihre „Stärke" ein: Sie war auch kühn zur Unvernunft und von ungezügelter Zunge, denn obwohl sie sich „zweimal geschworen" hatte, hatte sie sein „Unrecht" behauptet, obwohl sie sich derselben Schuld schuldig gemacht hatte . Was er an ihr am meisten bewunderte, war ihre Charakterstärke. Vielleicht galt in ihrem Fall das alte Sprichwort: *ex forti Dulcedo* ; vielleicht hatte ihre selbstbewusste Stärke schmeichelhaftere und vollständigere Verlassenheiten als die schwächerer Frauen; Vielleicht nahm ihr kraftvolles dunkles Gesicht in diesen Momenten eine gefühlvolle Schönheit an, die seine exquisite Empfänglichkeit betörte; vielleicht – aber die Annahmen sind unendlich.

Obwohl Shakespeare ein Liebhaber war und von seiner Geliebten besessen war, war er immer noch ein Künstler. In den Sonetten bringt er ihren überheblichen Willen, ihre Kühnheit und ihren Stolz zum Ausdruck – die elementare Kraft ihrer Natur; Im Stück hingegen erwähnt er zwar nur ihre „Macht", betont aber vor allem die List und Treulosigkeit der Frau, deren Beruf die Liebe war. Aber so wie Kleopatra Macht hat, so kann es keinen Zweifel an der listigen Gerissenheit – „ der Bürgschaft des Könnens" – der Sonettheldin geben, und zweifellos war ihre Treulosigkeit der „gerechte Grund des Hasses", den Shakespeare beklagte.

Es lohnt sich, hier sein perfektes Verständnis für die Kräfte und Grenzen der verschiedenen Formen seiner Kunst hervorzuheben. So wie er die Sonette verwendet hat, um bestimmte intime Schwächen und Krankheiten seiner eigenen Natur darzustellen, die er nicht dramatisch darstellen konnte, ohne seinen Helden lächerlich verweichlicht zu machen, so nutzte er die Sonette auch , um uns seinen herrschsüchtigen Willen und seine Stärke zu vermitteln Herrin – Eigenschaften, die bei dramatischer Darstellung männlich-monströs gewirkt hätten.

Wenn wir die Sonette und das Stück zusammen nehmen, erhalten wir ein hervorragendes Porträt von Shakespeares Geliebter. Persönlich war sie wahrscheinlich groß und eitel auf ihre Größe, so wie Kleopatra auf ihre Überlegenheit gegenüber Octavia in dieser Hinsicht eitel ist, mit dunklem Teint, schwarzen Augenbrauen und Haaren und pechschwarzen Augen, die Emotionen widerspiegelten, so wie der See das sich ständig verändernde Wasser widerspiegelt Himmel; ihre Wangen sind „ damastweiß "; Ihr Atem duftete nach Gesundheit, ihre Stimme war melodisch, ihre Bewegungen voller Würde – eine großartige Zigeunerin, der zwar Schönheit, aber keine Auszeichnung versagt bleibt.

Wenn wir eine sehr gute Vorstellung von ihrer Person haben , haben wir eine noch bessere Vorstellung von ihrem Geist und ihrer Seele. Ich muss zunächst sagen, dass ich Shakespeares wütende Erklärungen, dass seine Geliebte eine bloße Trompete gewesen sei, nicht implizit akzeptiere. Eine Natur von großer Stärke und Stolz ist selten nur mutwillig; Aber Tatsache ist, dass Shakespeare seiner Geliebten eindeutig Treulosigkeit vorwirft; Sie ist, wie er uns sagt, „die Bucht, in der alle Männer reiten"; nicht „mehrere Handlung", sondern „der weite, gemeinsame Ort der Welt". Der Vorwurf ist am deutlichsten. Aber wenn es begründet wäre , warum sollte er ihr zwei Sonette (135 und 136) widmen und sie anflehen, so großzügig wie das Meer zu sein und sein Liebesopfer sowie die Ehrungen anderer anzunehmen?

„Zu den Nummern eins zählt keiner

Es ist klar, dass Mistress Fitton sich von Shakespeare abwandte, nachdem sie sich seinem Freund hingegeben hatte, und diese Tatsache lässt einige Zweifel an seinen Anschuldigungen der völligen Zügellosigkeit aufkommen. Eine wahre „Tochter des Spiels", wie er in „Troilus und Cressida" sagt, ist nichts anderes als „eine schlampige Beute der Gelegenheit", die abwechselnd Troilus oder Diomedes zum Opfer fällt und keine Zurückhaltung kennt. Man muss es Mary Fitton zugute halten oder zu ihrem Stolz zählen, dass sie ihrem Geliebten vorerst treu geblieben zu sein scheint und selbst den Bitten Shakespeares widerstehen konnte. Aber ihre Wünsche scheinen ihre einzige Zurückhaltung gewesen zu sein, und deshalb müssen wir zu der Stärke, dem Stolz und dem leidenschaftlichen Temperament, die Shakespeare ihr immer wieder zuschreibt, eine außergewöhnliche Unanständigkeit hinzufügen. Ihre Kühnheit ist so rücksichtslos, dass sie ihre Liebe zu seinem Freund sogar vor Shakespeares Gesicht zeigt; Sie kennt kein Mitleid in ihrer Leidenschaft und verteidigt sich immer, indem sie ihren Ankläger angreift. Aber sie ist in Sachen Liebe listig und dämpft Shakespeares Groll mit „Ich hasse dich nicht." Da sie vielleicht nicht bereit war, ihre Macht über ihn zu verlieren und auf die Süße seiner honigsüßen Schmeicheleien zu verzichten, machte sie ihn durch gelegentliche Zärtlichkeiten blind für ihre Fehler. Doch dieses Geschöpf mit der Seele einer Posaune, der Zunge einer Fischfrau und dem „stolzen Herzen" einer Königin war für Shakespeare die Krone und Blüte der Weiblichkeit, sein Gegenstück und Ideal. Hamlet verliebt sich in Kleopatra, die Dichterin, die sich im Verlangen nach Zügellosen verliert – das ist die Tragödie in Shakespeares Leben.

unserer wunderbaren Welt werden große Dramatiker mit Sicherheit ein dramatisches Leben führen. Immer wieder schreit Antonius in seiner Schande:

Shakespeares Leidenschaft für Mary Fitton führte ihn zu Scham, Wahnsinn und Verzweiflung; Unter der Anstrengung ließen seine Kräfte nach und er erholte sich nie wieder. Er bezahlte den Preis der Leidenschaft mit seinem Blut. Es ist Shakespeare und nicht Antonius, der stöhnt:

- - - - - - - -

Shakespeares Liebe zu Mary Fitton ist für mich eine der typischen Tragödien des Lebens – ein Symbol für die Ewigkeit. Auf seinem Weg durch die Welt wird das Genie unweigerlich gegeißelt, mit Dornen gekrönt und zu Tode gebracht; zwangsläufig, sage ich, denn die überwiegende Mehrheit der Menschen hasst und verachtet, was ihnen überlegen ist: Auch Don Quijote wurde von den Schweinen in den Sumpf getreten. Aber das Schlimmste daran ist, dass das Genie auch unter seinem eigenen Übermaß leidet; ist sozusagen an den Pfahl seiner eigenen leidenschaftlichen Gefühle gebunden und wird wie vom Feuer verzehrt.

KAPITEL XI.
DAS DRAMA DES WAHNSINNS: „LEAR"

Seit Lessing und Goethe ist es Mode, Shakespeare als Halbgott zu preisen; Was auch immer er schrieb, gilt als die Rose der Vollkommenheit. Diese sinnlose Heldenverehrung, die in den Superlativen der „ Encyclopaedia Britannica" und anderswo in England den Götzendienst erreichte, löste mit Sicherheit eine Reaktion aus, und diese Reaktion kam bei Tolstoi, der in keinem von Shakespeares Werken etwas Lobendes findet, zu einem heftigen Ausdruck , und in den meisten von ihnen ist alles schuld, insbesondere in „Lear". Lamb und Coleridge hingegen lobten „Lear" als weltweites Meisterwerk. Lamb sagt dazu:

„Während wir es lesen, sehen wir nicht Lear; aber wir sind Lear, wir sind in seinen Gedanken, wir werden von einer Größe getragen, die die Bosheit von Töchtern und Stürmen in den Schatten stellt; In den Verirrungen seiner Vernunft entdecken wir eine mächtige, unregelmäßige Denkkraft, die sich unmethodisch von den gewöhnlichen Zwecken des Lebens löst, aber ihre Kräfte, wie der Wind weht , wo er will , nach Belieben auf die Verdorbenheit und Missbräuche der Menschheit ausübt."

Coleridge nennt „Lear" „den offenen und weiten Spielplatz der Leidenschaften der Natur".

Diese Dithyramben zeigen eher die lyrische Kraft der Autoren als das, was beschrieben wird.

Tolstoi hingegen behält das Objekt im Blick und versucht, die Geschichte von „Lear" „so unvoreingenommen wie möglich" zu beschreiben. Er sagt über die erste Szene:

> *„Ganz zu schweigen von der pompösen, charakterlosen Sprache*
>
> *von König Lear, das gleiche, in dem alle Könige Shakespeares vorkommen*
>
> *Sprechen, der Leser oder Zuschauer kann sich nicht vorstellen, dass a*
>
> *König, so alt und dumm er auch sein mag, konnte glauben*
>
> *die Worte der bösartigen Töchter, mit denen er zusammen war*
>
> *verbrachte sein ganzes Leben und glaubte nicht an seinen Favoriten*
>
> *Tochter, aber verfluche und verbanne sie; und deshalb, die*
>
> *Zuschauer oder Leser können die Gefühle des nicht teilen*
>
> *Personen, die an dieser unnatürlichen Szene beteiligt sind. "*

Ebenso verurteilt er die Szene zwischen Gloucester und seinen Söhnen. Den zweiten Akt bezeichnet er als „absurd dumm". Der dritte Akt sei „durch die charakteristische Shakespeare-Sprache verwöhnt". Der vierte Akt sei „im Entstehen begriffen", und über den fünften Akt sagt er: „Erneut beginnen Lears schreckliche Schwärmereien, für die man sich schämt, wie für erfolglose Witze." Er fasst es mit diesen Worten zusammen:

> *„Das ist dieses berühmte Drama. Wie absurd es auch sein mag*
>
> *kann in meiner Darstellung erscheinen (was ich versucht habe),*
>
> *so unparteiisch wie möglich zu machen), kann ich getrost sagen*
>
> *dass es im Original noch absurder ist. Für jeden Mann*
>
> *unserer Zeit – wenn er nicht unter der hypnotischen Suggestion stünde*
>
> *dass dieses Drama der Gipfel der Perfektion ist – das wäre es*
>
> *Es würde ausreichen, es bis zum Ende zu lesen (wenn er genug hätte).*
>
> *Geduld dafür), um davon überzeugt zu sein, weit davon entfernt*
>
> *Da es sich um den Gipfel der Perfektion handelt, ist es sehr schlecht und nachlässig komponiert*
>
> *Produktion, die, wenn sie hätte sein können*
>
> *Interesse an einem bestimmten Publikum zu einem bestimmten Zeitpunkt nicht hervorrufen kann*
>
> *unter uns alles andere als Abneigung und Müdigkeit. Jeden*
>
> *Leser unserer Zeit, der frei vom Einfluss von Suggestionen ist*
>
> *werde auch genau den gleichen Eindruck von bekommen*
>
> *all die anderen gepriesenen Dramen Shakespeares, ganz zu schweigen davon*
>
> *die sinnlosen dramatisierten Geschichten, „Pericles", „Zwölfter".*
>
> *Night", „The Tempest", „Cymbeline" und „Troilus and*
>
> *Cressida."'*

jeder muss zugeben, dass das, was Tolstoi über die Hypothese des Stücks gesagt hat, berechtigt ist. Shakespeare war, wie ich gezeigt habe, fast immer ein gleichgültiger Dramatiker, der sich nicht um die architektonische Konstruktion seiner Stücke kümmerte und die Bühnenkunst verachtete. In

England war bereits so viel gesagt worden, wenn auch nicht mit der Autorität Tolstois.

Man kann auch zugeben, dass die Sprache, die Shakespeare Lear im ersten Akt in den Mund legt, „charakterlos und pompös", ja sogar albern ist; Aber Tolstoi hätte bemerken müssen, dass seine Sprache immer einfacher und erbärmlicher wird, sobald Lear die Undankbarkeit seiner Töchter erkennt . Shakespeares Könige neigen dazu, zu schimpfen und zu reden, wenn sie zum ersten Mal vorgestellt werden; er scheint geglaubt zu haben, dass der Pomp der Rede mit königlichen Gewändern einhergeht; aber wenn es zur Sache kommt, sprechen sogar seine Monarchen ganz natürlich.

Die Wahrheit ist, dass Shakespeares Sprache, die hauptsächlich die Sprache des poetischen und romantischen Dramas ist, etwas maßvoller und, wenn man so will, pompöser ist als der Smalltalk Alltag, der uns, an Prosaspiele gewöhnten Menschen, natürlicher vorkommt. Shakespeare jedoch erreicht in seinen leeren Versen Höhen, die in der Prosa nicht oft erreicht werden, und wenn es ihm gefällt, werden seine Verse so natürlich und leicht wie jede Prosa, sogar die von Tolstoi selbst. Tolstoi findet alles, was Lear sagt, „pompös", „künstlich", „unnatürlich", aber Lears Worte:

> *„Bitte, verspotte mich nicht,*
>
> *Ich bin ein sehr dummheitsliebender alter Mann*
>
> *Fourscore und höher, keine Stunde mehr und nicht weniger,*
>
> *Und um es klar zu sagen*
>
> *Ich fürchte, ich bin nicht bei klarem Verstand."*

berühren uns gerade wegen ihrer kindlichen Einfachheit ergreifend; wir haben das Gefühl, als hätte Lear in ihnen den Kern des Pathos erreicht. Ich fürchte, Tolstoi hat die gesamte Poesie Lears, alle unsterblichen Phrasen vermisst. Lear sagt:

> *"Ich bin ein Mann,*
>
> *wird mehr gesündigt als gesündigt"*

und der neu geprägte Ausdruck ging sofort in die allgemeine Währung über. Wer kann auch jemals seine Beschreibung der Armen vergessen?

> *„Arme nackte Kerle, wo auch immer ihr seid,*
>
> *Die das Anprasseln dieses erbarmungslosen Sturms abwarten,*

Wie sollen eure obdachlosen Köpfe und ungeernährten Seiten,

Deine geschlungene und fensterlose Zerlumptheit, verteidige dich

Aus Jahreszeiten wie diesen?"

Eine vergleichbare „Looped and Windowed Lumpedness" ist in kaum einer anderen Literatur zu finden. Im vierten und fünften Akt ist Lears Sprache schlicht und einfach, und selbst im dritten Akt, den Tolstoi als „unglaublich pompös und künstlich" verurteilt, sprechen wir ganz natürlich:

"Ha! Hier sind drei Dinge , die anspruchsvoll sind: Du bist es

die sache selbst, unzugänglicher mann ist nicht mehr aber

so ein armes, nacktes, gegabeltes Tier wie du bist. "

Es gibt noch einen weiteren Grund, warum manche von uns „Lear" nicht mit dem kalten, verächtlich-kritischen Blick der Vernunft lesen können. „Lear" markiert eine Etappe in Shakespeares Qual. Wir, die wir die glückliche Offenheit seiner Jugend kennen, die nicht von Zweifeln gegenüber Männern oder Misstrauen gegenüber Frauen getrübt wurde, können nicht anders, als mit ihm zu sympathisieren, wenn wir ihn betrogen und betrogen sehen, wie er den bitteren Kelch der Ernüchterung bis zur Neige trinkt. In „Lear" führt das wütende Grübeln zum Wahnsinn; und es ist nur passend, dass der immer wieder angeschlagene Grundton der Tragödie der Schrei sein sollte.

„O, lass mich nicht böse sein, nicht böse, süßer Himmel!

Halte mich bei Laune: Ich wäre nicht wütend. "

„Lear" ist der erste Versuch in der gesamten Literatur, Wahnsinn zu malen, und nicht der schlechteste Versuch.

In „Lear" wollte Shakespeare seine eigene Desillusionierung und sein nacktes Elend zum Ausdruck bringen. Wie blind Lear gewesen sein muss, sagt Tolstoi; Wie unglaublich dumm, seine Töchter nicht besser zu kennen, nachdem er zwanzig Jahre lang mit ihnen zusammengelebt hatte; aber genau das möchte Shakespeare zum Ausdruck bringen: „Wie blind ich war", ruft er uns zu, „wie unvorstellbar vertrauensvoll und töricht!" Wie hätte ich mir vorstellen können, dass ein junger Adliger dankbar oder ein mutwilliger Wahrer sein würde? „Lear" ist eine Seite von Shakespeares Autobiografie, und die Fehler darin sind die Flecken seiner glühenden Tränen.

„Lear" ist schlecht konstruiert, aber es sollte noch schlimmer kommen. Die nächste Tragödie, „Timon", ist lediglich ein Schrei des Schmerzes, und doch hat auch sie für uns ein tieferes als künstlerisches Interesse, da sie die äußerste Grenze von Shakespeares Leiden markiert. Die tödliche Krankheit des vielleicht besten Geistes, der jemals unter Menschen aufgetaucht ist, ist für uns von tieferem Interesse als jede Tragödie. Und zu sehen, dass Shakespeare in seinem Todeskampf und seinem blutigen Schweiß die Regeln der Kunst missachtet, ist einfach das, was man hätte erwarten können, und vertieft für einige von uns das persönliche Interesse an dem Drama.

In „Lear" ist Edgar ganz besonders Shakespeares Sprachrohr, und Shakespeare gibt Edgar einige der schönsten Worte, die er je geprägt hat:

„Die Götter sind gerecht und von unseren angenehmen Lastern

Machen Sie Instrumente, um uns zu plagen."

Auch hier liegt in dem, was Edgar über sich selbst sagt, die Moral aller Leidenschaft: Es ist offensichtlich Shakespeares Sicht auf sich selbst:

„Ein äußerst armer Mann, den Schicksalsschlägen gegenüber zahm gemacht,

Wer durch die Kunst, Sorgen zu kennen und zu fühlen

Bin zum Glück schwanger."

Dann finden wir den höchsten Satz – vielleicht den besten, der jemals geschrieben wurde:

„Männer müssen aushalten

Sie gehen von hier weg, genauso wie sie hierher kommen.

Reife ist alles."

Shakespeare spricht in den letzten Akten durch Lear ebenso deutlich wie durch Edgar. In der dritten Szene des fünften Akts spricht Lear mit Cordelia in denselben Worten, die Shakespeare dem Heiligen Heinrich VI. am Anfang seiner Karriere. Vergleichen Sie die Auszüge auf den Seiten 118–119 mit der folgenden Passage, und Sie werden die Ähnlichkeit und das erstaunliche Wachstum seiner Kunst erkennen.

„... Komm, lass uns ins Gefängnis gehen:

im Käfig singen :

Wenn du mich um Segen bittest, werde ich niederknien

Und bitte dich um Vergebung: So werden wir leben,

Und beten und singen und alte Geschichten erzählen und lachen

Auf vergoldete Schmetterlinge und arme Schurken hören

Gespräch über Gerichtsnachrichten; ... "

Noch charakteristischer für Shakespeare ist die Tatsache, dass Lear, wenn er im vierten Akt am bittersten ist, den erotischen Wahn zeigt, der die Quelle aller Bitterkeit und des Elends Shakespeares ist; aber das ist in Lear völlig fehl am Platz. Der Leser wird bemerken, wie „Ehebruch" hineingezogen wird:

„... Ja, jeder Zentimeter ein König:

Wenn ich starre, sehe ich, wie das Motiv bebt.

Ich verzeihe das Leben dieses Mannes. Was war dein Anliegen?

Ehebruch?

Du sollst nicht sterben: Sterben für Ehebruch! NEIN:

Der Zaunkönig geht zu ihm und die kleine vergoldete Fliege

Ist in meinen Augen ein Lügner.

Lass die Kopulation gedeihen; ...

...

Ab der Taille sind sie Zentauren,

Obwohl Frauen alle oben;

Aber den Gürtel erben die Götter,

Darunter sind alle Unholde; ... "

So schwärmt Lear eine ganze Seite lang: Shakespeare über sein Hobby: Im gleichen erotischen Geist weckt er sowohl bei Goneril als auch bei Regan Lust auf Edmund.

Der Grundton dieser Tragödie ist Shakespeares Verständnis seines wahnsinnigen blinden Vertrauens in Menschen; aber die Leidenschaft dafür entspringt einem erotischen Wahnsinn und dem Bewusstsein, dass er für Liebeslisten zu alt ist. Vielleicht hat ihn seine Fantasie nie höher getragen, als wenn Lear an die Himmel appelliert, weil auch sie alt sind:

„... O Himmel,

Wenn Sie alte Männer lieben, wenn Ihr süßer Einfluss

Erlaubt Gehorsam, wenn ihr alt seid,

Machen Sie es zu Ihrer Sache."

KAPITEL XII.
DAS DRAMA DER VERZWEIFUNG: „TIMON VON ATHEN"

„Timon" markiert den Höhepunkt von Shakespeares Leiden. Man kann es nicht als Kunstwerk bezeichnen, es ist kaum eine Tragödie; Es ist der grundlose Ruin einer Seele, ein Ruin, der nur unzureichend durch völliges Vertrauen in die Menschen und verschwenderische Großzügigkeit motiviert ist. Wenn es jemals einen Mann gab, der so großzügig gab wie Timon, wenn es jemals jemanden gab, der so sinnlos und blind im Vertrauen war, dann hatte er sein Schicksal verdient. Es gibt keine Abstufung in seinem Geben und keine in seinem Fall; kein künstlerisches Crescendo. Das ganze Drama ist, wie ich bereits sagte, ein Schrei des Leidens, oder besser gesagt, ein langer Fluch über alle gewöhnlichen Lebensbedingungen. Die höchsten Qualitäten Shakespeares sind in dem Stück nicht zu finden. Es gibt keine der großartigen Phrasen, die „Lear" schmücken; wenig von hoher Weisheit, selbst auf den Seiten, die zweifellos von Shakespeare stammen, und keine erwähnenswerte Charakterisierung. Der ehrliche Verwalter Flavius ist wieder der ehrliche Kent von „Lear", ehrlich und über die Natur hinaus loyal; Apemantus ist ein weiterer Thersites. Worte, die Shakespeares Charakter hervorheben, werden ohne Unterschied dieser oder jener Figur des Stückes gegeben. Ein Satz von Apemantus trifft auf Shakespeare ebenso zu wie auf Timon und ist erwähnenswert:

> *„Die Mitte der Menschheit hast du nie gekannt , aber die*
>
> *Ende beider Enden. "*

> *Die tragische Sonettnote wird Flavius gegeben:*
>
> *„Was gibt es Schlimmeres auf der Welt als Freunde?"*
>
> *Wer kann die edelsten Geister zu den niedrigsten Zielen bringen!"*

Soweit Timon überhaupt eine Figur ist, ist er offensichtlich Shakespeare, Shakespeare, der gegen die Welt schwärmt, weil er bei Männern keine Ehrlichkeit, bei Frauen keine Tugend, überall Böses findet — „ grenzenlose Diebstähle in begrenzten Berufen". Dieser Shakespeare-Timon dreht sich charakteristisch um, sobald er feststellt, dass Flavius ehrlich ist:

> *„Hätte ich einen Verwalter ?*
>
> *So wahr, so gerecht und jetzt so bequem?*

Es mildert fast meine gefährliche Natur.

Lass mich dein Gesicht sehen. Sicherlich dieser Mann

Wurde von einer Frau geboren.

Verzeihen Sie meine allgemeine und außerordentliche Unbesonnenheit,

Ihr ewig nüchternen Götter! Ich verkünde es

Ein ehrlicher Mann – verkennen Sie mich nicht –, aber einer ..."

Ich kann nicht umhin, den großartigen und selbstoffenbaren Satz {Fußnote: Diese Passage gehört zu denen, die von den Kommentatoren als un-Shakespeares abgelehnt wurden: „Sie hält dem Test nicht stand", sagt der ungeheuerliche Gollancz.} kursiv zu schreiben; Eine Zeile, die Tolstoi zweifellos für dumm und pompös halten würde. Timon hätte seinen Verwalter kennen müssen, könnte man im Sinne Tolstois sagen, so wie Lear seine Töchter hätte kennen sollen; aber das ist immer noch die Tragödie, die Shakespeare betonen möchte, weil sein Held blind im Vertrauen war.

Gegen Ende spricht Shakespeare ganz ungeheuchelt durch Timon: Richard II. sagte charakteristisch:

> *„Noch ich, noch irgendein anderer als der Mensch*
> *Mit nichts wird er zufrieden sein, bis ihm Erleichterung verschafft wird*
> *Mit dem Nichtssein:"*

Und Timon sagt zu Flavius:
> *„Meine lange Krankheit*
> *Die Gesundheit und das Leben beginnen sich nun zu bessern*
> *Und nichts bringt mir alles."*

Dann das Ende:
> *„Timon hat seine ewige Residenz geschaffen*
> *Am Strandrand der Salzflut ..."*

Wir dürfen dieses Stück nicht verlassen, ohne die überwältigende erotische Spannung in Shakespeare zu bemerken, die Timon ebenso wenig gefällt wie Lear. Die lange Diskussion mit Phrynia und Timandra wird einfach in die Länge gezogen: Keine der beiden Frauen wird charakterisiert: Shakespeare-Timon entspannt sich in Seiten erotischen Schwärmens:

> *„... Schlag mir die falsche Matrone;*
>
> *Es ist nur ihre Gewohnheit, ehrlich zu sein,*

Und dann:

„Verbräuche Sau

In hohlen Knochen des Menschen.........

...............Runter mit der Nase,

Runter damit, flach; Nimm die Brücke ganz weit weg ..."

Die „verdammte Erde" ist sogar „die gemeinsame Hure der Menschheit".

„Timon" ist die wahre Fortsetzung von „Der Kaufmann von Venedig". Antonio gibt großzügig, wird aber in der Krise von seinen Freunden gerettet. Timon gibt mit beiden Händen nach, aber als er seine Freunde anspricht, wird er als Langweiler behandelt. Shakespeare war in den zwölf Jahren, die zwischen den beiden Stücken liegen, weit gereist.

Alle Tragödien Shakespeares sind Phasen seiner eigenen Schwächen, und jede einzelne führt den Helden zur Niederlage und zum Ruin. Hamlet kann die Rache nicht zum Mord führen und scheitert an seiner eigenen Unentschlossenheit. Othello scheitert an wahnsinniger Eifersucht. Antony scheitert und fällt aus übermäßiger Lust; Lear durch Vertrauen in Menschen und Timon durch rücksichtslose Großzügigkeit. All dies sind separate Studien über Shakespeares eigene Schwächen; aber der Ruin ist unwiederbringlich und erreicht in Timon seinen Höhepunkt. Vertrauen und Großzügigkeit, so möchte Shakespeare uns sagen, waren seine größten Fehler. Dabei hat er sich selbst getäuscht. Weder „Lear" noch „Timon" ist seine größte Tragödie; aber „Antonius und Kleopatra", denn die Lust war seine größte Schwäche und die Tragödie der Lust sein größtes Stück.

Vieles von „Timon" stammt nicht von Shakespeare, sagen uns die Kritiker, und einiges davon ist offensichtlich nicht von ihm, obwohl viele der Passagen, die mit gutem Grund abgelehnt wurden, meiner Meinung nach von ihm nachbearbeitet wurden. Die zweite Szene des ersten Akts ist so schlimm, wie es nur sein kann; aber ich höre seine Stimme in der Zeile:

„Ich glaube, ich könnte meinen Freunden Königreiche schenken,

Und sei niemals müde. "

Auf jeden Fall ist dies der Grundton der Tragödie, der immer wieder angeschlagen wird. Shakespeare hat seine Großzügigkeit wahrscheinlich aus aristokratischer Pose übertrieben; Dass er aber leichtsinnig mit Geld umgegangen ist und leichtfertig ein Verschulden begangen hat, ist meiner Meinung nach aus seinen Schriften sicher und kann anhand der uns bekannten Tatsachen aus seinem Leben bewiesen werden.

KAPITEL XIII.
SHAKESPEARES LETZTE ROMANZEN: ALLE KOPIEN.

„ Wintermärchen ":
„Cymbeline": „Der Sturm. "

Der Kreis hat sich geschlossen: Timon ist fast so schwach wie „Titus Andronicus"; Der Stift fällt aus der kraftlosen Hand. Shakespeare hat eine Zeit lang nichts geschrieben. Sogar die Kritiker machen nach „Timon" eine Pause, womit das endet, was sie gerne seine dritte Periode nennen; aber sie scheinen nicht zu erkennen, dass der Bruch wirklich ein Gesundheitsverfall war. In „Lear" hatte er gegrübelt und bis zum Wahnsinn getobt; in „Timon" hatte er sich in vergeblichen, schwachen Verwünschungen erschöpft . Seine Nerven waren am Ende. Er war jetzt fünfundvierzig Jahre alt , die Kräfte der Jugend und des Wachstums hatten ihn verlassen. Er war vorzeitig alt und schwach.

Es scheint sicher, dass seine Genesung sehr langsam vonstatten ging, und wenn ich recht habe, erlangte er nie wieder eine gesunde Gesundheit. Ich bin fast sicher, dass er in dieser Krise nach Stratford ging und dort einige Zeit, wahrscheinlich ein paar Jahre, verbrachte, um es zu versuchen Zweifellos, um die Wunde in seinem Herzen zu stillen und das Leben wiederzugewinnen. Die Angst vor dem Wahnsinn hatte ihn vom Grübeln abgehalten: Er beschloss, die tote Vergangenheit ihre Toten begraben zu lassen; er würde versuchen zu vergessen und vernünftig zu leben. Schließlich ist das Leben besser als der Tod.

Wahrscheinlich war es seine Tochter, die ihn vom Rande des Grabes zurückführte. Fast alle seine neuesten Arbeiten zeigen die gleiche Figur eines jungen Mädchens. Er scheint jetzt zum ersten Mal gelernt zu haben, dass eine Jungfrau rein sein kann, und in seiner alten idealisierenden Art, die ihn bis zum Ende begleitete, vergötterte er sie. Judith wurde für ihn zum Symbol und er verlieh ihr die ätherische Anmut abstrakter Schönheit. In „Pericles" ist sie Marina; in „Das Wintermärchen" Perdita; in „Der Sturm" Miranda. Wenn man darüber nachdenkt, ist es wahrscheinlich, dass Ward recht hatte, wenn er sagt, dass Shakespeare seine „älteren Jahre" in Stratford verbrachte; er war zu gebrochen, um sein Leben in London wieder aufzunehmen.

Die Behauptung, Shakespeare sei gesundheitlich zusammengebrochen und habe nie wieder zu einem vitalen Leben zurückgefunden, wird genauso verachtet, wie ich es mir eingebildet habe. Die Kritiker, die zugestimmt haben, „Cymbeline", „Das Wintermärchen" und „Der Sturm" als seine besten Werke zu betrachten, sind in diesem Punkt alle gegen mich und werden „Beweise, Beweise" fordern. Geben Sie uns Beweise", werden sie rufen, „dass der Mann, der verrückt wurde und mit Lear tobte und „Timon" schrie und fluchte, wirklich zusammengebrochen war und sich Wahnsinn und Verzweiflung nicht eingebildet hatte." Die Beweise finden sich in diesen Werken selbst und sind für alle Menschen leicht lesbar.

Die drei Hauptwerke seiner letzten Schaffensperiode sind Romanzen und allesamt Kopien; er war zu müde, etwas zu erfinden oder gar zu annektieren; seine eigene Geschichte ist die einzige, die ihn interessiert. Die Handlung von „Das Wintermärchen" ist die Handlung von „Viel Lärm um nichts". Heldin ist Hermine. Eine weitere Phase von „Much Ado About Nothing" wird ausführlich in „Cymbeline" beschrieben; Imogen leidet wie Hero und Hermine unter unbegründeten Anschuldigungen. Es ist Shakespeares eigene Geschichte, die von dieser Welt in ein Märchenland verwandelt wurde: Was wäre passiert, fragt er, wenn die Frau, die ich für falsch hielt, wahr gewesen wäre? Dieses Thema von „Viel Lärm" ist auch das Thema von „Das Wintermärchen" und von „Cymbeline". Der Idealismus des Mannes ist tief verwurzelt: Er wird nicht erkennen, dass es seine eigene Sinnlichkeit war, die ihn dem Leiden preisgab, und nicht Mary Fittons Treulosigkeit. „The Tempest" ist die Geschichte von „As you Like it". Wir haben wieder die beiden Herzöge, den verbannten guten Herzog, der Shakespeare ist, und den bösen usurpierenden Herzog, Shakespeares Rivalen Chapman, der eine Zeit lang siegreich war. Shakespeare ist nicht mehr in der Lage oder willens, ein neues Stück zu entdecken: Er kann sich nur selbst kopieren, und zwar in einer der Szenen, die er in „Heinrich VIII." geschrieben hat. Die Kopie ist sklavisch.

Ich beziehe mich auf die dritte Szene im zweiten Akt; Der Dialog zwischen Anne Bullen und der alten Dame erinnert außerordentlich daran. Wenn Anne Bullen sagt:

„Es ist besser, von niedriger Geburt zu sein,

Und reich an Inhalten mit bescheidenen Lebern,

Als in glitzernder Trauer aufgeheitert zu sein

Und trage eine goldene Trauer"

Ich erinnere mich an Heinrich VI. Und der Streit zwischen Anne Bullen und der Alten Dame, in dem Anne Bullen erklärt, dass sie keine Königin sein würde, und die Alte Dame sie verachtet:

„Beschre mich, ich würde,

Und wage es nicht , Jungfern zu werden ; und das würdest du auch tun, ist im Großen und Ganzen derselbe Streit und wird auf die gleiche Weise gehandhabt wie der Streit zwischen Desdemona und Emilia in „Othello".

Es gibt viele andere Beweise für Shakespeares Schwäche in dieser letzten Periode, falls weitere Beweise nötig wären. Die Hauptmerkmale von Shakespeares Gesundheit sind sein Humor , seine Fröhlichkeit und sein Witz – seine Liebe zum Leben. Ein entsprechendes Merkmal ist, dass alle seine Frauen sinnlich sind und sich in und außerhalb der Saison groben Äußerungen hingeben. Dies soll ein Fehler seiner Zeit sein; Aber nur Professoren könnten ein Argument verwenden, das eine solche Unkenntnis des Lebens zeigt. Homer war sauber genug, und Sophokles und Spenser auch; Sinnlichkeit ist eine Eigenschaft des einzelnen Menschen. Ein weiteres Merkmal von Shakespeares Reife besteht darin, dass seine Figuren trotz ihrer Idealisierung für uns ein kraftvolles, pulsierendes Leben führen.

All diese Eigenschaften fehlen in den Werken nach „Timon". Es gibt praktisch keinen Humor , keinen Witz, die Clowns sind sogar nur grob-dumm, mit Ausnahme von Autolycus, der ein blasser Reflex auf ein oder zwei Merkmale von Falstaff ist. Shakespeares Humor ist verschwunden oder so schwach geworden, dass man ihn kaum noch Humor nennen kann ; Auch alle Heldinnen sind inzwischen der Sinnlichkeit abgeschworen: Marina geht unbeschmutzt durch das Bordell; Perdita könnte Milch in ihren Adern haben und kein Blut, und Miranda ist nur ein anderer Name für Perdita. Auch Imogen hat keine Spur von natürlicher Leidenschaft: Sie ist sozusagen eine bloße Wäscheliste geschlechtsloser Perfektionen. In dieser letzten Periode wird Shakespeare nichts mit Sinnlichkeit zu tun haben, und seine Figuren, und nicht nur die weiblichen, sind kaum mehr als Abstraktionen; ihnen fehlt das Blut der Emotionen; Es gibt keinen einzigen von ihnen, der einen Schatten werfen könnte. Wie kommt es, dass die Kritiker diese blassen, blutleeren Silhouetten mit Shakespeares Meisterwerken verwechseln?

In seinen frühesten Werken war er, wie wir gesehen haben, gezwungen, ständig auf seine eigenen Erfahrungen zurückzugreifen, da er keine Lebenserfahrung hatte, und in diesen, seinen neuesten Stücken, nutzt er, wann immer er kann, auch seine eigenen Erfahrungen, um seine Bilder zu vermitteln die Welt, aus der er sich zurückgezogen hatte, ein Gefühl lebendigen Lebens. Beispielsweise ist sein Bericht über den Tod des Jungen Mamillius in „Wintermärchen" offensichtlich ein Reflex seiner eigenen Emotionen, als er seinen Sohn Hamnet verlor, eine Emotion, die er zu dieser Zeit unsterblich in Arthur und der Trauer der Königin verkörperte -Mutter Konstanz. Ebenso ist in „Cymbeline" die Freude der Brüder, die Schwester zu finden, ein Echo seiner eigenen Freude, seine Tochter kennenzulernen.

Ich habe eine Vorstellung über die Entstehung dieser letzten drei Stücke und ihre Reihenfolge, die möglicherweise völlig falsch ist, obwohl ich sicher bin, dass sie Shakespeares Charakter entspricht. Ich kann mir vorstellen, dass er vom Autor gebeten wurde, „Pericles" nachzubessern. Als er das Stück las, sah er die Gelegenheit, dem neuen Gefühl Ausdruck zu verleihen, das der ernste, süße Charme seiner kleinen Tochter in ihm geweckt hatte, und schrieb dementsprechend die Szenen, in denen Marina eine Rolle spielt. Judiths Bescheidenheit war für ihn ein immerwährendes Wunder.

Sein Erfolg veranlasste ihn, „Das Wintermärchen" zu entwerfen, in dem er traurig damit spielte, was hätte sein können, wenn seine angeklagte Geliebte Mary Fitton schuldlos statt schuldig gewesen wäre. Ich kann mir vorstellen, dass er erkannte, dass das Stück kein Erfolg war, und dass seine Hand schwach geworden war, und dass er bei der Suche nach der Ursache wahrscheinlich zu dem Schluss kam, dass der relative Misserfolg auf die Tatsache zurückzuführen war, dass er es nicht geschafft hatte Versetzte sich in „Das Wintermärchen" und so beschloss er, im nächsten Stück erneut ein Porträt von sich selbst in voller Länge zu zeichnen, wie er es in „Hamlet" getan hatte, und dementsprechend skizzierte er Posthumus, einen biederen, älteren, idealisierten Hamlet , mit Lymphe in seinen Adern statt Blut. Im gleichen idealisierenden Geist stellte er sich für uns seine Rose der Weiblichkeit in Imogen vor, die jedoch keineswegs eine lebende Frau ist, ebenso wenig wie sein frühestes Ideal, Julia, eine Frau war. Der Kontrast zwischen diesen beiden Skizzen ist der Kontrast zwischen Shakespeares Stärke und seiner Schwäche. So spricht die vierzehnjährige Julia über Liebe:

„Spreize deinen geschlossenen Vorhang, liebesspielende Nacht,

Dass die Augen der Ausreißer blinzeln, und Romeo

Springe in diese Arme, von denen niemand spricht und die du nicht siehst.

Verliebte können ihre Liebesrituale durchführen

Durch ihre eigene Schönheit. "

Und hier, was Posthumus über Imogen sagt:

„Sie hat mich meines rechtmäßigen Vergnügens zurückgehalten ,

Und bete mich oft um Nachsicht: Tue es mit

Eine so rosige Scham, der süße Anblick darauf

Könnte durchaus den alten Saturn erwärmt haben. "

Keine dieser Aussagen ist ganz allgemein wahr, aber die zweite ist untypisch. Wenn Shakespeare die Zurückhaltung in der Liebe lobt, muss er sehr schwach gewesen sein; Als vollwertiger Mann betete er um ein Übermaß davon und betrachtete ein Übermaß als das einzig vernünftige Heilmittel.

Ich glaube, Shakespeare mochte Posthumus und Imogen; Aber er hätte „Cymbeline" nicht für ein großartiges Werk halten können und so nahm er sich für ein Meisterwerk zusammen. Er scheint sich gesagt zu haben: „Diese ganzen Kämpfe von Posthumus sind falsch; Männer kämpfen nicht mit achtundvierzig; Ich werde mich einfach mit den Qualitäten malen, die ich jetzt besitze; Soweit ich kann, werde ich die Wahrheit über mich sagen." Das Ergebnis ist das Porträt von Prospero in „Der Sturm".

Bevor ich mit dem Studium von Prospero beginne, möchte ich nur sagen, dass ich die Einleitung der Maske im vierten Akt außerordentlich interessant finde. Ben Jonson hatte für diesen und jenen Anlass klassische Masken geschrieben; Masken, die sehr erfolgreich waren, heißt es; Sie hatten es tatsächlich „kapiert", unseren modernen Slang zu verwenden. Shakespeare wird uns nun zeigen, dass auch er eine Maske mit klassischen Gottheiten darin schreiben kann, besser noch Jonsons Beispiel. Das ist erbärmlich und beweist meiner Meinung nach, dass Shakespeare von seiner Generation nur wenig geschätzt wurde.

Jonson antwortete ihm eingebildet, wie Jonson es in der Einleitung zu seinem „Bartholomew Fair" (1612–1614) tun würde: „Wenn es nie ein *Dienermonster gäbe* Ich bin der Fayre, der ihm helfen kann, sagt er ; noch ein Nest voller *Antiquitäten* . Er ist abgeneigt , die Natur in seinen *Theaterstücken in Angst und Schrecken zu versetzen* , wie jene, die *Märchen* , *Stürme* und dergleichen wie *Drollerien hervorbringen* ."

Ganz am Ende wollte der Schöpfer von Hamlet, der klügste Geist der Welt, beweisen, dass er in jedem Stil genauso gut schreiben konnte wie der Autor von „Jeder Mann in seinem Humor ". Für mich ist die bloße Tatsache sehr interessant und höchst bedauernswert.

Wenden wir uns nun „Der Sturm" zu und sehen wir uns an, welche Rolle unser Dichter darin spielt. Es ist Shakespeares letztes Werk und eines seiner größten; sein Testament an das englische Volk; an Weisheit und hoher Poesie ein Wunder.

Das Porträt Shakespeares, das wir in Prospero erhalten, ist trotz seiner Idealisierung erstaunlich treu und naiv. Sein Lebenstag neigt sich dem Ende zu; Die Schatten der Nacht ziehen auf ihn zu, und doch ist er derselbe gelehrte, melancholische Student, der alle Höflichkeiten und Großzügigkeiten liebt, den wir zum ersten Mal als Biron in „Love's Labour's Lost" trafen. Die Fröhlichkeit ist verschwunden und die Sinnlichkeit; die spirituelle Einstellung ist unendlich trauriger – das haben die Jahre mit unserem sanften Shakespeare gemacht.

Prosperos erster Auftritt in der zweiten Szene des ersten Akts ist als liebevoller Vater und Zauberer; er sagt zu Miranda:

„Ich habe nichts anderes getan, als mich um dich zu kümmern,

Von dir, mein Lieber! Dich, meine Tochter."

Er fragt Miranda, woran sie sich aus ihrem frühen Leben erinnern kann, und findet magische Worte:

„Was siehst du sonst?

Im Dunkeln, rückständig und im Abgrund der Zeit?"

Miranda ist erst fünfzehn Jahre alt. Shakespeare verwandelte Julia, wie wir uns erinnern werden, von einem sechzehnjährigen Mädchen in ein vierzehnjähriges Mädchen; jetzt, obwohl ihn die Sinnlichkeit verlassen hat, macht er Miranda erst zu fünfzehn; Offensichtlich ist er mit achtundvierzig Jahren derselbe Bewunderer mädchenhafter Jugend wie vor zwanzig Jahren. Dann erzählt Prospero Miranda von sich und seinem Bruder, dem „perfiden" Herzog:

„Und Prospero, der oberste Herzog, hat einen solchen Ruf

In Würde und für die freien Künste

Ohne Parallele; Das ist mein ganzes Studium."

Er wird jetzt nicht nur ein Prinz, sondern ein Meister „ohne Parallele" in den freien Künsten sein. Er muss auch unangemessen ausführlich erklären, wie er zuließ, dass er von seinem falschen Bruder verdrängt wurde, und spricht mit den Worten Shakespeares über sich selbst:

„Da ich weltliche Ziele vernachlässige, widme ich mich ganz

Zur Nähe und zur Verbesserung meines Geistes

Damit, was, aber dadurch, dass man so zurückgezogen ist,

Überschätzte alle gängigen Preise in meinem falschen Bruder

Erweckte eine böse Natur: und mein Vertrauen,

Wie ein guter Elternteil hat er ihn gezeugt,

Eine Lüge, im Gegenteil genauso groß

Wie mein Vertrauen war; die tatsächlich keine Grenze hatte,

Ein Vertrauen ohne Grenzen. "

Auch Shakespeare hatte sich „unter Vernachlässigung weltlicher Ziele" der „Verbesserung seines Geistes" verschrieben, da können wir sicher sein. Prospero erzählt uns weiterhin explizit, wie Shakespeare Bücher liebte, was wir nur aus seinen früheren Stücken erschließen konnten:

„Ich, armer Mann, meine Bibliothek

War das Herzogtum groß genug?

Und wieder sagt Gonzalo (ein anderer Name für Kent und Flavius) ihm einige Bücher und sagt:

„Von seiner Sanftmut,

Da er wusste, dass ich meine Bücher liebte, richtete er mich ein

Aus meiner eigenen Bibliothek, mit Bänden

Ich schätze mein Herzogtum höher. "

Seine Tochter trauert darüber, dass sie ihm ein Ärgernis gewesen sein könnte: Shakespeare-Prospero antwortet sofort:

„O, ein Cherubim

Du warst , das hat mich bewahrt. Du hast gelächelt

Mit einer Stärke vom Himmel erfüllt,

Als ich das Meer mit Tropfen voller Salz bedeckt habe

Unter meiner Last stöhnte ; was in mir aufstieg

Ein leidender Magen, um es auszuhalten

Gegen das, was folgen sollte. "

Aber warum sollte der Zauberer unter einer Last weinen oder stöhnen? Hatte er kein Vertrauen in seine Wunderkräfte? Das alles ist Shakespeares Geständnis. Jedes Wort ist wahr; Seine Tochter „bewahrte" Shakespeare tatsächlich und ermöglichte ihm, die Last des Verrats des Lebens zu ertragen.

Kein Wunder, dass Prospero anfängt, sich für dieses langatmige Geständnis zu entschuldigen, das, wie er zugibt, tatsächlich „höchst unverschämt" für das Stück ist, obwohl es für ihn und uns am interessantesten ist, denn er ist einfach nur Shakespeare, der uns seine damaligen Gefühle mitteilt . Der sanfte Zauberer erfährt dann von Ariel, wie der Schiffbruch durchgeführt wurde, ohne dass irgendjemandem auch nur ein Haar zu Schaden kam.

Die ganze Szene ist ein außerordentlich getreues und detailliertes Bild von Shakespeares Seele. Ich halte sogar die Tatsache für bedeutsam, dass Ariel seine Freiheit „ein ganzes Jahr" vor der ursprünglich von Prospero vorgeschlagenen Amtszeit will. Ich glaube, Shakespeare beendete „Der Sturm" und besiegelte damit sein Lebenswerk ein ganzes Jahr früher als beabsichtigt; er fürchtete, der Tod könnte ihn überraschen, bevor er seinem Werk den Höhepunkt gesetzt hatte. Auch Ariels Qual ist für mich bedeutungsvoll; Denn Ariel ist Shakespeares „gestaltender Geist der Fantasie", der einst der Sklave einer „üblen Hexe" war und von ihr „ein Dutzend Jahre lang schmerzhaft eingesperrt" wurde.

Dieses „Dutzend Jahre" ist für mich erstaunlich wahr und interessant: Es zeigt, dass meine Interpretation der Dauer seiner Passionsfolter absolut richtig war – Shakespeares „feiner Geist" und seine besten Kräfte waren an Mary Fittons „irdischen" Dienst von 1597 bis 1608 gebunden .

Dieses letzte Datum können wir vielleicht mit einiger Sicherheit festlegen. Ende 1607, kurz vor März 1608, heiratete Mistress Fitton zum zweiten Mal einen Captain oder Mr. Polwhele , als die Tatsache ihrer kürzlichen Heirat im Testament ihres Großonkels festgehalten wurde. Es scheint mir wahrscheinlich oder zumindest möglich, dass dieses Ereignis ihre völlige Trennung von Shakespeare markiert; Möglicherweise hat sie den Hof und London verlassen, nachdem sie aufgehört hatte, Trauzeugin zu sein .

Shakespeare ist in diesem letzten Stück so von sich selbst erfüllt, so sicher, dass er die wichtigste Person der Welt ist, dass diese Szene mehr als jede andere in all seinen Werken von intimer Selbstoffenbarung erfüllt ist. Und wenn Ferdinand die Bühne betritt, verleiht ihm auch Shakespeare seine ganz eigenen Qualitäten. Seine Puppen interessieren ihn nicht mehr; er achtet nicht auf die Charakterisierung. Ferdinand sagt:

> *„Diese Musik kroch an mir vorbei auf dem Wasser*
>
> *Ich besänftige sowohl ihre Wut als auch meine Leidenschaft*
>
> *Mit seiner süßen Luft. "*

Man wird sich erinnern, dass Musik in „Twelfth Night" genau die gleiche besondere Wirkung auf Herzog Orsino hatte. Auch Ferdinand ist außerordentlich eingebildet:

„Ich bin der Beste von denen, die diese Rede halten.

.... Ich selbst bin Neapel. "

Shakespeares natürlicher aristokratischer Stolz als Prinz wurde durch sein Verständnis seiner eigenen wahren Bedeutung verstärkt. Ferdinand erklärt dann, dass er mit einem Gefängnis zufrieden sein wird, wenn er Miranda darin sehen kann:

„Platz genug

Ich bin in so einem Gefängnis. "

Welches ist Hamlets:

„Ich könnte auf den Punkt gebracht werden und mich selbst zählen

ein König des unendlichen Raums. "

Der zweite Akt mit seiner vereitelten Verschwörung ist erbärmlich schlecht, und die Begegnung von Caliban und Trinculo mit Stephanie verbessert ihn nicht wesentlich, Shakespeare interessiert sich jetzt nur noch für irgendetwas außerhalb seiner selbst: Alter und Größe sind ebenso egozentrisch wie die Jugend.

Im dritten Akt ist das Werben von Ferdinand und Miranda hübsch, aber kaum mehr. Ferdinand ist blutleer, dünn, und Miranda schwört „bei ihrer Bescheidenheit", als Juwel ihrer Mitgift, was dem bezaubernden Geständnis der Mädchenliebe ein wenig abträglich ist:

„Das würde ich nicht wünschen

Jeder Begleiter auf der Welt außer dir. "

Die darauffolgende komische Erleichterung ist unbeschreiblich langweilig; aber die Worte von Ariel, der den König von Neapel und den usurpierenden Herzog warnte, dass das Unrecht, das sie Prospero angetan haben, mit Sicherheit gerächt wird, sofern es nicht durch „Herzenskummer und ein daraus resultierendes klares Leben" ausgelöscht wird, sind höchst charakteristisch und einprägsam.

Im vierten Akt predigt Prospero, wie wir gesehen haben, Ferdinand Selbstbeherrschung mit Worten, die gerade in ihrer Extravaganz zeigen, wie sehr er seine eigene Schuld an seiner Frau vor der Heirat bereute. Ich werde die gesamte Passage berücksichtigen, wenn ich Shakespeares Hochzeit als einen Vorfall in seinem Leben betrachte. Danach kommt die Maske und die wunderbare Rede von Prospero, die den höchsten Gipfel der Poesie erreicht:

> *„Das sind unsere Schauspieler,*
>
> *Wie ich es euch vorhergesagt habe, waren alle Geister und*
>
> *Werden in Luft geschmolzen, in Luft aufgelöst:*
>
> *Und wie das unbegründete Gefüge dieser Vision*
>
> *Die wolkenverhangenen Türme, die prächtigen Paläste,*
>
> *Die feierlichen Tempel, der große Globus selbst,*
>
> *Ja, alles, was es bewohnt , wird sich auflösen*
>
> *Und als dieser substanzlose Festzug verblasste,*
>
> *Lassen Sie kein Gestell zurück. Wir sind so etwas*
>
> *Wie Träume gemacht sind; und unser kleines Leben*
>
> *Abgerundet wird mit einem Schlaf. Sir, ich bin verärgert ;*
>
> *Ertrage meine Schwäche; Mein altes Gehirn ist beunruhigt:*
>
> *Sei nicht beunruhigt über mein Gebrechen:*
>
> *Wenn es Ihnen gefällt, ziehen Sie sich in meine Zelle zurück,*
>
> *Und dort ruhe: Ein oder zwei Runden werde ich gehen,*
>
> *Um meinen schlagenden Verstand zu beruhigen. “*

Ich habe die Verse bis zum Schluss aufgeführt, denn das Beharren auf seinem Alter und seiner Schwäche (die nicht dem Charakter eines Zauberers entsprechen) halte ich für ein Bekenntnis Shakespeares selbst: Die Worte „beating mind" sind außerordentlich charakteristisch, Damit beweisen sie, dass seine Gedanken und Gefühle zu stark für seinen gebrechlichen Körper waren.

Im fünften Akt zeigt sich uns Shakespeare-Prospero von seiner edelsten Seite: Er wird seinen Feinden vergeben:

> *„Obwohl ich von ihrem großen Unrecht bis ins Mark getroffen bin,*
>
> *Doch mit meiner edleren Vernunft überwinde ich meinen Zorn*

In „Die zwei Herren von Verona“ sahen wir, wie Shakespeare-Valentine seinem treulosen Freund vergab, sobald er Buße tat: Hier wird das gleiche Glaubensbekenntnis zu einem edleren Ausdruck gebracht.

Und dann, nachdem alle seine Wünsche erfüllt und sein Herzenswunsch erfüllt sind, ist Prospero bereit, wieder nach Mailand und nach Hause aufzubrechen. Wir alle erwarten von ihm einen Ausdruck der Freude, aber das ist es, was wir bekommen:

Die Verzweiflung ist völlig unerwartet und fehl am Platz, ebenso wie die Geschichte seiner Schwäche und Gebrechen, seines „schlagenden Geistes“. Es handelt sich offensichtlich um Shakespeares eigenes Bekenntnis. Nachdem er „The Tempest“ geschrieben hat, beabsichtigt er, sich nach Stratford zurückzuziehen, wo „jeder dritte Gedanke mein Grab sein soll“.

Ich habe bewusst besondere Aufmerksamkeit auf Shakespeares Schwäche und Verzweiflung in dieser Zeit gelenkt, weil der traurige, gereimte Epilog, den Prospero sprechen muss, von vielen Gelehrten einer anderen Hand zugeschrieben wurde. Es ist offensichtlich Shakespeares Werk, tatsächlich aus Shakespeares tiefstem Herzen; obwohl Herr Israel Gollancz seinen Führern folgt und sagt, dass der „Epilog des Stücks offensichtlich von einer anderen Hand als Shakespeare stammt“: „offensichtlich“ ist gut. Hier ist es:

Auf dieser kahlen Insel durch deinen Zauber;

Aber befreie mich von meinen Bands

Mit Hilfe Ihrer guten Hände:

Sanfter Atem von dir, meine Segel

Muss ausgefüllt werden, sonst scheitert mein Projekt.

Was mir gefallen sollte. Jetzt will ich,

Geister zum Durchsetzen, Kunst zum Verzaubern;

Und mein Ende ist Verzweiflung,

Sofern ich nicht durch Gebete erleichtert werde,

Was so durchdringt, dass es angreift

Barmherzigkeit selbst und befreit von allen Fehlern

Wie du von Verbrechen begnadigt würdest

Lass mich durch deine Nachsicht befreien. "

Von Jugend zu Alter beschäftigte sich Shakespeare mit den tiefsten Problemen der menschlichen Existenz; Immer wieder erleben wir, wie er versucht, die Dunkelheit zu durchdringen, die das Leben umhüllt. Gibt es tatsächlich nichts jenseits des Grabes – nichts? Ist das edle Gefüge menschlichen Denkens, Errungenschaften und Bemühens , ins Nichts zu verschwinden und zu vergehen wie das Schauspiel eines Traums? Er wird sich nicht mit unbegründeten Hoffnungen betrügen und sich nicht dem Glauben hingeben; er resigniert mit einem Seufzer – es ist das unentdeckte Land, aus dessen Heimat kein Reisender zurückkehrt. Aber Shakespeare glaubte immer an Buße und Vergebung, und jetzt, weltmüde, alt und schwach, wendet er sich dem Gebet zu: {Fußnote: Auch Hamlet ruft, nachdem er mit dem Geist seines Vaters gesprochen hat: „Ich werde beten gehen."} Gebet, dass—

„ Übergriffe

Die Barmherzigkeit selbst und befreit von allen Fehlern. "

Armer, kaputter Shakespeare! „Mein Ende ist Verzweiflung": Die Traurigkeit und das Mitleid liegen tiefer als Tränen.

Was für ein Mann! trotz dieser Schwäche ein Meisterwerk zu schaffen. Was für ein Stück ist dieser „Tempest"! Schließlich sieht sich Shakespeare so, wie er ist: ein Monarch ohne Land; aber Meister einer sehr „mächtigen Kunst", ein großer Zauberer mit Vorstellungskraft als begleitendem Geist, der nach Belieben Schiffbrüche heraufbeschwören, Feinde versklaven oder Liebende erschaffen kann; und alle seine Kräfte werden in sanfter Güte eingesetzt. Ariel ist eine höhere Schöpfung, spiritueller und bezaubernder als jeder andere Dichter, den es je versucht hat; und Caliban, der Erdengeborene, halb Tier, halb Mensch – das sind die Pole von Shakespeares Genie.

KAPITEL XIV.
SHAKESPEARES LEBEN

Unsere lange Mühe ist fast zu Ende. Wir haben gesehen, wie Shakespeare sich in verschiedenen Phasen seines Lebens und in zwanzig Dramen in voller Länge als sanfter, sinnlicher Dichter-Denker darstellte. Wir haben ihn studiert, als er in den Sonetten und anderswo der wilden Leidenschaft und in „Othello" der wahnsinnigen Eifersucht ausgeliefert war; Wir haben ihn als Hamlet gesehen, der über Rache und Selbstmord brütet, und in „Lear" und „Timon", wie er am Rande des Wahnsinns tobt, und in diesen Ekstasen, wenn die Seele nicht in der Lage ist, etwas vorzutäuschen, haben wir seine wahre Natur entdeckt da es sich von den idealen Darstellungen unterschied, die seine Eitelkeit formte und färbte . Wir haben seine persönliche Einschätzung durch die „Geschichte der verborgenen Fehler " korrigiert, auf die sich Shakespeare selbst im Sonett 88 bezog. Jetzt bleibt mir nur noch, einen kurzen Bericht über sein Leben und die Ereignisse darin zu geben, um zu zeigen, dass ich es gelesen habe Sein Charakter wird durch die bekannten Tatsachen bestätigt und versetzt den Mann sozusagen in die richtige Situation.

Andererseits wird uns unser Wissen über Shakespeares Charakter helfen, seine Lebensgeschichte zu rekonstruieren. Was über sein Leben positiv bekannt ist, könnte auf ein paar Seiten dargelegt werden; aber es gibt Überlieferungen über ihn, Geschichten über ihn, unzählige Fetzen von Tatsachen und Fiktionen über ihn, die mehr oder weniger interessant und authentisch sind; und jetzt, da wir den Mann kennen, werden wir in der Lage sein, diese Berichte mit einem gewissen Maß an Zuversicht anzunehmen oder abzulehnen und so zu einem glaubwürdigen Bild seiner Lebensreise und der Veränderungen zu gelangen, die die Zeit in ihm bewirkt hat. Bei allem, was ich über ihn sage, werde ich mich an die in seinen Werken dargelegten Tatsachen halten. Wenn die Tradition im Einklang mit dem zu stehen scheint, was Shakespeare uns über sich selbst erzählt hat oder mit dem, was Ben Jonson über ihn gesagt hat, werde ich sie mit Zuversicht verwenden.

Shakespeare war in Warwickshire ein gebräuchlicher Name; Außer der Familie des Dichters waren dort im 16. Jahrhundert noch andere Shakespeares bekannt, und in der Nähe von Stratford gab es mindestens einen weiteren William Shakespeare. Der Vater des Dichters, John Shakespeare, stammte aus landwirtschaftlicher Abstammung und schien abenteuerlustig gewesen zu sein: Als junger Mann verließ er seinen Geburtsort Snitterfield und zog in die Nachbarstadt Stratford, wo er sich selbständig machte. Aubrey sagt, er sei Metzger gewesen; Er handelte sicherlich mit Fleisch, Häuten und Leder sowie mit Mais, Wolle und Malz —

ein anpassungsfähiger, schneller Mann, der sich für alles einsetzte – ein Alleskönner. Zunächst scheint er erfolgreich gewesen zu sein, denn 1556, fünf Jahre nachdem er nach Stratford gekommen war, kaufte er zwei Eigentumswohnungen, eines mit einem Garten in der Henley Street und das andere in der Greenhill Street mit einem Obstgarten. Im Jahr 1557 wurde er zum Bürger oder Stadtrat gewählt und machte kurz darauf den besten Geschäftserfolg seines Lebens, indem er Mary Arden heiratete, deren Vater ein namhafter Bauer gewesen war. Mary erbte die Grundgebühr von Asbies , ein Haus mit etwa fünfzig Acres Land in Wilmcote und einen Anteil an Grundstücken in Snitterfield ; Das Ganze ist vielleicht etwa 80 oder 90 Pfund oder, sagen wir, 600 Pfund unseres Geldes wert. Seine Heirat machte John Shakespeare zu einem wohlhabenden Bürger; Er bekleidete verschiedene Ämter im Bezirk und wurde 1568 Gerichtsvollzieher, die höchste Position in der Körperschaft. Während seines Amtsjahres empfing er, wie uns erzählt wird, zwei Schauspielergruppen in Stratford.

Lieblingskind ihres Vaters gewesen zu sein , und obwohl sie nicht mit ihrem eigenen Namen unterschreiben konnte, muss sie über seltene Eigenschaften verfügt haben; denn der Dichter empfand, wie wir aus „Coriolanus" erfahren, außerordentliche Wertschätzung und Zuneigung für sie und betrauerte sie nach ihrem Tod als „die edelste Mutter der Welt".

William Shakespeare, der erste Sohn und das dritte Kind dieses Paares, wurde am 22. oder 23. April 1564 geboren, niemand weiß an welchem Tag; Aus den Kirchenbüchern von Stratford geht hervor, dass er am 26. April getauft wurde. Und wenn sein Geburtsdatum nicht bekannt ist, ist auch der Ort nicht bekannt; Sein Vater besaß zwei Häuser in der Henley Street, und es ist ungewiss, in welchem er geboren wurde.

John Shakespeare hatte glücklicherweise nichts, um die Ausbildung seiner Söhne zu bezahlen. Sie hatten kostenlosen Unterricht an der Grammar School in Stratford. Der Dichter ging im Alter von sieben oder acht Jahren zur Schule und erhielt eine normale Ausbildung sowie einige Grundkenntnisse in Latein. Wahrscheinlich verbrachte er zunächst die meiste Zeit damit, Geschichten aus den Fresken an den Wänden zu erfinden. Es besteht kein Zweifel daran, dass er alles, was man ihm beibrachte, mit Leichtigkeit lernte, und noch weniger daran, dass ihm nicht viel beigebracht wurde. Er beherrschte Lylys „Lateinische Grammatik" und wurde durch einige Konversationsbücher wie die „Sententiae Pueriles " geführt, und nicht viel weiter, denn er legt den Schulmeistern, Holofernes in „Love's Labour's Lost" und Hugh Evans lateinische Phrasen in den Mund in „Die lustigen Weiber von Windsor", und alle diese Sätze sind wörtlich entweder aus Lylys Grammatik oder aus den „Sententiae Pueriles " übernommen. Auch in „Titus Andronicus" sagt einer von Tamoras Söhnen beim Lesen eines lateinischen Verses, es handele sich um einen Vers von Horaz, aber er habe ihn „in der

Grammatik gelesen", was wahrscheinlich beim Autor der Fall war. Ben Jonsons Spott war berechtigt, Shakespeare hatte „wenig Latine und Lesse" . Griechisch ." Sein Französisch, wie in seinem „Heinrich V." zum Ausdruck kommt, war alles andere als gut, und sein Italienisch war wahrscheinlich noch schwächer.

Es war ein Glück für Shakespeare, dass die zunehmende Armut seines Vaters ihn frühzeitig von der Schule abbrachte und ihn zwang, mit dem Leben in Kontakt zu kommen. Aubrey sagt: „Als Junge übte er das Metzgerhandwerk seines Vaters aus; aber wenn er ein Kalb tötete, tat er es mit großem Stil und hielt eine Rede." Ich vermute, dass der junge Will mit einem Messer umherflog und romantische Reden hielt; aber ich bin mir ziemlich sicher, dass er nie ein Kalb getötet hat. Ein Kalb zu töten ist nicht der einfachste Teil der Metzgerarbeit; noch eine Aufgabe, die Shakespeare zu jeder Zeit gewählt hätte. Die Überlieferung reicht als Beweis dafür aus, dass die Stadtbevölkerung den eifrigen, flinken und spritzenden Jungen bereits bemerkt hatte.

Über Shakespeares Leben nach seinem Schulabgang, sagen wir im Alter von dreizehn bis achtzehn Jahren, wissen wir fast nichts. Wahrscheinlich erledigte er von Zeit zu Zeit Gelegenheitsarbeiten für seinen Vater; aber das Geschäft seines Vaters scheint sich rapide immer weiter verschlechtert zu haben; Denn 1586 teilte ein Gläubiger dem örtlichen Gericht mit, dass John Shakespeare über keine Güter verfüge, auf die eine Pfändung erhoben werden könne, und am 6. September desselben Jahres wurde ihm das Stadtratsgewand entzogen. In dieser Zeit der stetig zunehmenden Armut im Haus war es nur zu erwarten, dass der junge Will Shakespeare außer Kontrolle geraten würde.

Die Überlieferung von Rowe besagt, dass er „in schlechte Gesellschaft geriet, und unter ihnen einige, die häufig Hirsche stahlen, ihn mehr als einmal mit ihnen verwickelten, um den Park von Sir Thomas Lucy von Charlecot in der Nähe von Stratford auszurauben." Dafür wurde er von diesem Herrn strafrechtlich verfolgt, da er damals etwas zu streng dachte, und um sich für diese Misshandlung zu rächen, schrieb er eine Ballade über ihn."

Eine andere Geschichte besagt, dass Sir Thomas Lucy einen Anwalt aus Warwick engagierte, um die Jungen strafrechtlich zu verfolgen, und dass Shakespeare seine satirische Ballade an den Parktoren von Charlecot befestigte . Die Ballade soll verloren gegangen sein, aber bestimmte Verse sind erhalten geblieben, die zu den Umständen und zu Shakespeares Charakter so perfekt passen, dass ich für meinen Teil zufrieden bin, sie zu akzeptieren. Ich nenne den ersten und den letzten Vers als die charakteristischsten:

LIED

„Ein Parlamentsmitglied, ein Friedensrichter,

Zu Hause eine arme Vogelscheuche, in London ein Arsch,

Wenn Lowsie Lucy ist, wie irgendein Volke miscalle es

Dann ist Lucy ein Lowsie , was auch immer passiert .

Er hält sich für großartig

Doch ein Esel in seinem Zustand,

Wir erlauben die Paarung an seinen Ohren, aber mit Ärschen.

Wenn Lucy Lowsie ist , wie irgendein Volke miscalle es

Singe Lucy , was auch immer passiert ist .

- - - - - - - -

„Wenn ein Jugendlicher herumtollt, kann er es nicht verzeihen,

Wir werden Lowsie Lucy singen, solange wir leben,

Und Lucy, die Lowsie , eine Verleumdung könnte man es nennen

Singe Lucy , was auch immer passiert ist .

Er hält sich für großartig

Doch ein Esel in seinem Zustand,

Wir erlauben die Paarung an seinen Ohren, aber mit Ärschen.

Wenn Lucy Lowsie ist , wie irgendein Volke miscalle es

Singe Lucy , was auch immer passiert ist.

Der letzte Vers, der in seiner merkwürdigen Unvoreingenommenheit so sehr mit dem skurrilen Refrain übereinstimmt, scheint mir eine eigene Handschrift zu tragen. Es besteht kein Zweifel daran, dass die Verse uns die Gefühle des jungen Shakespeare in dieser Angelegenheit vermitteln. Wahrscheinlich war es die Lektüre von Balladen und Geschichten von „Merrie Sherwood", die ihn zum ersten Mal zum Hirschdiebstahl brachte; und wir haben es bereits von seinem „Richard II." gesehen. und „Heinrich IV." und „Heinrich V." dass er von niedrigen Gefährten in die Irre geführt worden war.

In seiner müßigen, übermütigen Jugend tat Shakespeare Schlimmeres, als Grenzen zu überschreiten und Hirsche zu töten; er war am Ende und hatte allerlei Unheil im Sinn. Mit achtzehn Jahren hatte er bereits Anne Hathaway, eine Bauerntochter aus dem Nachbardorf Shottery, umworben und gewonnen . Anne war fast acht Jahre älter als er. Ihr Vater war kurz zuvor gestorben und hinterließ Anne, seine älteste Tochter, 6,13 *Pfund* . 4 *Tage* oder, sagen wir, 50 Pfund unseres Geldes. Das Haus in Shottery , heute als Anne Hathaways Cottage dargestellt, war einst Teil von Richard Hathaways Bauernhaus, und dort und in den benachbarten Gassen machten die Liebenden ihr Liebespaar. Das Werben seitens Shakespeares war nichts weiter als Zeitvertreib, obwohl es zur Heirat führte.

Seine Heirat ist vielleicht der erste schwere Fehler, den Shakespeare machte, und sie beeinflusste sicherlich sein ganzes Leben. Es ist daher notwendig, es so genau wie möglich zu verstehen, wie auch immer wir es beurteilen mögen. Das Leben eines Menschen mag wie ein großer Fluss am Anfang und in der Nähe seiner Quelle klar und rein sein; Wenn es wächst und an Stärke gewinnt, wird es unweigerlich mit der Erde verunreinigt und befleckt.

Die gewöhnlichen Apologeten würden uns glauben machen, die Ehe sei glücklich gewesen; Sie wissen, dass Shakespeare nicht in Stratford geheiratet hat und dass die Zustimmung seiner Eltern zur Heirat nicht eingeholt wurde, obwohl er noch minderjährig war. aber sie reden weiterhin über seine Liebe zu seiner Frau und die hingebungsvolle Zuneigung seiner Frau zu ihm. Herr Halliwell-Phillipps, der Leitstern der Herde, ist sogar so weit gegangen , uns zu erzählen, wie am Morgen seines Todestages „seine Frau, die zum letzten Mal das Kissen unter seinem Kopf geglättet hatte, das gespürt hatte." Man nahm ihr die rechte Hand." Schauen wir mal, ob dieser sentimentale Blödsinn irgendeine Grundlage hat. Hier sind einige Fakten.

Im Register des Bischofs von Worcester wurde am 27. November 1582 eine Lizenz ausgestellt, die die Heirat von William Shakespeare mit Anne Whately aus Temple Grafton genehmigte. Gleich am nächsten Tag findet sich im Register desselben Bischofs eine Urkunde, in der sich Fulk Sandells und John Richardson, Bauern von Shottery , vor dem Gericht des Bischofs mit einer Bürgschaft von 40 Pfund verpflichteten, um den Bischof von jeglicher Haftung im Falle eines rechtmäßigen Verstoßes zu befreien ein Hindernis – „ aufgrund eines Vorvertrags oder einer Blutsverwandtschaft" – später offengelegt werden, um die Gültigkeit der damals geplanten Ehe von William Shakespeare mit Anne Hathaway zu gefährden.

Dryasdust argumentiert natürlich, dass zwischen diesen beiden Ereignissen überhaupt kein Zusammenhang besteht. Er kann sich leicht davon überzeugen, dass der William Shakespeare, der am 27. November 1582 die Erlaubnis erhielt , Anne Whately aus Temple Grafton zu heiraten, nicht derselbe William Shakespeare ist, der am nächsten Tag um zwei Uhr gezwungen wird, Anne Hathaway zu heiraten Freunde von Anne Hathaways Vater. Doch ein solcher Zufall, dass zwei William Shakespeares zum selben

Zeitpunkt am selben Gericht mit einer Sondergenehmigung heiraten wollten, ist zu außergewöhnlich, um zugelassen zu werden. Warum sollten sich außerdem Sandells und Richardson als Bürgen in Höhe von 40 Pfund verpflichten, um den Bischof von der Haftung aufgrund eines Vorvertrags zu befreien, wenn es keinen Vorvertrag gab? Die beiden William Shakespeares sind eindeutig ein und dieselbe Person. Sandells war ein Aufseher des Testaments von Richard Hathaway und wurde im Testament als „mein Vertrauter" beschrieben Freund und Nachbar ." Er erwies sich gegenüber der Tochter seines Freundes als treuer Freund der üblichen Art, und als er hörte, dass Will Shakespeare versuchte, Anne Whately zu heiraten, ging er sofort zum selben Bischofsgericht, das die Lizenz erteilt hatte, und verpflichtete sich und seinen Nachbarn , Richardson versicherte, dass es keinen Vorvertrag gegeben habe, und veranlasste so den Bischof, der damals zweifellos zum ersten Mal von den unheiligen Umständen erfuhr, eine Erlaubnis zu erteilen , damit die Hochzeit mit Anne Hathaway „mit einmal" gefeiert werden könne Bitten um die Bannes " und ohne die Zustimmung des Vaters des Bräutigams, die normalerweise erforderlich war, wenn der Bräutigam minderjährig war.

Offensichtlich war Fulk Sandells ein meisterhafter Mann; Der junge Will Shakespeare war gezwungen, Anne Whately, das arme Mädchen, aufzugeben und Anne Hathaway zu heiraten, sehr gegen seinen Willen. Wie viele andere Männer heiratete Shakespeare in aller Ruhe und bereute in großer Eile seine Taten. Sechs Monate später wurde ihm eine Tochter geboren, die am 26. Mai 1583 in der Stratford Parish Church auf den Namen Susanna getauft wurde. Es gab also einen wichtigen Grund für die Hochzeit, wie Sandells zweifellos getan hatte Bischof versteht.

Die ganze Geschichte scheint mir in perfekter Übereinstimmung mit Shakespeares impulsiver, sinnlicher Natur zu sein; ist in der Tat ein hervorragendes Beispiel dafür. Der heiße, ungeduldige, faule Will brachte Anne Hathaway in Schwierigkeiten, wurde gezwungen, sie zu heiraten, und bereute es sofort. Lassen Sie uns sehen, inwieweit diese Schlussfolgerungen aus einfachen Tatsachen durch seine Werke bestätigt werden.

Die wichtigsten Passagen scheinen der kritischen Forschung entgangen zu sein. Ich habe bereits gesagt, dass die frühesten Werke Shakespeares und die neuesten, was die Details seines Privatlebens betrifft, am fruchtbarsten sind. In den frühesten Werken war er gezwungen, seine eigenen Erfahrungen zu nutzen, da ihm keine Beobachtung des Lebens dabei helfen konnte, und am Ende seines Lebens, nachdem er fast alles gesagt hatte, was er zu sagen hatte, kehrte er aus unerlässlichen Gründen wieder zu seinen frühen Erfahrungen zurück Fakten, um den schwächeren Bildern des Alters Farbe zu verleihen. In „Das Wintermärchen" findet ein Hirte das entlarvte Kind Perdita; man würde erwarten, dass er zufällig über das Kind stolpert und seine

Überraschung zum Ausdruck bringt; aber dieser Hirte von Shakespeare beginnt so zu reden:

„Ich wünschte, es gäbe kein Alter zwischen zehn und dreiundzwanzig, sonst würde dieser Jugendliche den Rest ausschlafen; Denn es gibt nichts dazwischen, außer Frauen mit Kindern zu bekommen, der Antike Unrecht zu tun, zu stehlen und zu kämpfen. Hören Sie jetzt! Würde irgendjemand außer diesen abgekochten Gehirnen von neunzehn und zweiundzwanzig Jahren bei diesem Wetter jagen?"

Nun hat diese Passage weder mit dem Stück noch mit der Beschäftigung des Hirten zu tun; Es ist auch überhaupt nicht typisch für einen Hirtenjungen. Zwischen zehn und dreiundzwanzig muss ein armer Hirtenjunge wahrscheinlich hart arbeiten; Er ist nicht untätig und unentschlossen wie der junge Shakespeare, der frei ist, die Antike auszurauben, zu stehlen, zu kämpfen und sich Frauen mit Kindern zu besorgen. Das ist meiner Meinung nach Shakespeares eigenes Bekenntnis.

Natürlich hat jeder bemerkt, wie Shakespeare in seinen Stücken immer wieder erklärt, dass eine Frau einen „Älteren als sie selbst" heiraten sollte und dass Intimität vor der Ehe nichts als „unfruchtbaren Hass und Zwietracht" hervorbringt. In „Twelfth Night" sagt er:

„Lass die Frau ruhig bleiben

Ältester als sie selbst: So steht sie ihm gegenüber,

So schwankt sie im Herzen ihres Mannes. "

In „The Tempest" schreibt er erneut:

„Wenn du ihren jungfräulichen Knoten vorher zerbrichst

Alle scheinheiligen Zeremonien dürfen

Mit vollem und heiligem Ritus werde gepredigt ,

Der Himmel wird keine süßen Verleumdungen zulassen

Um diesen Vertrag wachsen zu lassen; aber unfruchtbarer Hass,

Saure Verachtung und Zwietracht werden entstehen

Die Vereinigung deines Bettes mit Unkraut ist so abscheulich

Dass ihr beides hassen werdet. "

Diese Ermahnungen sind so weit hergeholt und so eindringlich, dass sie offensichtlich persönliche Gefühle erkennen lassen. Außerdem haben wir in der „Komödie der Irrtümer", auf die wir bereits aufmerksam gemacht haben, jene seltsamen, wütenden Passagen, die zeigen, dass der Dichter seine Frau verabscheute.

Auch die bekannten Tatsachen bestätigen alle diese Schlussfolgerung: Betrachten wir sie ein wenig. Das erste Kind wurde innerhalb von sechs Monaten nach der Heirat geboren; 1585 folgten Zwillinge; wenig später verließ Shakespeare Stratford, um acht oder neun Jahre lang nicht dorthin zurückzukehren, und als er zurückkam, gab es wahrscheinlich keine weitere Intimität mit seiner Frau; jedenfalls gab es keine Kinder mehr. Dennoch, so kann man sich vorstellen, liebte Shakespeare Kinder. Als sein Sohn Hamnet starb, zeigte sich seine Trauer in seinen Werken – in „König John" und in „Das Wintermärchen". Auch im späteren Leben war er seinen Töchtern gegenüber voller liebevoller Güte; Es war allein seine Frau, für die er keine Zuneigung und keine Vergebung empfand.

Es gibt andere Tatsachen, die diese Schlussfolgerung belegen. Während Shakespeare in London war , ließ er zu, dass seine Frau unter extremer Armut litt. Irgendwann zwischen 1585 und 1595 scheint sie sich vierzig Schilling von Thomas Whittington geliehen zu haben, der früher der Hirte ihres Vaters gewesen war. Als Whittington 1601 starb, war das Geld noch nicht ausgezahlt, und er wies seinen Testamentsvollstrecker an, die Summe vom Dichter zurückzufordern und unter den Armen von Stratford zu verteilen. Als Shakespeare 1595 nach Stratford zurückkehrte, war er reich und stets großzügig. Er zahlte die hohen Schulden seines Vaters ab; Wie kam es, dass er diese unbedeutende Schuld seiner Frau nicht bezahlte? Die bloße Tatsache beweist zweifelsfrei, dass Shakespeare sie nicht mochte und nichts mit ihr zu tun haben wollte.

Auch gegen Ende seines Lebens, als er unter einer zunehmenden Schwäche litt, die den meisten Männern Mitleid entgegengebracht hätte, auch wenn sie sie nicht zur völligen Nachgiebigkeit bewegt hätte, zeigt Shakespeare die gleiche Abneigung gegenüber seiner armen Frau. Im Jahr 1613 kaufte er bei einem kurzen Besuch in London ein Haus in Blackfriars für 140 Pfund; Mit dem Kauf schloss er die Mitgift seiner Frau aus, was selbst für Dryasdust ein „ziemlich schlüssiger Beweis dafür ist, dass er die Absicht hatte, sie nach seinem Tod vom Genuss seines Besitzes auszuschließen."

Im ersten Entwurf seines Testaments erwähnte Shakespeare seine Frau nicht. Die Apologeten erklären dies damit, dass er ihr natürlich bereits alles gegeben habe, was sie haben sollte. Aber wenn er sie geliebt hätte , hätte er sie liebevoll erwähnt, und sei es nur, um sie in ihrer Witwenschaft zu trösten. Bevor das Testament unterzeichnet wurde, vermachte er ihr sein

„zweitbestes Bett", und die Apologeten gaben sich große Mühe zu erklären, dass das beste Bett für Gäste reserviert war und dass Shakespeare das Bett, in dem sie beide wohnten, seiner Frau vermachte . Wie unartikuliert über arme William Shakespeare geworden sein muss! Konnte der Meister der Sprache kein besseres Wort finden als das verächtliche? Hätte er „unser Bett" gesagt, hätte es gereicht; „das zweitbeste Bett" lässt nur eine Interpretation zu. Seine Töchter, die bei ihrer Mutter gelebt hatten und von ihrer Eifersucht und ihrer scheltenden Zunge nicht betroffen waren, flehten den Sterbenden an, sie zu erwähnen, und er schrieb in diesem „zweitbesten Bett" – bitter für sie zuletzt. Wenn seine eigenen klaren Worte und diese aus unbestreitbaren Tatsachen gezogenen Schlussfolgerungen nicht ausreichen, dann lasst uns eine weitere Tatsache betrachten und ihre Bedeutung betrachten; eine Tatsache sozusagen aus dem Grab.

Als Shakespeare starb, hinterließ er einige Zeilen, die über seinem Grab angebracht werden sollten. Hier sind sie:

> *„Guter Freund, um Himmels willen, vergiss es*
>
> *Um den Staub zu graben, höre ich .*
>
> *Gesegnet sei der Mensch , der diese Steine verschont*
>
> *Und Curst sei , dass du meine Knochen bewegt.*

Warum stellte Shakespeare nun diese eigenartige Bitte? Niemand scheint darin eine Bedeutung gesehen zu haben. Für mich sieht es so aus, als hätte Shakespeare die Verse geschrieben, um zu verhindern, dass seine Frau mit ihm begraben wird. Er wollte im Tod wie im Leben von ihr frei sein. Fakt ist jedenfalls, dass sie nicht mit ihm, sondern getrennt von ihm begraben wurde; er hatte dafür gesorgt. Sein Grab wurde nie geöffnet, obwohl seine Frau den Wunsch äußerte, mit ihm begraben zu werden. Der Mann, der weitere Beweise benötigt, würde nicht überzeugt werden, obwohl jemand von den Toten käme, um ihn zu überzeugen.

Die Ehe war aus vielen Gründen unglücklich, wie es bei einer Zwangsheirat oft der Fall ist, selbst wenn es sich nicht um die Ehe eines Jungen im Teenageralter mit einer etwa acht Jahre älteren Frau handelt. Shakespeare gibt sich die Mühe, uns in „Die Komödie der Irrtümer" zu erzählen, dass seine Frau gehässig eifersüchtig war und einen bitteren Vorwurf machte. Sie muss ihn verletzt und sein Leben durch ihr eifersüchtiges Nörgeln vergiftet haben, sonst hätte Shakespeare ihr vergeben. Es gibt eine Entschuldigung für ihn, falls eine Entschuldigung nötig sein sollte. Zu diesem Zeitpunkt muss ihm die Heirat als die wildeste Torheit erschienen sein, da er vor übermäßiger Einbildung brodelte. Er war über sein

Alter hinaus weise, und dennoch war er gezwungen worden, dem Schicksal Geiseln zu geben, bevor er überhaupt über einen Lebensunterhalt verfügte, bevor er überhaupt einen Platz im Leben gefunden hatte. Was für eine Position für einen Dichter – mittellos, mit einer eifersüchtigen Frau und drei Kindern belastet, bevor er einundzwanzig war. Und dieser Dichter war stolz und eitel und in alle Unterscheidungen verliebt.

Aber warum hegte Shakespeare sein ganzes Leben lang eine so hartnäckige Feindschaft gegenüber der eifersüchtigen, schimpfenden Anne Hathaway? Shakespeare hatte ihr Unrecht getan; Je schärfer sein moralisches Gespür war, desto sicherer war er, seinem Partner die Schuld zu geben, denn anders konnte er sich nicht entschuldigen.

Es waren überwältigende Sinnlichkeit und Unbesonnenheit, die Shakespeare in die Schlinge geführt hatten, und nun blieb ihm nichts anderes übrig, als den Strick zu durchtrennen. Er musste entweder seiner höheren Natur treu bleiben oder der konventionellen Sichtweise seiner Pflicht; Er blieb sich selbst treu und floh nach London, und die Welt ist umso reicher für seine Entscheidung. Die einzige Entschuldigung, die er jemals vorbrachte, findet sich in der Sonettzeile:

„Liebe ist zu jung, um zu wissen, was Gewissen ist.“

Ich für meinen Teil sehe keine Entschuldigung dafür: Wenn Shakespeare Anne Whately geheiratet hätte, wäre er vielleicht nie nach London gegangen oder hätte ein Theaterstück geschrieben. Shakespeares Hass auf seine Frau und sein Bedauern, sie geheiratet zu haben, waren gleichermaßen dumm. Unser Gehirn ist selten der weiseste Teil von uns. Es war gut, dass er mit Anne Hathaway Liebe machte; nun ja, auch, dass er gezwungen wurde, sie zu heiraten; Nun, endlich, dass er sie verlassen sollte. Es tut mir leid, dass er sie schlecht behandelt und sie nicht mit Geld versorgt hat; das war unnötig grausam; aber es sind nur die freundlichsten Männer, die diese außergewöhnlichen Fehler machen; Shakespeares Abscheu vor seiner Frau war maßlos, war Teil seines eigenen Selbstwertgefühls, und sein Selbstwertgefühl basierte viele Jahre lang, wenn nicht sogar sein ganzes Leben lang, auf snobistischen Unwesentlichkeiten.

Es gibt eine von Rowe bewahrte Tradition, dass der junge Shakespeare, bevor er nach London ging, auf dem Land unterrichtete; es kann sein; Aber wir können sicher sein, dass er nicht lange lehrte, und was er zu lehren hatte, gab es damals und heute nur wenige Gelehrte im englischen Land, die dazu fähig waren. Einer anderen Überlieferung zufolge erhielt er eine Anstellung als Anwaltsgehilfen, wahrscheinlich wegen der häufigen Verwendung juristischer Phrasen in seinen Stücken. Aber diese Apologeten vergessen alle, dass sie von Männern wie ihnen selbst und von Zeiten wie unserer sprechen. Politik ist das Hauptgesprächsthema unserer Zeit; Aber zur Zeit Elisabeths war es ziemlich gefährlich, seine Weisheit zu zeigen, indem man die Regierung kritisierte: Das Gesetz war damals der wichtigste Gesprächsstoff; jeder gebildete Mann war daher mit dem Gesetz und seinen Ausdrücken vertraut, so wie die Menschen heutzutage mit dem Jargon vertraut sind der Politik.

Wann flog Shakespeare nach London? Einige sagen, als er 21 Jahre alt war, als seine Frau ihm im Jahr 1585 Zwillinge schenkte. Andere sagen, als Sir Thomas Lucys Verfolgung unerträglich wurde. Zweifellos wirkten beide Ursachen zusammen, und noch eine weitere Ursache, die in „Die zwei Herren von Verona" genannt wird, war die wahre *causa causans*. Shakespeare war von Natur aus ehrgeizig; begierig darauf, sich mit den Besten zu messen und seine Kräfte auszuprobieren. London war die Arena, in der alle großen Preise gewonnen werden konnten: Shakespeare strebte wie ein Windhund an der Leine auf den Hof zu. Aber wann ist er gegangen? Wieder im Zweifel nehme ich die Worte des Hirten im „Wintermärchen" als Leitfaden. Die meisten Männer hätten gesagt, vierzehn bis zwanzig seien das gefährliche Alter für einen Jugendlichen; aber Shakespeare hatte vielleicht einen persönlichen Grund für das eigenartige „zehn vor dreiundzwanzig". Er war zweifellos erstaunlich frühreif, und wahrscheinlich hatte er schon mit zehn Jahren alles Wertvolle gelernt, was das Gymnasium zu lehren hatte, und seine Gedanken begannen zu schwänzen. Auch 23 ist ein bedeutendes Datum in seinem Leben; 1587, als er dreiundzwanzig war, kehrten zwei Schauspielerkompanien unter der nominellen Schirmherrschaft der Königin und Lord Leicester von einer Provinzreise nach London zurück, bei der sie Stratford besuchten. In Lord Leicesters Gesellschaft befanden sich Burbage und Heminge , mit denen wir wissen, dass Shakespeare im späteren Leben eng verbunden war. Es scheint mir wahrscheinlich, dass er mit dieser Gesellschaft nach London zurückkehrte und, wie er uns in „Die Komödie der Irrtümer" erzählt, „steif und müde von der langen Reise" in London ankam und sich sofort auf den Weg machte, um die Stadt zu besichtigen „Sehen Sie sich die Händler an."

Es gibt eine Überlieferung, dass er, als er 1587 nach London kam , Pferde vor den Türen des Theaters hielt. Diese Geschichte wurde erstmals 1753 vom Verfasser von „The Lives of the Poets" erfunden. Nach Angaben des Autors wurde die Geschichte von D'Avenant an Betterton erzählt; aber Rowe, dem Betterton es erzählt haben muss, übermittelt es nicht. Rowe hatte vielleicht Recht, es zu vergessen oder wegzulassen; obwohl die Geschichte an sich nicht unglaublich ist. Ein solches Werk muss Shakespeare unendlich zuwider gewesen sein, aber die Notwendigkeit ist ein harter Meister, und Greene, der ihn später als „Shake-Scene" bezeichnet, spricht im gleichen

Zusammenhang auch von diesen „Bräutigamen". Die seltsame erweiterte Version der Geschichte, dass Shakespeare einen Dienst für Jungen organisierte, die die Pferde hielten, ist kaum zu glauben. Der große Doktor war alles andere als ein Dichter oder ein guter Kenner des poetischen Temperaments.

Die Shakespeares dieser Welt neigen nicht dazu, niedere Beschäftigungen anzunehmen, und dieser hatte bereits gezeigt, dass er müßiges Grübeln und parasitäre Abhängigkeit der unkongenialen Arbeit vorzog . Wer die zweite Szene des zweiten Akts der „Komödie der Irrtümer" liest, wird feststellen, dass Shakespeare schon zu Beginn eine ungewöhnlich gute Meinung von sich hatte. Er spielt von Anfang an den Gentleman und verachtet den Handel; er brüskiert seinen Diener und duldet keine Vertraulichkeit von ihm. In „Die zwei Herren von Verona" erzählt er uns, dass er das Land verließ und auf der Suche nach „ Ehre " nach London kam , zweifellos mit der Absicht, sich durch seine Schriften einen Namen zu machen. Wahrscheinlich hatte er „Venus und Adonis" in der Tasche, als er London erreichte. Dies würde einem Dichter das Selbstvertrauen verleihen, das ein gut gefüllter Geldbeutel einem gewöhnlichen Mann verleiht.

Ich neige dazu, Rowes Aussage zu akzeptieren, dass Shakespeare zunächst in einem sehr schlechten Rang in die Schauspielerei aufgenommen wurde. Der Pfarrer von Stratford erzählte den Besuchern Ende des 17. Jahrhunderts, dass Shakespeare als Diener das Schauspielhaus betrat; aber wie auch immer er dort eintrat, es ist ziemlich sicher, dass er nicht lange in einer untergeordneten Position war.

Was für ein Mensch war William Shakespeare, als er um 1587 zum ersten Mal in London über das Leben nachdachte? Aubrey erzählt uns, dass er „ein gutaussehender, wohlgeformter Mann war , in sehr guter Gesellschaft und von einem sehr hilfsbereiten und angenehm glatten Verstand ". Seine Büste in der Stratford Church war farbig ; es gab ihm hellbraune Augen und kastanienbraunes Haar und Bart. Rowe sagt über ihn: „Abgesehen von den Vorzügen seines Witzes war er an sich ein gutmütiger Mann mit allzu liebenswürdigen Manieren und ein äußerst angenehmer Begleiter."

Ich stelle mir vor, dass er Swinburne sehr ähnelt – mittelgroß oder kleiner, tendenziell beleibt; das Gesicht ist wohlgeformt, die Stirn zur Ehrfurcht gewölbt und das Kinn schnell und spitz; ein Gesicht, erleuchtet mit haselnussbraunen, klaren, lebendigen Augen und bezaubernd mit sinnlichvollen, beweglichen Lippen, die sich leicht zu Küssen oder fröhlichironischem Lachen biegen; ein äußerst sensibles, eifrig sprechendes Gesicht, das jeden flüchtigen Gefühlswechsel widerspiegelt ...

Ich kann ihn sprechen sehen, wie er mit äußerster Geläufigkeit und hoher Tenorstimme spricht, das rötliche Haar aus der hohen Stirn zurückgeworfen, die Augen mal tanzend, mal flammend, jedes Merkmal schnell mit dem „schlagenden Verstand".

Und ein solches Gerede – sozusagen die Grundlage dazu – ist sehr intim und nachlässig; aber voller Gedanken, mit Diamanten besetzt mit Witz, rhythmisch mit Gefühl: Wissen wir nicht, wie es lief –" Hundertfünfzig zerfetzte Verschwender ... Kein Auge hat solche Vogelscheuchen gesehen, ... ausrangierte, ungerechte Diener, jüngere Söhne für jüngere Brüder, empörte Tapster und vom Handel gefallene Stallknechte: die Geschwüre einer ruhigen Welt und eines langen Friedens." Und nach dem Gedanken wieder der Humor – „ Nahrung gegen Pulver, Nahrung gegen Pulver."

Betrachten wir nun einige seiner anderen Qualitäten. 1592 veröffentlichte er sein Werk „Venus und Adonis", das er zweifellos 1587 oder sogar früher geschrieben hatte, denn er nannte es „den ersten Erben meiner Erfindung", als er es Lord Southampton widmete. Diese Arbeit ist für mich äußerst bedeutsam. Dabei geht es um die Werbung für den jungen Adonis durch Venus, eine ältere Frau. Nun haben Göttinnen kein Alter, und Frauen umwerben in der Regel nicht auf diese sinnliche Art und Weise. Die Besonderheiten deuten auf persönliche Erfahrungen hin. „Auch ich", erzählt uns Shakespeare praktisch, „wurde gegen meinen Willen von einer älteren Frau umworben." Er scheint sich gewünscht zu haben, dass die Welt diese Version seiner vorzeitigen Heirat akzeptiert. Der junge Shakespeare in London schämte sich wahrscheinlich ein wenig, mit jemandem verheiratet zu sein , den er kaum vorstellen oder bekennen konnte. Die Apologeten, die behaupten, er habe schon sehr früh in seiner Karriere Geld verdient, geben uns keine Erklärung dafür, dass er weder seine Frau noch seine Kinder nach London mitgebracht hat. Wo immer wir Shakespeares intimes Leben berühren, finden wir Beweise für Beweise dafür, dass er seine Frau verabscheute und froh war, ohne sie zu leben.

In diesem Licht betrachtet ist „Venus und Adonis" keine besonders edle Geschichte; Aber ich beschäftige mich mit der Natur eines jungen Dichters, und die meisten jungen Dichter würden ihre Anne Hathaway am liebsten vergessen, wenn sie könnten; oder um sich zu entschuldigen, würden sie ihrem Partner die Schuld an einer schlecht organisierten Verbindung in die Schuhe schieben.

In der gesamten Geschichte seiner Ehe zeigt sich jedoch eine gewisse Schwäche; eine Charakterschwäche sowie eine Schwäche der *Moral*, die man nicht ignorieren kann; und es gab noch andere Schwächen bei Shakespeare, insbesondere eine Schwäche des Körpers, die zwangsläufig mit entsprechenden Feinheiten des Geistes einhergehen musste.

Ich habe im ersten Teil dieses Buches darauf hingewiesen, dass Schlaflosigkeit schon in seiner Jugend ein Merkmal Shakespeares war; er schreibt es Heinrich IV. zu. im Alter, und an Heinrich V., einen damaligen Jugendlichen, der wahrscheinlich nie wusste, was eine schlaflose Nacht bedeutete. Shakespeares *Alter Ego* Valentine in „Die zwei Herren von Verona" leidet darunter, ebenso wie Macbeth und Hamlet und ein Dutzend anderer seiner Hauptfiguren, insbesondere seine Nachahmungen – all das zeigt, glaube ich, das daran Am Anfang war Shakespeares Geist zu stark für seinen Körper. Wie wir heute sagen sollten, war er zu emotional und ging ihm auf die Nerven. Ich stelle ihn mir immer als ein übermotorisiertes Schiff vor ; Wenn die Antriebskraft auf Hochtouren arbeitet, rüttelt sie das Schiff in Stücke.

Eine weitere Schwäche zeichnet sich bei ihm ab, und zwar, dass er nicht trinken konnte, seinen Alkohol nicht wie ein Mann vertragen konnte – um unseren gängigen Ausdruck zu verwenden. Hamlet hielt das Trinken für einen Brauch, der im Bruch mehr geehrt wurde als im Brauch; Cassius, Shakespeares Inkarnation in „Othello", gestand, dass er „ein armes, unglückliches Gehirn zum Trinken" hatte: Die Überlieferung informiert uns, dass Shakespeare selbst an einer „ Lust " durch das Trinken starb – was meine Meinung bestätigt, dass Shakespeare eher zart als robust war. Außerdem war er außerordentlich wählerisch: In einem Drama nach dem anderen wettert er gegen die „fettigen" Mützen und den „stinkenden" Atem des einfachen Volkes. Dieser überspannte Ekel lässt für mich auf eine gewisse Zartheit der Konstitution schließen.

Aber es gibt noch einen weiteren Hinweis auf körperliche Schwäche, der für diejenigen, die es gewohnt sind, genau zu lesen, an sich schon überzeugend wäre; aber das würde für die Unvorsichtigen kaum oder gar keine Bedeutung haben. Im Sonett 129 erzählt uns Shakespeare von der Lust und ihren Auswirkungen, und das Bekenntnis erscheint mir rein persönlich. Hier sind vier Zeilen davon:

> *„ Kaum genossen , sondern geradezu verachtet;*
>
> *Vergangene Vernunft gejagt; und kaum hatte es,*
>
> *Vergangene Vernunft gehasst, wie ein verschluckter Köder,*
>
> *Mit Absicht angelegt, um den Abnehmer wütend zu machen. "*

Nun, dies ist nicht die Erfahrung eines gewöhnlichen Menschen mit Leidenschaft und ihren Auswirkungen. „Vergangene Vernunft gejagt", könnte so jemand sagen, aber er würde sicherlich nicht weitermachen: „Kaum schon, Vergangene Vernunft gehasst." Nicht der Genuss treibt ihn zum Hass, sondern zur Zärtlichkeit; Es ist Ihr Schwächling, der vom Vergnügen körperlich erschöpft ist und zum Hass getrieben wird. Dieses

Sonett wurde von Shakespeare in der Blüte seines Mannesalters, spätestens mit vieranddreißig oder fünfunddreißig, geschrieben.

Shakespeare war als junger Mann wahrscheinlich gesund, aber äußerst sensibel und überaus nervös; zu fein beschaffen, um jemals stark gewesen zu sein. Man merkt, dass er keine Freude am Kämpfen hat; Seine Helden sind natürlich alle „tapfer", aber er zeigt kein liebevolles Interesse am Kampfspiel als Spiel. Tatsächlich haben wir bereits gesehen, dass er für keine der männlichen Tugenden einen wunderbaren Ausdruck fand; Er war ein Neuropath und ein Liebhaber und kein Kämpfer, nicht einmal in seiner Jugend, sonst hätte Fulk Sandells seine Einmischung vielleicht bereut.

Die wichtigsten Tatsachen, die man bei Shakespeare immer im Hinterkopf behalten sollte, sind, dass er körperlich zart und überreizbar war; nachgiebiger und unentschlossener Charakter; mit allzu süßen Manieren und übermäßiger Hingabe an die Freuden der Liebe.

Wie würde es einem solchen Mann im Jahr 1587 in der Londoner Welt ergehen? Es war ein wildes und eigenwilliges Zeitalter; eifrige englische Geister begannen, sich an der Erschließung der neuen Welt zu beteiligen; die alten, einschränkenden Horizonte waren verschwunden; Männer wagten es, selbstständig zu denken und mutig zu handeln; Zehn Jahre bevor Drake die Welt umsegelte – der Abenteurer war das charakteristische Produkt dieser Zeit. In gewöhnlicher Gesellschaft führte ein Wort zu einem Schlag, und der Kampf wurde oft mit einem Dolch oder einem Schwert oder beidem tödlich beendet. In jenen rauen Tagen waren Schauspieler fast Gesetzlose; Es ist bekannt, dass Ben Jonson zwei oder drei Männer getötet hat; Marlowe starb bei einer Kneipenschlägerei. Mut wurde in England schon immer hoch geschätzt, ebenso wie Vornehmheit und eine Universitätsausbildung. Shakespeare besaß keinen dieser Pässe zur öffentlichen Gunst . Er schaffte es nicht, sich durch die Menge zu kämpfen. Das wilde, abenteuerliche Leben dieser Zeit gefiel ihm nicht einmal im frühen Mannesalter; Von Anfang an bevorzugte er „das entfernte Leben" und seine Bücher; Ganz der „Verbesserung seines Geistes" hingegeben, konnte er zu jeder Zeit nur von den feineren Geistern geschätzt werden.

Als er als Diener ins Theater kam, knüpfte er zweifellos die Bekanntschaften, die sich ihm boten, und verbrachte notgedrungen einen großen Teil seiner Freizeit mit zweitklassigen Schauspielern und Schriftstellern in gewöhnlichen Tavernen und studierte seinen Bardolph und seine Pistole und insbesondere seinen Falstaff aus erster Hand. Vielleicht war Marlowe einer seiner *Ciceroni* in rauer Gesellschaft. Shakespeare hatte Marlowe mit ziemlicher Sicherheit sehr früh in seiner Karriere kennengelernt, denn er arbeitete mit ihm am „Dritten Teil von Heinrich VI." und seinem „Richard III." zusammen. ist eine bewusste Nachahmung von Marlowe, und

Marlowe war ausschweifend genüg und wild genug, um ihm die wildeste Seite des Lebens im London der 80er Jahre zu zeigen. Es war das Allerbeste, was dem zarten Shakespeare passieren konnte, arm und unbekannt nach London zu kommen und aus purer Notwendigkeit gegen seinen Willen in ein solches, rauflustiges Leben verwickelt zu werden; denn wenn man ihn auf sich allein gestellt hätte, wäre er wahrscheinlich zu einem Buchdichter herangewachsen – zu einem zweiten Coleridge. Das Schicksal kümmert sich um ihre Favoriten

.

Es war alles zu seinen Gunsten , dass er zunächst gezwungen war, seine Sporen als Schauspieler zu gewinnen. Man könnte meinen, er muss zu intelligent gewesen sein, um es jemals als Mummer weit gebracht zu haben; Er betrachtete die Halbkunst des Schauspielens mit Verachtung und Abscheu, wie er uns in den Sonetten erzählt, und wenn er sich in Hamlet dazu herablässt, den Schauspielern Ratschläge zu geben, dann nur, um sie zu ermahnen, die Anstandsregeln der Natur nicht durch das Ausreißen einer Leidenschaft zu verletzen in Fetzen. Er hatte eine sicherere Leiter zum Ruhm in der Hand als die Kunst des Mummers. Sobald er in London Fuß gefasst hatte, machte er sich an die Arbeit, Theaterstücke zu adaptieren und zu schreiben, während er seine eigenen Gedichte allen und jedem vorlas, der zuhören wollte, und ich habe keinen Zweifel daran, dass es sich um Gönner der Bühne handelte, die ebenfalls angesehene Männer waren Sie waren von Anfang an bereit, Shakespeare zu hören. Er gehörte zu denen, die keiner Vorstellung bedürfen.

1592, vier oder fünf Jahre nach seiner Ankunft in London, war er bereits als Dramatiker oder zumindest als Dramatiker an die Front gekommen, denn Robert Greene, ein Gelehrter und Dramatiker, attackierte ihn in seinem „Groatsworth of Wit". " in dieser Mode:

„Da ist eine aufstrebende Krähe, verschönert in unseren Federn

das nimmt man an, wenn sein Tigerherz in die Haut eines Spielers gehüllt ist

Er ist genauso gut in der Lage, leere Verse herauszuposaunen

Das Beste von Ihnen und als absoluter Johannes-Fan

totum ist seiner Meinung nach die einzige Shakescene in a

Land. Oh, dass ich deinen seltenen Verstand darum bitten könnte

in profitableren Kursen beschäftigt, und lassen Sie diese Affen

Imitieren Sie Ihre frühere Exzellenz und werden Sie nie wieder vertrauter

sie mit deinen bewunderten Erfindungen. "

Dieser seltsame Appell macht deutlich, dass Shakespeare sich bereits einen Namen gemacht hatte.

Es gibt weitere Beweise für seinen schnellen Erfolg. Eine von Chettles Anspielungen auf Shakespeare (ich halte Chettle für das Original von Falstaff) wirft Licht auf die Stellung des Dichters in London in diesen frühen Tagen. Kurz nachdem Greene Shakespeare als „Shake-Szene" beleidigt hatte, entschuldigte sich Chettle für die Beleidigung mit folgenden Worten:

„Es tut mir genauso leid", schrieb Chettle , „wie das Original."

Schuld war meine Schuld, weil ich selbst seine gesehen habe

(dh Shakespeares) Verhalten, das nicht weniger höflich ist als er (ist)

Hervorragend in der Qualität, die er behauptet. Außerdem Taucher von

Anbetung hat über seine Aufrichtigkeit im Umgang berichtet, die

argumentiert mit seiner Ehrlichkeit und seinem scherzhaften Anmut, das zu schreiben

befürwortet seine Kunst. "

Im Jahr 1592 zeigte sich Shakespeare also am „höflichsten in seinem Benehmen " und hatte bei angesehenen Persönlichkeiten goldene Meinungen gewonnen.

Die damaligen Schauspieler und Dichter kannten nicht umhin, viele der jungen Adligen zu kennen, die ins Theater kamen und rund um die Bühne saßen und den Aufführungen lauschten. Und Shakespeare mit seinen aristokratischen Sympathien und der bezaubernden Sanftheit der Natur muss mit größter Leichtigkeit Freunde gefunden haben. Chettles Entschuldigung beweist, dass er zu Beginn seiner Karriere die Kunst oder das Glück hatte, angesehene Gönner zu gewinnen, die gut über ihn sprachen. Als er noch neu in der Stadt war, lernte er Lord Southampton kennen, dem er „Venus und Adonis" widmete; Die überschwängliche Widmung von „Lucrece" an denselben Adligen zwei Jahre später zeigt, dass sich die Ehrerbietung schnell zu liebevoller Hingabe entwickelt hatte; Kein Wunder, dass Rowe die „zu große Freundlichkeit in seinen Manieren" bemerkte. Wenn man an seine Vertrautheit mit Southampton einerseits und Bardolph andererseits denkt, muss man über Shakespeare sagen, was Apemantus über Timon sagt:

„Die Mitte der Menschheit hast du nie gekannt ,

Aber das Ende beider Enden. "

In den Extremen zeigen sich die Charaktere deutlicher als in der Mittelschicht; An beiden Enden der Gesellschaft sind Rede und Tat ungezügelt. Falstaff und Bardolph und die anderen waren frei von Konventionen, weil sie darunter standen, genauso wie Bassanio und Mercutio frei waren, weil sie darüber standen und die Regeln aufstellten. Der junge Lord tat, was ihm gefiel, und äußerte seine Meinung so deutlich wie ein Fußstapfen. Das Leben an beiden Enden war die wahre Schule für schnellen, sympathischen Shakespeare. Aber schon im frühen Mannesalter, sobald er zu sich selbst kam und seine Arbeit fand, ist eine andere Qualität bei Shakespeare ebenso deutlich zu erkennen wie sogar sein Humor : hoher unparteiischer Intellekt mit aufrichtigem ethischem Urteilsvermögen. Er beurteilt sogar Falstaff streng, sogar bis zur Härte; wie er sich später in Enobarbus selbst beurteilte. Diese hohe kritische Fähigkeit durchdringt sein gesamtes Werk. Aber man darf nicht glauben, dass sein Verhalten so gewissenhaft war wie seine Prinzipien oder dass sein Wille so souverän war wie seine Intelligenz. Dass er in London ein lockerer Mensch war, ist gut belegt. Zeitgenössische Anekdoten spiegeln im Allgemeinen die Besonderheiten eines Mannes wider, und die einzige Anekdote von Shakespeare, die bekanntermaßen zu seinen Lebzeiten über ihn erzählt wurde, veranschaulicht diesen Hauptzug seines Charakters. Als Burbage Richard III. spielte, so erfahren wir, vereinbarte er mit einer Dame im Publikum, sie nach der Aufführung zu besuchen. Shakespeare hörte das Rendezvous mit, erwartete den Besuch seines Kollegen und begrüßte Burbage bei seiner Ankunft mit der Bemerkung, dass „Wilhelm der Eroberer vor Richard III. kam." Die Leichtigkeit ist zweifellos ebenso charakteristisch für Shakespeare wie der unverschämte Humor .

Es gibt noch eine weitere Tatsache in Shakespeares Leben, die fast ebenso viel Licht auf seinen Charakter wirft wie seine Ehe. Er scheint sehr früh und sehr leicht reich geworden zu sein. Wie wir gesehen haben, war er nie in der Lage, einen Geizhals zu malen, was Jonsons Aussage bestätigt, dass er „von offener und freier Natur" war. 1597 ging er nach Stratford und kaufte New Place, damals in einem ruinösen Zustand, aber das Haupthaus der Stadt, für 60 Pfund; Zwischen 1597 und 1599 gab er mindestens genauso viel Geld für den Wiederaufbau des Hauses und die Bestückung der Scheunen mit Getreide aus. Wir erfahren, dass er im Jahr 1602 von William und John Combe aus Stratford 170 Acres Ackerland in der Nähe der Stadt kaufte, wofür er 320 Pfund bezahlte; Auch im Jahr 1605 kaufte er für 440 Pfund einen Teil des Zehnten von Stratford für eine nicht abgelaufene Laufzeit von einunddreißig Jahren, wobei ihm diese Investition außer einem ermüdenden Rechtsstreit offenbar kaum etwas gebracht hat.

Wie kam der Dichter nun an diese etwa tausend Pfund ? Englische Apologeten gehen natürlich davon aus, dass er ein „guter Geschäftsmann" war; Mit köstlicher unbewusster Ironie stellen sie alle den Mann, der Handwerker hasste, als eine Art sparsame Handwerkerseele dar – einen Meister des praktischen Lebens, der sich von Anfang an um die Pennys kümmerte. Diese Kommentatoren behandeln Shakespeare alle so, wie die Hebräer Gott behandelten; sie machen ihn zu ihrem eigenen Ebenbild. Bei Shakespeare führt diese Praxis zur Absurdität. Nehmen wir den stärksten Verfechter der akzeptierten Ansicht. Dryasdust ist bestrebt zu beweisen, dass Shakespeares Gehälter, selbst als Schauspieler in den 90er Jahren, wahrscheinlich nicht unter hundert pro Jahr gesunken wären; Aber selbst Dryasdust gibt zu, dass seine großen Einkünfte nach 1599 aus seinen Anteilen am Globe Theatre stammten, und neigt dazu, „die Überlieferung zu akzeptieren, dass Shakespeare vom Earl of Southampton ein großes Geldgeschenk erhielt". Als Southampton im Jahr 1595 volljährig wurde, hat er möglicherweise mit seinem Reichtum dem Mann geholfen, der ihm seine Gedichte mit unterwürfiger Bewunderung gewidmet hatte. Darüber hinaus wird die Aussage von Rowe vorgebracht, der sicherlich vertrauenswürdiger ist als die allgemeine Art von Klatschmärchen, und sein Bericht über die Angelegenheit beweist, dass er die Geschichte nicht mit eifriger Leichtgläubigkeit akzeptierte, sondern als jemand, der von Autorität gezwungen wurde. Hier ist, was er sagt:

„Es gibt eine Geschichte über diesen Gönner von Shakespeare , die in ihrer Pracht so einzigartig ist, dass, wenn mir nicht versichert worden wäre, dass die Geschichte von Sir Wm. überliefert wurde. D'Avenant, der wahrscheinlich sehr gut mit seinen Angelegenheiten vertraut war, hätte ich nicht erwähnen dürfen, dass Mylord Southampton ihm einst tausend Pfund gegeben hat, damit er einen Kauf tätigen konnte, von dem er gehört hatte, dass er ihn getätigt hatte ein Geist. Eine sehr große und zu jeder Zeit sehr seltene Gabe, die fast der überschwänglichen Großzügigkeit entspricht, die die heutige Zeit französischen Tänzern und italienischen Eunuchen entgegengebracht hat."

Es scheint mir sehr viel wahrscheinlicher, dass diese großzügige Schenkung von Southampton die Quelle von Shakespeares Reichtum war, als dass er auf sparsame und sorgfältige Weise Münze um Münze fügte. Man kann sofort sagen, dass alle Beweise, die wir haben, für Shakespeares Extravaganz und gegen seine Sparsamkeit sprechen. Wie wir beim Studium des „Kaufmanns von Venedig" gesehen haben, geht man davon aus, dass er das Sparen mit Verachtung betrachtete und selbst einen Fehler begangen hatte. Rev. John Ward, der von 1648 bis 1679 Pfarrer von Stratford war, erzählt uns, „dass er, wie ich gehört habe, jährlich tausend Dollar ausgegeben hat."

Es lässt sich nicht leugnen, dass Shakespeare auch nach seiner Pensionierung nach Stratford eine Menge Geld losgeworden ist; und Männer, die es gewohnt sind zu sparen, werden im Alter wahrscheinlich nicht verschwenderisch.

Am 10. März 1613 kaufte Shakespeare ein Haus in Blackfriars für 140 Pfund; am nächsten Tag führte er eine weitere Urkunde aus, die sich jetzt im British Museum befindet und die vorsah, dass 60 Pfund des Kaufgeldes bis zum folgenden Michaelis als Hypothek verbleiben sollten; Bei Shakespeares Tod war das Geld noch nicht ausgezahlt, was meiner Meinung nach auf eine gewisse Nachlässigkeit hindeutet, um es gelinde auszudrücken.

Dryasdust stellt fest, dass Shakespeare in den Jahren von 1600 bis 1612 etwa sechshundert pro Jahr mit dem damaligen Geld verdiente, oder fast fünftausend pro Jahr mit unserem Geld, und dass er dennoch nicht in der Lage oder nicht willens war, einen dürftigen Betrag abzubezahlen 60 £.

Nachdem er die letzten fünf Jahre seines Lebens im Dorf Stratford verbracht hatte, wo er unmöglich viele Möglichkeiten zur Extravaganz hätte finden können, konnte er nur etwas mehr als ein Jahreseinkommen hinterlassen. Er vermachte New Place seiner älteren Tochter Susanna Hall, zusammen mit dem Land, den Scheunen und Gärten in und in der Nähe von Stratford (mit Ausnahme des Mietshauses in Chapel Lane) und dem Haus in Blackfriars, London, alle zusammen höchstens gleichwertig. bis zu fünf- oder sechshundert Pfund; und seiner jüngeren Tochter Judith vermachte er das Mietshaus in Chapel Lane, 150 Pfund in Geld und weitere 150 Pfund, die zu zahlen waren, wenn sie drei Jahre nach dem Datum des Testaments noch am Leben war. Ungefähr neunhundert Pfund des damaligen Geldes würden alles abdecken, was er zum Zeitpunkt seines Todes besaß. Wenn wir diese Dinge bedenken, wird es meines Erachtens deutlich, dass Shakespeare selbst in seinem vorsichtigen Alter einen Hang zur Verschwendung hatte. Während seines Aufenthalts in London verdiente und erhielt er zweifellos große Geldsummen; aber er war freihändig und nachlässig und starb viel ärmer, als man es von einem normalerweise sparsamen Mann erwartet hätte. Der Streuner ist normalerweise ein Verschwender.

Es gibt schlimmere Fehler, die ihm zuzuschreiben sind als Lüsternheit und Verschwendung. Jeder , der seine Werke mit einiger Sorgfalt gelesen hat, muss zugeben, dass Shakespeare ein Snob vom reinsten englischen Stil war. Aristokratische Vorlieben waren für ihn selbstverständlich; in der Tat inhärent in der zarten Sensibilität seines schönheitsliebenden Temperaments; aber er begehrte die äußeren und sichtbaren Zeichen der Vornehmheit genauso sehr wie jeder pummelige Millionär unserer Zeit und beugte sich so tief, um sie zu bekommen, wie ein Mensch sich beugen konnte. 1596 starb sein kleiner Sohn Hamnet in Stratford und wurde am 11. August in der

Pfarrkirche beigesetzt. Dieses Ereignis rief Shakespeare in sein Dorf zurück, und während er dort war , zahlte er höchstwahrscheinlich die Schulden seines Vaters und versuchte sicherlich, für sich und seine Nachfolger die Stellung eines vornehmen Volkes zu erlangen. Er veranlasste seinen Vater, beim College of Heralds einen Antrag auf ein Wappen zu stellen, nicht nur mit der Begründung, dass sein Vater ein wohlhabender Mann sei, sondern auch, dass er in eine „anbetungswürdige" Familie eingeheiratet habe. Der Entwurf der Waffengewährung wurde zu diesem Zeitpunkt nicht ausgeführt. Möglicherweise wurde dem College die finanzielle Lage des Vaters bekannt, oder vielleicht bereitete der Beruf des Sohnes Schwierigkeiten; aber auf jeden Fall wurde eine Zeit lang nichts getan. Im Jahr 1597 wurde der Earl of Essex jedoch Earl Marshal und Chef des Heralds' College, und der Gelehrte und Antiquar William Camden trat dem College als Clarenceux King of Arms bei. Shakespeare muss dem Earl of Essex bekannt gewesen sein, der ein enger Freund des Earl of Southampton war; Er war tatsächlich mit ziemlicher Sicherheit ein Freund und Bewunderer von Essex. Der zweite Antrag der Shakespeares auf Zulassung zum Adelsstand nahm eine neue Form an. Sie behaupteten rundheraus, dass der Mantel, wie im Entwurf von 1596 dargelegt, John Shakespeare zugeteilt worden sei, als er Gerichtsvollzieher war, und die Herolde wurden gebeten, ihm eine „Anerkennung" dafür zu geben. Zur gleichen Zeit bat John Shakespeare um Erlaubnis, das Wappen der Ardens of Wilmscote , der Familie seiner Frau, auf seinem „alten Wappen" einquartieren zu dürfen . Aber das ging selbst einem Freund aus Essex zu weit. Einem solchen Antrag stattzugeben hätte das College möglicherweise in Schwierigkeiten mit der einflussreichen Warwickshire-Familie Arden gebracht, weshalb er abgelehnt wurde. aber das Stipendium wurde „anerkannt" und Shakespeares besonderer Ehrgeiz wurde befriedigt.

Jeder einzelne Vorfall in seinem Leben bestätigt, was wir aus seinen Werken gelernt haben. In all seinen Schriften lobt er Herren und Herren und verachtet die Bürger und das einfache Volk, und in seinem Leben verbrachte er einige Jahre mit viel Mühe und vielen frechen Lügen, um seinem Vater die Gewährung von Waffen und die Anerkennung als zu verschaffen ein Gentleman – ein sehr erbärmlicher Ehrgeiz, aber eigenartig englisch. Man kann sich vorstellen, dass Shakespeare von Natur aus ein Gentleman war und noch viel mehr.

Aber sein Snobismus hatte noch schlimmere Folgen. Auch deshalb lernte er die Mittelschicht Englands nie kennen. Zwar waren sie schon zu seiner Zeit übermäßig puritanisch, was sie sozusagen vom Dramatiker-Dichter abschirmte. Mit seiner üblichen Sanftmut oder Schüchternheit erzählt uns Shakespeare nie direkt, was er von den Puritanern hielt, aber sein halb abgewandter, verächtlicher Blick auf sie im Vorbeigehen ist sehr bedeutsam. Angelo, der angehende puritanische Herrscher, war ein „falscher Scheiner ",

Malvolio war ein „Dohle". Die besonderen Tugenden der englischen Mittelschicht, ihr Mut und ihre Verlegenheit; sein gutes Benehmen und die Achtung seiner Pflichten; Sein religiöser Sinn und seine selbstbewusste Engstirnigkeit übten auf Shakespeare keinen Reiz aus, und, gepanzert von Snobismus, vermisste er völlig, was ihm die Kenntnis der Mittelschicht hätte bringen können.

Nehmen wir ein Beispiel seines Verlustes. Obwohl er in einer Zeit des Fanatismus lebte, zeichnete er nie einen Fanatiker oder Reformer, nie stellte er sich einen Mann vor, der gegen den Strom seiner Zeit schwimmt. Er hatte nur eine vage Vorstellung von den wenigen Geistern jedes Zeitalters, die die Menschheit zu neuen und höheren Idealen führen ; Er konnte weder einen Christus noch einen Mohammed verstehen, und es scheint, als hätte er sich nur wenig für Jeanne d'Arc interessiert , das edelste Wesen, das in den Bereich seiner Kunst fiel. Denn selbst wenn wir zugeben, dass er den ersten Teil von „Heinrich VI." nicht geschrieben hat, ist es sicher, dass er durch seine Hände gegangen ist und dass er zumindest in seiner Jugend nichts an dieser Abscheulichkeit und Dummheit zu korrigieren sah Verleumdung der größten aller Frauen. Sogar der englische Fanatiker entging seiner Intelligenz; sein Jack Cade ist, wie ich bereits bemerkt habe, eine erbärmliche Karikatur; Kein Cade bewegt seine Mitmenschen, außer indem er an das Beste in ihnen appelliert, an ihren Gerechtigkeitssinn oder an das, was sie für Gerechtigkeit halten. Der Cade, der Männer für seine eigenen groben Ambitionen überredet, wird vielleicht ein paar Duplikate haben, aber nicht Tausende ergebener Anhänger. Diese elementaren Wahrheiten hat Shakespeare nie verstanden. Doch wie viel größer wäre er gewesen, wenn er sie verstanden hätte; Hatte er auch nur einen Puritaner liebevoll studiert und ihn mitfühlend dargestellt? Für den Fanatiker ist es eine der Scharniere, die die Tür der modernen Welt öffnen. Zu Shakespeares „allgemeiner Sympathie" – um Coleridge zu zitieren – gehörte nicht der einfach gekleidete Wannenklopfer, der es wagte, ihn direkt zu beschuldigen, der babylonischen Hure gedient zu haben. Shakespeare spottete über den Puritaner, anstatt ihn zu studieren; mit dem Ergebnis, dass er trotz seines Hamlet eher der Renaissance als der Moderne zuzuordnen ist. Das Beste eines Wordsworth oder eines Turgenief liegt außerhalb seiner Grenzen; Er hätte weder eine Marianna noch einen Bazarof verstanden , und der edle Glaube des Sonetts zu „Toussaint l'Ouverture " war ihm völlig unverständlich. Er hätte niemals schreiben können:

> *„Du hast zurückgelassen*
>
> *Kräfte, die für dich arbeiten werden, Luft, Erde und Himmel;*
>
> *Es weht kein Hauch des allgemeinen Windes*
>
> *Das wird dich vergessen; Du hast große Verbündete;*

Es ist an der Zeit, offen über ihn zu sprechen; er war sanft und witzig; fröhlich und gutmütig, auch sehr fleißig und fair im Geiste; aber gleichzeitig war er körperlich schwach und unentschlossen, voreilig und wortreich und wählte aus Schwierigkeiten gewöhnlich den einfachsten Weg ; er war schlecht ausgestattet mit männlichen Tugenden und männlichen Lastern. Wenn er Arroganz zeigte , dann geschah dies immer aus dem Intellekt und nicht aus dem Charakter; er war von Natur aus ein Parasit. Aber keiner dieser Fehler hätte ihn in den Ruin getrieben; Er wurde erneut in voller Männlichkeit von seiner Meisterqualität, seiner überwältigenden Sinnlichkeit gefangen und in den Sumpf geworfen.

Kapitel XV.
SHAKESPEARES LEBEN – Fortsetzung

Shakespeares Leben scheint scharf in zwei Hälften zu zerfallen. Bis er etwa 1597 Mistress Fitton traf, muss er trotz seiner tiefen Melancholie glücklich und zufrieden gewesen sein, denke ich. Meiner Schätzung nach war er seit etwa zehn Jahren in London, und kein Mensch hat in dieser Zeit jemals so viel getan und war so erfolgreich, selbst wenn die Welt Erfolg zählt. Er hatte nicht nur die frühen Gedichte und die frühen Theaterstücke geschrieben, sondern in den letzten drei oder vier Jahren auch ein halbes Dutzend Meisterwerke: „Ein Sommernachtstraum", „Romeo und Julia", „Richard II.", „König John". ", „Der Kaufmann von Venedig", „Die zwei Teile Heinrichs IV." Mit dreiunddreißig war er bereits der größte Dichter und Dramatiker, von dem die Zeit überhaupt Rekorde hält.

Southamptons Großzügigkeit hatte ihm Erleichterung verschafft und es ihm ermöglicht, die Schulden seines Vaters zu begleichen und seiner geliebten Mutter eine angenehme Position im besten Haus von Stratford zu verschaffen.

Wir können sicher sein, dass er Scharen von Freunden hatte, denn in ganz London gab es kein sanfteres, fröhlicheres und freundlicheres Wesen, und er legte Wert auf Freundschaft. Zehn Jahre zuvor hatte er weder Geld noch Stellung noch Stellung; Jetzt besaß er all dies und war sogar am Hofe bekannt. Die Königin war freundlich zu ihm gewesen. Er beendete den Epilog zum „Zweiten Teil von Heinrich IV.", den er gerade beendet hatte, indem er sich niederkniete, „um für die Königin zu beten". Essex oder Southampton hatten Elizabeth zweifellos auf seine Arbeit aufmerksam gemacht: Sie hatte seinen „Falstaff" gebilligt und ihn ermutigt, weiterzumachen. Von all seinen Erfolgen war diese königliche Anerkennung sicherlich diejenige, die ihm am meisten Freude bereitete. Er befand sich auf dem Höhepunkt glücklicher Stunden, als er die Frau traf, die für ihn die Welt verändern sollte.

Im Leben großer Männer wiederholen sich die typischen Tragödien wahrscheinlich. Sokrates war dazu verdammt, viele vergiftete Tassen auszutrinken, bevor er die Schale mit Hemlock bekam: Shakespeare hatte mit vielen Frauen zu kämpfen gehabt, bevor er mit Mary Fitton fiel. Es war seine unbändige Sinnlichkeit, die ihn in seiner Jugend zu seiner vorzeitigen und unglücklichen Ehe trieb; Es war auch seine unbändige Sinnlichkeit, die ihn in seiner Reife dazu brachte, Mary Fitton zu verehren, und die ihn in jene zwölf Jahre der Knechtschaft irdischer, grober Dienste stürzte, die er so bitter bereute, als das Leidenschaftsfieber ausgebrannt war.

Trauzeugin kennenlernte . Wie viele der Höflinge beeinflusste Mistress
Fitton die Gesellschaft der Spieler. Kemp, der Clown seiner Firma, kannte
sie und widmete ihr recht vertraut ein Buch. Ich habe immer geglaubt, dass
Shakespeare sich über Kemps Vertrautheit mit Mistress Fitton ärgerte, denn
als Hamlet den Spielern rät, den Clown nicht zu würgen, fügt er mit einem
Knurren persönlicher Gehässigkeit hinzu:

„ein äußerst erbärmlicher Ehrgeiz für den Narren, der ihn nutzt.“

Mary Fittons Stellung, ihre stolze, dunkle Schönheit, ihre Kühnheit in
Sprache und Tat eroberten Shakespeare im Sturm. Sie war seine Ergänzung
in jedem Fehler; ihre Stärke entsprach seiner Schwäche; ihre
Entschlossenheit war sein Zögern, ihre Kühnheit seine Schüchternheit;
außerdem war sie von Rang und Rang, und aus purem Snobismus fühlte er
sich ihr unterlegen. Er vergaß, dass demütige Anbetung nicht der Weg war,
ein übermütiges Mädchen zu gewinnen. Er liebte sie so sehr, dass er sie
verlor; und es waren zweifellos seine überwältigende Sinnlichkeit und sein
Snobismus, die ihn in die Knie zwangen und seine Liebe in den Ruin trieben.
Er konnte sie nicht einmal behalten, nachdem er sie gewonnen hatte; Das
Verlangen machte ihn blind. Er würde nicht erkennen, dass Mary Fitton nicht
aus purer Lust eine Zügellose war. Sobald ihre Fantasie berührt wurde , gab
sie sich hin; aber sie blieb dem neuen Liebhaber vorerst treu. Wir wissen,
dass sie Pembroke einen Sohn und Sir Richard Leveson zwei uneheliche
Töchter gebar. Ihre Ausrutscher mit diesen Männern verletzten Shakespeares
Eitelkeit, und er beharrte darauf, sie zu unterschätzen. Lassen Sie uns der
Wurzel des geheimen wunden Punkts auf den Grund gehen. Hier ist eine
Seite aus „Troilus und Cressida“, eine Seite aus dieser schrecklichen vierten
Szene des vierten Akts, als Troilus, der sich von Cressida trennen muss, sie
vor den Griechen und ihrer Beherrschung der Liebeskünste warnt:

„Troilus. Ich kann nicht singen

Lavolt begehen noch das Gespräch versüßen,

Spielen Sie auch keine subtilen Spiele. Alle guten Tugenden,

Wozu die Griechen am schnellsten und empfänglichsten sind:

Aber ich kann es dir in jeder Gnade davon erzählen

Da lauert ein stiller und dummer, diskursiver Teufel

Das lockt am schlausten: aber lasst euch nicht in Versuchung führen.

Cressida. Glaubst du, ich werde es tun?

Die ersten Zeilen zeigen, dass sich der arme Shakespeare am Hof oft unwohl fühlte. Der Vorschlag, den ich kursiv gesetzt habe, ist unaussprechlich. Shakespeare nutzte jeden sinnlichen Köder in der Hoffnung, seine Liebe zu gewinnen, indem er sich selbst und nicht die Frau einschränkte. Seine Eitelkeit war so übertrieben, dass er, statt sich zu sagen: „Es ist natürlich, dass ein hochgeborenes Mädchen von neunzehn Jahren einen großen Herrn ihres Alters einem armen Dichter von vierunddreißig Jahren vorziehen sollte", sich selbst und uns davon zu überzeugen versucht Mary Fitton wurde ihm durch „raffinierte Spiele" entrissen, und in seiner Wut verletzter Eitelkeit schrieb er diese ungeheure Verleumdung über sie, die er Odysseus in den Mund legte:

> *„Pfui, pfui!*
>
> *Da ist Sprache in ihren Augen, ihrer Wange, ihrer Lippe,*
>
> *Nein, ihr Fuß spricht; Ihre mutwilligen Geister passen auf*
>
> *An jedem Gelenk und Motiv ihres Körpers.*
>
> *O, diese Begegnungen , so leichtfertig,*
>
> *Das heißt Sie herzlich willkommen, bevor es soweit ist,*
>
> *Und öffne die Tafeln ihrer Gedanken weit*
>
> *An jeden kitzligen Leser! setze sie ab*
>
> *Für schlampige Gelegenheitsbeute*
>
> *Und Töchter des Spiels. "*

Seine gequälte Sinnlichkeit karikiert sie: Dieser „kitzelige Leser" enthüllt ihn. Mary Fitton war schöner als seine Porträts; wir wollen ihre Seele und bekommen sie nicht einmal bei Kleopatra. Es war das Bewusstsein seines eigenen Alters und seiner körperlichen Minderwertigkeit, die ihn dazu trieben, seine Geliebte eifersüchtig zu verunglimpfen.

Mary Fitton hat Shakespeare nicht „bis ins Innerste des Verlustes" verführt, wie er ausrief; sondern zum innersten Schrein des Tempels des Ruhmes. Es war seine völlige Hingabe an die Leidenschaft, die Shakespeare zum höchsten Dichter machte. Ohne seine übermäßige Sinnlichkeit und seine wahnsinnige Leidenschaft für seine „Zigeunerin" hätten wir von ihm nie „Hamlet", „Macbeth", „Othello", „Antonius und Kleopatra" oder „Lear" erhalten. Er wäre immer noch ein Dichter und Dramatiker ersten Ranges gewesen; aber er hätte nicht allein über allen anderen gestanden: er wäre nicht Shakespeare gewesen.

Seine Leidenschaft für Mary Fitton dauerte etwa zwölf Jahre. Immer wieder erlebte er mit ihr goldene Stunden, wie sie Kleopatra prahlte und bereute. Bei solchen leidenschaftlichen Orgasmen geht das Leben schnell verloren; Lust, die durch Eifersucht in den Wahnsinn getrieben wird. Mary Fitton war die einzige Frau, die Shakespeare jemals liebte, oder zumindest die einzige Frau, die er so intensiv liebte, dass dies Einfluss auf seine Kunst hatte. Sie war Rosaline, Cressid , Kleopatra und die „dunkle Dame" der Sonette. Alle seine anderen Frauen sind Teile von ihr oder Widerspiegelungen von ihr, so wie alle seine Helden Seiten von Hamlet oder Widerspiegelungen von ihm sind. Portia ist die erste abendfüllende Skizze von Mary Fitton, die aus der Distanz aufgenommen wurde: Beatrice und Rosalind sind lediglich Widerspiegelungen ihrer Hochstimmung, ihres aristokratischen Stolzes und Charmes: Ihre Stärke und Entschlossenheit sind in Lady Macbeth verkörpert. Ophelia, Desdemona, Cordelia sind nur abstrakte Sehnsüchte nach Reinheit und Beständigkeit, die durch die Treulosigkeit und Leidenschaft seiner Geliebten zum Leben erweckt werden.

Shakespeare bewunderte Mary Fitton so sehr, wie er sie begehrte, doch er konnte ihr nicht die zwölf Jahre lang treu bleiben, in denen seine Leidenschaft anhielt. Die Liebe und ihre sanften Stunden zogen ihn immer wieder unwiderstehlich an: Er war die Beute der Gelegenheit. Hier ist ein Beispiel: Aubrey erzählt uns, dass es seine Gewohnheit war, Stratford jedes Jahr, wahrscheinlich jeden Sommer, zu besuchen: Unterwegs pflegte er in einem Gasthaus in Oxford zu übernachten, das von John D'Avenant geführt wurde. Frau D'Avenant, so wird uns erzählt, war „eine sehr schöne Frau mit sehr gutem Witz und äußerst angenehmer Konversation." Zweifellos hat Shakespeare sie von Anfang an wieder gut gemacht. Ihr zweiter Sohn, William, der später der berühmte Dramatiker wurde, wurde im März 1605 geboren, und einer in Oxford seit langem verbreiteten Tradition zufolge war Shakespeare sein Vater. Im späteren Leben war Sir William D'Avenant selbst „zufrieden genug, um ihn für seinen (Shakespeares) Sohn zu halten." Es gibt allen Grund, die Geschichte so zu akzeptieren, wie sie überliefert wurde. Shakespeare prahlt als Troilus mit seiner Beständigkeit; spricht von sich selbst als „eindeutig und wahr"; Aber es war alles Prahlerei: Von achtzehn bis fünfundvierzig war er so unbeständig wie der Wind und gab sich mit absoluter Hingabe allen „subtilen Spielen" der Liebe hin, bis seine Gesundheit unter der Belastung zusammenbrach.

In mehreren seiner Sonette, insbesondere in den Sonetten 36 und 37, erzählt uns Shakespeare, dass er „arm und verachtet war ... lahm gemacht durch die größte Bosheit des Schicksals". Er wird nicht einmal den Namen seines Freundes mit seinem Namen verbinden lassen, aus Angst, seine „beklagte Schuld" könnte ihn beschämen:

„Lass mich gestehen, dass wir zwei zwei sein müssen,

Obwohl unsere ungeteilte Liebe eins ist:

So sollen die Flecken bleiben, die mit mir zu tun haben

Ohne deine Hilfe werde ich allein getragen ... "

Spalding und andere Kritiker glauben, dass sich diese „Schuld" Shakespeares auf seinen Beruf als Schauspieler bezieht, dieser Makel hätte Lord Herbert jedoch nicht davon abhalten dürfen, ihn mit „öffentlicher Freundlichkeit" zu ehren . Aus den Worten selbst geht meines Erachtens klar hervor, dass sich die Schuld auf die Tatsache bezieht, dass sowohl Herbert als auch er in dieselbe Frau verliebt waren. Jonson hatte sich, wie wir gesehen haben, über ihre Verbindung lustig gemacht, und auf diese Weise versucht Shakespeare, dem Spott die Schärfe zu nehmen.

Shakespeare hatte viele der Schwächen des neurotischen und künstlerischen Temperaments, aber er hatte sicherlich die edelsten Tugenden davon: Er war seinen Freunden treu und gegenüber ihren Verdiensten mehr als großzügig.

Wenn sein ethisches Gewissen fehlerhaft war, so war sein ästhetisches Gewissen das allerhöchste. Wann immer wir ihn in engen Beziehungen zu seinen Zeitgenossen treffen, sind wir beeindruckt von seiner Freundlichkeit und seiner hohen unparteiischen Intelligenz. Waren sie seine Rivalen, fand er das perfekte Wort für ihre Vorzüge und Mängel. Wie kann man Chapman besser loben, als indem man darüber spricht?

„Das stolze volle Segel seiner großen Verse"?

Wie kann man seinen Defekt sanfter berühren, als indem man andeutet, dass seine Gelehrsamkeit Federn brauchte, um sie vom Boden abzuheben? Und wenn Shakespeare selbst seinen Rivalen gegenüber fair war, konnten seine Freunde immer auf seinen guten Willen und seinen unermüdlichen Dienst zählen. All seine guten Eigenschaften kamen zum Vorschein, als er als Ältester den mürrischen Ben Jonson traf. Jonson beeinflusste ihn nicht so sehr wie Marlowe ihn beeinflusst hatte; Aber dies waren die beiden größten lebenden Männer, mit denen er in engen Kontakt kam, und seine Beziehungen zu Jonson zeigen ihn wie in einem Glas. Rowe hat eine charakteristische Geschichte, die man nicht vergessen darf:

„Seine Bekanntschaft mit Ben Jonson begann mit etwas Bemerkenswertem

ein Stück Menschlichkeit und Gutmütigkeit; Herr Jonson,

der damals noch völlig unbekannt war, angeboten hatte

eines seiner Stücke an die Spieler weiter, um es zu haben

gehandelt; aber die Personen, in deren Hände es gelegt wurde, danach

nachdem sie es achtlos und hochnäsig umgedreht hatten, waren

gerade als er es ihm mit einer bösartigen Antwort zurückgab,

dass es ihrem Unternehmen keinen Nutzen bringen würde, wenn

Zum Glück warf Shakespeare einen Blick darauf und fand etwas

Es war so gut darin, dass es ihn zum Weiterlesen anregte

und anschließend Ben Jonson und seine Schriften zu empfehlen

an die Öffentlichkeit . Danach wurden sie proklamiert

Freunde; obwohl ich nicht weiß, ob der andere jemals

machte ihn zu einer gleichermaßen sanften und aufrichtigen Rückkehr.

Ben war von Natur aus stolz und träge, und zwar in die Jahre gekommen

seines Rufes hat ihm bislang den Premier verliehen

in dem Sinne , dass er nur mit einem bösen Blick darauf blicken konnte

jeder, der mit ihm in Konkurrenz zu stehen schien.

Und wenn er manchmal den Anschein erweckte, ihn zu loben, dann ist das so

war immer mit einer gewissen Zurückhaltung und unterstellte seine Unrichtigkeit,

eine nachlässige Schreibweise und ein Mangel an Urteilsvermögen;

das Lob, selten etwas zu ändern oder auszulöschen

Er schrieb , was ihm von den Spielern über den ersten gegeben wurde

Die Veröffentlichung seiner Werke nach seinem Tod erfolgte durch Jonson

konnte nicht ertragen...."

Die Geschichte liest sich genau wie die Geschichte von Goethe und Schiller. Es war Schiller, der sich zurückhielt und voller Kritik war; es war

Goethe, der alle Fortschritte machte und alle Freundlichkeiten erwies. Es war Goethe, der Schiller die Stelle als Geschichtsprofessor in Jena verschaffte, die Schiller die nötige Muße für seine dramatische Arbeit verschaffte. Es ist immer der Größere, der gibt und vergibt.

Ich glaube natürlich auch an die traditionelle Erzählung von den unvergesslichen Abenden in der Meerjungfrau. „Es gab viele Witzkämpfe", schrieb Fuller über Shakespeare in seinen „Worthies" (1662), „zwischen ihm und Ben Jonson, den ich ebenfalls wie eine große spanische Galeone und einen englischen Kriegsmann sehe." Meister Jonson war (wie der erstere) wesentlich lernfähiger, solide, aber langsam in seinen Leistungen. Shakespeare konnte mit dem englischen Kriegsschiff, das weniger groß, aber leichter im Segeln war, nach allen Seiten wenden, wenden und durch die Schnelligkeit seines Witzes und seiner Erfindungskraft alle Winde ausnutzen."

Für den Betrachter war es selbstverständlich, Ben Jonson und seinen „Bergbauch" mit einer spanischen Galeone zu vergleichen und Shakespeare mit seinem schnelleren Witz mit dem aktiveren englischen Schiff. Es war Jonsons große Größe – eine Eigenschaft, die in England immer zu hoch geschätzt wurde – sein herrschsüchtiges Temperament und sein verzweifelter persönlicher Mut, die den Klatsch dazu veranlassten, ihn mit Shakespeare in Einklang zu bringen.

Auch Beaumont beschrieb diese Treffen in seinem poetischen Brief an seinen Freund Jonson:

„Was für Dinge haben wir gesehen?

Fertig bei der Meerjungfrau? Gehörte Worte, die gewesen sind

So flink und so voller subtiler Flamme,

Als ob das jeder von woher er kam

Hatte vorgehabt, seinen ganzen Witz in einen Scherz zu stecken,

Und hatte beschlossen, den Rest als Narr zu leben

Von seinem langweiligen Leben. "

Zumindest in einer Hinsicht waren die beiden Männer Gegensätze. Jonson war überaus kämpferisch und streitsüchtig und scheint an allen erbitterten Auseinandersetzungen seiner Zeit zwischen Schauspielern und Literaten maßgeblich beteiligt gewesen zu sein. In „The Poetaster" tötete er einen Schauspieler in einem Duell und griff Marston und Dekker an; sie antworteten ihm im „ Satiromastix ". Mehr als einmal kritisierte er

Shakespeares Schriften; mehr als einmal spottete er über Shakespeare und versuchte zu Unrecht, ihn zu verletzen; aber Shakespeare wollte nicht erwidern. Es ist Jonsons Verdienst, dass er, obwohl er Shakespeares „Julius Caesar" und „Pericles" bemängelte, ihn dennoch im „Poetaster" als Friedensstifter beschrieb und ihn unter dem Namen Virgil als den größten Meister der Literatur verehrte Poesie.

Die Überlieferung erzählt uns eine witzige Geschichte über die Beziehungen zwischen den beiden, die mir außerordentlich charakteristisch erscheint. Shakespeare war der Pate eines von Bens Kindern, und nach der Taufe kam Jonson, der in ein tiefes Studium vertieft war, zu ihm, um ihn aufzuheitern, und fragte ihn, warum er so melancholisch sei. „Nein, Glaube, Ben", sagt er; „Ich nicht, aber ich habe eine ganze Weile darüber nachgedacht, welches Geschenk ich meinem Patenkind am besten machen könnte, und habe mich schließlich entschieden." „Ich bitte dich , was?" sagt er. „ Ich glaube , Ben, ich gebe ihm sogar ein Dutzend gute lateinische Löffel, und du sollst sie übersetzen." Lattin war, wie jeder weiß, ein gemischtes Metall, das Blechbläsern ähnelte: Das Wortspiel und der hinterhältige Spaß, mit denen Jonsons Gelehrsamkeit auf den Kopf gestellt wurde, sind in Shakespeares bester Manier. Die Geschichte muss als Shakespeares Antwort auf Jonsons Spott betrachtet werden, dass er „wenig Latine und Lesse" habe Griechisch ."

Durch den Nebel der Tradition und der mehr oder weniger unsicheren Hinweise in seinen Gedichten erkennt man, dass er wahrscheinlich über Southampton gekommen war, um Essex zu bewundern, und dass der Fall und die Hinrichtung von Essex eine immense Wirkung auf ihn hatten. Es ist sicher, denke ich, dass die edle Rede über die Gnade, die Portia in „Der Kaufmann von Venedig" in den Mund gelegt wurde, in erster Linie ein Appell an Elizabeth für Essex oder Southampton war. Es ist eindeutig an die Königin gerichtet und nicht an einen jüdischen Paria:

> *"... Es wird*
>
> *Der thronende Monarch ist besser als seine Krone;*
>
> *Sein Zepter zeigt die Kraft weltlicher Macht,*
>
> *Das Attribut der Ehrfurcht und Majestät,*
>
> *Darin liegt der Schrecken und die Furcht vor Königen;*
>
> *Aber Barmherzigkeit steht über dieser Zepterherrschaft ,*
>
> *Es thront im Herzen der Könige.*
>
> *Es ist eine Eigenschaft Gottes selbst,*
>
> *Und die irdische Macht zeigt dann das Gleiche wie die Macht Gottes,*

All dies muss als größte Ironie gewirkt haben, wenn man es an einen ausgestoßenen Juden richtete. Es war eindeutig als Appell an Elizabeth gedacht und zeigt, wie weit Shakespeare sich sanft wagen würde, um einen Freund zu verteidigen . Wie eine Frau gewann er durch seine Zuneigung einen gewissen Mut.

Ich bin davon überzeugt, dass er die Verurteilung von Essex und die Inhaftierung von Southampton sehr verärgert hat, denn obwohl er Elizabeth in seinen Salattagen immer wieder gelobt hatte, sprach er in „Ein Sommernachtstraum“ von ihr als einer „schönen Vestalin, die von der Königin thront“. Westen“; Gehen in „jungfräulicher Meditation, frei von Fantasie“; doch als sie starb, konnte er nicht dazu gebracht werden, ein Wort über sie zu schreiben. Sein Schweigen wurde bemerkt, und Chettle forderte ihn auf, ein Loblied auf die tote Herrscherin zu schreiben, weil sie freundlich zu ihm gewesen sei; aber das wollte er nicht: Er war sich der harten Natur Elisabeths bewusst geworden und verabscheute ihre rücksichtslosen Grausamkeiten. Wie eine Frau fiel es ihm schwer, jemandem zu vergeben, der diejenigen, die er liebte, verletzt hatte. Nachdem ich nun ausführlich Shakespeares Charakter, seine Kräfte und Schwächen besprochen habe, wollen wir einen Moment über seinen Intellekt nachdenken. Alle Arten und Zustände von Menschen reden in Superlativen davon; aber das hilft uns nicht viel. Es ist genauso einfach, in Shakespeares Gehirn zu sitzen und von dort aus zu denken, wie von Balzac aus. Wenn wir Shakespeare richtig gelesen haben, war seine Intelligenz besonders egozentrisch ; er war hauptsächlich durch Selbsterkenntnis weise und nicht, wie allgemein angenommen wird, durch Kenntnis anderer und Beobachtung; er war sicherlich alles andere als weltgewandt. Nehmen Sie einen kleinen Punkt. In fast jedem Stück entdeckt er eine intensive Liebe zur Musik und zu Blumen; aber er erzählt Ihnen nie etwas über die Musik, die er liebt, und er erwähnt in all seinen Werken nur ein Dutzend Blumen. Zwar findet er für seine Lieblingssätze exquisite Ausdrücke ; aber er scheint nur das Alltäglichste bemerkt oder gewusst zu haben. Auch sein Wissen über Vögel und Tiere ist begrenzt. Aber wenn Bacon Blumen lobt, zeigt er sofort die Beobachtungsgabe des Naturforschers; er erwähnt Hunderte verschiedener Arten und zählt sie Monat für Monat auf; Allein im April nennt er so viele, wie Shakespeare in all seinen Schriften erwähnt hat. Er nutzte seine Augen, um Dinge außerhalb seiner selbst zu studieren, und sein Gedächtnis, um sie abzurufen; aber Shakespeares Augen waren nach innen gerichtet; er wusste wenig von der Welt außerhalb seiner selbst.

Shakespeares Wissen über Männer und Frauen wurde überbewertet. Trotz all seiner Sinnlichkeit kannte er nur eine Frau, Mary Fitton, obwohl er sie in jeder Stimmung kannte, und nur einen Mann, ihn selbst, der jeden Unfall und jeden Moment des Wachstums zutiefst wahrnahm.

Er war nicht in der Lage, Theaterstücke zu konstruieren oder Geschichten zu erfinden, obwohl er mit ziemlicher Sicherheit gute Stücke auswählte. Er bereicherte oft die Charaktere, selten oder nie die Ereignisse; Sogar die Charaktere, die er erschafft, sind meist Seiten seiner selbst oder humorvolle Masken ohne Seele. Er muss oft genug vom Staatsmann Burleigh gehört haben; aber nirgends stellt er ihn dar; In seinen Werken findet sich kein Hinweis auf Drake, Raleigh, Elizabeth oder Sidney. Er legt auch keinen Wert auf Neuheiten; Er erwähnt weder Gabeln noch Tabak oder Kartoffeln. Er ist von Natur aus ein Student, wenn es überhaupt einen gibt, der, wie er uns erzählt, nur darauf bedacht ist, seinen Geist zu verbessern. Er durchquert Oxford hundertmal und erwähnt nicht einmal die Schulen: Die Oxford-Männer hatten ihn mit ihrer *Alma Mater angewidert* .

Die größtmögliche Reichweite dieses Selbststudenten ist außergewöhnlich; das Haupträtsel des Lebens ist uns wie ihm verborgen; aber sein Wort darüber ist tiefer als jedes andere von uns, obwohl wir drei Jahrhunderte Zeit hatten, um über ihn hinauszuwachsen.

> *„Männer müssen bleiben*
>
> *Sie gehen von hier weg, genauso wie sie hierher kommen.*
>
> *Reife ist alles. “*

Und wenn gesagt wird, dass sich die Männer der Renaissance mehr mit solchen Fragen beschäftigt haben als wir und daher in Bezug auf sie besser abschneiden, nehmen wir einen anderen Satz, der mir immer von außergewöhnlicher Einsicht erschien. Antonius hat Caesar geschlagen und kehrt zu Kleopatra zurück, die ihn mit den erstaunlichen Worten begrüßt:

> *"Herr der Herren,*
>
> *Oh, unendliche Tugend, woher lächelst du ?*
>
> *Die große Schlinge der Welt ist nicht gefangen?“*

Das alles trifft im Munde Kleopatras mehr oder weniger zu; aber für mich ist es Shakespeares eigener Kommentar zum Leben; er ist sich seines Versagens bewusst; Er hat sich gesagt: „Wenn ich, Shakespeare, versagt habe, dann deshalb, weil jeder versagt hat; Die Behinderung des Lebens sucht jede

Schwäche aus; Um als Eroberer durchs Leben zu gehen, wäre „unendliche Tugend" erforderlich." Dies ist vielleicht der weiteste Schritt in Shakespeares Denken.

Aber seine weltliche Weisheit besteht darin, zu suchen. Nachdem er von Lord Herbert verraten wurde, schwärmt er Spiel für Spiel von der Undankbarkeit der Menschen. Natürlich sind Männer undankbar; Nur die seltensten und edelsten Naturen können für Hilfe dankbar sein, ohne ihre Eitelkeit zu verletzen. Die Mehrheit der Männer liebt ihre Untergebenen, diejenigen, denen sie helfen; um dem Schmeichler Selbstwertgefühl zu verleihen; aber sie hassen ihre Vorgesetzten und verleihen dem Wort „Patron" ein unerträgliches, herablassendes Grinsen. Shakespeare hätte das mit dreißig verstehen müssen.

Als seine Eitelkeit verletzt war, war seine Blindheit fast unvorstellbar. Er hätte Mary Fitton so sehen sollen, wie sie war, und uns ein unsterblich-getreues Porträt von ihr geben sollen; Aber die edle Seite von ihr, die Seelenseite, die ein Liebhaber hätte schätzen sollen, wird nicht einmal angedeutet. Er hatte es verdient, sie zu verlieren und suchte nur nach dem gewöhnlichen, sorglosen „stillen, silbernen Licht", das sie ihm hätte zeigen können. Er war seiner Frau gegenüber genauso blind; sie war unfreiwillig die Leiter zu seinem Aufstieg gewesen; Er hätte ihr aus diesem Grund vergeben sollen, wenn nicht aus einem höheren Grund.

Er war außerordentlich eitel und egozentrisch . Er redete inkontinent, wie er selbst versichert und wie Ben Jonson sich beschwert. Er war außerordentlich schnell, witzig und ungeduldig. Seine Sprache zeigt seine Denkgeschwindigkeit; immer wieder überschlagen sich die Bilder, und die bloße Musik seiner Verse ist atemlos schnell, ebenso wie die Bewegung von Tennysons Vers äußerst langsam ist.

Mehr als einmal habe ich in seinen Werken gezeigt, wie er in der Krise des Schicksals voreilige Schlüsse zieht wie eine Frau. Er scheint oft die Fehler seiner eigenen Eile erkannt zu haben. Sein Othello sagt:

„Wie arm sind diejenigen, die keine Geduld haben."

Mit dieser Schnelligkeit des Denkens und dem Reichtum an Sprache und Witz liebte er es natürlich, in Gesprächen anzugeben; Aber da er sich einen Namen machen und in der Welt auffallen wollte, hätte er weniger reden und seine Gönner dazu ermutigen sollen, anzugeben. Armer rücksichtsloser, geistreicher, charmanter Shakespeare! Eine Drohung, die er immer wieder benutzte, offenbart mir seine ganze Weltblindheit. Ernsthaft warnt er Mary Fitton im Sonett 140, dass sie ihn besser nicht provozieren sollte, sonst würde er die Wahrheit über sie schreiben – ganz so, als ob es der Trauzeugin, die am Hof einen Bastard nach dem anderen gebären konnte, egal wäre, was für ein Armer Shakespeare könnte über sie sagen, schreiben oder singen. Und Hamlet greift zur gleichen Waffe: Er lobt die Spieler von Polonius als

> *„Kurze Chroniken der Zeit; nach deinem Tod du*
>
> *Es wäre besser, ein schlechtes Epitaph zu haben, als sich schlecht zu melden*
>
> *du lebst."*

Es ist alles unwahr; Schauspieler waren damals wie heute nur Mummer ohne Urteil. Shakespeare dachte an sich selbst, den Dramatiker-Dichter, der tatsächlich ein Chronist seiner Zeit war; aber dem Höfling Lord Polonius war das Lob oder die Tadel eines Reimers völlig egal. Auch Posthumus wird gegen die Schurken schreiben, die er nicht mag. Shakespeares Angriffswaffe war seine Feder; aber obwohl er drohte, benutzte er es selten böswillig; Er war in der Tat ein „harmloses Gegenteil", zu sehr von der Milch menschlicher Güte erfüllt, um einem Menschen Schaden zuzufügen. Aber diese Fälle von Missverständnissen in den einfachen Dingen des Lebens zeigen uns, dass der sanfte Shakespeare kein vertrauenswürdiger Führer durch diese raue, alles hassende Welt ist. Jetzt ist es an der Zeit, dass ich darüber nachdenke, wie Shakespeare von den Männern seiner Zeit behandelt wurde und wie sich diese Behandlung auf seinen Charakter auswirkte. Die Kommentatoren stellen ihn natürlich alle als eine Art ungekrönten König dar, der während seines Aufenthalts in London von allen Seiten gefeiert und verehrt wurde und sich nach all den Jahren und Ehren nach Stratford zurückzog, um dort den Rest seines Lebens zu verbringen Tage im Schoß seiner Familie als „wohlhabender Landherr", um Dowdens unglückliche Formulierung zu verwenden. Wie ich bereits gezeigt habe, widerlegen seine Werke diese schmeichelhafte Fiktion, die natürlich in allen Teilen absolut unglaubwürdig ist. Es ist Ihr Tennyson, der seiner Zeit angehört und vollkommen mit ihr sympathisiert; Tennyson mit seinen Maiköniginnen, prunkvollen Helden und seinem zuckersüßen Glaubensbekenntnis geht als Eroberer durchs Leben und wird nach dem Tod in feierlichem Zustand zur Ruhe in die große Abtei getragen.

bei den Shakespeares nicht um ein bestimmtes Zeitalter, sondern um eine Ewigkeit handelt, gibt es eine andere Art der Rezeption. Von dem Moment an, als der junge Will nach London kam, wurde er wie ein Emporkömmling ohne sanfte Geburt oder College-Ausbildung behandelt: Für Greene war er „Maister of Artes in Neither University". Er setzte sich durch und erledigte seine Arbeit; aber er konnte nie im Leben Fuß fassen; seine Kinder wurden aus dem Land vernichtet. Er befand sich in bester Duldungsgesellschaft. Auf der Bühne begegnete er den Höchsten, Essex, Pembroke, Southampton, auf Augenhöhe; aber am Hofe stand er unter den Dienern und wurde misshandelt. Möge mich niemand missverstehen: Es würde mir Freude bereiten, das andere Bild zu malen, wenn darin etwas Wahres wäre: Es hätte mir Freude gemacht, zu zeigen, wie die englische Aristokratie dafür einst ihren sinnlosen Stolz abwarf und den größten aller Männer zumindest als einen großen Mann pries gleich. Friedrich der Große hätte dies getan, denn er setzte Voltaire an seinen eigenen Tisch und sagte seinen erstaunten Kammerherren, dass „privilegierte Geister den Herrschern gleichgestellt sind". Eine solche Weisheit stand völlig über der englischen Aristokratie jener Zeit oder einer anderen Zeit. Dennoch hätten sie in diesem einen Fall möglicherweise über das Übliche hinausragen. Denn Shakespeare hatte nicht nur höchstes Genie zu loben, sondern auch all die Anmut seines Benehmens, all die Sanftheit seines Gemüts, all die exquisiten Höflichkeiten der Sprache, die den gesellschaftlichen Erfolg sichern. Sein kaiserlicher Geheimdienst war jedoch ein zu großes Hindernis. Überlegenheit ist den Menschen zu jeder Zeit ein Dorn im Auge, und nichts mag Ihr Aristokrat so sehr nicht wie intellektuelle Überlegenheit, und vor allem Intellektuelle, die nicht gekennzeichnet und anerkannt sind: Die Southamptons und die Pembrokes müssen Shakespeares Einsicht und Unparteilichkeit unerträglich gefunden haben. Es war Ben Jonson, den Pembroke zum Poet Laureate ernannte; Es war Chapman, der Gelehrte, und nicht Shakespeare, der mit Ehrfurcht betrachtet wurde. Wie konnten diese Herren Shakespeare schätzen, wenn es doch seine „Venus und Adonis" und seine „Lucrece" waren, die sie am meisten bewunderten? „Venus und Adonis" erlebte zu Shakespeares Lebzeiten sieben Auflagen, während „Othello" erst nach sechs Jahren Tod des Autors für typwürdig gehalten wurde.

Aber so schlecht die Aristokraten Shakespeare auch behandelten , sie behandelten ihn dennoch besser als jede andere Klasse. Die Ladenbesitzer in England sind von Kunst oder Poesie unendlich weiter entfernt als die Adligen; Heute wie zur Zeit Elisabeths legen sie unendlich mehr Wert auf Rindfleisch, Bier und Wollstoff als auf spirituelle Genüsse. während die Massen des Volkes einen Luftkampf jedem Meisterwerk der Kunst oder Literatur vorziehen.

Einige werden sagen, dass Shakespeare vielleicht wegen seines ausschweifenden Lebens verurteilt wurde und wegen seiner charakterlichen Mängel nicht geehrt wurde. Ein solches Urteil missversteht das Leben völlig. Wäre Shakespeares Charakter genauso hoch gewesen wie sein Intellekt, wäre er nicht verächtlich auf der Seite gelassen worden; Er wäre wie Bunyan gehasst und verfolgt, an den Pranger gestellt oder ins Gefängnis geworfen worden. Es war sein ausschweifendes Leben, das ihn bei den locker lebenden Pembroke und Essex beliebt machte. Pembroke wurde, wie wir aus

Clarendon wissen, „den Frauen maßlos geschenkt". Wie wir erfahren, waren vier Trauzeuginnen gleichzeitig in Essex *stationiert*. Shakespeare war kaum so ausschweifend wie seine edlen Gönner. Die Wahrheit war, dass sie sein Genie nicht verstehen konnten; Sie hatten kein Maß, um es zu messen, denn niemand kann über seinen Kopf hinaussehen; und so behandelten sie ihn mit der gleichen herablassenden Vertrautheit, die Adlige heutzutage einem Tenor oder einer Balletttänzerin entgegenbringen. Im März 1604, nachdem er „Hamlet" und „Macbeth" geschrieben hatte, marschierten Shakespeare und einige andere Schauspieler in der Prozession, die König James bei seinem offiziellen Einzug in London begleitete, vom Tower of London nach Westminster. Jeder der Schauspieler erhielt zu diesem Anlass viereinhalb Meter scharlachroten Stoff, den er als Umhang tragen konnte. Der scharlachrote Umhang für Shakespeare muss eine Art Hemd oder Dornenkrone von Nessus gewesen sein – die Livree des Spottes.

Shakespeare, der sowohl Feinde als auch Freunde fair einschätzte, maß auch sich selbst fair. Normalerweise lobt er seine Nachahmungen: Hamlet sei „ein edles Herz", Brutus „der edelste Römer von allen"; und direkt sprechend sagte er in einem Sonett über sich selbst:

„Ich bin, was ich bin, und sie sind auf diesem Niveau."

Rechnen Sie mit meinen Missbräuchen über ihre eigenen;

Ich kann gerade sein, auch wenn sie selbst abgeschrägt sind."

Er kannte seine eigene Größe, niemand besser, und sobald er das mittlere Alter erreichte und anfing, Bilanz über sich selbst zu ziehen, musste er bitter gespürt haben, dass er, der beste Geist der Welt, es nach gewöhnlicher Einschätzung nicht weit gebracht hatte Männer. Kein Wunder, dass er allen, die im Leben versagt hatten, leidenschaftliches Mitgefühl entgegenbrachte; er konnte sich mit Brutus und Antonius identifizieren und nicht mit den Cäsaren.

Shakespeares Sicht auf England und die Engländer wurde natürlich durch ihre Behandlung ihm gegenüber beeinflusst. Er wird immer wieder als patriotisch bezeichnet, und es ist wahr, dass er schon in seiner Jugend mit einer fast lyrischen Liebe zum Land begann. Seine Worte in „Richard II." werden oft zitiert; aber sie wurden geschrieben, bevor er Erfahrung oder Wissen über Menschen hatte.

"Hager. Dieser königliche Thron der Könige, diese Insel mit Zepter,

. . . .

Diese glückliche Männerrasse, diese kleine Welt;

Die Apologeten, die sich über seinen Patriotismus freuen, erkennen nie, dass Shakespeare nicht sein ganzes Leben lang dieselben Ansichten vertrat; Während er wuchs und sich entwickelte, entwickelten sich seine Meinungen mit. In „Der Kaufmann von Venedig" stellen wir fest, dass er bereits zu einer vernünftigeren Vision gelangt ist; Als Portia und Nerissa über den englischen Verehrer sprechen, sagt Portia:

„Du weißt, dass ich ihm nichts sage; denn er versteht

weder ich noch ich ihn: Er hat weder Latein noch Französisch

Italienisch; und du wirst vor Gericht kommen und das schwören

Ich habe einen schlechten Pennyworth im Engländer. Er ist ein

richtiges Männerbild; aber leider, wer kann sich schon mit einem unterhalten?

dumme Show? Wie seltsam er passt! Ich glaube, er hat gekauft

sein Wams in Italien, sein runder Schlauch in Frankreich, seine Haube

in Deutschland und sein Verhalten überall."

Was für eine hervorragende Kritik das alles ist; wahr, heute wie damals, „ein richtiges Männerbild, aber ... eine dumme Show." Es beweist schlüssig, dass Shakespeare in der Lage war, den jungen englischen Adligen seiner Zeit zu durchschauen. Von diesem Zeitpunkt an finde ich in keinem seiner Werke ein Lob für England oder die Engländer mehr, mit Ausnahme von „Henry V.", das offensichtlich wegen seines Hurra-Jungos geschrieben wurde, um Beifall zu erregen. Als er reif war, sah Shakespeare seine Landsleute so, wie sie waren, und nannte sie hauptsächlich, weil sie ihre Liebe zum Trinken dafür verantwortlich machten. Imogen sagt:

„Hat Großbritannien all die Sonne, die scheint? Tag Nacht,

Sind sie nicht nur in Großbritannien?.......................Bitte denken Sie nach

Wer „Coriolanus" aufmerksam liest, wird sehen, wie Shakespeare den einfachen Engländer verabscheute; Es besteht überhaupt kein Zweifel daran, dass er seine Abneigung gegen ihn ein für alle Mal in Caliban verkörpert hat. Die Qualitäten, die er Caliban verleiht, sind alle charakteristisch. Wer ihn zu trinken gibt, ist für Caliban ein Gott. Das brutale Geschöpf würde ohne Skrupel die Kunst verletzen und herabwürdigen, und seine Seele kommt in dem Satz zum Ausdruck, dass er, wenn er die Chance dazu bekäme, die Welt mit Calibans bevölkern würde . Manchmal denkt man, wenn Shakespeare heute leben würde, wäre er geneigt zu sagen, dass seine Vorhersage wahr geworden sei.

Man hätte ohne Beweise ahnen können, dass Shakespeare wie Goethe im Laufe seines Lebens über jene provinzielle Eitelkeit hinauswachsen würde, die so viel als Patriotismus gepriesen wird. Er war in das Ideal verliebt und wollte es nicht auf ein Land beschränken.

Über sein Leben nach der Begegnung mit Mary Fitton gibt es wenig zu erzählen, oder vielmehr ist die Geschichte seines Lebens danach die Geschichte seiner Leidenschaft, Eifersucht und seines Wahnsinns, wie er sie selbst in den großen Tragödien erzählt hat. Mit etwa sechsunddreißig oder sieben Jahren scheint er fett geworden zu sein und kaum noch atmen zu können. Im Jahr 1608 starb seine Mutter und „Coriolanus" wurde als eine Art Denkmal zur Erinnerung an „die edelste Mutter der Welt" geschrieben. Ich bin mir sicher, dass seine Vertrautheit mit Mary Fitton bis zu seinem Zusammenbruch im Jahr 1608 oder so ungefähr anhielt und wahrscheinlich die Hauptursache für sein Gebrechen und seinen frühen Tod war.

Jetzt bleibt mir nur noch, ein paar Worte zum Ende seines Lebens zu sagen. Rowe sagt, dass „der letzte Teil seines Lebens damit verbracht wurde, wie alle Männer mit gesundem Menschenverstand es sich wünschen, in Ruhe, im Ruhestand und in Gesprächen mit seinen Freunden." Er hatte das Glück, ein Anwesen zu erwerben, das seinem Anlass und damit seinem Wunsch entsprach, und soll einige Jahre vor seinem Tod in seiner Heimatstadt Stratford verbracht haben." Auch Rowe erzählt uns, dass es sich um eine Geschichte handelt, „die in diesem Land gut in Erinnerung ist, dass er eine besondere Vertrautheit mit Mr. Combe hatte, einem alten Herrn, der in der Gegend für seinen Reichtum und seinen Wucher bekannt war; Es geschah, dass Mr. Combe in einem angenehmen Gespräch unter ihren gemeinsamen Freunden Shakespeare lachend erzählte, dass er sich einbilde, er beabsichtige, sein Epitaph zu schreiben, falls er ihn überleben sollte; und da er nicht wusste, was man über ihn sagen sollte, wenn er tot war, wünschte er, dass es sofort geschehen könnte; worauf Shakespeare ihm diese vier Verse gab:

Doch die Schärfe des Satyrs soll den Mann so sehr getroffen haben, dass er ihm nie verzieh."

Ich habe dies alles aufgeführt, weil ich möchte, dass der Leser die Quellen vor Augen hat, und weil die Verachtung von Gewerbetreiben und Wucher, selbst ganz am Ende, so charakteristisch ist.

Aus den Stratford-Aufzeichnungen geht auch hervor und es ist daher sicher, dass bereits im Jahr 1614 ein Prediger in New Place bewirtet wurde – „ Item, ein Liter Sack und ein Liter Rotwein, wurden einem Prediger gegeben." der New Place, zwanzig Pence." Reverend John Ward, der Pfarrer von Stratford war, behauptet in einem handschriftlichen Memorandum aus dem Jahr 1664: „Shakespeare, Drayton und Ben Johnson hatten ein merie-Treffen, und es scheint, dass sie zu viel getrunken haben, denn Shakespeare ist dort an einem Faible gestorben." Vertrag abgeschlossen."

Wie wir aus „Der Sturm" gesehen haben, zog sich Shakespeare in angeschlagener Gesundheit und in einer Stimmung verzweifelter Reue nach Stratford zurück – „ wo jeder dritte Gedanke mein Grab sein soll". Ich glaube nicht, dass die Stimmung lange anhielt; Aber der schlechte Gesundheitszustand und die anhaltende Schwäche erklären mir wie kein anderer seinen Rückzug nach Stratford. Für mich ist es unglaublich, dass Shakespeare London im Alter von 47 oder 48 Jahren bei guter Gesundheit verlässt und sich nach Stratford zurückzieht, um als „wohlhabender Landherr" zu leben! Was hatte Stratford Shakespeare zu bieten – das Dorf Stratford mit einem Müllhaufen in der Hauptstraße und dem Charme der Gesellschaft des Dorfwucherers, gemildert durch die Fürsorge eines umherziehenden Wannenhändlers?

Selbst in „Das Wintermärchen" und „Cymbeline" gibt es reichlich Beweise dafür, dass der Sturm, der Shakespeares Leben zerstörte, nicht einmal vorüber war, als diese letzten Werke 1611–1612 geschrieben wurden; die Eifersucht des Leontes ist ebenso wild und sinnlich wie die Eifersucht des Othello; Die Haltung von Posthumus gegenüber Frauen ist so bitter wie alles, was in „Troilus und Cressida" zu finden ist:

Das neigt dazu, bei Menschen Laster zu sein, aber ich bestätige es

Es ist die Rolle der Frau: Sei es Lüge, beachte es,

Die der Frau; schmeichelhaft, ihres; täuschend, ihr;

Lust und heikle Gedanken, ihre, ihre; Rache, ihre;

Ambitionen, Begierden , Veränderung des Stolzes, Verachtung,

Schöne Sehnsucht, Verleumdungen, Wandelbarkeit,

Alle Fehler, die man nennen kann, nein, die Hölle weiß es,

Warum, ihr, teilweise oder ganz, sondern ganz;

Denn sogar zum Laster

Sie sind nicht konstant, sondern verändern sich dennoch

Ein Laster, aber erst eine Minute alt

Nicht halb so alt."

Die Wahrheit ist, dass die Leidenschaften der Lust, der Eifersucht und der Wut Shakespeares Kräfte schließlich erschöpft hatten, und nachdem er in „Der Sturm" vergeblich versucht hatte, zur Gelassenheit zu gelangen, kroch er nach Hause nach Stratford, um zu sterben.

Ich stelle mir vor, dass sich sein Gesundheitszustand in seiner Heimatluft allmählich verbesserte; aber er war nie stark genug, um nach London zurückzukehren. Wahrscheinlich kam er ein- oder zweimal für einen kurzen Besuch zurück, und während seiner Abwesenheit bewirtete seine fromme Tochter, Mrs. Hall, den Wanderprediger in New Place.

Als Shakespeare stärker wurde , sprach er zweifellos mit Combe, dem Wucherer, aus Mangel an jemand Besserem.

Es ist auch wahrscheinlich, dass er sich bei einem seiner Besuche in London mit Fletchers „Heinrich VIII." beschäftigte. und einige Szenen für ihn geschrieben und andere ausgebessert hat, oder Fletcher hat ihn möglicherweise in Stratford besucht und ihn dort um Hilfe gebeten.

Seine jüngste Tochter Judith heiratete Anfang 1616; es scheint mir wahrscheinlich, dass dies der Anlass des Besuchs von Jonson und Drayton in Stratford war. Zweifellos war Shakespeare entzückt, sie kennenzulernen, redete wie nur wenige Menschen zuvor oder danach und trank wahrscheinlich zu viel mit diesen „armen, unglücklichen Köpfen zum Trinken", die sein Cassius beklagte. So entfacht, erlosch die schwache Flamme seines Lebens schnell und erlosch. Es ist alles verständlich genug und mehr als wahrscheinlich, dass der größte Mann der Welt nach der Langeweile einsamer Jahre in Stratford bei einem fröhlichen Treffen mit seinen Freunden starb; In seiner Freude und Aufregung trank er etwa ein Glas Wein, was Fieber auslöste. Es ist alles wahr, charaktergetreu und unbeschreiblich erbärmlich.

Shakespeare ist für mich der perfekte Typus des Künstlers, und der Künstler findet nach und nach seinen richtigen Platz in der Wertschätzung der Welt. In der Einleitung zu einem seiner „Leben" entschuldigt sich Plutarch dafür, dass er über einen Maler, einen bloßen Künstler, geschrieben hat, und nicht über einen Staatsmann oder General, der für einen wohlgeborenen Jugendlichen ein würdiges Ziel der Ambitionen wäre. Aber seit Plutarchs Zeiten hat sich unsere Sicht auf die relativen Verdienste der Menschen verändert und weiterentwickelt: Heute stellen wir den Künstler sogar höher als den Heiligen. Tatsächlich scheint es uns, dass der Rang eines Helden, eines Staatsmanns oder eines Heiligen nur proportional zu der künstlerischen Begabung ist, die er möglicherweise besitzt. Der Sieg in einer Schlacht reicht nicht aus, um all unsere Bewunderung zu fesseln; Es muss von einem Künstler gewonnen werden. In allen Bereichen des Lebens beginnt man diese Fähigkeit als den schönsten Besitz der Menschheit zu würdigen, und Shakespeare war ein nahezu perfektes Beispiel für den selbstbewussten Künstler.

Die Leute reden, als wären seine Meisterwerke zufällig oder durch unbewusste Verwirklichung entstanden; Aber Meisterwerke entstehen nicht auf diese unbeschwerte Art und Weise. Sie gehören zu der Sorte, die nur bei perfekter Pflege zur Blüte kommt. Auch wenn wir nicht wüssten, dass Shakespeare seine schönsten Verse immer wieder mit kritischer Sorgfalt korrigierte, müssten wir davon ausgehen. Aber wir wissen, dass er keine Mühen gescheut hat, um seine feineren Inspirationen zu verbessern, und er hat uns in einem Sonett erzählt, wie besorgt er über seine Kunst und die Kunst seiner Rivalen nachdachte:

> *„Ich begehre die Kunst dieses Mannes und die Möglichkeiten dieses Mannes*
>
> *Mit dem, was mir am meisten Spaß macht, bin ich am wenigsten zufrieden. "*

Er verfügt über alle Qualitäten und alle Mängel des nachdenklichen, humanen, sinnlichen Künstlertemperaments, verstärkt durch die Tatsache, dass er nicht den Vorteil einer bürgerlichen Ausbildung genossen hatte.

In vielerlei Hinsicht haben uns unsere puritanische Disziplin und die Schläge und Stöße, die man in dieser Alltagswelt bekommt, in der Geld höher geschätzt wird als Geburt, Heiligkeit oder Genie, uns in Bezug auf Menschen- und Sachkenntnis über Shakespeare hinausgebracht. Der Mut des Puritaners, seine Selbstverleugnung und Selbstbeherrschung haben uns unschätzbare Lektionen gelehrt; Der Puritanismus hat den Charakter gemildert, so wie Stahl mit Feuer und Eis gemildert wird, und die Notwendigkeit, sein Brot nicht als Parasit, sondern als Kämpfer zu bekommen, hatte ebenso wichtige Auswirkungen auf den Charakter. Shakespeare ist für uns kein Ideal mehr; Kein einzelner Mann kann jetzt unseren geistigen Horizont füllen; Wir können über das Größte der Vergangenheit hinausblicken: Der Übermensch von heute steht erst auf der nächsten Runde der Leiter, und unsere Kinder werden über die Einfältigkeit seiner Einbildung lächeln.

Aber wenn wir Shakespeare nicht länger verehren können, ist es unmöglich, ihn nicht zu ehren , unmöglich, ihn nicht zu lieben. Alle Männer – sowohl Spenser als auch Jonson – fanden ihn sanft und geistreich, fröhlich und großzügig. Er war immer bereit, das Stück dieses Mannes zu verbessern oder einen Akt für diesen Mann zu schreiben. Er sagte nie ein bitteres oder grausames Wort über einen Mann. Vergleichen Sie ihn mit Dante oder sogar mit Goethe, und Sie werden feststellen, dass er beiden an liebevoller Güte weit überlegen ist. Er wurde im Leben noch verächtlicher behandelt als Dante, und doch verfiel er nie in Verbitterung wie Dante: Er beklagte sich, das ist wahr; aber er ließ nie zu, dass seine Gerechtigkeit verfälscht wurde; er war von der edelsten intellektuellen Gesinnung.

Es ist unmöglich, ihn nicht zu ehren , denn die Wahrheit ist, dass er mehr Tugend in sich trug als jeder andere Menschensohn. „An ihren Früchten sollt ihr sie erkennen." Er hat mehr Meisterwerke geschrieben als jeder andere Schriftsteller, und die schönsten Sprüche der Weltliteratur stammen von ihm. Denken Sie darüber nach: Goethe war perfekt ausgestattet; er hatte einen großartigen Geist, Körper und Temperament: Er wurde in der besseren Mittelschicht geboren; es ging ihm gut; herrlich gutaussehend; gründlich gebildet; Sein Genie wurde von allen Seiten anerkannt, als er noch ein Teenager war. und es wurde durch Reisen und fürstliches Mäzenatentum entwickelt. Doch was tat Goethe, um seine Vorzüge zu beweisen? „Faust" ist das einzige Stück, das er jemals geschrieben hat und das überhaupt mit einem Dutzend Shakespeare-Stücken mithalten kann. Der arme Shakespeare brachte es im 16. Jahrhundert weiter, als es selbst Goethe im 19. Jahrhundert mit voller Kraft erreichen konnte. Ich finde Shakespeare von überragender Tugend. Cervantes zählt zu den Größten, denn er schuf Don Quijote und Sancho Pansa; Aber Hamlet und Falstaff sind bedeutendere Figuren und entfernen Hamlet und Falstaff von Shakespeares Leistung, und es bleibt mehr übrig, als von jedem anderen Dichter jemals hervorgebracht wurde.

Shakespeare brachte eine Ernte nach der anderen von erstaunlicher Qualität hervor. Doch er war nie stark und starb mit zweiundfünfzig, und die letzten sechs Jahre seines Lebens waren voller Schwäche und Krankheit. Kein mutigerer Geist hat jemals gelebt. Nach „Hamlet" und „Antonius und Kleopatra" und „Lear" und „Timon" brach er zusammen. Doch sobald er wieder zur Vernunft zurückgekehrt war, ging es ihm wieder an den Kragen und holte „Das Wintermärchen" aus sich heraus, und „Cymbeline", und als er sah, dass sie nicht seine besten waren, holte er Luft und brachte „The Tempest" hervor – ein weiteres Meisterwerk, wenn auch mit einem Herz aus Blei und mit dem feuchten Todesschweiß auf seiner Stirn geschrieben. Denk daran; die edelste Herbstfrucht, die je hervorgebracht wurde; alles freundlich-süß und warm, sozusagen gebadet im goldenen Sonnenschein der Liebe; sein letztes Wort an die Männer:

„Die seltenere Aktion ist

In der Tugend als in der Rache ... "

Und dann siegt der Meister vieler Stile, auch der einfachen, zu einer kindlichen Einfachheit und berührt die Quelle der Tränen:

„Wir sind der Stoff, aus dem Träume gemacht sind,

Und unser kleines Leben wird durch einen Schlaf abgerundet. "

Es stimmt, Shakespeare war nicht die Art von Mann, die Engländer zu bewundern pflegen. Durch eine merkwürdige Ironie des Schicksals wurde Jesus zu den Juden geschickt, die weltfremdeste Seele zu den materiellsten Völkern und Shakespeare zu den Engländern, der sanfteste sinnliche Charmeur zu einer männlichen, unhöflichen Rasse. Es wäre vielleicht gut für uns zu erfahren, welche unendliche Tugend in diesem gebrechlichen, sinnlichen Sänger steckte.

Diese stumme, kämpfende Welt, ganz in der Mühsal zwischen Denken und Sein, sehnt sich über alles danach, sich selbst zu verwirklichen und artikuliert zu werden, und hat noch nie eine solche Weite des Verständnisses, eine solche Melodie der Sprache gefunden wie in diesem Shakespeare. „Ich habe oft gesagt und werde es oft wiederholen", schreibt Goethe, „dass die letzte Ursache und Vollendung aller natürlichen und menschlichen Aktivitäten die dramatische Poesie ist." Die Engländer scheinen noch nicht zu verstehen, welche Arroganz und welche tiefe Weisheit in diesem Sprichwort steckt; aber auf eine dumpfe, halbbewusste Weise beginnen sie zu begreifen, dass das Größte, was sie bisher auf der Welt getan haben, darin besteht, Shakespeare zu produzieren. Wenn ich an seine dürftige Bildung, seine begrenzenden Umstände, die geringe Wertschätzung seiner Zeitgenossen, seinen gleichgültigen Gesundheitszustand denke und an seine erstaunliche Leistung denke, bin ich bereit, die Worte, die er seinem *Alter Ego gegeben hat, auf ihn zu übertragen, so wie es am passendsten ist*. Antony, Antony, der, wie er selbst, von der Welt erschöpft und leidenschaftsmüde war:

„Niemals einen selteneren Geist

Lenkte die Menschheit; aber ihr, Götter, werdet uns geben

Einige Fehler machen uns zu Männern."

DAS ENDE.